应用型教育数智化财会专业"十四五"系列教材
校企合作精品教材

会计学导论

主　审　万依云
主　编　孙　芹　邢小丽　陈　莹
副主编　李　颖　范春梅　王小捷　王玥芸　黄倩雪

华中科技大学出版社
http://press.hust.edu.cn
中国·武汉

图书在版编目(CIP)数据

会计学导论/孙芹,邢小丽,陈莹主编. —武汉:华中科技大学出版社,2023.2
ISBN 978-7-5680-9179-4

Ⅰ.①会… Ⅱ.①孙… ②邢… ③陈… Ⅲ.①会计学 Ⅳ.①F230

中国国家版本馆 CIP 数据核字(2023)第 019814 号

会计学导论
Kuaijixue Daolun

孙　芹　邢小丽　陈　莹　主编

策划编辑：聂亚文	
责任编辑：段亚萍	
封面设计：孢　子	
责任监印：朱　玢	
出版发行：华中科技大学出版社(中国·武汉)	电话：(027)81321913
武汉市东湖新技术开发区华工科技园	邮编：430223
录　　排：武汉创易图文工作室	
印　　刷：武汉开心印刷有限公司	
开　　本：787mm×1092mm　1/16	
印　　张：18.25	
字　　数：464 千字	
版　　次：2023 年 2 月第 1 版第 1 次印刷	
定　　价：48.00 元	

本书若有印装质量问题,请向出版社营销中心调换
全国免费服务热线：400-6679-118　竭诚为您服务
版权所有　侵权必究

前言
PREFACE

党的二十大报告指出:信息资源日益成为重要生产要素和社会财富,信息掌握的多寡成为国家软实力和竞争力的重要标志。财会人员是将数据加工成有用信息的直接处理者。虽然人工智能对财经类行业产生了冲击,但会计岗位也面临新一轮的机遇与挑战。

本教材按照"基于认知和工作过程"的架构进行目标定位、开发和设计。通过深入一线用人单位进行调研,聚焦两个主要问题:一是智能化环境下财经类人才培养方案目标;二是面向智能化环境提出创新综合教学模式。调研明确了建立以通识内容为基础,以战略管理为引导,以信息系统为支持,以财经类专业为核心的"专通结合"全新课程体系,实现战略思维、智能化应用和专业教学的有机融合。

(1)遵照对会计工作认知的流程,结合沙盘演练感知财务会计工作在企业管理中的作用。

(2)根据会计工作岗位需要,分成沙盘认知、会计学原理、会计信息化、财经法规、职业道德与商业伦理模块等。

(3)按照人才培养需求,分解出会计职业的知识、能力和职业道德要素,具有较强的职业针对性和岗位适应性,有效地体现了素质、知识与能力结合,理论与实践相结合。

本教材以会计工作过程为主线,以企业经济业务活动为载体,整合日常的筹资、费用、采购、销售等业务的记录和期末计算税费、利润等典型工作任务,以会计工作流程组织内容,以审核、填制原始凭证为起点,依次学习根据原始凭证编制记账凭证、根据会计凭证登记会计账簿、根据会计账簿编制会计报表等一系列会计核算工作,一环套一环,环环相扣,链条式获取财经类专业基于财务转型背景下最基本的知识与技能。

通过模拟企业设立、运营,让入门者理解会计做什么、学什么、怎么做,在职业情境中注重项目化、理实一体化创设,情境式和岗课证一体化设计将枯燥的理论教学融入企业业务链条中,帮助学习者链条式学习,提升信息处理能力和财务管理能力,螺旋式成长。

建议在机房完成8课时沙盘和8课时信息化内容,体验式教学。

特色一:模拟现实,融入职业情境教与学。

特色二:工作过程系统化设计,做中学、学中教、教中做,全程考核控制。

特色三:前端认知结合数智沙盘,后端实现结合智能财务平台。

特色四:综合了财经法规、职业道德与商业伦理的内容。

本书由海南政法职业学院孙芹、琼台师范学院邢小丽、海南省农业学校陈莹担任主编,琼台师范学院万依云负责总体策划和资源组织,副主编包括海南省经济技术学校李颖、海南省商业学校范春梅、海南省财税学校王小捷、宁夏大学王玥芸、海南经贸职业技术学院黄倩雪。

本书编写得到用友新道科技有限公司的大力支持,是产业学院建设中的重要支撑项目,也是琼台师范学院自贸港智能财务教育研究中心、海南省一流本科课程"会计基础"的配套研究成果。

本书可帮助加深对会计学原理的理解,可作为综合性或经管类院校财经类专业"基础会计""会计职业入门""会计学原理"课程教学用书,也可作为在职财经管理类人员和其他对会计学科感兴趣的人员学习和研究参考用书,还可作为财务数智化等技能大赛参考用书。

由于编写时间紧迫,书中难免存在不足之处,敬请广大师生批评指正。

编 者

目录
CONTENTS

第一章　认识会计职业 ········· 1
　第一节　企业经营管理过程 ········· 2
　第二节　企业经营数智沙盘 ········· 16
　第三节　会计基本工作流程 ········· 34
　第四节　会计职业生涯规划 ········· 40

第二章　会计学原理 ········· 51
　第一节　会计的概念 ········· 52
　第二节　会计的对象 ········· 56
　第三节　会计的职能 ········· 60
　第四节　会计学科及其分类 ········· 63
　第五节　会计核算的基本原则 ········· 65
　第六节　会计核算的方法 ········· 72

第三章　设置会计科目与账户 ········· 91
　第一节　会计要素 ········· 92
　第二节　会计等式 ········· 107
　第三节　会计科目 ········· 116
　第四节　账户及其基本结构 ········· 122

第四章　复式记账 ········· 133
　第一节　复式记账原理 ········· 134
　第二节　借贷记账法 ········· 138
　第三节　平行登记 ········· 153

第五章　账户和借贷记账法的应用 ········· 160
　第一节　工业企业的主要经济业务 ········· 161
　第二节　资金筹集业务核算 ········· 163
　第三节　生产准备业务核算 ········· 169
　第四节　生产过程业务核算 ········· 179
　第五节　销售过程业务核算 ········· 184
　第六节　利润形成及利润分配业务核算 ········· 193

第六章　财务会计报告 ········· 207
　第一节　财务报告概述 ········· 208
　第二节　财务报告的编制 ········· 213

  第三节 财务会计报告解读 …………………………………………… 232
第七章 会计信息化 ……………………………………………………… 238
  第一节 会计信息化的意义 ………………………………………… 239
  第二节 初始化及系统维护 ………………………………………… 242
  第三节 会计信息化账务处理内容 ………………………………… 250
  第四节 财务报告处理 ……………………………………………… 252
  第五节 智能财务发展趋势 ………………………………………… 254
第八章 会计法规及职业道德 …………………………………………… 264
  第一节 会计法律 …………………………………………………… 265
  第二节 会计准则 …………………………………………………… 271
  第三节 会计职业道德 ……………………………………………… 273

第一章
认识会计职业

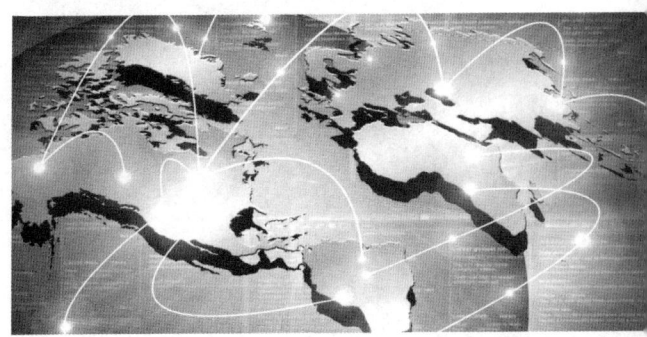

KUAIJIXUE DAOLUN

职业能力目标

1. 认识企业经营管理过程；
2. 了解企业经营数智沙盘课程有关的企业管理理论；
3. 认知会计基本工作流程，对会计与会计职业有基本认识；
4. 会书写会计文字、数字，会设计个人会计职业生涯规划。

典型工作任务

1. 企业经营管理过程；
2. 企业经营数智沙盘；
3. 会计基本工作流程；
4. 会计职业生涯规划。

第一节 企业经营管理过程

任务引例

刚毕业的张玲应聘到一家工业企业担任财务会计，面对海量的凭证和账簿，她感觉无从下手。企业是如何开展经营的？有哪些管理工作？靠什么赚钱？如何分配资金？

思考：企业的经营管理包括哪些内容？

知识准备与业务操作

一、认识企业

(一)企业的含义及特征

企业在当今社会十分常见，几乎每时每刻都有企业建立，也有企业倒闭。企业是社会发展的产物，它会随着社会发展形势的变化而变化，因社会分工的发展而成长壮大。现代社会的企业与战略管理和企业文化紧密结合。

企业是市场性组织，一般是以盈利为目的，作为组织单元的多种模式之一，按照一定的组织规律有机构成，开展产品制造经营、经营方案策划、知识创造开发、各类模型设计等活动，通过提供产品或服务换取收入，以实现投资人、客户、员工、社会大众的利益最大化。

在商品经济范畴，企业主要指独立的营利性组织，并可进一步划分为公司和非公司企业，后者如个人独资企业、合伙制企业等。企业的内部会有两条价值链，一条是物质形态的价值链，另一条是意识形态的价值链，经过数据→信息→知识→能力→文化的过程创造思想。未来，企业将会面临虚拟营销、虚拟生产、虚拟运输和虚拟分配等业态。每个企业根据全球定位，发挥自身优势，全球集成，最终的企业就是全球化组织。

综上，现代意义上的企业是指从事生产、服务、流通等经济活动，以生产或服务满足社会需

要,实行自主经营、独立核算、依法设立的一种营利性的经济组织。其特征主要有:
(1)企业是在社会化大生产条件下存在的,是商品生产与商品交换的产物。
(2)企业是从事生产、流通与服务等基本经济活动的经济组织,能给社会提供服务或产品。
(3)企业自主经营、独立核算,自负盈亏,以自身的资产对外承担责任。
(4)企业必须依法设立,在工商及税务等部门合法登记。
(5)就其本质而言,企业是以取得收入为目的,是追求盈利的营利性组织。

(二)企业的定位和功能

尼采说过:人唯有找到生存的理由才能承受任何的境遇。对于企业而言,只有明确了正确的定位,才有可能制定出正确的战略、计划和决策。越是面对复杂和不确定的商业环境,越是需要一个具有前瞻性的清晰定位来引领企业的发展。

1. 企业的定位

企业定位是指企业基于客户需求,通过其品牌产品,将企业独特的个性、文化和良好形象,塑造于消费者心目中,并占据一定位置。

企业确定定位的过程中,要制定出最适合的战略。重视企业创造的价值,关注创新产品,避免思维定式,同时重视个性化的服务和体验,在最好的机会上集中利用资源,从事富有成效的营销活动。

企业定位要关注的四要素有:

(1)客户群的选择定位要解决的是"我希望对哪些客户提供服务?"这一问题。内容包括:我能够为哪些客户提供价值?哪些客户可以让我赚钱?我希望放弃哪些客户?

(2)价值的获取定位要解决的是"我将如何获得盈利?"这一问题。内容包括:如何为客户创造价值,从而获得其中的一部分作为我的利润?我采用什么盈利模式?

(3)战略定位要解决的是"我将如何保护利润流?"这一问题。内容包括:为什么我选择的客户要向我购买?我的价值判断与竞争对手有何不同?特点何在?哪些战略控制方式能够抵消客户或竞争对手的力量?

(4)业务范围的定位要解决的是"我将从事何种经营活动?"这个问题。内容包括:我希望向客户提供何种产品、服务和解决方案?我希望从事何种经营?起到何种作用?我打算将哪些业务进行分包、外购或者与其他公司协作生产?

为什么要厘清企业的定位?我们可以从一个经典的案例中略窥一二。

19世纪的后期,欧洲有两家有名的马车工厂,工厂生产的都是全欧洲最豪华的马车,不同的是,两家企业的定位不同:其中一家马车工厂将自己的定位定为——要制造全欧洲最好的马车;另一家马车工厂经过长期的调研和反复的思考后认为,消费者真正的需求应该是快捷的交通工具,而不仅仅针对马车,于是他们把企业的定位定义为——要制造最好的交通工具。

随着科技的发展、社会的进步,当汽车开始流行时,在激烈的市场竞争中,第一家马车工厂倒闭了,因为再好的马车也没有人买了;而另一家马车工厂遵循其定位,把最好的交通工具从马车升级成了汽车,这家马车工厂就是现在德国的奔驰公司。

企业对自己的不同定位,造成了两家有名的马车工厂截然不同的结局。

第一家工厂的定位只对标在全欧洲最好的马车上,这种逻辑思维下,不会联想到其他形式的交通工具,也不会瞄准欧洲以外的目标市场,狭窄的眼界导致了企业的破产。

所以,眼界决定境界,境界决定结局。

第二家马车工厂的定位是制造最好的交通工具,这给了工程师们更大的想象空间,给了产品更大的市场空间,其眼界不停留在欧洲,更广阔的视野激发了更多的创造,这一点,与第一款苹果手机的问世有异曲同工之处:关注用户体验。

由此,企业定位能决定企业的生与死。厘清企业的功能和作用,可以帮助企业确定战略,明晰定位,在宏观上指引企业的发展方向;同时,在微观上还能聚集志同道合的人,打造一支有定位引领、有团队建设、思想统一的队伍。

 小思考

阿里巴巴曾经在推出新产品时,工程师、设计师、销售人员都有不同的见解,并且为此争执不下,难以做出最后的决策,那么怎么办呢?这时就要回过头来思考一下,企业定位是什么?

阿里巴巴的定位是"让天下没有难做的生意",这需要把简单留给用户,把复杂留给自己。换个说法就是要把产品做得非常简单,让用户能够花最少的时间来研究产品的使用。客户对面对一大堆说明书研究产品怎么使用没有耐心,认为这是一种很不好的体验。企业在开发产品时,必须站在用户角度思考。当内部产生分歧点,定位就起作用了。

企业在认识世界、适应世界的变化过程中,对自身作用的客观认知决定了主观努力的方向。主观和客观如果不匹配,就很难提供用户需要的产品和服务。

所以,企业的定位不仅可以决定企业的生死,也可以指导企业经营的方方面面,同时,也是聚集志同道合之士的关键。

2. 企业的功能

企业的基本功能是从事生产、流通和服务等经济活动,向社会提供产品与服务,以满足社会需要。具体来说:

(1)工业企业的基本职能:通过工业性生产活动,即利用科学技术与设备,改变原材料的形状与性能,为社会生产所需要的产品。

(2)商业企业的基本职能:通过商品实体转移或价值交换,为社会提供所需产品或服务。

一般企业的功能包括:第一,通过研发活动,推动技术进步;第二,提供生产、服务、经营,满足人们日益增长的物质需要;第三,对经济资源进行合理分配,成为就业的主体和收入的主要源泉;第四,缴纳税收,为社会和国家创造财富。

企业要实现这些基本功能,需要生产出产品或者提供服务,通过货币即一般商品等价物这一媒介,完成由生产者到消费者之间的过渡。

首先,企业作为国民经济的细胞,是市场经济活动的主要参加者。

市场经济活动的顺利进行离不开企业的生产和销售活动,离开了企业的生产和销售活动,市场就成了无源之水、无本之木。因此,企业的生产和经营活动直接关系着整个市场经济的发展。

其次,企业是社会生产和流通的直接承担者。

社会经济活动的主要过程即生产和流通,这些都是企业来承担和完成的。离开了企业,社会经济活动就会中断或停止。企业的生产状况和经济效益可直接影响国家的经济实力的增长、人民物质生活水平的提高。

最后,企业是推动社会经济技术进步的主要力量。

企业在经济活动中通过生产和经营活动,在竞争中不仅创造和实现社会财富,而且也是先进技术和先进生产工具的积极采用者和制造者,这在客观上推动了整个社会经济技术的进步。

通过企业在社会经济活动中的作用,我们不难看出,企业就好比国民经济的细胞。中国的国民经济体系就是由数以百万计的不同形式的企业组成的,千千万万个企业的生产和经营活动,不仅决定着市场经济的发展状况,而且决定着中国社会经济活动的生机和活力。所以,我们说企业是最重要的市场主体,在社会经济生活中发挥着巨大作用。

如果企业没有存在的作用或作用不够,那企业势必潜藏着巨大的生存危机,可能也没有存在的必要。反之企业要想在市场中立足,并成为其中的佼佼者,需找准并发挥好自己的作用,即确立好企业的定位,并一步一个脚印去实现自己的定位。

企业要重视市场营销和创新。因为,第一,企业作为交换体系中的一个成员,必须以客户的存在为前提。第二,客户决定企业的本质。只有客户愿意花钱购买产品和服务,才能使企业的资源变成财富。换句话说,客户对其所购物品的感觉、判断及购买行为,决定着企业的命运。随着社会经济文化的不断发展和人民生活水平的提高,客户的需求水平、结构和偏好也在不断改变,这就从本质上决定了企业必须据此不断调整其资源配置以满足市场需求,即创新成为企业的基本职能。第三,企业最显著、最独特的功能是市场营销。企业的其他功能,如生产功能、财务功能、人事功能,只有在实现市场营销功能的情况下,才是有意义的。

(三)企业的形式

企业作为一种经济组织,具有多重属性与复杂形态。我们可以按照不同的标准进行分类:按照行业性质、企业规模、所有制不同等进行分类。

(1)企业的组织形式包括公司制企业和非公司制企业,具体包括:

①以投资人的出资方式和责任形式分为:个人独资企业、合伙企业、公司制企业。公司制企业又分为有限责任公司和股份有限公司。

②以投资者的地区不同分为:内资企业、外资企业和港、澳、台商投资企业。

③按所有制结构可分为:全民所有制企业、集体所有制企业、私营企业和外资。

④按股东对公司所负责任不同分为:无限责任公司、有限责任公司、股份有限公司。

⑤按公司地位类型可分为:母公司、子公司。

⑥按规模可分为:特大型企业、大型企业、中型企业、小型企业和微型企业。

⑦按经济部门可分为:工业企业、农业企业、商品流通企业和服务企业等。

⑧按企业健康程度可分为:相对比较健康的随机应变型企业、军队型企业、韧力调节型企业,和相对不健康的消极进取型企业、时停时进型企业、过度膨胀型企业、过度管理型企业。

其中,无限公司即由两个以上的股东组成的,股东对公司的债务负无限责任的公司。

有限责任公司即依据法律规定的条件成立,由一定人数的股东(2人以上50人以下)组成的,股东以其出资额为限对公司承担责任,公司以其全部资产对公司债务承担责任的公司。

两合公司则是由一个或一个以上的无限责任股东与一个或一个以上的有限责任股东组成的公司。其主要特点是,有限责任股东只以其对公司的出资额为限对公司承担责任,无限责任股东则对公司承担无限责任,公司由无限责任股东经营。

股份有限责任公司即由一定人数以上的股东组成,公司全部资本为等额股份,股东以其所持股份为限对公司承担责任,公司以其全部资产对公司债务承担责任的公司。

 小知识

《中华人民共和国公司法》(以下简称《公司法》)所规定的公司类型只有两种,一是有限责任公司(包括国有独资公司),二是股份有限公司。法律依据:《中华人民共和国公司法》第三条,公司是企业法人,有独立的法人财产,享有法人财产权。公司以其全部财产对公司的债务承担责任。有限责任公司的股东以其认缴的出资额为限对公司承担责任;股份有限公司的股东以其认购的股份为限对公司承担责任。

 小思考

我们经常看到的"实收资本"与"股本"是一样的概念吗?

(2)从周期来划分,企业表现的形式可以分为四种:

一是初创期,这一时期风险较大,通常表现为企业缺资金、缺技术、缺人才、缺客户、缺市场竞争力,企业前途未卜。

二是成长期,这一时期企业通过一定时期的资源积累,走上了发展的快车道,通常表现为市场、人才、技术、资金、客户、公共关系等都有较好的发展。

三是成熟期,这一时期企业在竞争中市场占有率与竞争能力不断增强,通常表现为品牌与客户忠诚度大幅度提升,资金、人才、技术得到客户与社会的认同,公共关系取得了空前的成功。

四是衰退期,这是一种理性的发展态势,并不是所有企业都能走到这一步。企业或因战略失误、技术革新、决策不当、市场萎缩、国家政策、人事动荡等因素进入不归路。

当然,并不是所有企业都按照这样的路径发展,企业的路径发展关键取决于企业技术创新与资源整合能力的高低,如图1-1所示。

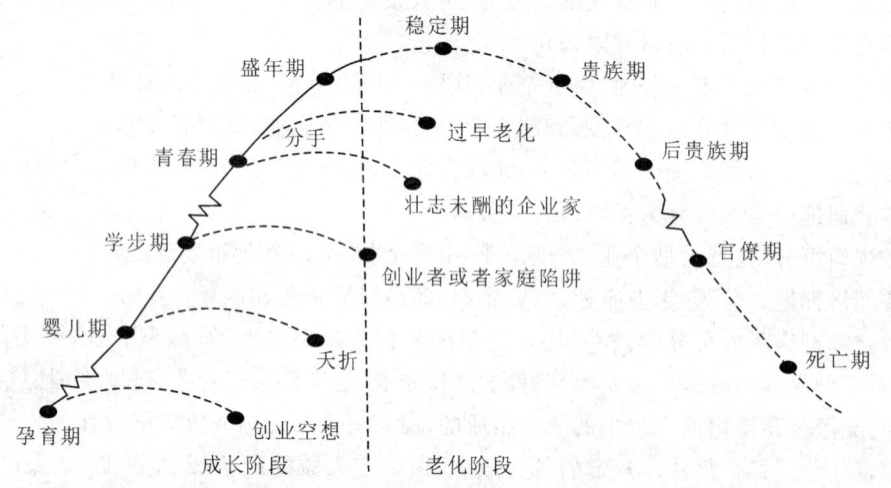

企业生命周期,企业像人一样,遵从如上图所示的特定的成长阶段。
只有在盛年阶段,人和企业才处于健康和财富的巅峰。

图1-1 企业生命周期(图片来自网络)

(四)企业的利益相关者

利益相关者理论是 20 世纪 60 年代左右在西方国家逐步发展起来的,20 世纪 80 年代以后开始影响美英等国,公司治理模式的选择促进了企业管理方式的转变。

利益相关者理论强烈质疑"公司是由持有该公司普通股的个人和机构所有"的传统核心概念,认为随着时代的发展,物质资本所有者在公司中的地位呈逐渐弱化的趋势。利益相关者包括以不同方式参与公司生产、销售和发展等活动的所有参与者。

企业的利益相关者一般划分为两个部分,其中市场部分包括与企业有关的股东(内部员工股东和外部股东)、员工、债权人、供应商、零售商、消费者以及竞争者;非市场部分包括政府、社会活动团体、媒体、一般公众、支持企业的团体等。

1. 不同的利益相关者,会关注不同的信息

(1)投资人——是指公司的权益投资人,即股东。股东将资本投入企业,其目的是让自己的财富能够保值、增值,因此,他们主要关心的是企业的盈利能力及分享企业的利润,在现代社会企业的抗风险能力也是股东们要关心的。

(2)债权人——是指借款给企业并得到企业还款承诺的人。债权人期望企业在一定时间里偿还其本金和利息,自然要关心企业是否有偿还债务的能力。

(3)经理人员——是指被所有者聘用的对公司进行管理的人。他们的报酬与企业的业绩息息相关并存在被解雇和公司被收购的威胁,他们不得不从债权人和权益投资人的角度关心公司的财务状况、盈利能力和持续发展的能力,以履行其受托责任。

(4)供应商与销售商——是指企业劳动对象的供应者和劳动产品的购买者。绝大多数企业的生产经营活动,总是处于"社会再生产过程链条"上的一个中间环节,其前一个环节是材料供应商,后一个环节是产品销售商。所以"链条"上的任何一个环节都与自身的生产经营活动相关甚至是其关键。

(5)政府机构——是指对经济进行宏观调控和监管的部门。为检验他们制定的法律、制度、政策是否有效,企业生产经营活动的优劣和业绩的大小是其验证的标准,是评价他们履行其监管职能是否到位的尺度,甚至决定着有关人员升迁。

2. 面对各种利益相关者,企业的社会责任的内容有所不同

(1)对股东:证券价格的上升;股息的分配。

(2)对债权人:对合同条款的遵守;保持值得信赖的程度。

(3)对职工或工会:相当的收入水平;工作的稳定性;良好的工作环境;提升的机会。

(4)对客户:保证商品的价值;产品或服务的方便程度。

(5)对供应商:保证付款的时间。

(6)对竞争者:公平的竞争;增长速度;在产品、技术和服务上的创新。

(7)对政府:对政府号召和政策的支持;遵守法律和规定。

(8)对所处的社区:对环境保护的贡献;对社会发展的贡献;对解决社会问题贡献。

(9)对贸易和行业协会:参加活动的次数;对各种活动的支持。

(10)对特殊利益集团:提供平等的就业机会;对城市建设的支持;对残疾人、儿童和妇女组织的贡献。

在战略决策的过程中,各个与企业利害相关的团体的利益总是相互矛盾的,不存在使每一

方都满意的战略。因此,一个高层管理者应该知道哪些团体的利益是要特别重视的,如图1-2所示。

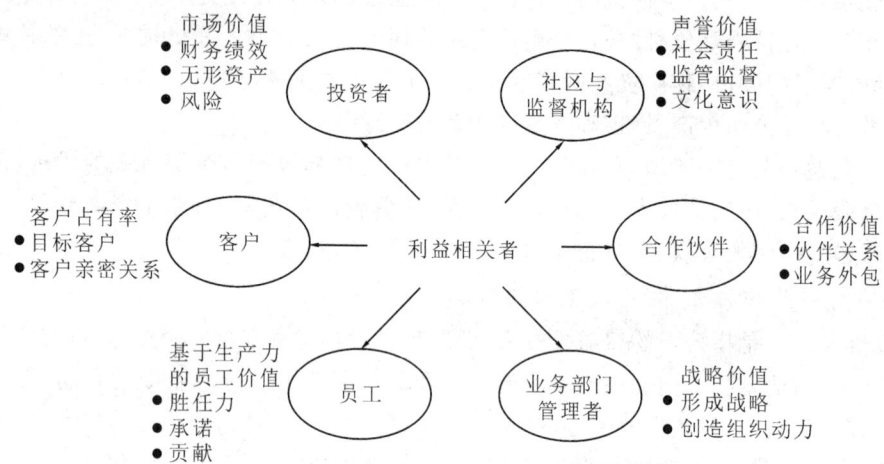

图 1-2　利益相关者(图片来自网络)

小知识

典型的利益相关者包括所有者和股东、银行及其他债权人、购买者和顾客、供应商、广告商、管理人员、雇员、工会、竞争对手、地方政府和国家、管制者、媒体、公益利益群体、政党、宗教群体及军队等。

从利益相关者的角度分析企业战略发展,可使用如下两个矩阵工具:
(1)权力-动态矩阵:用来确定在发展新战略时如何引导政治权力。
(2)权力-利益矩阵:用来确立公司与利益相关者的关系和策略。

利益相关者主要有三个特征:
一是对公司有资金或资本的投入;
二是承担着一定的投资风险,收益与公司经营成果、财务状况等息息相关;
三是分享公司收益,如债权人可以获取利息、股权人可以获取股票红利等。

小思考

2022年6月18日,"巴菲特慈善午餐"经过43次竞标,最终以1 900万美元的价格成交,折合人民币1.28亿元,再次创下历史纪录。为什么人们愿意花如此高价吃一顿午餐?巴菲特说过:"别人爱看《花花公子》,我喜欢看企业财务报表"。这说明了什么?

大部分的利益相关者在做出决策的时候会更多地关注四大报表。利益相关者借助会计相关信息,对企业进行价值的评估,在确定期望回报率后做出决策。决策大致包括三种类型:一种是决定购进、卖出或持有权益工具、债务工具;第二种是决定购买或出售衍生工具;第三种则是就影响经济资源的管理行为进行投票表决。

小知识

企业利益相关者的权力来源包括：
(1)对资源的控制与交换的权力；
(2)在管理层次中的地位；
(3)个人的素质和影响；
(4)参与或影响企业的战略决策与实施过程；
(5)利益相关者集中或联合的程度。
(参考资料来源：百度百科—利益相关者)

(五)创办企业的流程

企业注册流程一般包括工商登记、税务登记等内容，会随着社会的发展而出台不同的具体规定。目前创办企业的流程是：
(1)申请名称预先核准通知书；
(2)拟定公司章程；
(3)确定经营场所；
(4)开立银行临时账户；
(5)聘请会计师事务所出具验资报告；
(6)工商注册登记；
(7)申请刻章；
(8)办理组织机构代码证；
(9)办理国税登记；
(10)办理地税登记；
(11)手续完毕临时账户转基本户。

 小知识

《公司法》第二十三条 有限责任公司的设立条件
设立有限责任公司，应当具备下列条件：
(一)股东符合法定人数；
(二)有符合公司章程规定的全体股东认缴的出资额；
(三)股东共同制定公司章程；
(四)有公司名称，建立符合有限责任公司要求的组织机构；
(五)有公司住所。

(六)现代企业制度的内涵

现代企业制度是以市场经济为基础，以企业法人制度为主体，以公司制度为核心，以产权清晰、权责明确、政企分开、管理科学为条件的新型企业制度。
现代企业制度大体可包括以下内容：
(1)企业资产具有明确的实物边界和价值边界。出资者能够行使所有者职能，并切实承担起相应的责任。

（2）企业通常实行有限责任公司和股份有限公司制度。按照《公司法》的要求，企业形成由股东代表大会、董事会、监事会和高级经理人员组成的公司治理结构，并相互依赖又相互制衡地有效运转。

（3）企业有明确的盈利目标，以生产经营为主要职能。各级管理人员和职工按照经营业绩和劳动贡献获取收益（含五险一金等）。

（4）企业具有合理且行之有效的组织结构。企业内部管理制度和机制涵盖研究开发、生产、质量控制、供销、劳动人事、财务等多方面。

（5）企业有预算约束和合理的财务结构。企业可通过收购、兼并、联合等方式谋求扩展，在经营不善难以为继时，也可通过被兼并和破产等方式寻求资产及其他生产要素的再配置。

实行公司制，建立现代企业制度，对于企业特别是大中型企业，具有重大意义：第一，有利于实现政企职责分开；第二，有利于发挥国有经济的主导作用；第三，有利于规范企业经营者的行为；第四，有利于国有资产的保值增值；第五，有利于同国际惯例接轨。

现代企业制度是一个完整的制度体系，涉及企业与政府、企业与企业、企业与市场以及企业与社会之间多方面生产关系的调整。我国建立的中国特色现代企业制度的要点包括：

第一，独特的组织领导体制。例如，党委领导成员与董事会、监事会和经理成员进行"双向进入，交叉任职"的领导体制。

第二，独特的企业组织功能。例如，明确一系列党管干部、管人才的具体实施意见，落实"党委参与企业重大问题决策""设立董事会提名委员会的企业，原则由书记兼任主席"等规定。

第三，独特的运行机制。企业党组织应帮助、参与决策。明确企业党组织与法人治理结构之间进行协调、沟通、协商、交换、酝酿等方式。企业党组织具有向下征求意见和动员落实的职责以及向上级党委反映问题的权利，同时，支持董事会、经理层、监事会行使各自的职权和职责。在运行机制中，充分反映民主集中制的实现形式。

第四，独特的"以人为本"的企业理念和制度。建立和坚持职代会、厂务公开制度，通过选举产生职工董事、职工监事，坚持维护员工合法权益与企业、股东利益的统一，坚持在法人治理结构下的民主监督、民主评议和民主管理，坚持签订集体协议制度，协商谈判，确保员工在工资、福利、劳保、权利等方面的合法权益。

我国的现代企业制度与我国的宪法、国体、政治体制相衔接、相一致。这也体现了我国企业制度与西方企业制度在理论、理念、制度及实施上的重大区别。

（七）现代企业治理结构

法人治理结构是现代企业制度的核心。公司通过切实履行股东大会、董事会、监事会和经理层的职权、职责，形成各司其职、协调运转和有效制衡的公司法人治理结构。

现代企业治理层主要包括股东大会、董事会、经理层和监事会。通过建立、完善公司制度，约束和规范员工的行为。内容包括：

（1）以股东大会、董事会、监事会和经理层作为法人治理结构。确立所有者、公司法人和经营者之间的权力、责任和利益关系，在发展中不断建立和完善各项管理制度，努力做到对每项经营活动、每个工作环节有章可循，规范每个岗位的职责、义务、奖惩，制度的执行情况与奖惩、升迁等考评挂钩。

(2)形成各负其责、协调运转、有效制衡的法人治理结构。经营中的重大问题由董事会充分讨论、民主决策;为确保投资者的利益,经理层由股东组成;监事会列席董事会,审查和监督董事会的各项决策活动,以及经理层的经营活动。

(3)重视企业内各利益集团的关系协调。保证投资者的投资回报,保持对高层管理者的制约,以及对经理层与员工的激励,避免因高管决策失误给企业造成不利影响。

公司治理结构如图 1-3 所示。

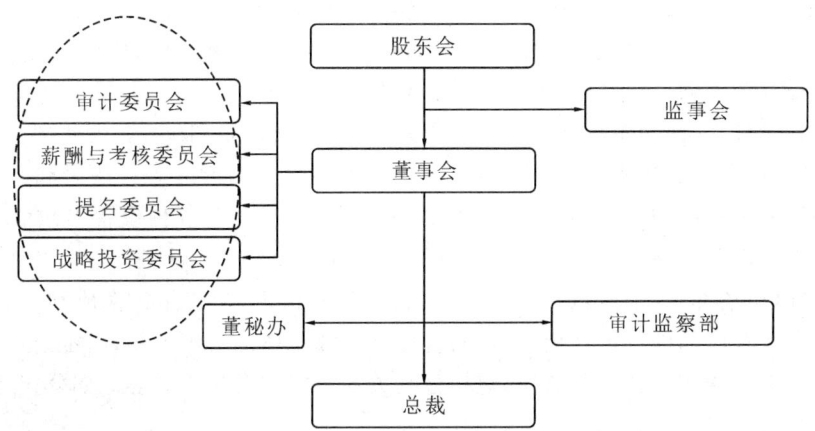

图 1-3　公司治理结构(图片来源:张宏波《公司治理结构中的神秘组织——专业委员会》)

现代企业治理层主要完成如下几个方面的工作:
——决策:如何做正确的事,如何更出色地工作。
——计划:如何低代价实现目标。
——组织:如何使企业运行通畅。
——领导:运用权力,保证权威。
——控制:如何保证目标与计划的实现。
——激励:如何使人用心工作。

现代企业的核心竞争力是组织结构、企业的文化和价值观念,这也是企业主要的激励机制和制胜的法宝。企业应该从实际出发,以提高经济效益为中心,以提高工作效率为目标,围绕主价值链再造,制定管理创新奖励实施办法,进行机构改革,完成共同愿景。

 小知识

《公司法》第四十九条　经理的设立与职权

有限责任公司可以设经理,由董事会决定聘任或者解聘。经理对董事会负责,行使下列职权:

1. 主持公司的生产经营管理工作,组织实施董事会决议;
2. 组织实施公司年度经营计划和投资方案;
3. 拟订公司内部管理机构设置方案;
4. 拟订公司的基本管理制度;
5. 制定公司的具体规章;
6. 提请聘任或者解聘公司副经理、财务负责人;

7. 决定聘任或者解聘除应由董事会决定聘任或者解聘以外的负责管理人员;
8. 董事会授予的其他职权。

公司章程对经理职权另有规定的,从其规定。经理列席董事会会议。

(八)企业的职能部门

部门划分即活动分组,是指按照一定的方式将相关的工作活动予以划分和组合,形成易于管理的组织单位,如部、处、科、室、组等,这些通称作部门。职能部门是指组织中对下属单位具有计划、组织、指挥权力的部门。职能(competency),指的是一组知识、技能,行为与态度的组合,能够帮助提升个人的工作成效,进而带动企业对经济的影响力与竞争力。

企业的六大职能部门为生产部、销售部、财务部、人力资源部、采购部、行政部。

(1)生产部(研发部和质保部)的职能:负责对市场上需要的产品进行调研和开发并进行设计,生产制造产品和提供服务,为产品的维修质保等提供支持,对各种设备事故、工伤、伤亡事故、急性中毒事故以及环境污染事故进行调查处理,并制订改进措施计划。

(2)销售部(市场部)的职能:负责提供产品和服务的销售,把产品转换成利润。开拓市场,承接业务,负责企业产品的宣传介绍、企业的宣传介绍和总体的营销活动,决定公司的营销策略和措施,并对营销工作进行评估和监控,包括公共关系、销售、客户服务等。如公司有新的产品,销售部就要把新产品推销、宣传给消费者。

(3)财务部的职能:负责公司的资金运转、会计核算、资产管理、税务和对下属公司财务工作的指导,在经营管理中发挥核算、监督、控制的职能,为管理决策提供重要依据。

(4)人力资源部的职能:根据企业整体发展战略,建立科学完善的人力资源管理与开发体系,负责人员招聘、考核、薪酬、培训、劳动合同管理等,实现人力资源的有效提升和合理配置,确保企业发展的人才需求。

(5)采购部的职能:负责材料、相关设备、成品、半成品的采购管理,对采购的及时性、价格和质量负责。需要对供应商的供应价格、材料质量、交货期等做出评估,了解公司主要物料的市场价格走势,同时制作采购文件,采购所需的物料。

(6)行政部(或办公室,或总经理办公室)的职能:在总经理的领导下全面负责企业的行政事务,积极贯彻行政管理方针、政策,负责后勤行政事务,包括物业、清洁、车辆、门禁系统、保安等,为实现上传下达和各部门之间的协调运作提供支持和后勤保障。

职能部门化是根据业务活动的相似性来设立管理部门的过程,是传统的、普遍的组织形式。

职能部门化的主要优势包括:能带来专业化分工,有利于维护最高行政指挥的权威,有利于维护组织的同一性;有利于工作人员的培训、相互交流、技术水平的提高。

职能部门化的局限是:各种产品的原料采购、生产制造、产品销售都集中在相同的部门进行,各种产品给企业带来的贡献不易区别,不利于指导企业产品结构的调整;各部门的负责人长期只从事某种专门业务的管理,缺乏总体意识,不利于高级管理人才的培养;由于活动和业务的性质不同,各职能部门可能只关注并依据自己的准则来行动,可能使本来相互依存的部门之间的活动不协调,影响组织整体目标的实现。

二、企业经营管理

(一)企业经营管理的含义

一个企业是否有活力,关键在于能否人尽其用,经营管理是否得当。那么企业经营管理指的是什么?

经营管理,是指在企业内,为使生产、采购、物流、营业、劳动力、财务等各种业务,能按经营目的顺利地执行、有效地调整而进行的系列管理及运营之活动。

企业经营管理(operation and management of business)是对企业整个生产经营活动进行决策、计划、组织、控制、协调,并对企业成员进行激励,以实现其任务和目标的一系列工作的总称。

(二)企业经营管理的内容

企业经营管理的目的是以尽量少的物质消耗和活劳动消耗,生产出更多的符合社会需要的产品。这需要合理地组织生产力,协调供、产、销各个环节的相互衔接和密切配合,将人、财、物等各种要素进行合理配置,充分利用。其内容包括:

——顶层设计。合理地确定企业的经营形式和管理体制,设置管理机构并配备管理人员。

——关注市场。及时做好市场调查,掌握经济信息,进行经营预测和经营决策,确定经营方针、经营目标和生产结构。

——全面预算。编制经营计划,签订经济合同。

——责任中心。建立、健全经济责任制和各种管理制度。

——人力资源。统一认识,搞好人力资源的利用和管理。

——资源利用。加强土地与其他自然资源的开发、利用和管理。

——过程管理。搞好机器设备管理、物资管理、生产管理、技术管理和质量管理。

——着力销售。合理组织产品销售,搞好销售管理。

——完成分配。加强财务管理和成本管理,处理好收益和利润的分配。

——绩效管理。全面分析评价企业生产经营的经济效益,开展企业经营诊断等。

(三)企业经营管理的职能

企业经营管理职能包括五个方面的内容,即战略职能、决策职能、开发职能、财务职能和公共关系职能。

1. 战略职能

战略职能是企业经营管理的首要职能。因为,企业所面对的经营环境是一个非常复杂的环境。影响这个环境的因素很多,变化很快,而且竞争激烈。在这样一个环境里,企业欲求长期稳定的生存与发展,就必须高瞻远瞩,审时度势,随机应变。战略经营的具体体现是经营者要树立战略观念,并制定经营战略。经营管理的战略职能包括五项内容:经营环境分析、制定战略目标、选择战略重点、制定战略方针和对策、制定战略实施规划。

2. 决策职能

经营职能的中心内容是决策,甚至可以说经营管理就是经营决策。企业经营的优劣与成败,完全取决于决策职能。决策正确,企业的优势能够得到充分的发挥,扬长避短,在风险经营环境中以独特的经营方式取得压倒性的优势;决策失误,将使企业长期陷于困境之中。决策职能主要是通过环境预测、制定决策备选方案并进行方案优选、方案实施诸过程来完成。

3. 开发职能

人才或能力开发、技术开发、产品开发、市场开发"四位一体",构成企业经营管理开发职能的主体。企业要在激烈的市场竞争中稳操胜券,就必须拥有第一流的人才、第一流的技术,制造第一流的产品,创造出第一流的市场竞争力。企业只有在技术、人才、产品、服务、市场适应性等方面都出类拔萃,才能在瞬息万变的市场竞争中得心应手、应付自如。

4. 财务职能

财务职能集中表现为资金筹措职能、资金运用职能、增值价值分配职能以及经营分析职能。企业经营的战略职能、决策职能、开发职能,都必须以财务职能为基础,并通过财务职能做出最终的评价。

5. 公共关系职能

经营管理需要协调投资者、往来厂商、从业人员、客户、竞争者以及行政机关、社区居民等各方面的社会关系。企业同它赖以存在的社会经济系统的诸环节保持协调,这种同外部环境保持协调的职能,被称为社会关系职能或公共关系职能。

企业的管理体现在方方面面,需要许多人的共同努力、统筹合作,这样一个企业才能保持旺盛的生命力,才能更好地在这个竞争激烈的社会上生存。

 小思考

企业经营管理应该完成哪些工作?

(四)企业经营与管理的辩证关系

经营是商品经济的产物,它旨在提高经济效益。它是商品生产者为实现企业的目标,以市场为对象,以商品生产和商品交换为手段,使企业生产技术、经济活动与外部环境达成动态平衡的一系列有组织的活动。

管理是劳动社会化的产物,它旨在提高作业效率。

我们也经常把"经营管理"放在一起,因为经营管理是相互渗透的,经营中的科学决策过程便是管理对经营的渗透,而管理中的经营意识则是经营在管理中的体现。

1. 经营与管理的主要区别

(1)"管理"存在于"经营"的外延之中。通常企业运营都会包括经营和管理这两个主要环节,按照企业管理工作的性质,将企业进行市场活动的营销和生产称作"经营",之外的管理内容,如企业理顺工作流程、发现问题的行为称为"管理"。

(2)"经营"是对外的,"管理"是对内的。"经营"追求从企业外部获取资源和建立影响,而"管理"则强调对内部资源的整合和建立秩序。

(3)经营追求的是效益,管理追求的是效率。经营要资源,要赚钱;管理要节流,要控制成本。

(4)经营是扩张性的,管理是收敛性的。经营要积极进取,抓住机会,胆子要大;而管理要谨慎稳妥,要评估和控制风险。

(5)"经营"是龙头,"管理"是基础。

2. 经营与管理的联系

企业发展的规律是:经营—管理—经营—管理交替前进,"经营"关注市场和客户,提供有针对性的产品和服务,会对管理水平提出相应的要求,所以,"管理"必须为"经营"服务。

管理始终贯穿于经营的整个过程,没有管理,就谈不上经营。

管理的结果最终在经营上体现出来,经营结果代表管理水平。

管理思想有一个相对稳定的体系,但企业的经营方法却要随着市场供应和需求因时因地而变化,但它又是靠管理思想来束缚。反过来,管理思想又要跟着经营、环境、时代、市场而调整。经营是人与事的互动,管理则是企业内人与人的互动。

3.经营与管理两者的辩证关系

经营与管理又是密不可分的,在相互矛盾中寻求相互统一。

经营与管理,好比企业中的阳与阴,相互依赖。经营为管理设定目标和意图,管理为经营提供方法和手段。经营是选择对的事情做,管理是把事情做对。所以经营是指涉及市场、客户、行业、环境、投资的问题,而管理是指涉及制度、人才、激励的问题。

企业发展必须有规则,有约束,也必须有动力,有张力。

忽视管理的经营不能长久,忽视经营的管理是僵化的,为了管理而管理,为了控制而控制,只会是一潭死水。

 小知识

企业经营管理的方法:

一、"合拢式"管理

"合拢"表示在企业管理上必须强调个人和整体的配合,创造整体和个体的高度和谐。在企业管理中,欧美企业主要强调个人奋斗,促使不同的管理相互融洽借鉴。"合拢式"管理的具体特点是:

1.韵律性。企业与个人之间达成一种融洽和谐、充满活力的气氛,激发人们的内驱力和自豪感。

2.既有整体性又有个体性。企业每个成员对公司产生定位感,"我就是公司"是"合拢式"管理中的一句响亮口号。

3.自我组织性。放手让下属做决策,自己管理自己。

4.波动性。现代企业管理必须实行灵活经营战略,在波动中进步和革新。

5.相辅相成。要促使不同的看法、做法相互补充交流,使一种情况下的缺点变成另一种情况下的优点。

二、"抽屉式"管理

在现代企业管理上也称之为"职务分析"。"抽屉式"管理形容在每个管理人员办公桌的抽屉里都有一个明确的职务工作规范,在企业管理工作中,既不能有职无权,也不能有责无权,更不能有权无责,必须职、责、权、利相互结合。

企业管理者进行"抽屉式"管理共有五个步骤:第一步,建立一个由企业各个部门组成的职务分析小组;第二步,正确处理企业内部集权与分权的关系;第三步,围绕企业的总体目标,层层分解,逐级落实职责权限范围;第四步,编写职务说明、职务规格,制定出对每个职务工作的要求准则;第五步,必须考虑到考核制度与奖惩制度相结合。

三、"一分钟"管理

西方许多企业管理者采用了"一分钟"管理法则,并取得了显著成效。具体内容为:一分钟目标、一分钟赞美及一分钟惩罚。所谓一分钟目标，就是企业中的每个人都将自己的主要目标和职责明确地记在一张纸上。每个目标及其检验标准应该在250个字内表达清楚，在一分钟内就能读完。这样，便于每个人明确认识自己为何而干、怎样去干，并且据此定期检查自己的工作。一分钟赞美，就是人力资源激励。具体做法是企业的经理经常花费不长的时间，在职员所做的事情中挑出正确的部分加以赞美。这样可以促使每位职员明确自己所做的事情，更加努力地工作，并不断向好的方向发展。一分钟惩罚，是指某件事本该做好却没有做好，对有关人员首先进行及时批评，指出其错误，然后提醒他你是如何器重他，不满的是他此时此地的工作。这样，可以使做错事的人乐于接受批评，并注意避免以后同样错误的发生。

"一分钟"管理法则妙就妙在它大大缩短了企业管理过程，有立竿见影之效。一分钟目标，便于每个员工明确自己的工作职责，努力实现自己的工作目标；一分钟赞美可使每个职员更加努力地工作；一分钟惩罚可使做错事的人乐意接受批评，促使他今后的工作更加认真。

任务引例解析

企业经营管理的内容包括顶层设计、关注市场、全面预算、责任中心、人力资源、资源利用、过程管理、着力销售、完成分配和绩效管理等。

习题

一、课后思考题

1. 为什么说企业定位很重要？定位中要关注哪些要素？
2. 企业的形式有哪些？各有什么特点？
3. 企业的利益相关者包括哪些？他们关注哪些信息？
4. 我国建立的中国特色现代企业制度与西方企业制度有何不同？
5. 简述创办一家企业的流程。
6. 企业有哪些职能部门？各有什么职责？
7. 简述企业经营与管理的辩证关系。

第二节 企业经营数智沙盘

任务引例

在一次临近毕业实习的沙盘课上，经过激烈的运营，肖强体会到了经营一家企业的全过程中的喜怒哀乐，并且能够在不同环境下模拟企业经营，存活下来实现盈利，能发现并解决企业面对的突发问题，对企业业务运行过程中的控制、监督、团队协作等环节有了切身体会。肖强找到任课老师问道："老师，您说现在开始学习基础会计还来得及吗？我一年级的时候没有认真学，学得不够好，我现在知道这门课程的重要性了。"

思考：为什么肖强经历过企业的经营管理全过程后想要学习基础会计？

知识准备与业务操作

企业经营数智沙盘课程是一门集理论与实践于一体的综合课程,所有专业均可涉猎。该课程通过沙盘模拟经营的方式,让学习者在课堂教学活动中综合运用单科课程知识,融入所创设的经济业务环境里,扮演其中的角色并进行岗位对应的操作。在操作过程中,前期了解沙盘规则、经营模式,明确企业整体流程,后期是在了解企业整体流程的基础上,进行实践操作,在实践过程中,理解经营管理,理解数字化技术带来的场景变革,将获得的感性体验上升到理性认识,在参与、体验中完成从知识到技能的转化,掌握管理知识,养成良好的财务、人力、生产、营销意识和行为习惯,强化训练管理技能,从而全面提高综合素质。

企业经营数智沙盘课程中,学习者通过加入同一行业中竞争的若干企业,分别担任营销总监、生产总监、财务总监、人力总监岗位,根据市场需求分析制定企业的长、中、短期策略,参与产品研发、生产、市场、销售、财务管理、人力资源管理等工作,在模拟运营中体会和应用复杂、抽象的经营管理理论;通过企业信息化、数智化转型、全面数智化三个经营阶段,直观体验并全面了解新一代数字与智能技术给企业带来的生产变革、经营变革和管理变革。数智沙盘课程的作用如图1-4所示。

图 1-4 数智沙盘课程的作用(图片来源:用友新道数智沙盘)

课堂活动

学习者分成每四人一组,每组加入同一行业中竞争的若干企业并明确企业定位和战略目标,四位学习者分别担任营销总监、生产总监、财务总监、人力总监岗位角色。

一、认知数智化时代的经营管理

该课程以"数智认知,始于沙盘"为开发理念,继承ERP沙盘的经典设计思路,同时融入数智企业经营管理的典型场景。数智沙盘课程案例主要讲述制造业企业S公司,从初创到壮大,到数字化转型,再到全面数字化的发展过程。

企业经营管理通过数智沙盘课程实现全方位展现,数智化时代的经营管理主要包括以下方面。

(一)全方位认知企业

全方位认识企业,了解企业的组织机构设置、各管理机构的职责和工作任务,对未来的职业方向建立基本认知。通过企业经营了解企业管理体系的业务流程,理解物流、资金流、信息流的协同过程。

(二)战略管理

成功的企业一定有着明确的企业战略,包括产品战略、市场战略、竞争战略及资金运用战略等。从最初的战略制定到最后的战略目标达成分析,经过几年的迷茫、挫折、探索,学习者将学会用战略的眼光看待企业的业务和经营,保证业务与战略的一致,在未来的工作中更多地获取战略性成功而非机会性成功。

(三)营销管理

市场营销就是企业用价值不断来满足客户需求的过程。企业所有的行为、所有的资源,无非是要满足客户的需求。通过几年的模拟竞争,学习者将学会如何分析市场,关注竞争对手,把握消费者需求,制定营销战略,定位目标市场,制订并有效实施销售计划,达成企业战略目标。

(四)生产管理

我们把生产过程管理、质量管理、设备更新、产品研发统一纳入生产管理领域,在企业经营过程中,学习者将深刻感受生产与销售、采购的密切关系,理解生产组织与技术创新的重要性。

(五)财务管理

在沙盘模拟过程中,团队成员将清楚地掌握资产负债表、利润表的结构,通过财务报告、财务分析解读企业经营的全局,细化核算,支持决策;掌握资本流转如何影响损益;通过"杜邦模型"解读企业经营的全局;理解现金流的重要性,学会资金预算,以最佳方式筹资,控制融资成本,提高资金使用效率。

(六)人力资源管理

从岗位分工、职位定义、沟通协作、工作流程到绩效考评,沙盘模拟中每个团队经过初期组建、短暂磨合,逐渐形成团队默契,完全进入协作状态。在这个过程中,各自为战导致的效率低下、无效沟通引起的争论不休、职责不清导致的秩序混乱等情况将使学习者深刻理解局部最优不等于总体最优,学会换位思考。在组织的全体成员有共同愿景、朝着共同的绩效目标、遵守相应的工作规范、彼此信任和支持的氛围下,企业更容易取得成功。

(七)基于信息管理的思维方式

通过沙盘模拟,使学习者真切地体会到构建企业信息系统的紧迫性。决策来源于数据,数据来源于信息系统,企业信息系统如同飞机上的仪表盘,能够时刻跟踪企业运行状况,对企业业务运行过程进行控制和监督,及时为企业管理者提供丰富的可用信息。通过沙盘信息化体验,学习者可以感受到企业信息化的实施过程及关键点,合理规划企业信息管理系统,为企业信息化做好观念和能力上的铺垫。

二、数智沙盘岗位场景任务

平台提供了三年的经营期:

第一年为企业建设阶段:实践的内容包括市场开拓、产品开发、广告投放、厂房购买、生产线购买、生产、工人招聘、贷款融资、订单交付、应收应付。

第二年为数字转型阶段:实践的内容包括企业常规管理、数字营销转型、智能工厂转型、数字人力转型、智能财务转型。

第三年为全面数字化阶段:实践的内容包括数字营销管理、智能生产管理、数字人力管理、智能财务管理。

数智沙盘延续了手工与电子沙盘的经典经营管理模型,把企业运营所处的内外部环境抽象为一系列的规则,便于快速形成企业经营管理的全景认知;同时将数智企业的新要素进行了有机融入,增加了企业数智化中最典型的场景,包括智能生产、网络营销、智能风控、智能招聘、大数据分析等,通过形象化的设计让学习者切实感知企业数智化的过程和前后的对比,建立数智企业经营运营框架,如图1-5、图1-6所示。

模块	管理任务表	数字化场景	核心理念
营销	市场预测分析		1.第一核心是**管理**,故而核心课程营销、人力资源、生产、财务都要完整
营销	营销策划管理		
营销	订单交付		
营销	竞标选单		
营销	网络营销	用户运营管理	
营销	网店运营管理		
生产	产品开发		2.第二核心是**数字化**,需要展示数字化场景(自动化、智能化、数据化)
生产	产品设计		
生产	生产现场管理	自动生产	
生产	产能管理		
生产	供应链管理	自动采购	
人力	薪酬管理	智能定薪	3.第三核心是**大数据**,大数据能够辅助管理
人力	招聘管理	智能筛选	
人力	激励管理		
财务	筹资管理	大数据分析	
财务	营运资金管理	风险预警	
财务	财务报表	决策推荐	
财务	预算控制		

图1-5 数智沙盘岗位场景任务(图片来源:用友新道数智沙盘)

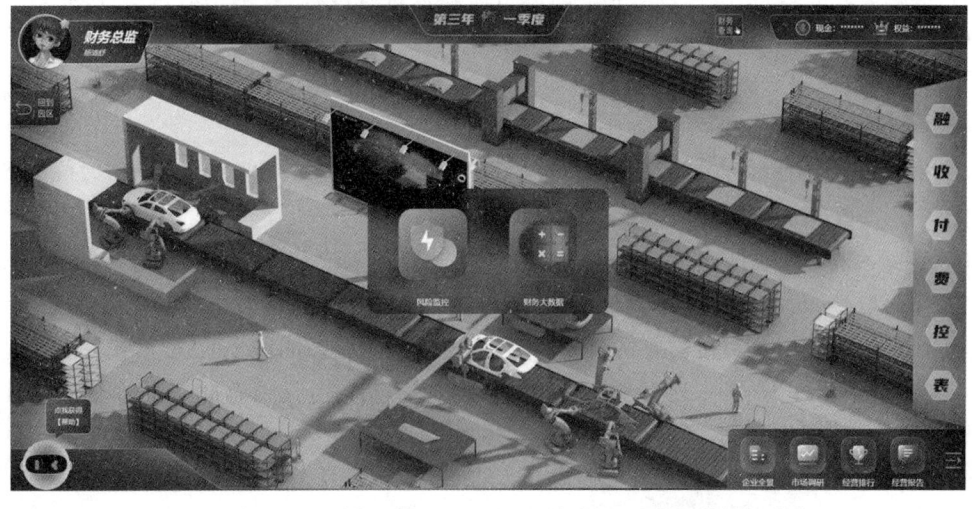

图1-6 数智沙盘财务总监工作界面(图片来源:用友新道数智沙盘)

┃课堂活动

学习者按岗位角色,分别熟悉数智沙盘岗位场景任务,熟悉平台上对应的工作界面,了解三年的工作重点,研读具体规则。

在知识层面:深入理解企业经营管理知识,包括战略管理、营销管理、生产管理、人力资源管理与财务管理等;了解企业数智化与数智化转型基础知识,包括数智化概念、特征及数智化转型;了解经营管理大数据分析基础知识,包括营销大数据、生产大数据、财务大数据、人力大数据等。

在能力层面:能应用计划、组织、领导、控制等方法,对采购、研发、生产、销售、财务核算、人力资源管理等企业流程实施管理;理解并应用数智化企业的新型经营管理方式,如网络营销、智能生产、智能风控、数智人力、大数据分析等;通过数据的分析、提炼,发现问题并制定决策;能有效进行团队组建、分工及协作、沟通与激励;能主动发现资源、运用资源及整合资源,通过探究式学习分析并解决问题;在学习过程中主动进行创新思考和实践。

在思政和素质层面:有全局观念、集体意识、团队合作精神及共赢理念;规则意识、诚信经营、公平理念及质量意识;数智理念、信息素养、创新思维;勇于奋斗、乐观向上及自我管理能力。

(一)财务总监

(1)预算控制:财务总监岗位对其他岗位分配预算,帮助学习者认知企业财务的工作流程,并在实践中学习成本控制的原则。

(2)融资管理:财务总监岗位可以通过贷款进行企业的融资,培养学习者对筹资决策的分析能力。

(3)应收账款管理:财务岗位对企业的应收账款进行管理,对企业的流动资金做收款计划,并进行贴现活动,锻炼财务岗位现金流的控制能力。

(4)应付账款管理:财务岗位对企业的应付账款进行管理,制订全年的付款计划,锻炼财务岗位现金流管理、升值流动资产的能力。

(5)费用管理:财务岗位对企业的一些费用进行管理,包括管理费用以及贷款的本金及利息。让财务岗位锻炼财务履约能力。

(6)报表管理:展示企业的三大报表,包括资产负债表、利润表和现金流量表,锻炼财务岗位查看报表、填写报表和分析报表的能力。

(7)财务 RPA:可通过 RPA 机器人,批量处理付款工作。

(8)风险监控:智能化经营场景,通过智能化的算法,实时获取公司的财务数据,进行分析后,展示风险等级。财务岗位需要实时关注,以及时地发现公司的财务问题,解决问题。每个风险项系统都会给出实时的值,还有各个季度的变化曲线,给财务岗位数据支撑。

(9)财务大数据:开启后,系统会自动地爬取竞争对手的数据,进行挖掘清洗后,形成看板,展示给学习者。学习者可以在看板上自选数据,DIY 适合自身企业现状的大数据看板。财务大数据能训练财务岗位获取数据、分析数据的能力。

(二)人力资源总监

(1)招聘管理:人力资源岗位可以根据用人部门发送来的需求,从人才市场筛选人才,进行招聘。招聘时需要根据人才的能力、期望和市场情况综合判断定薪,发送 offer。发送 offer 后,系统会根据公式判断人才是否入职。通过实操，锻炼人力资源岗位学习者筛选人才、人工成本计划和控制的能力。

（2）岗位管理：人力资源岗位可以在这里管理薪酬，查看各岗位的人员工作状态，还可以对不匹配的员工进行淘汰，通过岗位管理，可以训练人力资源岗位学习者薪酬设计和薪酬管理的能力。

（3）培训管理：人力资源岗位可以对员工进行管理，对低等级员工进行培训，提升他们的能力，升级为高级员工，承担更高级的工作。通过培训管理，可以锻炼人力资源岗位学习者的人力资源规划和成本控制的能力。

（4）激励管理：人力资源岗位可以查看所有员工的工作状态、工作效率，对其中指定的员工进行激励，手段包括奖金和涨薪。人力资源岗位学习者可以通过激励管理锻炼其绩效管理、薪酬设计的能力。

（5）智能招聘：通过内置智能算法，智能化系统可以智能地根据企业的人才需求，从人才市场中匹配最适合的人才；通过获取市场的数据，可以智能地推荐该人才的薪酬，企业可以根据推荐的值去调整开出的薪酬。人力资源岗位通过智能招聘，能了解数字化系统给企业带来的巨大效率提升。

（6）人力资源RPA：可通过RPA机器人，批量处理激励工作。

（7）人力大数据：开启后，系统会自动地爬取竞争对手的数据，进行挖掘清洗后，形成看板，展示给学习者。学习者可以在看板上自选数据，DIY适合自身企业现状的大数据看板。人力大数据能训练人力资源岗位获取数据、分析数据以解决问题的能力。

（三）生产总监

（1）工人管理：生产总监可以将企业里的所有员工进行派工，将合适的工人安排到合适的生产线上，以获取最大的产值。通过工人管理，生产总监可以训练计算生产能力、制作生产计划、制订产能计划的能力。

（2）设备管理：生产总监要统筹企业中的全部生产设备，新增和删减、维修，等等。生产线有不同的类型、不同的产能以及价格，其要根据企业的现状使用符合情况的生产线。通过合理排产，支持企业的销售业务。通过设备管理，生产总监学习者可以锻炼其生产控制、进度控制、生产调度的能力。

（3）库存管理：生产总监肩负着为企业的生产行为提供原材料的责任。根据生产计划制订原料需求计划，根据计划以及采购流程，按期预订原材料，保障生产的进行。而生产线生产出产品后，产品将进入产品库，生产总监也要对其进行管理，对于库存积压或不足的行为，需要予以合理排产。通过库存管理，生产总监学习者可以锻炼其在制品控制、库存控制、生产调度的能力。

（4）设计管理：生产中心包含着设计部门，生产总监可以就产品进行不断的迭代设计。生产总监应根据市场需要，根据销售计划去迭代产品，以适应企业的经营计划，适应市场去盈利。通过设计管理，生产总监可以锻炼其产品设计管理的能力。

（5）研发管理：生产总监可以去升级企业的技术，以便让企业的产品在市场中更加具备竞争力。通过研发管理，生产总监可以锻炼市场分析以及研发管理的能力。

(6)智能生产:开启智能生产后,系统会根据算法,自动以最优的组合给企业里的所有生产线排产,并且系统会自动更新最新的产品 BOM 设计以及自动去供应商购买原材料,通过智能生产,生产工作进入智能时代,让生产总监充分感受智能系统带来的效率提升。

(7)生产大数据:开启后,系统会自动地爬取其竞争对手的数据,进行挖掘清洗后,形成看板,展示给学习者。学习者可以在看板上自选数据,DIY 适合自身企业现状的大数据看板。生产大数据能训练生产岗位获取数据、分析数据以解决问题的能力。

(四)营销总监

(1)渠道管理:营销总监负责开拓企业的销售渠道,他需要制订渠道计划,逐步地拓展更大的销售市场。通过渠道管理,营销总监可以锻炼其市场分析、市场定位、细分市场调研等能力。

(2)产品管理:营销总监负责申报公司的生产资质和质量认证等手续,拓展企业的产品广度与深度。通过产品管理,营销岗位学习者可以锻炼营销管理和产品管理的能力。

(3)促销管理:营销总监根据市场分析的结果,选单细分市场,进行广告方式的促销管理。通过促销管理,营销岗位学习者可以学习市场营销管理中的广告策略。

(4)竞单管理:营销总监根据企业的战略,选择不同市场进行订单申报。通过竞单管理,营销岗位可以系统地锻炼在营销管理中,4P 的应用方式。

(5)交付管理:营销总监根据企业申报获得的订单,根据企业的库存情况,进行产品交付,获取利润。通过交付管理,营销岗位可以了解企业获取利润的方法,同时认知履约的重要性。

(6)网络营销:开启网络营销后,企业新增一个销售渠道。网络渠道相对于经销商市场,产品更加明确,并且回款更加迅速。通过网络营销,营销岗位可以认知网络营销的特色、网络营销的流程。

(7)营销大数据:开启后,系统会自动地爬取其竞争对手的数据,进行挖掘清洗后,形成看板,展示给学习者。学习者可以在看板上自选数据,DIY 适合自身企业现状的大数据看板。营销大数据能训练营销岗位获取数据、分析数据以解决问题的能力。

 课堂活动

1. 组建成多个相互竞争的模拟企业并命名后,确定企业的宗旨和经营理念。
2. 每个企业首先推出本企业的 CEO 并由其代表发表演说;在 CEO 的带领下,明确企业经营管理活动中各岗位的作用和职责,根据工作分工和工作现场进行位置调整。
3. 在总经理带领下仔细学习和分析规则。

三、企业经营数智沙盘的流程设计及总体内容

工作流程设计:开场、破冰、团队组建、沙盘起源、了解企业、通用规则、岗位讲解、试经营、复盘、开启新一轮经营、开启数智化经营、复盘。将理论知识放在实践场景中,在体验中犯错、在复盘中反思、在优化中学习。同时,通过团队竞技的设计,创造一种博弈场景,在竞争中运用所学,

提升团队合作中的协作与沟通能力,如表 1-1 所示。

表 1-1 "企业经营数智沙盘"课程内容要求和课时分配表

序号	教学内容	素质要求	内容与要求	技能内容与要求	参考课时（理论+实践）
1	开场	发现问题、解决问题的能力；有良好的沟通协作能力和团队意识，有一定探究精神和创新意识	• 课程简介 • 了解沙盘课程	• 通过介绍明确沙盘课程内容	0.5
2	破冰		• 小游戏"红黑之战" • 了解游戏目的 • 陌生的同学之间互相了解	• 突破思维定式,打破常规 • 提高反应能力和注意力 • 通过规则制定盈利方案	0.5
3	团队组建		• 通过互相了解,达成共识,成立团队	• 增强团队协作能力 • 提升交流能力	0.5
4	沙盘起源		• 了解沙盘起源 • 沙盘经营流程	• 通过模拟学习沙盘流程 • 通过训练总结经验	0.5
5	了解企业		• 认识企业 • 企业的本质 • 创建案例	• 能够了解企业概念	0.5
6	通用规则		• 了解沙盘培训的主要内容 • 了解沙盘的起源与意义 • 了解企业的初始设定 • 掌握企业内部职能部门的划分以及各部门职员的职责 • 掌握相关专业名词的含义 • 了解沙盘活动规则的重要性	• 掌握沙盘系统的操作 • 能够进行初始状态的设定	0.5
7	岗位讲解		• 了解企业经营流程 • 了解营销总监工作内容 • 了解生产总监工作内容 • 了解人力总监工作内容 • 了解财务总监工作内容 • 了解各岗位间的工作交互	• 能够模拟企业中的各部门、各角色及角色职能 • 能担任沙盘中的角色,能够熟练掌握岗位的业务流程和操作要领	0.5

续表

序号	教学内容	素质要求	内容与要求	技能内容与要求	参考课时（理论+实践）
8	试经营		• 实操各岗位工作内容 • 第一季度试运营 • 第二季度试运营 • 第三季度试运营 • 第四季度试运营	• 能够模拟企业的各个经济业务 • 了解各季度工作内容 • 能够掌握市场开拓规则 • 能制订广告方案 • 能够进行市场竞单的实际操作 • 能够进行购买、出售、维修生产线操作 • 能够研发产品、进行ISO认证 • 能够招聘工人、解聘、发放工人工资 • 能够进行原材料订购与入库操作 • 能够掌握筹资方式	2
9	复盘		• 总结试运营阶段的失误 • 总结在试运营过程中的所学 • 总结团队应当如何经营企业	• 重点管控时间 • 提升团队协作能力 • 规划企业物流、信息流、资金流状况	0.5
10	开启新一轮经营		• 第一季度运营 • 第二季度运营 • 第三季度运营 • 第四季度运营	• 掌握企业经营流程，并改善试运营中的失误点 • 掌握企业运营如何盈利	0.5
11	开启数智化经营		• 第一季度运营并开启数智化 • 第二季度运营 • 第三季度运营 • 第四季度运营 • 第五季度运营并使用数智功能 • 第六季度运营 • 第七季度运营 • 第八季度运营	• 能够独立完成岗位操作 • 了解数智化 • 通过数智化分析本企业详情 • 能够编写资产负债表 • 能通过数智化了解其他企业 • 通过大数据信息,对本企业战略进行完善	0.5

续表

序号	教学内容	素质要求	内容与要求	技能内容与要求	参考课时（理论+实践）
12	复盘		• 学生总结 • 点评	• 通过复盘提升企业盈利能力 • 能够在不回档的情况下,顺利完成2年操作 • 能够清楚本企业的问题所在	1
总计					8

(1)通过分岗经营,学习者分别担任财务总监、营销总监、生产总监和人力资源总监,经过3年的经营,以协作的方式理解经营,了解企业管理过程中的主要流程,学会管理的方法,体验企业数字化转型、实现盈利的过程。

(2)数智沙盘实时呈现经营数据,大数据技术能够对沙盘模拟中的几乎所有数据进行爬取,经系统建模计算后,通过生产大数据、营销大数据、财务大数据、人力资源大数据四大看板展示给学习者,学习者可以自由地组建大数据看板,查询数据,以提升数据分析的能力。

(3)展现AI、智能算法。系统通过内置算法,展现智能算法在生产管理、人力资源管理方面带来的巨大效率提升。

(4)实时数据。通过开启数字化系统,将经营数据从过期数据改换为实时数据,管理岗位可以实时地分析数据,调整经营决策。

(5)课程思政化。在课程设计中,加入大量的思政元素,让学习者在学习企业经营的同时,学习法律法规,学习社会主义企业家精神。

(6)碳达峰与碳中和。"双碳"与制造业息息相关,在沙盘中,学习者的每次生产都将产生排放,课程将教会学习者正确认识碳达峰与碳中和,做可持续发展。

四、数智沙盘过程实施

依据企业定位,在平台内自定义沙盘模型,调整企业经营各个模块的任务比例,自主创建沙盘案例与经营参数;沙盘教学控制台记录时间、进度、经营节奏、特殊时间、实验数据、注资等信息;智能分析功能,全面智能地复盘分析了解学习者的经营结果,如图1-7所示。

(一)平台设计特点

(1)平台无缝集成:教学管理平台与沙盘系统实现无缝衔接,同一平台,单点登录(同一网址),可通过教学管理功能实时掌握学习者的经营数据。

(2)理实结合:平台提供多个标准的案例,以及大量的相关知识点内容,理论和实践相结合。

(3)多维度评分:平台内置多维度评分模式,教师可以在实践得分、总结得分、主观评分三项内容范围内自由设定比例,系统会根据学习者的学习情况以及教师的打分情况,自动计算出学习者的最终得分。

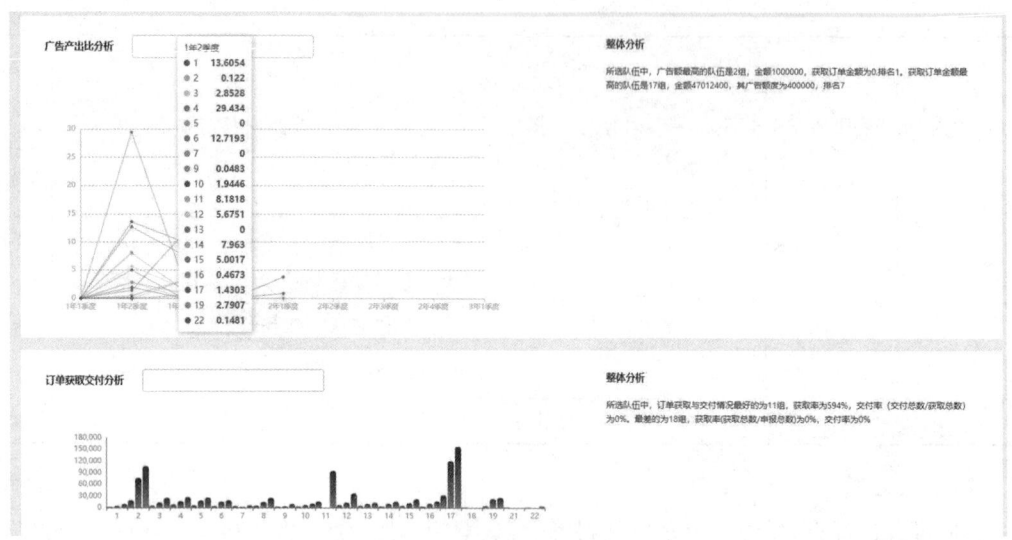

图 1-7 智能复盘分析界面(图片来源:用友新道数智沙盘)

(4)实训组织形式:支持选择集中实训或按照周课时进行实训,支持学习者单人全岗、多人分岗的实训方式,可随时掌控学习者整体进度。

(5)实训案例:课程提供汽车制造、单车制造、快消品制造三种不同的案例背景,让学习者充分学习不同类型的企业经营重点的区别。

(6)教学内容:提供模拟经营相关的知识点 PPT,可在线查看。

(7)案例 DIY 编辑:提供自编案例的工具。可通过案例开发功能,主动编辑案例。案例编辑支持沙盘模型、经营时间、经营规则的更改,使沙盘真正成为组织实践教学的工具。

(8)GM 工具台:提供 4 项实践控制功能,包括订单控制、突发事件、数据调整、注资四个功能,提升实践教学过程中的流畅度和趣味性。

(9)智能分析:提供数字化的分析工具,内置算法,将学习者的关键数据指标化,并形成图形进行对比,助力便捷地分析实践结果,如图 1-8 所示。

(二)企业经营数智沙盘系统功能

(1)模拟生产制造业的经营管理流程,通过人财物、产供销的计划和执行,系统地感受经营管理。

(2)提供数字化场景的管理方式,体验从传统管理升级到智能化管理后的管理理念变革。

①拓展网络销售的营销渠道,学习者需根据系统给出的市场形势,描绘用户画像,分析用户的需求;通过新媒体营销吸纳会员,增加销售机会。让学习者充分感受到数字时代,用户资产化带来的收益。

②使用智能算法推动智能生产。结合时下最先进的"熄灯工厂"理念,构造"产研供"一体的生产结构,学习者操作后,自动获取最新的图纸、自动购买原材料、自动配置最优的工人进行全自动生产,大大地提升生产效率。

③使用智能算法推动财务管控。结合数字化"实时会计"的理念,展现商业智能式的风险监控。系统通过算法实时获取企业的各项财务数据及指标,实时地告知企业当前从盈利能力、债务、现金流三个角度的风险情况。

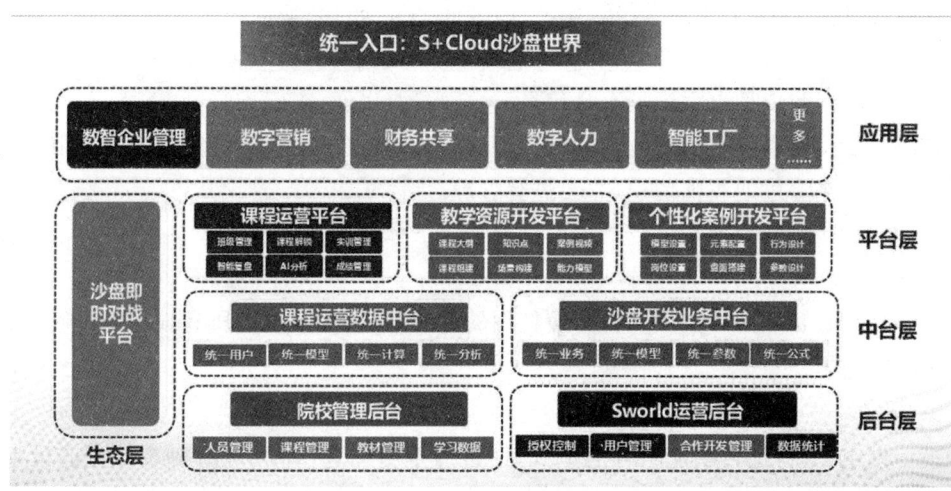

图1-8 2022年更新的总体设计图(图片来源:用友新道数智沙盘)

④使用智能算法辅助招聘。结合数字人力"RPA""智能化"的理念,通过算法,将最符合企业的人员从庞大的人才市场中筛选出来,并通过算法智能定薪,帮企业最大化地节省成本,提升效率。

(3)为各个岗位提供大数据看板,系统通过算法爬取实践中的大量数据,形成易于观察的大数据看板。学习者可以选择数据在看板上展示,通过自身的认知,构建DIY的大数据看板,分析自身企业在营销、生产、财务、人力各个方面的现状,预测数据,驱动企业向前发展。

(4)支持多人多岗、单人多岗的协作模式,学习方式更加灵活。

(5)随身智能助教,随时可查询大量知识点。

(三)具体功能说明

平台提供了三个标准的沙盘案例,包括:

第一,标准案例:HQ汽车制造企业。

第二,拓展案例1:HQ大型设备制造企业(本案例不含网络营销)。

第三,拓展案例2:HQ快消品制造企业(本案例的经销商订单较少)。

每个案例都有一定的特色和独有的经营策略,给学习者多种市场情况的经营体验。

主页面内容包括:

——智能小助教:支持关键字搜索,可通过文本模糊查询知识点。

——智能决策推荐:将企业的数据与实践中最高的企业做比较,认知企业现状。

——社会责任:企业家应秉承的社会责任,获取学习者的经营数据,让学习者在经营中明白企业家的意义。

——碳中和:企业在经营中,应通过植树造林去中和生产中所产生的碳排放。

——财务状况查询:点击后,查询当前企业的财务状态。

——数据咨询:企业可支付一定费用,去查看其他企业的实时数据。

——市场调研:展示经销商市场的市场需求量概况。

——经营排行:每年结束后,展示经营成绩的排行,包含得分的细项分数。

——经营报告:从人力资源、营销、生产、财务四个方面对企业的经营成果进行描述。

其中:

(1)账户设置:管理员自主维护自身信息,包括昵称、头像、密码。

(2)教师管理:管理员可新增教师,并进行基本信息的维护,包括姓名、密码、使用时间期限等。同时也支持删除过期教师信息,方便进行管理。

(3)标准案例管理:管理员可查看当前学习平台下标准案例的使用状态,并可点击链接快速激活。

(4)规则导入:管理员可以导入教师所使用的标准规则,标准规则所有教师均可使用。

教学功能如下:

1. 案例开发

①模型设定:支持通过功能组合的模式,通过简单的勾选,即可自由拼装沙盘的模型,DIY开发沙盘。

②时间轴设定:支持调整实训的经营时长。

③规则维护:支持自由调整各项规则的参数,并支持导出文件和展示图片。

创建案例后,可在实训中进行引用。

2. 教学班管理

①课程学习:支持在线播放学习课件。

②考评设置:支持教师设置考评规则,多维度地考察学习者的学习成果。

③教案管理:支持教师自行上传教案,支持在线播放。

④课堂总结:支持浏览学习者上传的总结,支持对课堂总结进行在线打分。

⑤教学评分:支持教师通过主观评价对学习者打分。

⑥学情分析:对班级的每个学习者综合分析,展示其各方面的成绩以及学习记录。

3. 实训管理

①实训信息显示:展示实训信息,包括实训 ID、规则名称、案例名称。

②时间轴展示:展示实训的时间轴,包括节点数量、节点时间、节点操作按钮。

③GM 工作台:教师对实训控制的控制台,包括订单管理、特殊事件管理、企业数据调整、企业注资等。教师可以通过控制台,掌控实训过程。

④实训工作台:支持教师自由导入学习者、查看成绩等。

⑤智能分析:内置数据采集和智能算法,自动收集学习者的数据,并经过计算后展示出来,给教师直观的结果参考,让教师只需简单的工作量,即可实时获取学习者的实训情况,并帮助学习者进行复盘。

⑥实时报表查看和订单明细:可实时查看学习者的"三表",并查看每轮订货会的分单明细。

在人工智能的辅助下,我们能较为清晰地了解到竞争企业的经营状况,能够根据它们的策略做出相应的改变,以便于占据更有利的市场份额和地位。人工智能更加便捷地筛选出效率高且薪资要求低的劳动力,节省了企业运营的时间和精力。传统决策更多的是依据各级领导层的经验对形势做出预判和估计,而智能化决策以大数据为技术支撑,立足于整个竞争市场,整个过程相对理性、客观,减少因为经验性和传统性带来的决策失误,效率更高。

课堂活动

1. 按照企业运营流程指示的程序及顺序进行。
2. 推演经营方案。
3. 填写相关表格和报表。
4. 各组自我反思与总结。

(四)企业经营数智沙盘课程的开设效果

企业经营数智沙盘课程可以使学习者深入认识生产型企业各岗位的职责范围、操作过程、管理业务流程以及各岗位之间的协作关系;锻炼学习者制订生产、采购、营销、财务计划以及企业发展规划的能力;使学习者感悟及时、准确、畅通的信息对企业科学决策的重要意义,掌握小组讨论、头脑风暴、团队合作等常用的工作技能。

同时,本课程还可以锻炼学习者的工作抗压能力、时间管理能力,将学习者学到的各种经营管理的理论知识综合起来,达到融会贯通的效果,进而提升学习者的管理能力、组织能力、交流沟通能力、逻辑思维能力等,为今后的学习、工作、生活打下坚实的基础。

除了在提升专业知识和技能方面发挥作用,企业经营数智沙盘还可以提高学习者的综合素质。

1. 树立共赢理念

市场竞争是激烈的,也是不可避免的,但竞争并不意味着你死我活。寻求与合作伙伴之间的双赢、共赢才是企业发展的长久之道。这就要求企业知彼知己,在市场分析、竞争对手分析上做足文章,在竞争中寻求合作,企业才会有无限的发展机遇。

2. 全局观念与团队合作

通过企业经营数智沙盘模拟对抗课程的学习,学习者可以深刻体会到团队协作精神的重要性。只有每一个角色以企业总体最优为出发点,各司其职,相互协作,才能赢得竞争,实现目标。

3. 保持诚信

诚信是企业立足之本,发展之本。诚信原则在企业经营数智沙盘课程中体现为对"游戏规则"的遵守,如市场竞争规则、产能计算规则、生产设备购置以及转产等具体业务的处理。保持诚信是立足社会、发展自我的基本素质。

4. 个性与职业定位

每个个体因为拥有不同的个性而存在,这种个性在企业经营数智沙盘对抗中会显露无遗。虽然,个性特点与胜任角色有一定关联度,但在现实生活中,很多人并不是因为"爱一行"才"干一行"的,更多的情况是需要大家"干一行"就"爱一行"的。

5. 感悟人生

在残酷的市场竞争与企业经营风险面前,是"轻言放弃"还是"坚持到底",这不仅是一个企业可能面临的问题,更是在人生中不断需要抉择的问题,经营自己的人生与经营一个企业具有一定的相通性。

学习者反馈:"这个游戏中小组每个人都参与了进来,提出了各自的想法,从各个角度提出不同观点,对我造成了很大冲击。大家的想法或许都是不全面的,但我们综合一下,就能碰撞出越来越多的意想不到的想法,我很享受这个过程,同时也发现自己有很多不足,许多角度都想不到,思考仍浮于表面,考虑的深度和广度都不够。"

"这节课虽然确实有点累,但是过得很充实。这种练习让我们可以多次试错,很多次后悔自己的决定,想要从头再来,可是以后真的到社会上实践的时候可能就没有后悔的机会和重启键了。最后的考试不给改正错误的机会,可以提前体会自己的任何一个决定、任何一次不小心都会决定公司的命运。"

五、数智化时代的经营管理理念及知识

企业资源计划系统,是指建立在资讯技术基础上,以系统化的管理思想,为企业决策层及员工提供决策运行手段的管理平台。

企业资源管理系统将企业管理理念、业务流程、基础数据、人力物力、计算机硬件和软件融合为一体,是先进的企业管理模式,其主要宗旨是对企业所拥有的人、财、物、信息、时间和空间等综合资源进行综合平衡和优化管理,协调企业各管理部门,围绕市场导向开展业务活动,提高企业的核心竞争力,从而取得最好的经济效益。

(一)企业资源管理理念

(1)体现对整个供应链资源进行有效管理的思想,实现了对整个企业供应链上的人、财、物等所有资源及其流程的管理;

(2)体现精益生产、同步工程和敏捷制造的思想,面对激烈的竞争,企业需要运用同步工程组织生产和敏捷制造,保持产品高质量、多样化、灵活性,实现精益生产;

(3)体现事先计划与事中控制的思想,ERP系统中的计划体系主要包括生产计划、物料需求计划、能力需求计划等;

(4)体现业务流程管理的思想,为提高企业供应链的竞争优势,必然进行企业业务流程的改革,而系统应用程序的使用也必须随业务流程的变化而相应调整。

(二)生产管理知识

计划是管理的首要职能。计划也是一种结果,它是在计划工作所包含的一系列活动完成之后产生的,是对未来行动方案的一种说明。

生产计划是组织企业开展生产活动的基本依据,直接影响企业生产是否能够顺利进行,关系到现有资源合理利用、社会需求的满足和经济效益的获取。

编制生产计划遵循以下原则:以销定产、以产促销;合理利用企业的生产能力;定性分析和定量分析相结合;进行综合平衡;达到满意水平。

(三)财务知识

企业的财务管理是确保企业具备足够财务能力的关键,而财务能力又是其他战略目标能够有效实施的根本保证。只有及时地对企业的财务进行分析,掌握企业的财务状况,才能有效地实施企业战略。

1. 财务管理的基本内容

企业财务管理是对企业生产经营活动所需各种资金的筹集、使用、耗费、收入和分配等进行预测、决策、计划、控制、核算、分析和考核等一系列工作的总称。

企业财务战略就是企业对维持和扩大生产经营活动所需资金进行筹集、分配、使用,并为实现企业总体战略目标所做出的长远性的谋划与方略。企业的财务战略可以帮助企业正确地选择资金的投向,正确地选择筹资的途径,并进行账务监督和控制,以提高企业的经济利益。财务战略的主要内容包括:筹资战略决策、资金运用战略决策和企业财务战略效益评估等。

(1)筹资战略决策是指根据企业实际情况,综合各种筹资手段,构建与企业生产经营相适应的融资体系,使企业在一种合理的资产负债比例下,用最低的融资成本获得经营所需的资金。主要有两种渠道:一种是企业自筹;二是企业债务。

(2)资金运用战略决策是指企业通过合理有效的资金分配,在维持企业生产经营需要的同时,不断提高企业的资金利用效率,达到资金最佳利用率的一种战略。有效的资金运用既可以避免因企业出现资金不足而影响企业生产经营,又能有效地利用企业的闲置资金,降低企业资金成本,提高资金利用效率。

(3)企业财务战略效益评估是指以财务报表和其他资料为依据和起点,采用专门的方法,系统分析与评价企业过去和现在的经营成果、财务状况及变动情况,目的是了解过去、评价现在和预测未来,帮助企业来改善决策。

2.企业财务管理

企业筹资,是指企业作为筹资主体,根据其生产经营、对外投资和调整资本结构等需要,通过筹资渠道和金融市场,运用筹资方式,经济有效地筹措和集中资本的活动。它是企业财务管理的重要内容,是资金运动的起点。企业筹资决策的关键是决定各种资金来源在总资金中所占的比重,即确定资本结构,以使筹资风险和筹资成本相配合。

(1)企业资金的种类。

企业的资金来源按不同的标准分类,可分为以下几种资金:

①权益资金和借入资金。

权益资金是指企业股东提供的资金。借入资金是指债权人提供的资金。权益资金和借入资金的比例关系我们称之为"资本结构",一般来说,完全通过权益资金不能得到负债经营的好处;但负债的比例过大则风险也大,企业随时可能陷入财务危机。筹资决策的一个重要内容就是如何确定最佳的资本结构。

②长期资金和短期资金。

长期资金是指企业可以长期使用的资金,包括权益资金和长期负债。有时,我们习惯把五年以上的借款称为长期资金。短期资金一般是指一年内要归还的短期借款。一般来说,短期资金主要是解决临时的资金需要。如何安排长期和短期筹资的相对比重,是筹资决策需要解决的另一个重要问题。

(2)企业筹资的原则。

企业筹资是一项重要而复杂的工作,为了有效地筹集企业所需资金,必须遵循以下基本原则。

①规模适当原则。

不同时期企业的资金需求量并不是一个常数,企业财务人员要认真分析科研,生产,经营状况,采用一定的方法,预测资金的需要数量,合理确定筹资规模。

②筹措及时原则。

企业财务人员在筹集资金时必须熟知资金时间价值的原理和计算方法,以便根据资金需求的具体情况,合理安排资金的筹集时间,适时获取所需资金。

③来源合理原则。

资金的来源渠道和资金市场为企业提供了资金的源泉和筹资场所,它反映资金的分布状况和供求关系,决定着筹资的难易程度。不同来源的资金,对企业的收益和成本有不同影响,因此,企业应认真研究资金来源渠道和资金市场,合理选择资金来源。

④方式经济原则。

在确定筹资数量,筹资时间,资金来源的基础上,企业在筹资时还必须认真研究各种筹资方式。企业筹集资金必然要付出一定的代价,不同筹资方式条件下的资金成本有高有低。为此,就需要对各种筹资方式进行分析,对比,选择经济,可行的筹资方式以确定合理的资金结构,以便降低成本,减少风险。

(四)市场营销知识

1. 市场营销战略

市场营销战略(marketing strategy)是企业市场营销部门根据战略规划,在综合考虑外部市场机会及内部资源状况等因素的基础上,确定目标市场,选择相应的市场营销策略组合,并予以有效实施和控制的过程。

市场营销总战略包括产品策略、价格策略、营销渠道策略、促销策略等。

市场营销战略计划的制定是一个相互作用的过程,是一个创造和反复的过程。

2. 市场营销战略的特征

——市场营销的第一目的是吸引客户,获取和维持客户;

——要从长远的观点来考虑如何有效地战胜竞争对手,立于不败之地;

——注重市场调研,收集并分析大量的信息,只有这样才能在环境和市场的变化有很大不确实性的情况下做出正确的决策;

——积极推行革新,其程度与效果成正比;

——在变化中进行决策,要求其决策者要有很强的能力,要有像企业家一样的洞察力、识别力和决断力。

3. 市场营销战略的步骤

企业营销管理过程是市场营销管理的内容和程序的体现,是指企业为达成自身的目标辨别、分析、选择和发掘市场营销机会,规划、执行和控制企业营销活动的全过程。

企业市场营销管理过程包含着下列四个相互紧密联系的步骤:分析市场机会,选择目标市场,确定市场营销策略,市场营销活动管理。

(1)分析市场机会。

在竞争激烈的买方市场,有利可图的营销机会并不多。企业必须对市场结构、消费者、竞争者行为进行调查研究,识别、评价和选择市场机会。

企业应该善于通过发现消费者现实的和潜在的需求,寻找各种"环境机会",即市场机遇。而且应当通过对各种"环境机会"的评估,确定本企业最适当的"企业机会"的能力。

对企业市场机会的分析、评估,首先是基于有关营销部门对市场结构的分析、对消费者行为的认识和对市场营销环境的研究,还需要对企业自身能力、市场竞争地位、企业优势与弱点等进行全面、客观的评价,还要检查市场机会与企业的宗旨、目标和任务的一致性。

(2)选择目标市场。

对市场机会进行评估后,对企业要进入哪个市场或者某个市场的哪个部分,要研究和选择。目标市场的选择是企业营销战略性的策略,是市场营销研究的重要内容。企业首先应该对进入的市场进行细分,分析每个细分市场的特点、需求趋势和竞争状况,并根据本公司优势,选择自己的目标市场。

(3)确定市场营销策略。

企业营销管理过程中,制定企业营销策略是关键环节。企业营销策略的制定体现在市场营销组合的设计上。为了满足目标市场的需要,企业对自身可以控制的各种营销要素如质量、包装、价格、广告、销售渠道等进行优化组合。重点应该考虑产品策略、价格策略、渠道策略和促销策略,即"4Ps"营销组合。

随着市场营销学研究的不断深入,市场营销组合的内容也在发生着变化,从"4Ps"发展为"6Ps"。近年又有人提出了"4Cs"为主要内容的市场营销组合。

(4)市场营销活动管理。

企业营销管理的最后一个程序是对市场营销活动的管理,营销管理离不开营销管理系统的支持,需要以下三个管理系统支持。

——市场营销计划。既要制定较长期战略规划,决定企业的发展方向和目标,又要有具体的市场营销计划,具体实施战略计划目标。

——市场营销组织。营销计划需要有一个强有力的营销组织来执行。根据计划目标,需要组建一个高效的营销组织结构,需要对组织人员实施筛选、培训、激励和评估等一系列管理活动。

——市场营销控制。在营销计划实施过程中,需要控制系统来保证市场营销目标的实施。营销控制主要有企业年度计划控制、企业盈利控制、营销战略控制等。

营销管理的三个系统是相互联系、相互制约的。市场营销计划是营销组织活动的指导,营销组织负责实施营销计划,计划实施需要控制,保证计划得以实现,如图1-9所示。

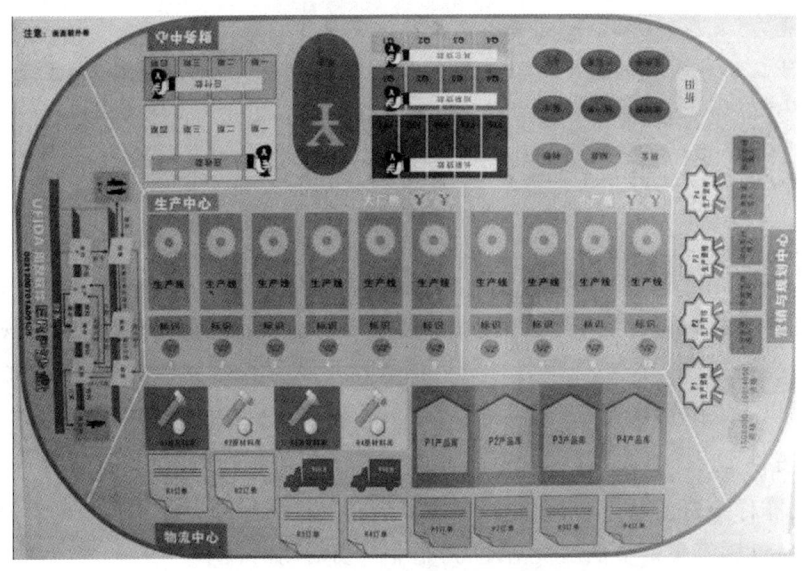

图1-9 手工经营管理沙盘盘面(用友新道)

任务引例解析

在企业经营数智沙盘课程的学习与训练活动中,需要运用营销和财务分析的知识,掌握各岗位任务,借助智能系统进行实践操作,将理论变为实践。通过实践操作,具有良好的财务、人力、生产、营销意识和行为习惯的人,才能取得企业经营数智沙盘课程的好成绩。在通过数智化分析企业详情并编写报表的过程中,完成大数据信息转化,对企业战略进行完善的过程可以帮助理解财务信息在企业经营过程中的地位,明确财会类的知识和财务分析的能力在企业价值创造中的作用,激发学习兴趣。

习题

一、课后思考题

1. 数智化时代的经营管理主要包括哪些内容?
2. 数智沙盘岗位场景任务中,财务总监的任务包括哪些?
3. 简述企业经营数智沙盘的流程设计及总体内容。
4. 简述企业资源管理理念。
5. 对于财会类专业的学习者来说,企业经营数智沙盘能起到什么作用?

第三节 会计基本工作流程

会计林红经过月末和月初的加班加点工作,终于提交了财务报告,完成了纳税申报,工作总算告一段落,她长长地舒了一口气。当老总问她要财务分析报告,想要了解企业的偿债能力、营运能力、盈利能力、发展能力时,她觉得怎么工作没完没了!

思考:为什么财务人员的最终价值是能加工和整合数据,解读财务信息,主动发现资源、运用资源及整合资源?

知识准备与业务操作

一、工业企业的业务活动

工业企业要独立地进行生产经营活动,自负盈亏,就必须拥有与其生产经营规模相适应的资金,在生产经营过程中,需要确定各种资产的表现形式。在赚到钱之后,需要完成资金的分配。具体包括以下业务活动。

(一)融资活动

融资活动亦称筹资活动,是指企业资金的筹措或取得的活动。钱从哪里来?没有钱(资金)将一事无成。所以,筹集资金的融资活动,乃企业一切活动的根本。

(1)自有资金(或资本)的筹措——也就是企业的资本金,又称注册资本。根据投资主体的不同,可分为国家资本金、法人资本金、个人资本金和外商资本金。

(2)借入资金的筹措——是指企业为了弥补自有资金的不足而向金融机构、债权人借入的资金。借入资金要适度并考虑自己的偿还能力,同时要考虑借款的成本效益问题。

借入资金有:

①银行借款——是指企业向银行或非银行的金融机构取得的借款。

②发行公司债券——是指企业经有关部门批准,为筹措资金而发行的向债权人承诺按期支付利息和偿还本金的书面证明。

③商业信用——是指企业在商品交易中,以延期付款或预收货款进行的购销活动而形成的债权债务关系。

(二)投资活动

投资活动是指企业将所筹措的资金,转换成企业营运上所必要的资产的活动。广义的投资活动乃泛指资源形态的转换或资金配置。狭义的投资活动是指企业长期资产的购建和不包括在现金等价物范围内的投资及其处置活动。

企业通过发行股票、公司债券和银行贷款等筹措到了足够的资金,即钱有了,接下来就要考虑钱的用途了。

(1)对内投资——以取得长期性营运资产的投资。投资目的是为企业营业活动提供劳动手段上的支持。

(2)对外投资——是指企业出于不同目的而对企业外部的投资活动。

(三)营业活动

营业活动是指钱如何回收并获利。企业已通过股本及负债等筹资活动取得必要之资金,并进行投资而拥有营业活动所需要的资产或资源,万事俱备,营业活动即将开始。

营业活动是指企业运用资产,从事生产、制造、销售等一系列的活动,通过产品(商品)或劳务的提供,以实现创造利润之目标。营业活动就是获利活动,进一步讲就是投出去的钱如何收回并收回更多的钱。

按照营业活动的不同内容、所处环节和特定目的,可以将其大体分为以下四个方面:原料采购活动、产品生产活动、产品销售活动、其他活动。

(四)盈余形成与分配活动

盈余形成与分配活动是指钱如何多出的计算及为谁而挣。公司是为股东创造盈余而存在,且使股东权益最大化。虽然公司是为股东创造盈余而存在,但企业创造的盈余不一定全部分配给业主或投资者。

按照《公司法》的规定,企业盈余所得的分配如下:

(1)要弥补以前年度的亏损。

(2)应提取10%的法定盈余公积。

(3)向股东分派股息或红利。股息或红利之发放,乃企业盈余最主要的用途,也是股东投资的主要目的之一。

二、会计工作的基本流程

会计工作的基本流程,就是会计人员在会计期间内,按照国家规定的会计制度,运用一定的会计方法,遵循一定的会计步骤,对经济数据进行记录、计算、汇总、报告,从编制会计凭证、登记会计账簿到形成财务报表的过程。

(一)会计循环

会计信息加工是将信息的确认、计量、记录和报告融合在各种具体的会计核算方法之中。在一个会计期间,会计主体(企业)所发生的交易或事项,都要通过会计核算方法将大量的经济业务转换为系统的会计信息。通常,将依次发生、周而复始的以记录为主的会计处理过程称之为会计循环。具体来说,参照以下几个步骤循环进行:

(1)初始建账,就是根据企业具体行业要求和将来可能发生的会计业务情况,购置所需要的账簿,然后根据企业日常发生的业务情况和会计处理程序登记账簿。

(2)会计事项分析,包括经济业务分析、原始凭证审核等工作。

(3)编制会计凭证,即对企业发生的经济业务进行确认和计量,并根据其结果,运用复式记账法编制会计分录,填写会计凭证。

(4)登记有关账簿,即根据会计凭证分别登记有关的日记账、总分类账和明细分类账,并结出发生额和余额。

(5)编制试算平衡表,即根据总分类账试算平衡表和明细分类账试算平衡表,检查记账有无错误。

(6)期末调账和编制工作底稿。期末结账前,按照权责发生制原则,确定本期的应得收入和应负担的费用,并据以对账簿记录的有关账项做出必要调整,编制调账分录和试算平衡表,并结合分类账和日记账的会计数据,据以编制工作底稿,以方便下一步对账和结账工作,并为最后编制报表提供便利。

(7)对账和结账。对账是为确保账簿记录的正确、完整、真实,在有关经济业务入账以后进行的对账工作,主要有账账相对、账证相对和账实相对。

结账即结清账目,在把一定时期所发生的经济业务全部登记入账后,将各种账簿记录的经济业务结算清楚,结出本期发生额合计和期末余额,或将余额结转下期,以便编制财务报表,分清上下期会计记录和分期继续核算。

(8)编制和报送财务报告。根据账簿记录编制资产负债表、利润表、现金流量表等,报告企业财务状况和经营成果,如图1-10所示。

(二)会计工作流程

一个财务人员的工作日常包括:

(1)每天根据出纳录入的现金日记账,核对原始凭证后生成记账凭证。

(2)每天根据出纳录入的银行存款日记账还有银行回单生成记账凭证。月初根据银行的对账单进行核对。

(3)月末开完最后一笔销售发票后,可对发票进行整理和统计,月初用记账联作为原始凭证,生成记账凭证。

(4)月初整理上个月的进项发票,生成记账凭证并用抵扣联进行勾选认证。

(5)月初可根据费用或是其他原始凭证生成记账凭证。

(6)做成本后录入记账凭证。

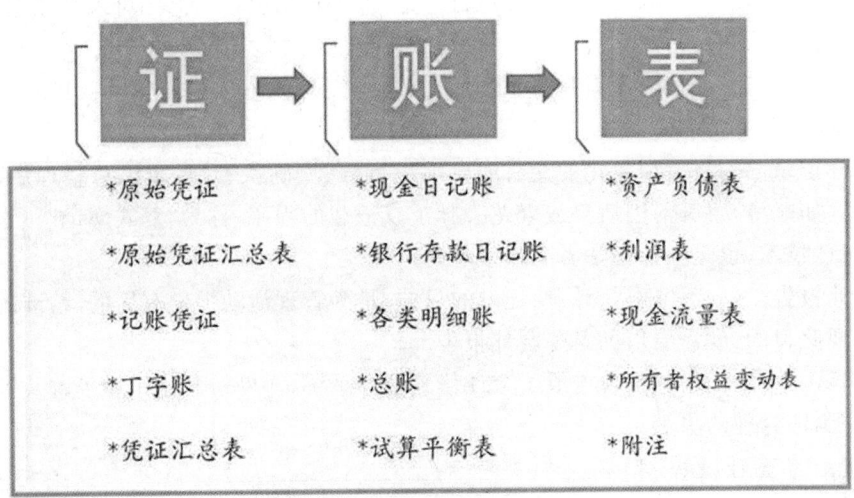

图 1-10 会计循环中的证、账、表

(7)形成会计报表,包括资产负债表、利润表、现金流量表、所有者权益变动表和附注等,如图 1-11 所示。

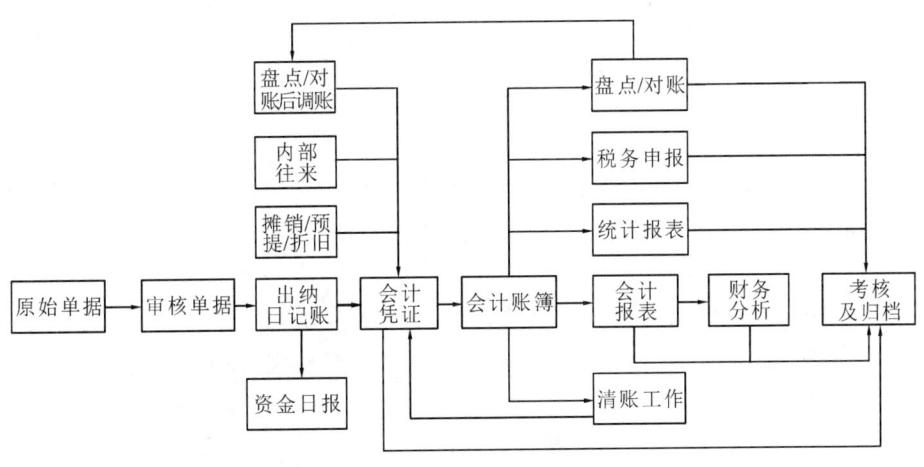

图 1-11 会计工作流程图(一般流程)

(三)会计信息加工

会计信息加工是指会计将企业活动这一"材料",按照会计专门的程序和方法这一生产"工艺流程",加工成财务报表这一"有用产品"的会计信息加工与供给并协助企业决策的活动。

会计作为一种经济管理活动,是以会计确认、计量、记录和报告等专门程序和方法构成的会计信息系统为基础,是一个十分复杂的过程。

利益最大化目标的实现取决于决策的正确性和有效性,而决策的正确性和有效性都与决策者掌握的信息质量有关。

1.会计信息加工的过程

(1)会计确认——按照"能否用货币量化"的标准进行辨认和筛选,通过了辨认、筛选的企业活动才能进入会计信息系统,将其转化为会计信息,同时选择适当的时间,按照财务会计报告使用者的要求进行专业加工,以恰当的名目进行登记,保证输出会计信息的可靠性和相关性,这一程序称为"会计确认"。

(2)会计计量——会计计量就是将企业活动、会计交易或事项采用货币衡量时所选择的基础、标准或工具。

(3)会计记录——将货币量化的交易或事项进行分类、确认、计量及汇总整理后,通过必要的会计载体(如账簿)将其前因后果或来龙去脉予以记载的程序,称为"复式簿记"。这是会计最基本的机械性技术,也是会计初学者必须跨越的门槛。

(4)会计报告——会计确认、计量、记录的目的,是为管理活动提供有用的、精准的财务会计信息,要实现此目的,就需要借助财务会计报告。

会计确认、计量、记录和报告构成了会计信息处理系统,协助信息使用者了解及评估企业的经营绩效并制定合理的决策。

2.解读财务会计报告

(1)资产负债表——会计信息系统的主要"有用产品"之一,主要用于分析偿债能力,是表达某一特定企业在某一特定时点财务状况的报告。

(2)利润表——会计信息系统的主要"有用产品"之二,主要用于分析盈利和发展能力,是表达某一特定企业在某一特定期间经营绩效的报表。

(3)现金流量表——会计信息系统的主要"有用产品"之三,主要用于分析营运能力,是表达企业在某一特定期间有关现金流入和流出信息情况的汇总报告。

三、会计工作岗位职责

一般而言,会计工作岗位有:总会计师或财务总监;财务处长、科长、部长、主任;总账会计或主任经济师;主办会计;成本会计、固定资产会计;往来会计、报销会计、销售会计等;现金出纳、银行出纳等。

会计岗位安排应根据会计业务需要设置,会计工作岗位应与本单位业务活动的规模、特点和管理要求相适应,对会计人员的工作岗位要有计划地进行轮岗,以有利于会计人员全面熟悉业务,不断提高业务素质。

会计工作岗位,是指一个单位会计机构内部根据业务分工而设置的职能岗位。会计工作岗位可以一人一岗、一人多岗(但出纳人员不得兼管稽核、会计档案保管和收入、费用、债权债务账目的登记工作)、一岗多人。

会计岗位职责主要包括:按照国家会计法,在公司财务主管的指导、监督下做好记账、付账、报账工作;审核原始凭证和记账凭证,建立并完善财务凭证;编制各种财务会计报表,组织公司日常会计核算工作;负责公司费用、销售成本及利润的核算;妥善保管财务账簿、会计报表和会计资料,保守财务秘密等。

(一)财务负责人的岗位职责

(1)全面负责财务部的日常管理工作,负责公司资金运作管理、日常财务管理与分析,负责成本核算与控制,负责编制及组织实施财务预算报告、月/季/年度财务报告。

(2)负责公司财务管理及内部控制,完成年度财务预算,并跟踪其执行情况。

(3)按时向总经理提供财务报告和必要的财务分析,并确保这些报告可靠、准确。

(4)制定、维护、改进公司财务管理程序和政策,以满足控制风险的要求,如:改进应收账款、应付账款、成本费用、现金、银行存款的业务程序等。

(5)协助组织制定财务管理制度及有关规定,并监督执行,制订年度、季度财务计划。

(6)管理与银行、税务、工商及其他政府机构的关系,负责高新技术企业认定和政府资助相关事宜。

(7)完成上级交代的其他日常事务性工作。

(二)具体会计工作岗位职责

会计工作岗位职责包括:会计核算工作、编制财务报表、纳税申报、财务分析、会计档案管理。具体包括:

1. 会计核算工作

(1)审核有关的原始凭证,并依据会计准则和制度编制记账凭证。

(2)汇总会计凭证,发现问题及时解决,定期编制总账科目汇总表并进行试算平衡。

(3)根据原始凭证、记账凭证及科目汇总表登记明细账和总分类账。

(4)定期配合有关部门进行盘点,认真核对原始凭证、记账凭证、各级明细账、日记账及总分类账。

2. 编制财务报表

(1)配合会计主管编制现金流量表、资产负债表、利润表等财务会计报表。

(2)填报经济效益月报表、统计报表,每月按时上报有关领导,经会计总管审核后,上报相关领导。

3. 纳税申报

(1)根据国家税收法规和企业的相关规定,负责按月进行纳税申报。

(2)计算、统计税收,编制相关报表。

(3)办理相关税务手续。

4. 财务分析

(1)随时掌握企业在各个银行的存款及现金余额的情况,及时报告会计主管。

(2)做好企业的财务分析,配合会计主管和财务经理编写财务状况说明书,为企业制订经营政策提供依据。

(3)配合会计主管进行各种财务预测、市场容量预测、市场占有率预测和市场价格预测等,为企业投资决策和生产经营活动提供可靠的依据。

5. 会计档案管理

(1)对相关会计凭证、会计账簿、会计报表和其他会计资料进行科学分类,造册登记,统一管理。

(2)按照会计档案制度的规定进行会计档案的移交工作,在移交档案部门时,认真编制移交清册,确保移交手续完整。

随着市场经济的高速发展,财务管理体制也在不断地变革,会计人员实行专业化集中管理、会计委派制、会计岗位轮换等做法也被广泛应用。

▶ 任务引例解析

会计是国际通用的商业语言。会计在英文里的意思是信息系统,是记录、分析和总结各企业的交易,并报告和解释其结果。财务人员是单位主要的信息整合和处理人员,其主要职能包括筹资、投资、股利分配、资本运营、企业并购、资产重组、资产管理等。财务人员是将数据加工为信息,为信息使用者提供有用信息的主要责任人,是"以数据说话"并为单位完成决策提供参考的主要来源人,是整个单位发展的参与人、成长人、贴心人。

 习题

一、课后思考题

1. 工业企业的业务活动包括哪些?
2. 会计工作的基本流程有哪些?
3. 会计信息系统如何完成信息的加工?
4. 会计工作岗位有哪些?

第四节　会计职业生涯规划

任务引例

一次研讨会上,一家企业的老总抱怨道,现在招来的大学生,可能每个专业科目的成绩都不差,在学校学过的课程也包括了经济学、会计学、生产管理、市场营销、信息管理等内容,可是在工作中解决实际问题的能力却不强。很多企业也有同感,纷纷表示找不到适合公司需要的大学生。

思考:经管类的学习者要重点培养哪些方面的能力?

职业规划

知识准备与业务操作

一、会计人员基本素质

会计人员素质是指会计人员从事本职工作应具备的品质和能力,是完成会计工作任务的基石。它包括职业道德、专业知识、工作技能和创新管理四个方面。职业道德等相关内容会在后续章节介绍,本节主要介绍书写技能。

(一)会计文字和数字书写的总体要求

会计文字和数字的书写是财经工作者的一项基本功,也是会计人员的第二张脸。对财会书写的要求是正确、规范、清晰、整洁、美观。

(1)正确。是指对所发生的经济业务的记录,一定要正确反映其内容,反映其全过程及结果,反映其全貌,所用文字与数字一定要书写正确。

(2)规范。是指对有关经济活动的记录书写一定要符合财会法规和会计制度的各项规定,符合对财会人员的要求。无论是记账、核算、分析、编制报表,都要书写规范、数字准确、文字适当、分析有理,要严格按书写格式书写。文字要以国务院公布的简化汉字为标准,不要滥造简化字,不要滥用繁体字。数码字要按规范要求书写。

(3)清晰。是指账目条理清晰,书写时字迹清楚,举笔坚定,无模糊不清的现象。

(4)整洁。是指账面清洁,横排、竖排整齐分明,无杂乱无章现象。书写工整、不潦草,无大小不均、参差不齐及涂改现象。

(5)美观。是指结构安排要合理,字迹流畅,字体大方,显示个人功底。

(二)数字书写的要求

财经工作中常用到的数字有两种:一种是阿拉伯数字,另一种是中文大写数字。通常所称的"小写金额"指的是阿拉伯数字,"大写金额"指的是中文大写数字。阿拉伯数字与中文大写数字有不同的规范化要求,书写应规范化。

数字书写的基本要求:位数准确;书写清楚、易于辨认;书写流畅、整齐,力求美观;书写力求标准、规范,谨防涂改。

1. 阿拉伯数字的书写规范

阿拉伯数字也称"公用数字",是世界各国的通用数字。原为印度人创造,8世纪传入阿拉伯,后又从阿拉伯传入欧洲,始称为"阿拉伯数字"。由于它字数少,笔画简单,人们普遍乐于使用,因此很快传遍世界各地。

阿拉伯数字的写法,采用规范的手写体书写,并要保持个人的独特字体,以防模仿。近年来随着经济发展,金融、商业等部门逐步采用一种适合商业、金融记数和计算工作需要的阿拉伯数字手写体,其标准字体如图 1-12 所示。

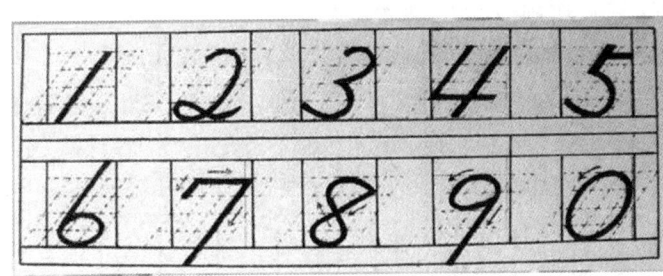

图 1-12 阿拉伯数字手写体

阿拉伯数字手写体以下笔刚直为特点,圆为椭圆,角有角尖。1、4、7 下笔全神贯注,不留不滞,飞流直泻,钢筋铁骨,给人以松柏挺拔之感,5、6、8、9 的直笔也应具此势。6 与 9 旋转 180° 后来看是 9 与 6,不应有任何痕迹。2 与 3 上部类同,3 与 5 下部相似。8 有两种笔顺,都起笔于右上角,结束于右上角,这都是符合阿拉伯数字书写习惯的,但第一笔写直笔容易写出字的气势来。

 课堂活动

每人上交一份纸质书写纸,展示出来,互相评分。

 小知识

阿拉伯数字的书写注意事项:
——对于易混淆且笔顺相近的数字,在书写时,尽可能地按标准字体书写,区分笔顺,避免混同,以防涂改。

——"￥"的用法。"￥"是人民币的符号,是汉语拼音"Yuan"的缩写。该符号有双重含义,既代表人民币的币制,又含有"元"的意思。该符号用于人民币小写金额前。小写金额前填写人民币符号"￥"以后,数字后面不写"元"字。"￥"主要应用于填写票证(发票、支票、存单等)和编制记账凭证,在登记账簿、编制报表时,一般不使用"￥"。

——小写数字书写要采用"三位分节制"记数法对整数位在四位或四位以上的数,从个位起,向左每三位数字作为一节,用分节点","或空格隔开,如3,200或者3 200;6,890,392或6 890 392。

在有金额分位格的账表凭证上,需要结合记账规则的需要,有特定的书写要求:

(1)书写数字由高位到低位,由左到右,各自独立,不得连笔写,以免分辨不清。

(2)账表凭证上书写应使用斜度大约60度的斜体。

(3)数字高度约占账表凭证金额分位格的二分之一,这样便于改错。

(4)除"7"和"9"上低下半格的四分之一、下伸次行上半格的四分之一处外,其他数字都要靠在低线上书写,不要悬空。

(5)"0"要写成椭圆形,细看应接近轴对称与中心对称的几何图形,下笔要由右上角按逆时针方向画出,既不要写得太小,又不要开口,不留尾巴,不得写成D形,也不要写成C形。

(6)"1"的下端应紧靠分位格的左下角。

(7)"4"的顶部不封口,写"∠"时应上抵中线,下至下半格的四分之一处,并注意中竖是最关键的一笔,斜度应为60度,否则"4"就写成正体了。

(8)"6"的上半部分应斜伸出上半格的四分之一的高度。

(9)写"8"时,上边要稍小,下边应稍大,注意起笔应写成斜"S"形,终笔与起笔交接处应成棱角,以防止将3改为8。

(10)从最高位起,后面各分位格数字必须写完整。见图1-13。

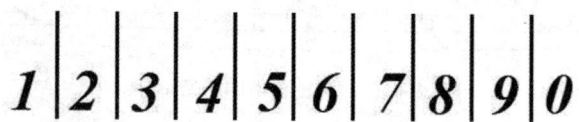

图1-13 账表凭证上的阿拉伯数字

总之,数码的宽窄与长短比例要匀称,字型要完全一致,不许多笔或少笔,同样的数字要笔顺一致,字体一致,宽窄一致,圆韵一致,圆直相接要吻接,自然、柔软、平滑。力求美观大方,眉目清新。

阿拉伯数字书写错误的更正:阿拉伯数字书写错误时,也不能就某个数字涂改更正,而应该采用划线更正法更正。划线更正法,就是在包含错误数字的全部数字正中间划一条红线,表示注销,然后再将正确的数字写在被注销数字的上方并由更改人员在更正处加盖经手人私章,以示负责。

2.文字的书写规定

中文大写数字主要用于支票、发票、传票、合同数据等重要票据和凭证的书写,中文大写数字庄重、笔画繁多、易于辨认、可防篡改,有利于避免混淆和经济损失。

(1)中文大写金额数字,应一律用正楷或者行书书写,如壹(壹)、贰(贰)、叁(叁)、肆(肆)、伍

(伍)、陆(陆)、柒(柒)、捌(捌)、玖(玖)、拾(拾)、佰(佰)、仟(仟)、万(万)、亿(亿)、圆(元)、角(角)、分(分)、整(整)、零(零)等字样。不得用中文小写〇、一、二、三、四、五、六、七、八、九、十或廿、两、毛、另(或 0)、园等简化字及口语"块、毛"等字代替,不得任意自造简化字。大写金额数字到元或者角为止的,在"元"或者"角"字之后应当写"整"字或者"正"字,大写金额数字有分的,分字后面不写"整"或者"正"字。

(2)大写金额书写规范。大写金额数字前未印有货币名称的,应当加填货币名称,货币名称与金额数字之间不得留有空白。货币名称后不能用冒号。"人民币"与数字之间不得留有空位。有固定格式的重要凭证,大写金额栏一般都印有"人民币"字样,书写时,金额数字应紧接在"人民币"后面,在"人民币"与大写金额数字之间不得留有空位。大写金额栏没有印有"人民币"字样的,应在大写金额数字前填写"人民币"三字。

(3)有关"零"的写法。一般在填写重要凭证时,为了增强金额数字的准确性和可靠性,需要同时书写小写金额和大写金额,且二者必须相符。当小写金额数字中有"0"时,大写金额应怎样书写,要看"0"所在的位置。金额数字尾部的"0",不管有一个还是有连续几个,大写金额到非零数位后,用一个"整(正)"字结束,都不需用"零"来表示。如"¥5.80",大写金额数字应写成"人民币伍元捌角整";又如"¥300.00",应写成"人民币叁佰元整"。

对于小写金额数字中间有"0"的,大写金额数字应按照汉语语言规律、金额数字构成和防止涂改的要求进行书写。大写数字"零"的写法主要取决于小写数字中"0"出现的位置。举例说明如下:

①小写金额数字中间只有一个"0"的,大写金额数字要写成"零"字。如"¥606.79",大写金额应写成"人民币陆佰零陆元七角玖分"。

②小写金额数字中间连续有几个"0"的,大写金额数字可以只写一个"零"字。如"¥9,008.56",大写金额应写成"人民币玖仟零捌元伍角陆分"。

③小写数字末尾有"0"的,大写一般不写"零"。例:¥5,200.00,人民币伍仟贰佰元整。

④小写金额数字元位是"0",或者数字中间连续有几个"0",元位也是"0",但角位不是"0"时,大写金额数字中间可以只写一个"零",也可以不写"零"。如"¥3,680.40",大写金额应写成"人民币叁仟陆佰捌拾元零肆角整",或者写成"人民币叁仟陆佰捌拾元肆角整";又如"¥4,500,000.68",大写金额应写成"人民币肆佰伍拾万元零陆角捌分",或者写成"人民币肆佰伍拾万元陆角捌分"。

⑤小写金额数字角位是"0"而分位不是"0"时,大写金额"元"字后必须写"零"字。如"¥638.06",大写金额应写成"人民币陆佰叁拾捌元零陆分"。

⑥小写分位是"0"时,可不写"零分"字样,后加"整"字。例:¥5.70,人民币伍元柒角整。

⑦不能用"另"代替"零"。

(4)数位字前必须有数量字。大写金额"拾""佰""仟""万"等数位字前必须冠有数量字"壹""贰""叁"……"玖"等,不可省略。特别是壹拾几的"壹"字,由于人们习惯把"壹拾几""壹拾几万"说成"拾几""拾几万",所以在书写大写金额数字时很容易将"壹"字漏掉。"拾"字仅代表数位,而不代表数量,前面不加"壹"字,既不符合书写要求,又容易被改成"贰拾几""叁拾几"等。如"¥170,000.00",大写金额应写成"人民币壹拾柒万元整",而不能写成"人民币拾柒万元整",如果书写不规范,"人民币"与金额数字之间留有空位,就很容易被改成"人民币叁(肆、伍……)拾万元整"等。

(5)票据的出票日期必须使用中文大写。为防止变造票据的出票日期,在填写月、日时,月为壹、贰和壹拾的,日为壹至玖和壹拾、贰拾、叁拾的,应在其前加"零",日为拾壹至拾玖的,应在其前面加壹。如:10月15日应写成零壹拾月壹拾伍日。票据出票日期使用小写填写的,银行不予受理。

票据和结算凭证上金额、出票或者签发日期、收款人名称不得更改,更改的票据一律无效。票据和结算凭证金额以中文大写和阿拉伯数码同时记载的,二者必须一致,否则票据无效,银行不予受理。

票据和结算凭证上一旦写错或漏写了数字,必须重新填写单据,不能在原凭单上改写数字,以保证所提供的数字真实、准确、完整。

【例1-1】 将¥1,354.00表示为大写金额:人民币壹仟叁佰伍拾肆元整。

【例1-2】 将¥2,675.00表示为大写金额:人民币贰仟陆佰柒拾伍元整。

【例1-3】 将¥8,491.00表示为大写金额:人民币捌仟肆佰玖拾壹元整。

【例1-4】 将$9,861.00表示为大写金额:美元玖仟捌佰陆拾壹元整。

其他实物单位的大写前要加实物名称或"计""合计""总计"等字样。

【例1-5】 将62,519吨煤炭表示成大写数字:煤炭陆万贰仟伍佰壹拾玖吨整。或者:煤炭计陆万贰仟伍佰壹拾玖吨整;煤炭总计陆万贰仟伍佰壹拾玖吨整。

(6)"整"的用法。"整"原始的含义是"整数",将其作为截止符在大写金额中使用,防止大写金额被人涂改。即大写金额数字到元或者角为止的,在"元"或者"角"字之后应当写"整"或者"正"字;大写金额数字有分的,"分"字后面不写"整"或"正"。

【例1-6】 将¥3,920.00表示为大写金额:人民币叁仟玖佰贰拾元整。

【例1-7】 将¥8,037.90表示为大写金额:人民币捌仟零叁拾柒元玖角整。

(7)"壹拾几"的"壹"不能丢。

【例1-8】 将¥128,045.14表示为大写金额:人民币壹拾贰万捌仟零肆拾伍元壹角肆分。

【例1-9】 将¥15.20表示为大写金额:人民币壹拾伍元贰角整。

3.在使用会计科目和填写摘要时,要遵循以下原则和要求

(1)填制记账凭证和登记账簿时,必须用碳素笔或钢笔认真书写,不得使用圆珠笔、铅笔和纯蓝色墨水;一般使用楷书或行书书写,不得使用草书书写;文字书写的宽窄与长短比例要匀称,字型要完全一致,不能满格书写;文字上方要向右倾斜,文字的中心线与水平线的交角在60°为宜;文字的长度占所记录表格的二分之一为宜,以备留有改错的空间,同时也是为了保持账面美观。

(2)记账凭证和账簿上所填写的文字也和数字一样,不准随意涂改、刀刮、纸贴、药水洗、橡皮擦。填写错误需要更正时,应将错误的文字用红色墨水单线注销,另填正确的文字,并加盖经手人的印章。

(3)在原始凭证中若出现书写错误不能用划线订正方法更正,需要重新填写。收据、支票等原始凭证发生书写错误的,不能毁掉,而是在其上注明"作废"字样,并与重新写好的凭证订在一起保存好,以便备查。产生错误的原因虽然很多,但主要是业务不够熟悉,计算不够准确,精神不够集中,填写不够认真所致。如果仔细审查业务,计算功夫过硬,全神贯注地书写数码,差错会基本消灭与杜绝。

小思考

杜先生常年给北京某饭店供应鸡鸭。20××年3月21日,饭店交付给杜先生北京农村商业银行转账支票一张。此支票在交付时只记载了小写金额1 121元,收款人以及大写金额均未记载。同年3月23日,杜先生在未补记收款人以及大写金额的情况下,将支票交给他人。后来,此支票几经转手,在填写了大写金额"柒仟柒佰贰拾壹元"且小写金额被改为7 721元后,于20××年5月27日由刘先生持有。刘先生将支票交于河北三河某信用社,信用社自饭店账户上划款7 721元至刘先生的账户。饭店将信用社及杜先生告上北京市丰台区人民法院,要求他们承担连带责任,返还不当得利款6 600元以及利息214.80元。法院审理后认为,从查明的事实来看,杜先生并未变造小写金额,信用社正常办理业务,亦无过错。故饭店诉请的理由不能成立,对其诉请应予驳回。从此案中我们应该得到什么样的启示呢?

二、会计职业发展规划

财会专业的就业前景如何?人工智能背景下,财会专业有没有发展?

"经济越发展,会计越重要",有单位存在,就会有对会计的需求。随着社会经济的发展和财务管理的规范化,社会上各种企事业单位对财务管理人员的需求也会大大增加,越是重视单位的未来发展,越是会提升财会人员的管理水平。

财会专业以其低风险、高稳定、需求大、薪资高等特点,被称作"金饭碗",就业面很广,可在内资、外资企业从事行政、业务和管理,可在工厂做跟单、做仓管,当出纳、会计、财务,也可以进银行做柜台,还可以卖保险、做证券,可以去会计师事务所和税务师事务所从实习生和项目助理开始干起……

财会工作强调会计经验的积累,也重视专业技术的认可。一技在手,越老越吃香,走遍天下都不怕。多数人考虑考职称和注册会计师等行业证书来提升自己在业内的认可度。

(一)会计职称

会计职称也称为会计专业技术资格证书,是由财政部、人力资源和社会保障部共同组织,全国统一组织、统一考试时间、统一考试大纲、统一考试命题、统一合格标准的考试制度。

在国家机关、社会团体、企业、事业单位和其他组织中从事会计工作,并符合报名条件的人员,均可报考。会计专业技术资格考试合格者,颁发人保部统一印制,人保部、财政部用印的会计专业技术资格证书,该证书在全国范围内有效。用人单位可根据工作需要和德才兼备的原则,从获得会计专业技术资格的会计人员中择优聘任。

会计职称是衡量一个人会计业务水平高低的标准,会计职称越高,表明会计业务水平越高。我们国家现有会计职称初级、中级和高级,初级会计职称亦称为助理会计师,中级职称又称为会计师,高级职称又称为高级会计师,其中高级会计师又分为副高级会计师和正高级会计师,副高级会计师相当于副研究员或副教授,正高级会计师相当于研究员或教授。

1. 初级:助理会计师

初级会计职称(助理会计师)需要在一年内同时通过"经济法基础"和"初级会计实务"这两门课程,才予评发初级专业技术职称证书。初级资格"经济法基础"科目的考试时间为1.5小时,"初级会计实务"科目的考试时间调整为2小时,两个科目考试时间共计3.5小时;两个科目连续考试,分别计算考试成绩。

2. 中级:会计师

考试课程"中级会计实务""经济法""财务管理",成绩2年内有效。中级资格考试分两个批次进行,"财务管理"为2.5小时,"经济法"为2小时,"中级会计实务"科目为3小时。

3. 高级:副高级会计师

开卷考试"高级会计实务"。对于初、中级资格,国家实行考试授予制度,而对高级资格,国家实行考评结合的授予制度。在实行授予制度后,职称不再由国家直接授予,而改为由聘任单位根据规定自行聘用任命,国家只负责授予相应的任职资格。

4. 高级:正高级会计师

目前一般采用评审方法产生,具体办法由各省决定。

(二)阶段性的职业规划

第一步:短期目标——稳扎稳打,立足现有会计岗位求发展。

从菜鸟到职业人。认真研究本行业的特点,养成良好的学习和工作习惯,培养自己的人脉意识,学会有效沟通。在现有岗位上充分学习,重点要放在基础工作的夯实上面,以全面掌握相关会计专业技能。这个阶段可以通过考取证书、参加培训等提升个人能力。在此之后,转换工作环境。可计划离开目前家庭小作坊式的公司,在大中型企业谋求初级会计岗位。需要提醒的是,转到大企业的任职初期,薪水或许得不到较大提升,但只要企业的文化氛围对自身职业技能的发展有利,也就达到了转换职业环境,进一步谋求发展的目的。

第二步:中期目标——三年内成为会计行家。

从普通会计到财务经理。中期目标是成为会计及相关职业的专家。逐步从普通会计的角色转变到管理者的角色上去。一方面,管理者必须对专业技能有硬性的要求,另一方面还要懂得代理记账的业务,熟悉企业全面的经营管理工作,并积极介入企业的各项决策。在工作中学会并掌握会计整个流程工作技能。学会根据会计信息,分析企业和整个行业的发展趋势。关注国家宏观政策。这个阶段综合素质的提升是决定性的因素,考证、参加个人与企业的培训都是提升能力不可缺少的部分。争取在二至三年内通过CPA考试,注册会计师不是职称,但含金量高。

第三步:长期目标——不断提升管理素养。

从财务经理到财务总监。要想成为财务总监,必须具备一些能力——财务组织建设能力、企业内控建设能力、筹措资金能力、投资分析决策和管理能力、税务筹划能力、财务预算能力、成本费用控制能力、分析能力、财务外事能力、财务预警能力和社会资源能力,可以通过不断学习和提升达到目标。

能熟练运用英文,精学税法。广泛涉猎心理学、管理类书籍,拓宽知识和技能,为下一步实现进入管理层目标做准备。同时学会调适自己,爱护自己,学会感恩,保持乐观向上的精神状态,拒绝不良情绪的干扰。保持和结交能给自己提供帮助的同学、老师和朋友。必要时可参加一些职业经理人的培训,既可增长知识,还能发展人脉。

同时,也可以根据自身特点,积累知识、财富及社会经验,寻找机会创业。

(三)行业未来发展趋势

1. 我国会计将进一步与国际惯例接轨

我国会计改革在强调中国特色的基础上,在法律、行政法规、部门规章及规范性文件等方面十分重视与国际惯例接轨。由此,会计这一国际商业语言要进一步增强其透明度,提高其可比性和可理解性,以利于会计信息使用者在进行相关决策时能更好地理解和运用,避免出现决策失误。

2. 会计的管理职能会更加凸显

社会经济的飞速发展,人工智能的运用,让财务、规划、管理一体化的会计模式成为可能,管理会计可以利用其灵活性和多种工具和方法,提供动态的经济信息,参与企业管理,实现价值创造。会计要从传统的核算模式转变成为企业管理模式,充分发挥分析、控制、预测等管理功能,促进企业战略目标的实现。

以营改增后的建筑企业为例,由于经营收入事先确定的特殊性,要实现利润最大化,就需要比对历史数据,分析经济形势,结合相关政策和预测价格走向,通过工程预算来合理控制成本费用、筹划税费,实现利润目标,这就需要财会工作者用自己的专业将数据加工成为有用的信息,为决策者提供优质的信息库。

会计信息系统本身并不会产生特别有用的信息,只有通过专业人员的分析判断,才能最终形成与企业经营发展相匹配的经济信息。财务人员需要改变思维,提升素质,掌握预算管理、成本管理、业绩考核和战略评价等管理理论知识,整合解析企业的运营活动信息,改变工作作风,进行组织协调与信息沟通,为企业提供更加优质的服务,为管理者提供最佳的经营决策,帮助企业实现管理升级,从而增强企业的国际竞争力。

3. 会计将逐步拓宽新的领域

随着现代信息科学的兴起,新兴产业不断涌出,资本市场高速发展以及全球化发展等,会计行业需要适应不断变化的社会政治经济环境和条件的需要,逐步拓宽新的领域,进一步提升信息化管理水平,提升规范化水平,以提升基础管理水平,促进企业发展目标实现。

会计就是信息加工。会计的精神就是用数据说话,靠证据做事。财务会计,是将与财务相关的数据加工成可用的财务信息,让信息使用者通过阅读信息完成与财务管理相关的决策;人力资源管理会计,是将与人力资源相关的数据加工成可用的人力资源信息,让信息使用者通过阅读信息完成与人力资源管理相关的决策;碳会计,是将与碳相关的数据加工成可用的碳资产信息,让信息使用者通过阅读信息完成与碳核算和碳管理相关的决策……

未来,企业管理层会对即时信息产生需求,需要强化精细管理,强化管理与信息化的融合,需要具有跨界精神和融合理念的财务管理人才,以实现会计与税务的融合、会计与金融的融合、会计与IT的融合、会计与业务的融合、会计与法律的融合,等等。

任务引例解析

财务人员在完成整个业务循环之后,是以"财务报告"作为工作的阶段性成果来提交的,财务总监还要对现金流进行管控;生产总监要担负起企业生产线管理;人力总监应当招聘性价比较高的人员,为企业节约成本;营销总监的市场分析要到位等。每一个项目任务结束应当形成标志性的成果并对成果进行解读以协助战略决策,最终服务于企业的价值创造。如果仅仅提供数据却不解读为信息,工作职责其实是没有完成的。所以,在学习过程中,要提升团队协作能力、职业能力,养成主动探究问题、团队协作思考并解决问题的习惯。

习题

一、把下列各数写成大写数字(数字中间连续多个"0"用一个"零"字)

1. 24 675 应写成:
2. 382 607 应写成:
3. 6 000 846 应写成:
4. 5 128 723 应写成:
5. 875 689 430 应写成:
6. 48 325 应写成:
7. 243 804 应写成:
8. 8 000 412 应写成
9. 6 243 216 应写成:
10. 454 821 760 应写成:

二、将下列大写金额用阿拉伯数字表示为小写金额

1. 人民币柒拾万零陆仟元整:
2. 人民币捌佰肆拾叁元贰角玖分:
3. 人民币伍仟捌佰陆拾陆万柒仟叁佰贰拾壹元整:
4. 人民币壹仟贰佰万零伍佰陆拾元零捌角贰分:
5. 人民币贰万叁仟陆佰捌拾元整:
6. 人民币玖万壹仟元零柒角伍分:
7. 人民币玖拾肆万零伍拾元零贰分:
8. 人民币捌万壹仟玖佰柒拾元整:
9. 人民币叁佰万元整:
10. 人民币伍拾万元整:

知识拓展

珠算

珠算是以算盘为工具进行数字计算的一种方法,被誉为中国的第五大发明。

刘洪(约公元129—210年),字元卓,东汉泰山郡蒙阴县(今山东省临沂市蒙阴县)人,东汉鲁王刘兴后裔,是我国古代杰出的天文学家和数学家,珠算发明者和月球运动不均匀性理论发现者,被后世尊为"算圣"。

算盘是中国古代劳动人民发明创造的一种简便的计算工具。"珠算"一词,最早见于汉代徐岳编撰的《数术记遗》,其中有云:"珠算,控带四时,经纬三才。"

珠算是以算盘为工具进行数字计算的一种方法,被誉为"中国第五大发明"。2008年6月14日,安徽省黄山市屯溪区政府、中国珠算心算协会联合申报的珠算经国务院批准列入第二批国家级非物质文化遗产名录。在2009年1月,中国珠算申报联合国"人类非物质文化遗产代表作名录"。但是当时申遗并未成功,中国珠算心算协会曾数次修改申报材料。珠算是中国古代

的重大发明,伴随中国人经历了1 800多年的漫长岁月。它以简便的计算工具和独特的数理内涵,被誉为"世界上最古老的计算机"。2013年12月4日晚,联合国教科文组织保护非物质文化遗产政府间委员会第八次会议在阿塞拜疆首都巴库通过决议,正式将中国珠算项目列入教科文组织人类非物质文化遗产名录。这也是中国第30项被列为非遗的项目。中国是世界上拥有世界非物质文化遗产数量最多的国家。

中国珠算心算协会副会长苏金秀在珠算申遗成功后对新华社记者说,随着计算机技术的发展,珠算的计算功能逐渐被削弱,但是古老的珠算依然有顽强的生命力。珠算成功申遗,将有助于让更多的人认识珠算,了解珠算,增强民族自豪感,吸引更多的人加入到弘扬与保护珠算文化的行列中来。

联合国教科文组织认为,非物质文化遗产给拥有者群体带来认同感和历史感,是确保文化多样性与人类创造性的关键。2003年10月,联合国教科文组织第32届大会通过《保护非物质文化遗产公约》,要求保护口头传统和表现形式,表演艺术,社会实践、仪式和节庆活动,有关自然界及宇宙的知识和实践以及传统手工艺等。

珠心算的利与弊

优点:"珠心算"能够改变学习态度,增加孩子的专注力。在学习珠心算时,往往需要独立专注的思维,这就在无形中培养了孩子的注意力和记忆力。

弊端:"珠心算"与小学数学有冲突,不练习容易导致混淆。小学学习的数学是从低位到高位的运算方式,而珠心算却恰好与小学教学相反,先计算高位,再算低位,这种相悖的计算方式可能对孩子的学习造成影响。孩子学过珠心算后,只会机械地运用形象思维来运算,养成了相对比较单一、被动的学习方式。

综合案例

800元能够成功地创办一个企业吗?

你认为800元(人民币)或不足800元能够成功地创办一个企业吗?请看看鲍春来的创业之路。鲍春来是杭州一所著名美术学院的学生。她目前手头有800元,她决定于2003年12月开始创办一个美术培训部。她支出了120元在一家餐厅请朋友坐一坐,帮她出出主意,支出了200元印制了500份广告传单,用100元购置了信封、邮票等。根据她曾经在一家美术培训班服务兼讲课的经验,她还向她的一个师姐借款4 000元,以备租房等使用。她购置了一些讲课所必备的书籍、静物,并支出一部分钱用于装修画室。她为她的美术培训部取名为"白鹭美术培训部"。经过上述努力,8天后鲍春来已经有了17名学员,规定每人每月学费1 800元,并且找到了一位较具能力的同学做合伙人,她与合伙人分别为培训部的发展担当着不同的角色(合伙人兼作培训部的会计和讲课教师)并获取一定的报酬。至2004年1月末,她们已经招收了50个学员,除了归还师姐的借款本金和利息计5 000元、抵销各项必需的费用外,各获得讲课、服务等净收入30 000元和22 000元。她们用这笔钱又继续租房,扩大了画室面积,为了扩大招收学员的数量,她们甚至聘请了非常有经验的教授、留学归国学者免费做了两次讲座,为培训部的下一步发展奠定了非常好的基础。

4个月下来,她们的"白鹭美术培训部"平均每月招收学员39位,获取收入计24 000元。她们还以每小时200元的讲课报酬雇用了4位同学做兼职教师。至此,她们核算了一下,除去房租等各项费用共获利67 800元。这笔钱足够她们各自购买一台非常可心的计算机并且还有一笔不小的节余。但更重要的是,她们通过4个月来的锻炼,学到了不少有关财务上的知识,掌握了许多营销的技巧,也懂得了应该怎样与人合作和打交道,获得了比财富更为宝贵的工作经验。

要求:

1. 鲍春来是如何创办并发展她的企业的?会计在其经营活动中扮演什么角色?
2. 从这一案例中你获得了哪些有关会计方面的术语?

第二章

会计学原理

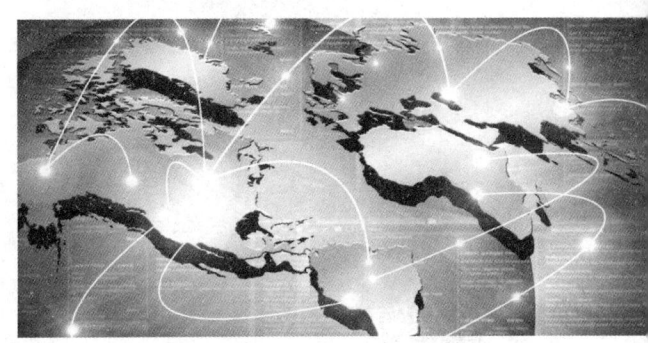

KUAIJIXUE DAOLUN

1. 了解会计的起源；
2. 了解会计的概念和意义；
3. 了解会计职能之间的相互关系；
4. 了解会计核算的原则和方法；
5. 能根据企业会计准则等相关会计法律法规办理会计业务，逐渐养成良好的专业素养和职业习惯。

1. 初识会计；
2. 会计学科分类；
3. 会计核算业务。

第一节　会计的概念

小张和小李争论得很激烈，原来，一个说会计是指会计工作人员，另一个说会计是指财务核算工作，小陈过来说，会计不是一个专业吗？

思考：他们三个谁说的有道理？会计在经营活动中扮演什么角色？

会计的概念

 知识准备与业务操作

会计是人类社会发展到一定阶段的产物。有了经济活动，人们就需要记录、计量和核算。会计的起源在于经济活动，经济孕育了会计，"经济是会计之母"。

一、结绳记事

原始计量记录行为是会计的萌芽状态，也是会计最早的存在形态，它是现在会计的原始状态。可以说后来发展出来的所有的会计记账方法都是由它演变过来的。随着原始社会形态的改变，私有财产的出现等，人们以实物、绘画、结绳、刻契等方式来表现经济活动及其所反映的数量关系。由实物记事（计数）、绘画记事（计数）、结绳记事（计数）、刻契记事（计数）等方式所体现的原始计量记录行为，可以说是当时社会时期的"会计"行为。

结绳记事，是远古时代人类，摆脱时空限制记录事实、进行传播的一种手段。它发生在语言产生以后、文字出现之前的漫长年代里。在一些部落里，为了把本部落的风俗传统和传说以及重大事件记录下来，流传下去，使用不同粗细的绳子，在上面结成不同距离的结，结又有大有小，每种结法、距离大小以及绳子粗细表示不同的意思，由专人（一般是酋长和巫师）遵循一定规则记录，并代代相传（见图2-1）。

二、刻契记事

刻契,就是在木头、竹片、石块、泥板等物体上刻画各种符号和标志,主要目的是用来记录数目和作债务的凭证(见图2-2)。汉朝刘熙在《释名·释书契》中说:"契,刻也,刻识其数也。"清楚地说明契就是刻,刻契的目的是帮助记忆数目。因为人们订立契约关系时,数目是最重要的,也是最容易引起争端的因素,于是,人们就用刻契的方法,将数目用一定的线条作符号,刻在竹片或木片上,作为双方的"契约"。这就是古时的"契"。后来人们把契从中间分开,分作两半,双方各执一半,以二者吻合为凭。关于古代刻契的情况,《列子·说符》里记载着这样一个故事。有一个宋国人,在路上拾到一个别人遗失的契,回到家中便把契藏了起来,并偷偷地数契上刻的齿数,以为这些齿代表的钱数不少,非常高兴,情不自禁地对邻居说:"我很快就要发财了。"这段故事说明古代的契上刻的是数目,主要用来作债务的凭证。随着木刻的日趋成熟,古人把目光从木板投向更坚硬、耐腐蚀的悬崖、峭壁、洞窟。

由简单刻记和"结绳记事"发展到"书契"记录方法,是我国古代记账方法发展初期一个质的飞跃。

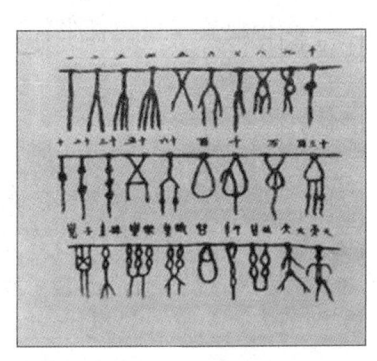

图2-1 结绳记事

图2-2 刻契记事

三、"会计"二字的由来

"会计"的历史颇久,古已有之。据记载,我国从周代就有了专设的会计官职,掌管赋税收入、钱银支出等财务工作,进行月计、岁会。亦即,每月零星盘算为"计",一年总盘算为"会",两者合在一起即成"会计"。

中式会计命名于西周,这一时期的青铜器铭文已经出现"會"和"計"这些形状的字体,而且其含义已基本定型。"會"字,上有"合",下有"曾(古时是'增'的通假字)",故其有增加、聚合和汇总之意(见图2-3和图2-4)。

会计活动是经济发展的产物,经济是"会计之母",经济愈发展,会计愈重要,我国的会计发展代表着智慧和文明的演进,借鉴和吸收人类文明的智慧是会计发展的必然。

图 2-3 "会"字源流图

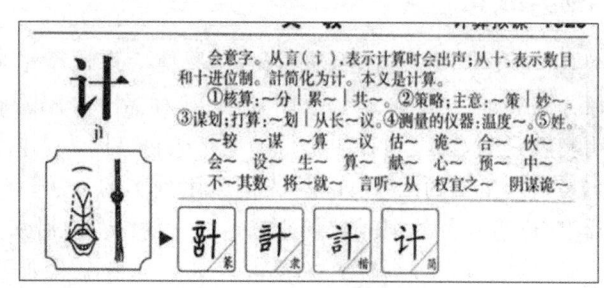

图 2-4 "计"字源流图

四、会计的概念

会计有两层意思,一是指会计工作,二是指会计工作人员。会计工作是以会计法、预算法、统计法及各种税收法规为法律依据来核对记账凭证、财务账簿、财务报表,从事经济核算和监督的过程,是以货币为主要计量单位,采用专门的方法和程序,对企业和行政、事业单位的经济活动进行完整的、连续的、系统的核算和监督,以提供经济信息和反映受托责任履行情况为主要目的的经济管理活动;会计工作人员是进行会计工作的人员,有会计主管、会计监督和核算、财产管理、出纳等人员。

会计的目标是要求会计工作完成的任务或达到的标准,反映企业管理层受托责任履行情况,有助于财务报告使用者做出经济决策。

会计具有以下特点:

1. 会计是以货币作为主要的计量单位

经济核算通常有三种量度(计量单位):实物量度、劳动量度、货币量度,如图 2-5 所示。实物量度是以各种财产物资的实物数量为计量单位(如千克、吨、台、米等);劳动量度是对劳动时间的计量(如劳动日、工时等);货币计量以价值量为计量单位(如元、角、分),货币作为一般等价物,可以将复杂的不同性质的经济活动加以综合计量和记录。因此,会计以货币为主要的计量单位,但不是唯一的计量单位。

图 2-5 计量单位

2. 会计具有连续性、系统性、综合性和全面性的特点

会计对经济活动过程进行核算和监督,如图 2-6 所示。连续性是指按照经济活动发生的时间顺序不间断地连续记录;系统性是指会计运用科学的方法对经济业务进行分类和汇总;综合性是指会计能对以货币计量的全部经济业务进行核算和控制,并对所发生的经济活动无一遗漏地予以反映。

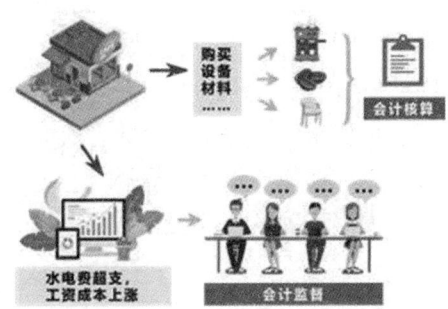

图 2-6　核算和监督

3.会计具有一整套科学实用的专门方法

会计在长期发展过程中,形成了一系列科学实用的专门核算方法,如图 2-7 所示。按照经济业务发生的顺序进行连续、系统、全面的记录和计算,为企业经营管理提供必要的经济信息。会计的核算方法体系,是会计管理区别于其他经济管理的重要特征之一。

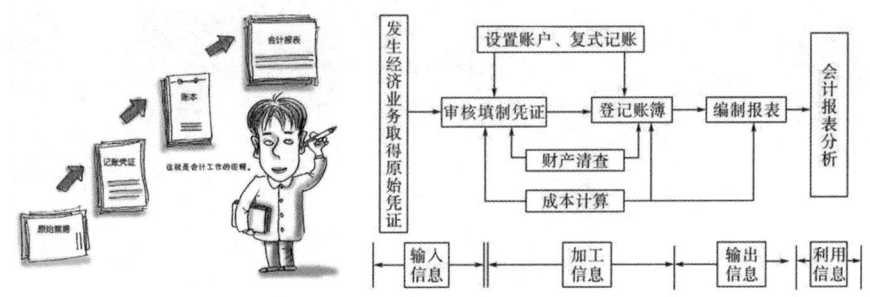

图 2-7　专门核算方法

五、会计分支

会计分为财务会计和管理会计两大分支。

财务会计是以提供定期的财务报表为手段,以公认的会计原则为核算依据,以企业外部的投资人、债权人等为主要服务对象,完整地、总括地报告财务状况和经营成果的会计。管理会计是管理知识与会计知识有机结合的产物,以强化企业经营管理、实现最优经济效益为根本目的,以企业内部决策、管理部门为主要服务对象,采用灵活多样的方法和手段,对会计、统计等资料进行深加工和再利用,为正确进行最优决策和有效经营提供有用的信息,实现对企业整个经济活动过程的控制和对各个责任的考评。

管理会计与财务会计同源于传统会计的信息系统,它们之间有着密切的关系;随着经济发展,企业所有者和经营者分离,产生了不同的需要,使得管理会计逐渐脱颖而出,超越了单纯的会计范畴,成为与财务会计并列的独立领域,因此,管理会计与财务会计又存在明显的区别。管理会计的分立和不断发展,大大丰富了会计理论的内容,标志着会计科学进入了一个新的发展阶段,同时也为会计工作开辟了更为广阔的空间,正确理解财务会计和管理会计的区别与联系,进而把握它们各自的理论内涵和实务要领,对于会计理论研究的深入开展和会计工作的有效进行,都具有十分重要的意义。

任务引例解析

会计一般是指会计工作。会计工作岗位在经营中扮演了核算分析师的角色。通过会计记录的数据,可以明确企业发生的各项费用支出和全部收入,从而计算出企业的利润额。会计就是清晰记录企业的借贷活动,每一分钱都能知道来龙去脉。同时,会计还扮演统筹的角色。通过分析前期的盈支比,决定下个月的资金分配。

习题

一、单项选择题

1. 下列关于会计的表述中,正确的有(   )。
   A. 会计的职能是指会计在经济管理过程中所具有的功能
   B. 会计采用一系列专门方法
   C. 会计是一种经济管理活动
   D. 会计是一个经济信息系统

2. (   )是会计核算的主要环节。
   A. 确认、计量和报告   B. 填制会计凭证和登记账簿
   C. 计划、监督和分析   D. 记账、算账、报账

二、判断题

1. 会计是以货币作为唯一计量单位。(   )
2. 管理会计与财务会计没有任何关系。(   )

第二节 会计的对象

鲍春来的"白鹭美术培训部"平均每月招收学员39位,获取收入计24 000元。她和她的合伙人还以每小时200元的讲课报酬雇用了4位同学做兼职教师。至此,她们核算了一下,除去房租等各项费用共获利67 800元。这笔钱足够她们各自购买一台非常可心的计算机并且还有一笔不小的节余。但更重要的是,她们通过四个月来的锻炼,学到了不少有关财务上的知识,掌握了许多营销的技巧,也懂得了应该怎样与人合作和打交道,获得了比财富更为宝贵的工作经验。

思考:是不是所有的业务活动都要会计核算?鲍春来需要针对哪些内容来核算培训部的业务?

知识准备与业务操作

一、会计对象

会计的对象是指会计核算与监督的内容,也就是社会再生产过程。社会再生产过程是由生

产、分配、交换和消费四个相互关联的环节所构成。资金是再生产过程中财产物资(包括无形的)的货币表现和货币本身,作为社会再生产过程中的价值形式,资金是在不停地运动的,表现为资金的筹措、投入、运用、耗费、增值、收回、分配等活动。资金运动贯穿于整个社会再生产过程,只要有财产物资就有资金和资金运动,就有需要会计反映和监督的内容。因此,概括地说,会计对象就是社会再生产过程中的资金运动。

研究会计对象,必须研究资金运动规律。企业在经营过程中所发生的生产、分配、交换、消费等各种经济活动所形成的单据,就是核算流程的起点和依据。凡是特定单位能够以货币表现的资金运动,都是会计核算和监督的内容,也就是会计的对象。以货币表现的经济活动,通常被称为价值运动或资金运动。研究会计对象的目的,就是要明确会计在经济管理中的活动范围,对企业资金运动规律进行核算、监督和评估。

资金运动主要有以下三种表现形式:

第一,资金进入企业:企业通过吸收投资、银行借入、发行股票或债券来筹集资金,引起企业资金的增加。

第二,资金在企业中的周转:企业用货币资金购买材料,形成储备资金;工人利用自己的生产技术,借助于机器设备对材料进行加工,发生的耗费形成生产资金;产品完工后形成成品资金;将产品销售,收回货款,得到新的货币资金。整个周转过程表现为:货币资金→储备资金→生产资金→成品资金→新的货币资金。

第三,资金退出企业:企业偿还银行借款、上缴税金和分派利润或股利。

工业企业资金运动过程如图 2-8 所示。

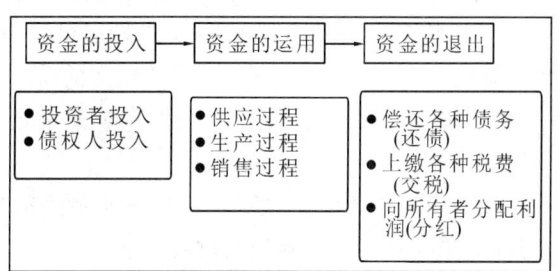

图 2-8 工业企业资金运动过程

二、工业企业的会计对象

工业企业进行生产经营活动包括生产过程。第一步,用货币资金去购买生产设备和材料物资,为接下来的生产过程做准备;第二步,将生产物资投入到企业生产过程中,生产出相应的产品;第三步,将生产出来的产品对外出售,收回因出售产品而取得的货币资金。

工业企业的资金陆续经过供应、生产和销售的过程,其货币形态也随之而发生变化。购买生产设备、材料物资时,以固定资金和储备资金的形式存在;车间生产领用时,以生产资金的形式存在;车间加工完毕,产品验收入库时,以成品资金的形式存在;将产品出售并回笼货款时,又以货币资金的形式存在。企业的生产经营过程是周而复始、不间断、循环地进行的,资金从货币形态开始,依次经过储备资金、生产资金、成品资金,最后又回到货币资金这一运动过程叫作资金循环,企业不断地投入原材料、不断地加工产品、不断地销售产品,其资金也是不断循环周转的。

上述资金循环和周转过程,也可以划分为供应阶段、生产阶段和销售阶段。整个企业的资金运动和循环周转还包括资金的投入和资金的退出,三者相互支撑,构成一个统一体。没有资金的投入,也就没有资金的循环和周转;没有资金的循环和周转,就没有资金的退出。

综上所述,工业企业因资金的投入、循环周转和资金的退出等经济活动而引起的各项财产和资源的增减变化情况,以及企业销售收入的取得和企业纯收入的实现、分配情况,构成了工业企业会计的具体对象。

三、商品流通企业的会计对象

与工业企业相比,商品流通企业的经营活动缺少产品生产环节。商品流通企业的经营过程主要分为商品购进和商品销售两个环节。商品购进环节中,主要是采购商品,此时货币资金转换为商品资金;商品销售环节中,主要是销售商品,此时资金又由商品资金转换为货币资金。在商业企业经营过程中,也要消耗一定的人力、物力和财力,它们表现为商品流通费用。在销售过程中,也会获得销售收入和实现经营成果。因此,商品流通的资金是以"货币资金—商品资金—货币资金"方式运动。

四、行政事业单位的会计对象

行政、事业单位为完成国家赋予的任务,同样需要一定数额的资金,但其资金主要来源是国家财政拨款。行政、事业单位在正常业务活动过程中,所消耗的人力、物力和财力的货币表现,即为行政费用和业务费用。一般来说,行政事业单位没有或只有很少一部分业务收入,因为费用开支主要是靠国家财政预算拨款。因此,行政事业单位的经济活动一方面按预算从国家财政取得拨入资金;另一方面又按预算以货币资金支付各项费用。其资金运动的形式是"资金拨入—资金付出"。

综上所述,不论是工业企业、商品流通企业,还是行政、事业单位都是社会再生产过程中的基层单位,会计反映和监督的对象都是资金及其运动过程。

会计对象的具体化,即对资金运动进行的分类,就是会计要素;对会计要素再进行更具体的分类,就是会计科目。

五、会计对象的意义

会计所要核算和监督的对象是社会再生产过程。社会再生产过程是由生产、分配、交换和消费四个相互关联的环节所构成,包括多种多样的经济活动。由于会计的主要特点是以货币为统一计量单位,它只能核算和监督再生产过程中可以用货币计量表现的那些内容。在商品货币经济条件下,作为统一整体的再生产过程中的一切社会产品,即一切财产物资都可以用货币表现,而再生产过程中财产物资的货币表现和货币本身就称之为资金。

资金作为社会再生产过程中的价值形式是在不停地运动的,其表现为资金的筹措、投入、运用、耗费、增值、收回、分配等活动。资金运动贯穿于社会再生产过程的各个方面,哪里有财产物资(包括无形的)哪里就有资金和资金运动,就有会计所要反映和监督的内容。因此,概括地说,会计对象就是社会再生产过程中的资金运动。研究会计对象,必须研究资金运动规律。

任务引例解析

会计核算的一般对象是会计核算(反映)和监督(控制)的内容,而核算(反映)和监督(控制)的是能用货币表现的经济活动,是资金运动,或价值运动,是作为一项管理活动所要核算(反映)和监督(控制)的内容,即会计的客体。

习题

一、单项选择题

1. 会计对象在企业中具体表现为(   )。
   A. 会计要素   B. 会计科目
   C. 各种经济业务   D. 以货币表现的经济活动

2. 凡是特定对象中能够以货币表现的经济活动就是(   )。
   A. 会计事项   B. 会计对象
   C. 经济业务   D. 会计工作

二、多项选择题

1. 下列属于资金退出企业的形式的有(   )。
   A. 用银行存款支付职工薪酬   B. 用银行存款支付股东股利
   C. 用银行存款购买原材料   D. 用银行存款支付各项税金

2. 下列属于生产阶段的资金运动的有(   )。
   A. 购买机器设备   B. 领用原材料进行产品生产
   C. 支付职工薪酬   D. 计提固定资产折旧

3. 下列各项中,属于资金循环和周转的有(   )。
   A. 无形资产的摊销   B. 偿还各种债务
   C. 员工工资费用   D. 购买材料

4. 下列各项中,属于资金投入的有(   )。
   A. 甲公司收到个人投入的资金 10 万元
   B. 甲公司向乙公司投入资金 50 万元
   C. 甲公司向银行借款 100 万元
   D. 甲公司发行三年期债券 500 万元

三、判断题

1. 资金的循环和周转就是从货币资金开始依次转化为储备资金、生产资金、产品资金的过程。(   )

2. 企业资金都要经过资金投入、资金运用和资金退出这样一个资金运动过程,不会因为企业规模大小或地区不同而不同。(   )

3. 资金运动的起点是筹集资金,终点是耗费资金。(   )

第三节 会计的职能

任务引例

对于一个经济实体来说,比如,销售水果收回货款,计划购买榨汁机,缴纳水电费用等经济活动中,会计是不可缺少的一分子,会计职能履行的好坏直接影响到会计信息质量的高低。

思考:会计在经济活动中起到哪些作用?

知识准备与业务操作

一、会计的基本职能

会计职能是指会计在经济管理过程中具有的功能,《中华人民共和国会计法》(以下简称《会计法》)明确规定,会计具有会计核算和会计监督两项基本职能,还具有预测经济前景、参与经济决策、评价经营业绩等拓展职能,如图 2-9 所示。

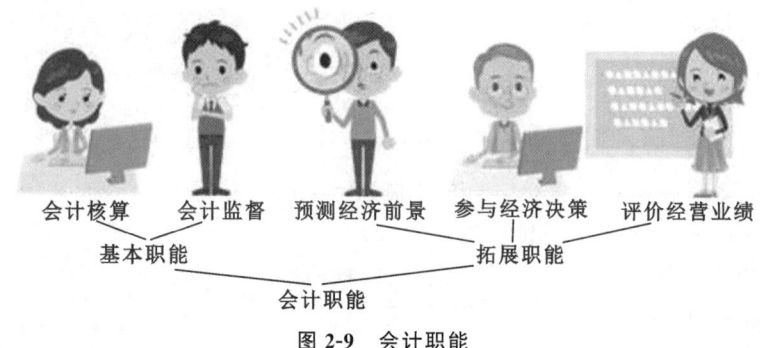

图 2-9 会计职能

(一)会计的核算职能

会计的核算职能是指会计以货币为主要计量单位,运用一系列专门的方法,对特定主体的经济活动进行确认、计量、记录和报告。

会计核算贯穿于会计活动的始终,包括事前核算、事中核算和事后核算。事前核算的主要形式是进行预测、参与决策;事中核算的主要形式是在计划执行过程中,通过核算和监督相结合的方法,对经济活动进行控制,使过程按计划或预期的目标进行;事后核算也就是会计工作中记账、算账、报账的总称。

(二)会计的监督职能

会计监督职能是对经济活动进行事前、事中、事后的检查和控制,以达到维护财经纪律,保护财产安全,防止和减少损失的预期目标。会计监督的具体内容主要包括以下几项:

(1)以国家的财经政策、财经制度和财经纪律为准绳,对即将进行或已经进行的经济活动的合理性进行监督。

(2)从单位内部提高经济效益出发,将监督贯穿于经济活动全过程,以评价各项经济活动是否有效,能否提高经济效益。

(3)对贪污盗窃、营私舞弊等违法犯罪活动进行监督,以保护国家财产的安全完整。

(三)会计基本职能之间的关系

会计核算职能和会计监督职能是相辅相成的,会计核算是会计监督的基础,没有核算无法进行监督,会计监督是会计核算的保障。

二、会计的拓展职能

(一)预测经济前景

预测经济前景是指根据财务报告等提供的信息,定量或者定性地判断和推测经济活动的发展变化规律,以指导和调节经济活动,提高经济效益。

(二)参与经济决策

参与经济决策是指根据财务报告等提供的信息,运用定量分析和定性分析方法,对备选方案进行经济可行性分析,为企业经营管理等提供决策相关的信息。

(三)评价经营业绩

评价经营业绩是指利用财务报告等提供的信息,采用适当的方法,对企业一定经营期间的资产运营、经济效益等经营成果,对照相应的评价标准,进行定量及定性对比分析,做出真实、客观、公正的综合评判。

任务引例解析

任何经济实体单位要进行经济活动,都要求会计提供真实的、正确的、完整的、系统的会计信息;会计核算职能是通过价值量对经济活动进行确认、计量、记录,因此会计核算是会计工作的基础。会计监督职能是指对经济活动进行事前、事中和事后的控制,促使经济活动按照规定的要求运行,以达到预期的目的。会计的核算和监督这两个基本职能是相辅相成、不可分割的,如果没有可靠、完整的会计信息系统,监督就没有客观依据。

习题

一、单项选择题

1.下列关于会计职能的描述中不正确的是(   )。

A.会计核算是会计最基本的职能

B.会计核算是对特定主体的经济活动进行确认和计量

C.会计的基本职能包括会计核算和会计监督

D.会计的核算职能又称为反映职能

2.以货币为主要计量单位,通过确认、计量、记录、计算、报告等环节,对特定主体的经济活动进行记账、算账、报账,为各有关方面提供会计信息的功能是(   )。

A.会计核算职能　　　　　　　　B.会计监督职能

C.会计计划职能　　　　　　　　D.会计预测职能

3.下列各项中,属于会计基本职能的是( )。
  A.会计核算与会计预测   B.会计核算与会计决策
  C.会计核算和会计监督   D.会计核算与会计分析
4.下列关于会计监督职能的描述中错误的是( )。
  A.会计监督是一个过程,分为事前监督、事中监督和事后监督
  B.会计监督中的真实性审查是指检查各项会计核算是否根据实际发生的经济业务进行
  C.会计监督中的合理性审查是指检查各项经济业务是否符合国家有关法律法规,保证各项财务收支符合特定的财务收支计划
  D.事后监督是指对已经发生的经济活动及其核算资料进行审查
5.下列关于会计职能的描述中错误的是( )。
  A.会计核算与会计监督相辅相成、辩证统一
  B.会计监督是会计核算的质量保障
  C.只有核算没有监督,就难以保障核算所提供信息的质量
  D.没有监督所提供的各种信息,核算就失去依据

二、多项选择题
1.下列对会计的核算和监督职能的关系描述正确的有( )。
  A.会计监督职能是会计最基本的职能
  B.会计核算与会计监督两大基本职能关系密切,相辅相成,辩证统一
  C.会计核算与会计监督分别发生在经济业务发生之时和之后
  D.会计监督是会计核算的质量保证
2.下列内容中属于会计的拓展职能的是( )。
  A.预测经济前景   B.参与经济决策
  C.核算和监督   D.评价经营业绩
3.以下属于会计职能的有( )。
  A.核算   B.监督   C.确认   D.预测经济前景
4.下列有关会计职能的表述中正确的有( )。
  A.预测经济前景是会计的基本职能
  B.会计核算是会计的基本职能
  C.评价经营业绩是会计的拓展职能
  D.会计监督是会计核算的质量保证
5.下列各项中,关于会计职能的表述正确的有( )。
  A.监督职能是核算职能的保障
  B.核算职能是监督职能的基础
  C.预测经济前景、参与经济决策和评价经营业绩是拓展职能
  D.核算与监督是基本职能
6.下列关于会计的说法中正确的有( )。
  A.会计是对特定主体的经济活动进行核算和监督
  B.会计的本质就是一项管理活动
  C.会计以货币作为主要计量单位

D.会计具有核算和监督的拓展职能

三、判断题

1.会计核算的基本职能是反映和控制。（　　）

2.会计监督是会计核算的基础。（　　）

第四节　会计学科及其分类

任务引例

小玲报考了会计学专业，进入大二，学校要求选择专业方向，但她对会计专业的学科大类与具体方向还不太清楚。

思考：会计专业的学科大类与具体方向包括哪些？

一、会计学科体系

会计学科也称会计学，是指研究财务活动以及在成本资料的收集、分类、综合、分析和解释的基础上形成协助决策的信息系统，以有效地管理经济的一门应用学科。会计学是社会学科的组成部分，是一门重要的有效管理经济的应用学科。

会计学科体系是用于研究会计理论与业务互相联系及互相制约的科学整体，主要包括会计学原理、会计监督与检查、会计分析、专业会计和会计历史等内容。

(1)会计学原理是研究会计学的基本理论，主要包括会计的对象、性质、任务和原则等内容。

(2)会计监督与检查又称为审计，是指按照审计准则和审计方法对资金运动进行监督检查的理论与业务。

(3)会计分析是分析研究财务成本，以求取得最大效益的理论与业务。

(4)专业会计依据会计原理，结合国民经济各部门特点，研究各部门的会计理论与业务。

(5)会计历史是研究会计的产生和发展的过程及其规律。

从理论上讲，会计学科体系与会计课程体系是既有联系又有区别的两种不同体系，通过分析会计课程体系能够较好地掌握会计学科体系。

二、会计学科的分类

国内外对会计学科的分类有多种，比较有代表性的分类主要是苏联模式与英美模式。我国于20世纪50年代初引进苏联模式，是按国民经济部门和会计工作程序划分会计学科。

(1)按国民经济部门划分，分为工业会计、农业会计、建筑安装企业会计、商业会计、基本建设会计、房地产会计、政府会计、银行(金融)会计等学科；

(2)按工作内容划分，有总账会计、往来会计、成本会计、材料会计等；

(3)按反映会计工作的不同内容，分为会计核算、部门财务等学科；

(4)按学习内容划分，有基础会计、财务会计、成本会计、管理会计、高级会计等。

现在一般都是按其报告的对象不同而分为财务会计和管理会计。财务会计对外,侧重过去,就是传统的会计;管理会计对内,侧重未来,和财务管理差不多(见图2-10)。

	管理会计	财务会计
目的	帮助管理人员做决策,以实现组织的目标	向投资者、银行、管制者和其他外部各方传递组织的财务状况
为谁服务	组织内的管理人员	外部用户,如投资者、银行、管制者和供应商
时间导向	**面向未来** -当年编制**下一年**的预算 -制定面向未来的商务决策	**面向过去** -当年编制**上一年**的业绩报告
计量与报告规则	内部计量报告,不需要遵守GAAP,但要分析成本效益	财务报表必须根据GAAP编制,并经外部独立审计师鉴证
时间跨度与报告类型	时间变化范围从每小时到15~20年,可以是有关产品、部门、地区和战略的财务与非财务报告	通常是以公司作为一个整体的年度或季度财务报告
行为意义	意在影响管理者和其他职员的行为	主要报告经济事项,但也会影响行为,因为管理人员的薪酬通常基于报告的财务成果

图2-10 管理会计与财务会计对比图

英美模式的会计学科体系主要是按照学科内容的深浅来划分的。在管理会计产生之前,会计学科体系中的会计学主干学科划分为初级会计、中级会计和高级会计。管理会计产生之后,会计学科体系中的会计学分为了财务会计与管理会计两大领域,在财务会计中,仍旧按内容深浅划分为初、中、高级会计。

三、会计学专业以后的就业方向

(1)财务工作。包括会计、出纳等。工作比较稳定,相对清闲,但是工资未必会很高。而且从事具体财务工作的人,更多的是看经验,刚入职待遇不会太好,随着经验的积累会越来越吃香。

(2)审计。很多财务制度健全的单位都有自己的内部审计机构,另外会计师事务所也主要从事审计工作。待遇会比较好,但是忙季会很忙,尤其在事务所,容易对身体造成慢性损耗。

(3)税务。可以去各级税务机关。当然,税务知识本身比较烦琐,想进税务机关,需要对税务知识有全面的了解,而且如果在基层的税务所,会很忙。

(4)金融机构。比如银行、证券、保险业。这个不用多说了,待遇很好,但是压力会很大。

(5)统计。很多单位的统计工作都由财务人员来做,一般都是财务人员兼职。

▶ **任务引例解析**

英美模式的会计学科体系中,行业划分并不严格,从事会计职业者可以自由流动,会计教学需要突破行业、部门的界限,以在更高层次上阐述会计工作的共性,这可以让培养出来的会计专业学生适应不同部门的会计工作。

我国普通高等学校本科专业目录如图2-11所示。

序号	门类	专业类	专业代码	专业名称	学位授予门类	修业年限
608	管理学	工商管理类	120201K	工商管理	管理学	四年
609	管理学	工商管理类	120202	市场营销	管理学	四年
610	管理学	工商管理类	120203K	会计学	管理学	四年
611	管理学	工商管理类	120204	财务管理	管理学	四年
612	管理学	工商管理类	120205	国际商务	管理学	四年
613	管理学	工商管理类	120206	人力资源管理	管理学	四年
614	管理学	工商管理类	120207	审计学	管理学	四年
615	管理学	工商管理类	120208	资产评估	管理学	四年
616	管理学	工商管理类	120209	物业管理	管理学	四年
617	管理学	工商管理类	120210	文化产业管理	艺术学,管理学	四年
618	管理学	工商管理类	120211T	劳动关系	管理学	四年
619	管理学	工商管理类	120212T	体育经济与管理	管理学	四年
620	管理学	工商管理类	120213T	财务会计教育	管理学	四年
621	管理学	工商管理类	120214T	市场营销教育	管理学	四年
622	管理学	工商管理类	120215T	零售业管理	管理学	四年

图2-11 普通高等学校本科专业目录(2020年版本)

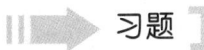

一、多项选择题

1.会计学科的划分有哪些？（　　）
A.行业划分　　　B.工作内容划分　　　C.学习内容划分　　　D.职业工种划分

2.财务工作包括哪些？（　　）
A.会计　　　B.出纳　　　C.审计　　　D.统计

第五节　会计核算的基本原则

小玲家每月都要将水果店核算的会计信息(财务状况、经营成果、现金流量)通过编制财务报表的形式上报给税务局,并向税务局缴纳税款。

思考：小玲家提供的这些会计信息有什么要求？如何确保会计信息质量呢？

知识准备与业务操作

一、会计信息

会计信息是指通过会计核算实际记录或科学预测,反映会计主体过去、现在、将来有关资金运动状况的各种可为人们接受和理解的消息、数据、资料等的总称。

会计信息是反映企业财务状况、经营成果以及资金变动的财务信息,是记录会计核算过程和结果的重要载体,是反映企业财务状况、评价经营业绩、进行再生产或投资决策的重要依据,是指会计单位通过财务报表、财务报告或附注等形式向投资者、债权人或其他信息使用者揭示单位财务状况和经营成果的信息。

二、会计信息质量要求

会计信息质量要求是对企业财务会计报告中所提供高质量会计信息的基本规范,是使财务会计报告中所提供会计信息对投资者等使用者决策有用应具备的基本特征,主要包括可靠性、相关性、可理解性、可比性、实质重于形式、重要性、谨慎性和及时性等。

(一)可靠性

可靠性要求企业应当以实际发生的交易或者事项为依据进行确认、计量和报告,如实反映符合确认和计量要求的各项会计要素及其他相关信息。保证会计信息真实可靠、内容完整。

会计信息要有用,必须以可靠为基础。如果财务报告所提供的会计信息是不可靠的,就会给投资者等使用者的决策产生误导甚至损失。为了贯彻可靠性要求,企业应当做到:

(1)以实际发生的交易或者事项为依据进行确认、计量,将符合会计要素定义及其确认条件的资产、负债、所有者权益、收入、费用和利润等如实反映在财务报表中,不得根据虚构的、没有发生的或者尚未发生的交易或者事项进行确认、计量和报告。

(2)在符合重要性和成本效益原则的前提下,保证会计信息的完整性,其中包括应当编报的报表及其附注内容等应当保持完整,不能随意遗漏或者减少应予披露的信息,与使用者决策相关的有用信息都应当充分披露。

(3)包括在财务报告中的会计信息应当是中立的、无偏的。如果企业在财务报告中为了达到事先设定的结果或效果,通过选择或列示有关会计信息以影响决策和判断,这样的财务报告信息就不是中立的。

(二)相关性

会计信息质量的相关性要求,需要企业在确认、计量和报告会计信息的过程中,充分考虑使用者的决策模式和信息需要。但是,相关性是以可靠性为基础的,两者之间并不矛盾,不应将两者对立起来。也就是说,会计信息在可靠性前提下,尽可能地做到相关性,以满足投资者等财务报告使用者的决策需要。

相关性要求企业提供的会计信息应当与财务会计报告使用者的经济决策需要相关,有助于财务会计报告使用者对企业过去和现在的情况做出评价,对未来的情况做出预测。

会计信息质量的相关性以可靠性为基础,两者之间是统一的,并不矛盾,不应将两者对立。在可靠性前提下,会计信息应尽可能与决策相关,以满足财务会计报告使用者的决策需要。

相关性要求企业提供的会计信息应当与投资者等财务报告使用者的经济决策需要相关,一项信息是否具有相关性取决于预测价值和反馈价值。

1. 预测价值

如果一项信息能帮助决策者对过去、现在和未来事项的可能结果进行预测,则该项信息具有预测价值。决策者可根据预测的结果,做出其认为的最佳选择。因此,预测价值是构成相关性的重要因素,具有影响决策者决策的作用。

2. 反馈价值

一项信息如果能有助于决策者验证或修正过去的决策和实施方案,即具有反馈价值。把过去决策所产生的实际结果反馈给决策者,使其与当初的预期结果相比较,验证过去的决策是否正确,总结经验,以防止今后再犯同样的错误。反馈价值有助于未来决策。

(三) 可理解性

可理解性要求企业提供的会计信息应当清晰明了,便于投资者等财务报告使用者理解和使用。

企业编制财务报告、提供会计信息的目的在于使用,而要使使用者有效使用会计信息,应当能让其了解会计信息的内涵,弄懂会计信息的内容,这就要求财务报告所提供的会计信息应当清晰明了、易于理解。只有这样,才能提高会计信息的有用性,实现财务报告的目标,满足向投资者等财务报告使用者提供决策有用信息的要求。

会计信息是一种专业性较强的信息产品,在强调会计信息的可理解性要求的同时,还应假定使用者具有一定的有关企业经营活动和会计方面的知识,并且愿意付出努力去研究这些信息。对于某些复杂的信息,如交易本身较为复杂或者会计处理较为复杂,但其与使用者的经济决策相关的,企业就应当在财务报告中予以充分披露。

(四) 可比性

可比性要求企业提供的会计信息应当相互可比,保证同一企业不同时期可比、不同企业相同会计期间可比。

1. 同一企业不同时期可比

为了便于投资者等财务报告使用者了解企业财务状况、经营成果和现金流量的变化趋势,比较企业在不同时期的财务报告信息,全面、客观地评价过去、预测未来,从而做出决策,会计信息质量的可比性要求同一企业不同时期发生的相同或者相似的交易或者事项,应当采用一致的会计政策,不得随意变更。但是,满足会计信息可比性要求,并非表明企业不得变更会计政策,如果按照规定或者在会计政策变更后可以提供更可靠、更相关的会计信息,可以变更会计政策。有关会计政策变更的情况,应当在附注中予以说明。

2. 不同企业相同会计期间可比

为了便于投资者等财务报告使用者评价不同企业的财务状况、经营成果和现金流量及其变动情况,会计信息质量的可比性要求不同企业同一会计期间发生的相同或者相似的交易或者事项,应当采用规定的会计政策,确保会计信息口径一致、相互可比,以使不同企业按照一致的确认、计量和报告要求提供有关会计信息。

（五）实质重于形式

实质重于形式要求企业应当按照交易或者事项的经济实质进行会计确认、计量和报告，不应仅以交易或者事项的法律形式为依据。企业发生的交易或事项在多数情况下，其经济实质和法律形式是一致的，但在有些情况下，会出现不一致。

例如，以融资租赁方式租入的资产虽然从法律形式来讲企业并不拥有其所有权，但是由于租赁合同中规定的租赁期相当长，接近于该资产的使用寿命；租赁期结束时承租企业有优先购买该资产的选择权；在租赁期内承租企业有权支配资产并从中受益等，因此，从其经济实质来看，企业能够控制融资租入资产所创造的未来经济利益，在会计确认、计量和报告上就应当将以融资租赁方式租入的资产视为企业的资产，列入企业的资产负债表。

又如，企业按照销售合同销售商品但又签订了售后回购协议，虽然从法律形式上实现了收入，但如果企业没有将商品所有权上的主要风险和报酬转移给购货方，没有满足收入确认的各项条件，即使签订了商品销售合同或者已将商品交付给购货方，也不应当确认销售收入。

（六）重要性

重要性要求企业提供的会计信息应当反映与企业财务状况、经营成果和现金流量有关的所有重要交易或者事项。

在实务中，如果会计信息的省略或者错报会影响投资者等财务报告使用者据此做出决策的，该信息就具有重要性。重要性的应用需要依赖职业判断，企业应当根据其所处环境和实际情况，从项目的性质和金额大小两方面加以判断。

例如，我国上市公司要求对外提供季度财务报告，考虑到季度财务报告披露的时间较短，从成本效益原则考虑，季度财务报告没有必要像年度财务报告那样披露详细的附注信息。因此，中期财务报告准则规定，公司季度财务报告附注应当以年初至本中期末为基础编制，披露自上年度资产负债表日之后发生的，有助于理解企业财务状况、经营成果和现金流量变化情况的重要交易或者事项。这种附注披露，就体现了会计信息质量的重要性要求。

（七）谨慎性

谨慎性要求企业对交易或者事项进行会计确认、计量和报告应当保持应有的谨慎，不应高估资产或者收益、低估负债或者费用。

在市场经济环境下，企业的生产经营活动面临着许多风险和不确定性，如应收款项的可回收性、固定资产的使用寿命、无形资产的使用寿命、售出存货可能发生的退货或者返修等。会计信息质量的谨慎性要求，需要企业在面临不确定性因素的情况下做出职业判断时，应当保持应有的谨慎，充分估计到各种风险和损失，既不高估资产或者收益，也不低估负债或者费用。例如，要求企业对可能发生的资产减值损失计提资产减值准备、对售出商品可能发生的保修义务等确认预计负债等，就体现了会计信息质量的谨慎性要求。

谨慎性的应用也不允许企业设置秘密准备，如果企业故意低估资产或者收益，或者故意高估负债或者费用，将不符合会计信息的可靠性和相关性要求，损害会计信息质量，扭曲企业实际的财务状况和经营成果，从而对使用者的决策产生误导，这是会计准则所不允许的。

（八）及时性

及时性要求企业对于已经发生的交易或者事项，应当及时进行确认、计量和报告，不得提前或者延后。

会计信息的价值在于帮助所有者或者其他方面做出经济决策,具有时效性。即使是可靠、相关的会计信息,如果不及时提供,就失去了时效性,对于使用者的效用就大大降低甚至不再具有实际意义。在会计确认、计量和报告过程中贯彻及时性,一是要求及时收集会计信息,即在经济交易或者事项发生后,及时收集整理各种原始单据或者凭证;二是要求及时处理会计信息,即按照会计准则的规定,及时对经济交易或者事项进行确认或者计量,并编制出财务报告;三是要求及时传递会计信息,即按照国家规定的有关时限,及时地将编制的财务报告传递给财务报告使用者,便于其及时使用和决策。

在实务中,为了及时提供会计信息,可能需要在有关交易或者事项的信息全部获得之前即进行会计处理,这样就满足了会计信息的及时性要求,但可能会影响会计信息的可靠性;反之,如果企业等到与交易或者事项有关的全部信息获得之后再进行会计处理,这样的信息披露可能会由于时效性问题,对于投资者等财务报告使用者决策的有用性将大大降低。这就需要在及时性和可靠性之间做相应权衡,以最好地满足投资者等财务报告使用者的经济决策需要为判断标准。

会计信息质量要求如表 2-1 所示。

表 2-1 会计信息质量要求

对会计信息的质量要求	要求内容
1.可靠性 (《企业会计准则——基本准则》第十二条)	要求企业应当以实际发生的交易或者事项为依据进行确认、计量和报告,如实反映符合确认和计量要求的会计要素及其他相关信息,保证会计信息真实可靠、内容完整。 可靠性是高质量会计信息的重要基础和关键所在。如果企业以虚假的交易或者事项进行确认、计量和报告,属于违法行为,不仅会严重损害会计信息质量,而且会误导投资者,干扰资本市场,导致会计秩序、财经秩序混乱
2.相关性 (《企业会计准则——基本准则》第十三条)	要求企业提供的会计信息应当与投资者等财务报告使用者的经济决策需要相关,有助于财务会计报告使用者对企业过去、现在或者未来的情况做出评价或者预测
3.可理解性 (《企业会计准则——基本准则》第十四条)	要求企业提供的会计信息应当清晰明了,便于投资者等财务报告使用者理解和使用
4.可比性 (《企业会计准则——基本准则》第十五条)	要求同一企业不同时期发生的相同或者相似的交易或者事项,应当采用一致的会计政策,不得随意变更。确需变更的,应当在附注中说明(纵向可比)。 要求企业的会计核算应当按照国家统一的会计制度的规定进行,不同企业发生的相同或者相似的交易或事项,应当采用规定的会计政策,确保会计信息口径一致、相互可比(横向可比)

续表

对会计信息的质量要求	要求内容
5.实质重于形式 (《企业会计准则——基本准则》第十六条)	实质重于形式,要求企业应当按照交易或者事项的经济实质进行会计确认、计量和报告,不应仅以交易或者事项的法律形式为依据。 例如,融资租入的固定资产视为承租企业的资产
6.重要性 (《企业会计准则——基本准则》第十七条)	要求企业提供的会计信息应当反映与企业财务状况、经营成果和现金流量有关的所有重要交易或者事项。 在实务中,如果某会计信息的省略或者错报会影响投资者等财务报告使用者据此做出决策,该信息就具有重要性。重要性的应用需要依赖职业判断,企业应当根据其所处的环境和实际情况,从项目的性质和金额大小两方面加以判断。 例如,企业发生的某些支出金额较小,从支出的受益期来看,可能需要在若干会计期间进行分摊,但根据重要性要求,可以一次性计入当期损益
7.谨慎性 (《企业会计准则——基本准则》第十八条)	谨慎性也称稳健性或审慎性,要求企业对交易或者事项进行会计确认、计量和报告应当保持应有的谨慎,不应高估资产或者收益、低估负债或者费用。 谨慎性的应用: 1.企业定期或至少于年度终了对可能发生的各项资产损失计提减值准备(坏账准备)。 2.企业对固定资产采用加速折旧法。 3.企业对售出商品可能发生的保修义务确认预计负债、对可能承担的环保责任确认预计负债等
8.及时性 (《企业会计准则——基本准则》第十九条)	要求企业对于已经发生的交易或者事项,应当及时进行会计确认、计量和报告,不得提前或者延后。及时收集会计信息、及时处理会计信息、及时传递会计信息。 在会计确认、计量和报告过程中贯彻及时性原则: 一是要求及时收集会计信息; 二是要求及时处理会计信息; 三是要求及时传递会计信息

任务引例解析

(1)企业应当以实际发生的交易或者事项为依据进行会计确认、计量和报告,如实反映符合确认和计量要求的各项会计要素及其他相关信息,保证会计信息真实可靠、内容完整。

(2)企业提供的会计信息应当与财务会计报告使用者的经济决策需要相关,有助于财务会计报告使用者对企业过去、现在或者未来的情况做出评价或者预测。

(3)企业提供的会计信息应当清晰明了,便于财务会计报告使用者理解和使用。

(4)企业提供的会计信息应当具有可比性。

同一企业不同时期发生的相同或者相似的交易或者事项,应当采用一致的会计政策,不得随意变更。确需变更的,应当在附注中说明。

不同企业发生的相同或者相似的交易或者事项,应当采用规定的会计政策,确保会计信息口径一致、相互可比。

(5)企业应当按照交易或者事项的经济实质进行会计确认、计量和报告,不应仅以交易或者事项的法律形式为依据。

(6)企业提供的会计信息应当反映与企业财务状况、经营成果和现金流量等有关的所有重要交易或者事项。

(7)企业对交易或者事项进行会计确认、计量和报告应当保持应有的谨慎,不应高估资产或者收益、低估负债或者费用。

(8)企业对于已经发生的交易或者事项,应当及时进行会计确认、计量和报告,不得提前或者延后。

习题

一、单项选择题

1.（　　）要求企业应当以实际发生的交易或者事项为依据进行确认、计量和报告,如实反映符合确认和计量要求的各项会计要素及其他相关信息,保证会计信息真实可靠、内容完整。

A. 可比性　　　　　　　　　　B. 谨慎性
C. 可靠性　　　　　　　　　　D. 可理解性

2.（　　）要求企业提供的会计信息应当相互可比,保证同一企业不同时期可比、不同企业相同会计期间可比。

A. 可比性　　　　　　　　　　B. 谨慎性
C. 可靠性　　　　　　　　　　D. 可理解性

二、多项选择题

1.下列属于会计信息质量要求的是(　　)。

A. 可靠性　　　　　　　　　　B. 谨慎性
C. 实质重于形式　　　　　　　D. 完整性

2.以下对会计信息质量要求的说法中正确的是(　　)。

A. 相关性是会计信息质量的基本要求

B. 实质重于形式要求企业应当按照交易或者事项的经济实质进行会计确认、计量和报告,不应仅以交易或者事项的法律形式为依据

C. 及时性要求企业对于已经发生的交易或者事项,应当及时进行确认、计量和报告,不得提前或者延后

D. 可比性就是纵向可比

三、判断题

1.根据实质重于形式的会计信息质量要求,企业融资租入的固定资产应视同自有固定资产核算。(　　)

第六节 会计核算的方法

小玲在学校会计专业学习了一段时间,知晓会计工作需要采用一系列的程序和专门方法,对会计对象的经济活动进行核算和监督。

思考:这些程序和方法有哪些?

知识准备与业务操作

一、会计核算基础

会计核算基础有两种,一种是收付实现制,也称实收实付制,或称现收现付制抑或现金制;另一种是权责发生制,或称应收应付制抑或应计制。

1. 收付实现制

收付实现制是以本期款项的实际收付作为确定本期收入、费用的标准。凡是本期实际收到款项的收入和付出款项的费用,不论款项是否属于本期,只要在本期实际发生,即作为本期的收入和费用。

2. 权责发生制

权责发生制是指企业按收入的权利和支出的义务是否归属于本期来确认收入、费用的标准,而不是按款项的实际收支是否在本期发生,也就是以应收应付为标准。在权责发生制下,凡属本期的收入和费用,不论其是否发生,均要计入本期;凡不属本期的收入、费用,尽管发生了,也不计入本期。两个"凡是":

(1)凡是当期已经实现的收入和已经发生或应当负担的费用,不论款项是否收付,都应当作为当期的收入和费用,计入利润表。

(2)凡是不属于当期的收入和费用,即使款项已在当期收付,也不应当作为当期的收入和费用。

如:

销售款未收:应该作为当期的收入——应收账款。

预收销货款:不应该作为当期的收入——预收账款。

由于收入和费用确认的依据不同,两种会计核算基础产生了会计核算上的差异。

(1)会计科目设置不同。权责发生制存在费用的待摊与预提等问题,而收付实现制不存在这些问题,所以会出现两种核算基础所设置的会计科目不同的情况。

(2)会计核算的繁简不同。权责发生制下,期末需要对账簿记录进行调整之后才能计算盈亏,核算相对复杂。而收付实现制下,期末不用对账簿记录进行调整,即可计算盈亏,手续比较简单。

(3)会计核算的结果不同。两种会计核算基础由于收入和费用确认的依据不同而产生不同的会计核算结果。

权责发生制与收付实现制如表 2-2 所示。

表 2-2　权责发生制与收付实现制

权责发生制	1. 也称应计制或应收应付制,是指收入、费用的确认应当以收入和费用的实际发生作为确认的标准,合理确认当期损益的一种会计基础; 2. 在我国,企业会计核算采用权责发生制
	1. 凡属于本期已经实现的收入和已经发生或应当负担的费用,无论款项是否收付,均应作为当期的收入与费用; 2. 凡不属于本期的收入和费用,即使款项已经收付,也不应作为当期的收入与费用
收付实现制	也称现金制,是以收到或支付现金作为确认收入和费用的标准,是与权责发生制相对应的一种会计基础

【例 2-1】　某单位 20××年 9 月发生下列经济业务:
①销售甲产品一批,价款 17 万元,货款已收存银行。
②销售乙产品一批,价款 9 万元,收到为期 2 个月商业汇票一张。
③银行通知收到东方公司上月欠付货款 6 万元。
④银行收到丙产品预收货款 5.4 万元。
⑤以银行存款支付本月生产费 6 万元。
⑥以银行存款支付上月材料费 3 万元。
⑦以银行存款预付材料款 9 万元。
⑧本月接受华南公司劳务 6.5 万元,合同规定延期到下月支付。
要求:请计算两种会计核算基础下的损益。
权责发生制:　　　　(17+9-6-6.5)万元=13.5 万元
收付实现制:　　　　(17+6+5.4-6-3-9)万元=10.4 万元

从上述计算结果可以判断,由于权责发生制是以应收应付为标准来确定收入和费用的归属、配比,因此,计算出来的盈亏较为准确;而收付实现制反映了企业现金流入不足,需要防范财务风险。

企业经营活动是循环往复、持续更新的,其损益要按要求分期计算。权责发生制需要按权责来确认不同会计期间的资产、负债、收入、费用等会计要素的归属,运用诸如应收、应付等科目来记录由此形成的资产和负债等。所以,权责发生制能比较准确地反映特定会计期间经营成果,只是在反映企业的财务状况时会存在一定的局限性。一个在损益表上看上去经营高效有前景的企业,在资产负债表上却可能因为没有相应的营运资金而陷入财务危机,这是因为权责发生制把应计的收入和费用都反映在损益表上,而资产负债表上仅部分反映为现金收支,剩余则为债权债务。收付实现制以款项的收付为标志来确定当期收入和费用,核算相对简单,通过现金流量表能真实地反映动态财务状况,也能预警存在的财务风险。只是收付实现制不能全面、准确地反映企业的经营成果。

会计的主要目标是向会计信息使用者提供真实准确的会计信息,如果采用权责发生制,不能在任何情况下都达到相关要求。为此,我国的会计制度规定,权责发生制与收付实现制两种会计核算基础并存使用。

对企业会计准则而言,一般采用权责发生制确认收入和费用,在分期收款销售方式下,也按照国际通行的做法,允许采用收付实现制来确认收入。期末时,将收入、费用等会计要素按收付实现制调整为现金流量,编制现金流量表。

对政府会计准则而言,政府会计由财务会计和预算会计两部分构成,财务会计采用权责发生制,预算会计则采用收付实现制。

【例 2-2】 甲公司20××年12月20日向乙公司发货100万元,乙公司已取得该批货物的控制权,乙公司于次年1月10日向甲公司付款。

权责发生制:甲公司20××年确认收入100万元。

收付实现制:甲公司次年确认收入100万元。

【例 2-3】 甲公司20××年12月20日预收乙公司购货款50万元,甲公司于次年1月12日向乙公司发货,从而乙公司取得该批货物的控制权。

权责发生制:甲公司次年确认收入50万元。

收付实现制:甲公司20××年确认收入50万元。

【例 2-4】 甲公司20××年1月1日从银行取得短期借款1 000万元,年利率为6%,3月31日向银行支付利息15万元。

权责发生制:甲公司20××年1月份、2月份和3月份各确认利息费用5万元。

收付实现制:甲公司20××年3月份确认利息费用15万元。

【例 2-5】 甲公司于20××年1月1日预付20××年度经营租入固定资产租金120万元。

权责发生制:甲公司20××年每月各确认租金费用10万元。

收付实现制:甲公司20××年1月份确认租金费用120万元。

两种会计核算基础如图2-12所示。

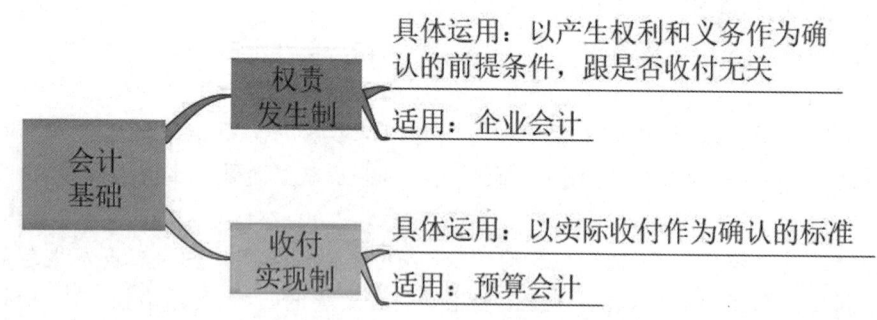

图 2-12 两种会计核算基础

权责发生基础和收付实现基础是对收入和费用而言的,都是会计核算中确定本期收入和费用的会计处理方法。但是收付实现基础强调款项的收付,权责发生基础强调应计的收入和为了取得收入而发生的费用相配合。采用收付实现基础处理经济业务对反映财务成果欠缺真实性、准确性,一般只被非经营性质事业单位采用;而采用权责发生基础比较科学、合理,被大多数企业普遍采用,成为成本计算的会计处理基础。

二、会计方法

会计方法主要包括会计分析、会计检查以及会计核算等三种方法,这三种方法彼此之间保持独立,同时又互相配合,有密切联系,共同组成完整的方法体系。

(一)会计核算方法

在会计方法中最基本的方法为会计核算方法,这也是最重要的一种方法,为其他两种会计方法实施的基础。在社会再生产过程中往往会产生各种复杂的经济信息,遵循会计准则等相关规定对会计信息加以确认并计量,然后记录、计算并分析、整理,这样就可以组合成完整的会计信息。该过程信息转换指的就是会计核算,它也是最基本的一种会计方法。

(二)会计分析方法

会计分析主要借助会计核算提供的一系列资料与信息,结合其他情况对企业财务开展情况以及经营成果展开全面研究。在具体操作过程中,首先要选定会计分析项目,然后明确对象并了解基本情况,收集并整理与对象有关的各种资料,抓住其中的关键并提出最终结论。在会计分析方法中常用的方法包括四种,除了趋势分析法与因素对比法之外,还包括常见的比率分析法与指标分析法等方法。

(三)会计检查方法

会计检查指的是借助会计核算以及会计分析所获得的资料,对企业生产经营以及经济业务合法合理性以及会计资料完整性进行检查。一般来说,会计检查方法也包括多种,首先为会计信息核对,然后还要进行信息审阅,最后分析之后开始进行复核,确保信息数据不出现任何错误。

三、会计核算方法

会计核算方法是用来反映和监督会计对象的,由于会计对象的多样性和复杂性,就决定了用来对其进行反映和监督的会计核算方法不能采取单一的方法形式,而应该采用方法体系的模式。因此,会计核算方法由设置账户、复式记账、填制和审核凭证、登记账簿、成本计算、财产清查和编制财务报告等具体方法构成。这七种方法构成了一个完整的、科学的方法体系,如图 2-13 所示。

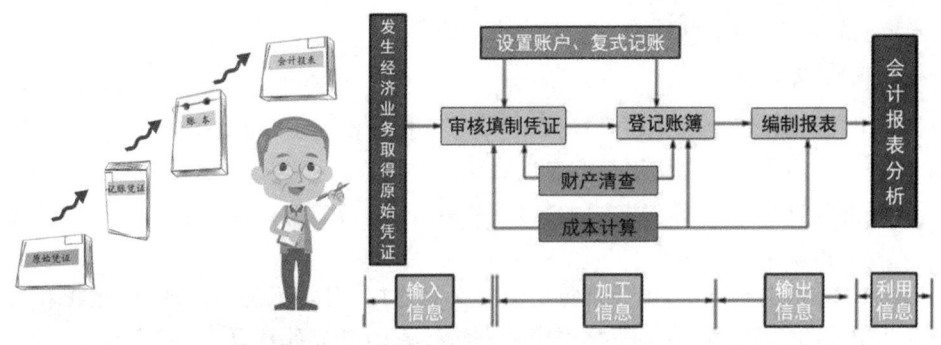

图 2-13 会计核算方法体系

(一)设置账户

设置账户是对会计核算的具体内容进行分类核算和监督的一种专门方法。由于会计对象的具体内容是复杂多样的,要对其进行系统的核算和经常性监督,就必须对经济业务进行科学的分类,以便分门别类地、连续地记录,据以取得多种不同性质、符合经营管理所需要的信息和指标。

(二) 复式记账

复式记账是指对所发生的每项经济业务,以相等的金额,同时在两个或两个以上相互联系的账户中进行登记的一种记账方法。采用复式记账方法,可以全面反映每一笔经济业务的来龙去脉,而且可以防止差错,便于检查账簿记录的正确性和完整性,是一种比较科学的记账方法。

(三) 填制和审核凭证

填制和审核凭证是指为了审查经济业务是否合法、合理,保证账簿记录正确、完整而采用的一种专门方法。会计凭证是记录经济业务,明确经济责任,作为记账依据的书面证明,是登记账簿的重要依据。正确填制和审核会计凭证,是核算和监督经济活动财务收支的基础,是做好会计工作的前提。

(四) 登记账簿

登记会计账簿简称记账,是以审核无误的会计凭证为依据,在账簿中分类、连续地、完整地记录各项经济业务,以便为经济管理提供完整、系统的会计核算资料。账簿记录是重要的会计资料,是进行会计分析、会计检查的重要依据。

(五) 成本计算

成本计算是按照一定对象归集和分配生产经营过程中发生的各种费用,以便确定各对象的总成本和单位成本的一种专门方法。产品成本是综合反映企业生产经营活动的一项重要指标,正确地进行成本计算,可以考核生产经营过程的费用支出水平,同时又是确定企业盈亏和制定产品价格的基础,并为企业进行经营决策提供重要数据。

(六) 财产清查

财产清查是指通过盘点实物、核对账目,以查明各项财产物资实有数额的一种专门方法。通过财产清查,可以提高会计记录的正确性,保证账实相符。同时,还可以查明各项财产物资的保管和使用情况以及各种结算款项的执行情况,以便对积压或损毁的物资和逾期未收到的款项,及时采取措施,进行清理和加强对财产物资的管理。

(七) 编制财务报表

编制会计报表是以特定表格的形式,定期并总括地反映企业、行政事业单位的经济活动情况和结果的一种专门方法。会计报表主要以账簿中的记录为依据,经过一定形式的加工整理而产生一套完整的核算指标,用来考核、分析财务计划和预算执行情况以及作为编制下期财务计划和预算的重要依据。

以上会计核算的七种方法,虽各有特定的含义和作用,但并不是独立的,而是相互联系、相互依存、彼此制约的。它们构成了一个完整的方法体系。在会计核算中,应正确地运用这些方法。一般在经济业务发生后,按规定的手续填制和审核凭证,并应用复式记账法在有关账簿中进行登记;一定期末还要对生产经营过程中发生的费用进行成本计算和财产清查,在账证、账账、账实相符的基础上,根据账簿记录编制会计报表。

会计核算的各种方法是相互联系、密切配合的,现代会计只有综合运用这七种方法才能顺利进行。在实际会计业务处理过程中,复式记账是处理经济业务的基本方法,设置账户和填制凭证是会计工作的开始,登记账簿是会计工作的中间过程,成本计算和财产清查诸方法是保证会计信息准确、正确的科学手段,而编制报表是一个会计期间工作的终结。

四、会计凭证

(一)会计凭证概述

会计凭证

会计凭证是指记录经济业务发生或者完成情况的书面证明,是登记账簿的依据。每个企业都必须按一定的程序填制和审核会计凭证,根据审核无误的会计凭证进行账簿登记,如实反映企业的经济业务。《会计法》对会计凭证的种类、取得、审核、更正等内容进行了规定。

(二)会计凭证的分类

会计凭证按其编制程序和用途的不同,分为原始凭证和记账凭证,前者又称单据,是在经济业务最初发生之时即行填制的原始书面证明,如销货发票、款项收据等。后者又称记账凭单,是以审核无误的原始凭证为依据,按照经济业务事项的内容加以归类,并据以确定会计分录后所填制的会计凭证。它是登入账簿的直接依据,常用的记账凭证有收款凭证、付款凭证、转账凭证等。

(三)原始凭证

原始凭证是记录经济业务已经发生、执行或完成,用以明确经济责任,作为记账依据的最初的书面证明文件,如出差乘坐的车船票、采购材料的发货票、到仓库领料的领料单等,都是原始凭证。原始凭证是在经济业务发生的过程中直接产生的,是经济业务发生的最初证明,在法律上具有证明效力,所以也可叫作"证明凭证"。

原始凭证的基本内容包括凭证名称、填制日期、凭证编号、填制和接受凭证的单位名称、业务内容、业务数量和金额以及填制单位、填制人、经办人或验收人的签字盖章,如图2-14所示。

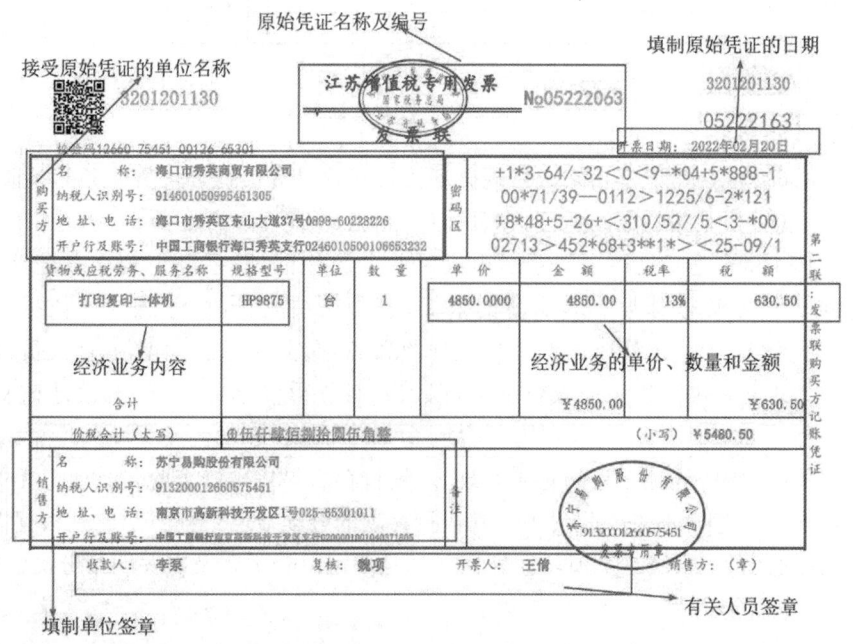

图 2-14 原始凭证

原始凭证的种类很多,如发货票、收货单、领料单、银行结算凭证、各种报销单据等。

(四)记账凭证

记账凭证是会计人员根据审核无误的原始凭证或汇总原始凭证,用来确定经济业务应借、应贷的会计科目和金额而填制的,作为登记账簿直接依据的会计凭证。在前面的章节中曾指出,在登记账簿之前,应按实际发生经济业务的内容编制会计分录,然后据以登记账簿,在实际工作中,会计分录是通过填制记账凭证来完成的。

记账凭证包括凭证名称、编制凭证的日期及编号、接受凭证单位的名称、经济业务的数量和金额、填制凭证单位的名称和有关人员的签章等。

记账凭证按其适用的经济业务,分为专用记账凭证和通用记账凭证两类。

1. 专用记账凭证

专用记账凭证是用来专门记录某一类经济业务的记账凭证。专用凭证按其所记录的经济业务是否与现金和银行存款的收付有关,又分为收款凭证、付款凭证和转账凭证三种。

①收款凭证。收款凭证是用来记录现金和银行存款等货币资金收款业务的凭证,它是根据现金和银行存款收款业务的原始凭证填制的,如图 2-15 所示。

收 款 凭 证

借方科目:　　　　　　　　　年　月　日　　　凭证编号:

摘要	贷方科目		金额	记账
	一级科目	科目明细	百十万千百十元角	
合计(大写)				

财务核算人:　　　会计:　　　出纳:　　　审核:　　　制单:

图 2-15　收款凭证

②付款凭证。付款凭证是用来记录现金和银行存款等货币资金付款业务的凭证,它是根据现金和银行存款付款业务的原始凭证填制的,如图 2-16 所示。

收款凭证和付款凭证是用来记录货币收付业务的凭证,既是登记现金日记账、银行存款日记账、明细分类账及总分类账等账簿的依据,也是出纳人员收、付款项的依据。出纳人员不能依据现金、银行存款收付业务的原始凭证收付款项,必须根据会计主管人员或指定人员审核批准的收款凭证和付款凭证收付款项,以加强对货币资金的管理,有效地监督货币资金的使用。

③转账凭证。转账凭证是用来记录与现金、银行存款等货币资金收付款业务无关的转账业务(即在经济业务发生时不需要收付现金和银行存款的各项业务)的凭证,它是根据有关转账业务的原始凭证填制的,如图 2-17 所示。转账凭证是登记总分类账及有关明细分类账的依据。

2. 通用记账凭证

通用记账凭证的格式,不再分为收款凭证、付款凭证和转账凭证,而是以一种格式记录全部

付 款 凭 证

贷方科目：　　　　　　　　　　　　　年　月　日　　　凭证编号：

摘　要	借方科目		金额	记账
	一级科目	科目明细	百十万千百十元角	
合计（大写）				

财务审核人：　　　　会计：　　　　出纳：　　　　审核：　　　　制单：

图 2-16　付款凭证

转账凭证

　　　　　　　　年　月　日　　　　　凭证编号：

摘要	总账科目	明细科目	借方金额	贷方金额	过账
			千百十万千百十元角分	千百十万千百十元角分	
附件：（ ）张		合计			

主管会计：　　　记账：　　　出纳：　　　审核：　　　制单：

图 2-17　转账凭证

经济业务，如图 2-18 所示。在经济业务比较简单的经济单位，为了简化凭证可以使用通用记账凭证，记录所发生的各种经济业务。

J3b式　　**记 账 凭 证**

　　　　　　　　　　年　月　日　　　　　　字第　　号

摘要	会计科目		借方金额	贷方金额	记账
	总账科目	明细科目	亿千百十万千百十元角分	亿千百十万千百十元角分	
附件　　张		合计			

记账：　　　　　出纳：　　　　　审核：　　　　　制证：

图 2-18　通用记账凭证

五、会计账簿

(一)会计账簿的概念

会计账簿是指由一定格式的账页组成,以会计凭证为依据,全面、系统、连续地记录各项经济业务的簿籍。企业通过将会计凭证中反映的经济内容过入相应账簿,可以全面反映会计主体在一定时期内所发生的各项资金运动,储存所需要的会计信息;通过账簿的设置和登记,可以将企业不同的信息分门别类地加以反映,提供企业一定时期内经济活动的详细情况,也可以反映企业财务及经营成果状况。

会计账簿

(二)会计账簿的分类

1. 按其用途分类

会计账簿按其用途可分为序时账簿、分类账簿、联合账簿和备查账簿。

2. 按外表形式分类

会计账簿按其外表形式可分为订本式账簿、活页式账簿和卡片账簿。

3. 按账页格式分类

会计账簿按其账页格式分类,可分为三栏式账簿、多栏式账簿、数量金额式账簿等,如图2-19至图2-21所示。

图 2-19 三栏式账页

图 2-20 数量金额式账页

(三)会计账簿的启用

企业购置的会计账簿的扉页或封底,都有账簿使用登记表或经管人员一览表,会计人员在

多栏式明细账

明细科目：应交税费-应交增值税　　　　　　　　　　　　　　　　　　　　　　　　　　　　单位：元

2019		凭证字号	摘要	借方	贷方	余额方向	借方					贷方			
月	日						进项税额	已交税金	出口抵减内销产品应纳税额	待抵扣进项税额		销项税额	出口退税	进项税额转出	
11															

图2-21 多栏式账页

启用账簿时，要认真填写相关内容，如启用日期、起止页数、记账人员姓名、会计人员姓名、单位财务章或公章。当记账人员或会计主管人员工作变动时，应办理账簿移交手续，并在启用表上记录交接日期、交接人、监交人的姓名，并加盖公章。

（四）会计账簿的登记

为了保证账簿记录的正确性，必须根据审核无误的凭证登记。具体包括以下几个方面：

1. 填写项目齐全，内容完整

登记账簿时，需将账页中的日期、凭证编号、摘要、金额等项目填写齐全，摘要简明扼要，书写规范整齐，数字清晰无误。账簿中的月、日应填写记账凭证的日期，每一笔记账凭证中的业务登记完毕，都应在记账凭证"过账"栏内画"√"，表示记账完毕，避免重记、漏记。在登记账簿时，账簿登记人员在登记账簿前，应根据岗位责任制和内部牵制要求对审核过的记账凭证再复核一遍，如发现记账凭证有错误，可暂停登记，报告会计主管人员，由他做出修改或照登决定。在任何情况下，凡不兼任填制记账凭证工作的记账人员都不得自行更改记账凭证。

2. 各种账簿的登记要求

第一，现金日记账和银行存款日记账。一般由出纳员根据办理完毕的收付款凭证，随时进行逐笔登记，如不能随时登记，也应保证每天登记一次，并每天结出余额。第二，总分类账。总分类账由于各企业账务处理程序不同，可以根据记账凭证直接登记，也可以根据科目汇总表或其他方式登记，所以可以三五天登记一次，也可以根据汇总记账凭证的时间按旬或月中、月末进行总分类账登记。第三，明细分类账。明细分类账是根据原始凭证或记账凭证直接登记的，应根据业务发生情况及时进行登记，以掌握企业财务经营动态。

3. 书写要求

为了保持账簿记录的持久性，防止涂改，记账必须使用蓝黑墨水或碳素墨水，并用钢笔书写，不得使用圆珠笔或铅笔书写，除结账、改错、冲账、登记减少数可以使用红笔登记外，其余账簿记录均不得使用红色墨水。在书写文字和数字时，不要写满格，一般应占格距的1/2，这样就可以在发现错误时，在该文字和数字的上面进行更正。

4. 连续登记

记账时，必须按账户页次逐页逐行登记，不得跳页、隔行，如无意发生隔行、跳页现象，应在空页、空行处用红色墨水画对角线注销，加盖"此页空白"或"此行空白"的戳记，并由记账人员签章。每一账页记录完毕结转下页时，为表现账目的连续性，应当结出本页合计数及余额，并在本页最后一行摘要栏注明"过次页",在下页第一行摘要栏注明"承前页",并将上页余额及发生额过入次页;也可以上页最后一行不结计发生额合计及余额,而直接在次页第一行承前页写出发生额合计数及余额。

财政部《会计基础工作规范》对于"过次页"的本页合计数的结计方法做了如下具体规定:第一,对现金、银行存款和收入、费用明细账等需要按月结计发生额的账户,结计"过次页"的本页合计数应当是自本月初起至本页末止的发生额合计数。第二,对需要结计本年累计发生额的某些明细账户,结计"过次页"的本页合计数应当是自年初起至本页末止的累计发生额。第三,对不需按月和按年结计发生额的账户,可以只将每页末的余额结转次页。

5. 余额结计要求

凡需要结出余额的账户,结出余额后,应在"借或贷"栏内写明"借""贷"表明余额方向,并在"余额"栏内写清余额金额。没有余额的账户,应当在"借或贷"栏内写"平"字,并在"余额"栏内"元"字的位置用"Q"表示。

6. 定期打印

对于实行会计电算化的企业,为了便于审计和加强会计信息的安全与完整性,财政部《会计基础工作规范》提出了打印要求:实行会计电算化的单位,总账和明细账应当定期打印;发生收款和付款业务的,在输入收款凭证和付款凭证的当天,必须打印出现金日记账和银行存款日记账,并与库存现金核对无误。

(五)对账和结账

1. 对账

对账指为了保证账簿记录的正确性,而进行的账项之间的核对工作。它包括账证、账账、账实核对。第一,账证核对。指账簿记录与记账凭证及相关原始凭证核对,核对内容包括记账时间、凭证字号、摘要内容、记账方向及金额。第二,账账核对。指不同账簿之间依据它们的内在关系,核对其金额是否相符。主要包括:所有总账借方发生额的合计数与贷方发生额的合计数应当一致并核对相符;有关总账账户余额与其所属明细分类账余额核对相符;现金日记账和银行存款日记账的余额与其总账余额核对相符;会计部门有关财产物资明细账余额与财产物资保管、使用部门的有关明细账余额核对相符。第三,账实核对。指各项财产物资账面余额与实有数额之间的核对。主要包括:现金日记账余额与企业实际库存现金额是否一致;银行存款日记账余额与银行对账单金额是否一致;各财产物资明细账与其使用保管部门的财产、物资的明细账是否一致;有关的债权债务明细账余额是否与对方单位记录的金额一致。

2. 结账

结账是指在会计期末结清账簿记录,即计算本期发生额和期末余额。结账可以是月末、季末、年度末,为编制会计报表做准备。结账是结算各资产、负债、所有者权益、收入和费用的发生额,并据以计算出企业利润。

具体按下列程序进行:第一,结账前,必须将本期内所发生的各项经济业务全部登记入账,包括本期调整的账项也须按规定全部结转有关账簿;第二,将收入、费用等有关损益账户余额转入"本年利润"账户,结平所有损益类账户;第三,结算出资产、负债、所有者权益账户的本期发生额和余额,并结转下期。

结账时按下列方法进行:第一,对于需按月统计发生额的账户,在期末结账时,要在最后一笔业务记录下面的借方栏开始到余额栏为止画通栏单红线,结出本月发生额和余额,在摘要栏内盖"本月合计"戳记,在"本月合计"栏下面再画一条同样的通栏红线。第二,对于需要结计本年累计发生额的账户每月结账时,应在"本月合计"栏下结出自年初至本月末止的累计发生额,登记在月份发生额下面,在摘要栏写明"本年累计"字样,在栏下再画一条通栏红线,12月末的"本年累计"就是全年累计发生额,应在全年累计发生额下面画通栏双红线。第三,对于不需按月结计发生额的账户,如应收应付、财产物资明细账,每登记一次,就要随时结出余额,每月最后一笔余额就是月末余额,月末结账时,只需在最后一笔业务记录下面自借方栏至余额栏画通栏红线即可。第四,对于总账账户只需结出月末余额即可,但在年终结账时,为了总括反映企业财务状况和经营成果全貌,核对账目,需将所有总账账户结出全年发生额和年末余额,在摘要栏内注明"本年合计"字样,并在合计栏下画通栏红线。第五,企业在年度终了,会计人员需要结账。凡有余额的账户,应将其余额结转下年,即将所有有余额的账户余额直接过入新账余额栏内,而不需专门编制记账凭证,也不需要将余额再记入各账户的借方,使本年余额为零。结账画线图如图2-22所示。

建行存款 日记账

第 1 页

2019		凭证编号	摘 要	对方科目(略)	借方	贷方	借或贷	余额	核对号
月	日				亿千百十万千百十元角分	亿千百十万千百十元角分		亿千百十万千百十元角分	
			期初余额				借	134705969	
	3	记-1	现金送存银行		1200000		借	135905969	
	4	记-2	缴纳税费			1872208	借	134033761	
	6	记-3	归还欠款			5680000	借	128353761	
	8	记-5	收到货款		75371000		借	203724761	
	9	记-6	购进材料			6056800	借	197667961	
	10	记-8	提取现金备发工资			15414178	借	182253783	
	13	记-11	交电费			8136000	借	174117783	
	15	记-12	购入材料			841850	借	173275933	
	18	记-13	向灾区捐款			5000000	借	168275933	
	22	记-15	收到违约金		300000		借	168575933	
	24	记-17	支付参展费			530000	借	168045933	
	28	记-19	支付广告费			954000	借	167091933	
	28	记-20	缴纳社保费用			5355386	借	161736547	
	31		本月合计		76871000	49840422	借	161736547	
	31		本年合计		76871000	49840422	借	161736547	

图2-22 结账画线图

(六)错账更正方法

在记账过程中,可能由于种种原因会使账簿记录发生错误。账簿记录发生错误,应当采用正确、规范的方法予以更正,不得涂改、挖补、刮擦或者用药水消除字迹,不得重新抄写。错账更正的方法一般有划线更正法、红字更正法和补充登记法三种。

1. 划线更正法

划线更正法是先将错误数字或文字全部划一条红线予以注销,并使原来的字迹仍然清晰可见,然后在红线上方空白处,作出正确的记录,并由记账人员在更正处盖章。划线更正法适用于结账前或结账时发现账簿记录中文字或金额有错误,而记账凭证没有错误,即纯属文字或数字过账时的笔误及账簿数字计算错误等情况。

2.红字更正法

红字更正法也叫赤字冲账法、红笔订正法。应用这种方法时应先用红字填制一张内容与错误的记账凭证完全相同的记账凭证,在摘要栏中注明"更正第×张凭证的错误",并据以用红字登记入账,冲销原有错误记录,然后,再填制一张正确的记账凭证,并据以登记入账。

红字更正法适用于记账凭证填错,并已经登记入账而形成的错账。这种差错,无论是在结账前还是在结账后发现,无论是分录所用科目错误还是金额错误,都可以采用此方法更正。

3.补充登记法

补充登记法是在科目对应关系正确时,将少记的金额填制一张记账凭证,在摘要栏中注明"补记×字第×号凭证少记数",并据以登记入账,以补充原来少记的金额。这种方法适用于记账后发现记账凭证所填的金额小于正确的金额的情况。对于这种错误可以采用红字更正法,也可以采用补充登记法。

六、成本计算

成本计算是按一定的成本对象,对生产、经营过程中所发生的成本、费用进行归集,以确定各对象的总成本和单位成本的一种专门方法。通过准确计算成本,可以掌握成本构成情况,考核成本计划的完成情况,了解生产经营活动的成果,促使企业加强核算,节约支出,提高经济效益。

(一)采购成本

采购成本指与采购原材料、零部件等物资相关的物流费用,包括采购物资价值、采购订货费用、采购计划制订中发生的管理费用、采购人员的工资、运输费用等。存货的采购成本包括购买价款、相关税费、运输费、装卸费、保险费以及其他可归属于存货采购成本的费用。对于一般纳税人而言,采购成本不包含进项税额;但对于小规模纳税人而言,进项税额包含在其采购成本之中。

$$采购总成本 = 买价 + 相关税费 + 运输费 + 装卸费 + 保险费$$
$$单位采购成本 = 采购总成本/数量$$

(二)制造费用

制造费用指企业为生产产品和提供劳务而发生的各项间接费用,包括企业生产部门(如生产车间)发生的水电费、固定资产折旧、无形资产摊销、管理人员的职工薪酬、劳动保护费、国家规定的有关环保费用、季节性和修理期间的停工损失等。

制造费用分配是指对企业各个生产单位(如生产车间和分厂)为组织和管理生产活动而发生的各项费用及其固定资产使用费和维修费等进行的分配。各生产车间和分厂为产品生产而发生的间接计入成本按单位分别归集后,月终就需按照一定的标准在各生产单位所生产的产品或劳务成本间进行分配,确定制造费用的分配标准。

$$制造费用分配率 = 制造费用总额 \div 各种产品生产工时(或生产工人工资)之和$$

(三)完工产品成本

完工产品成本(制造成本),会计学术语,是指产品已全部完工时计入该种产品的生产费用总额。完工产品成本核算包括生产费用在完工产品和在产品之间的分配、完工产品成本的核算和完工产品成本结转的核算。

月初在产品成本＋当月发生生产费用＝当月完工产品成本＋月末在产品成本

当月完工产品成本＝当月直接材料＋当月直接人工＋当月制造费用

产品单位成本＝完工产品总成本÷本月完工入库产品数量

(四)销售产品成本

销售产品成本是指企业所销售产成品的生产成本,包括生产成本、制造费用等。

单位销售成本＝总销售产品成本/销售数量

七、财产清查的内容

(一)财产清查的概念

财产清查不仅包括实物的清点,而且也包括各种债权、债务等往来款项的查询核对。另外,财产清查范围不仅包括存放于本企业的各项财产物资,也包括属于但未存放于本企业的财产物资(也可以包括存放但不属于本企业的财产物资)。

(二)财产清查的具体内容

(1)货币资金的清查,包括现金、银行存款、其他货币资金的清查;

(2)存货的清查,包括各种材料、在产品、半成品、库存商品等的清查;

(3)固定资产的清查,包括房屋、建筑物、机器设备、工器具、运输工具等的清查;

(4)在建工程的清查,包括自营工程和出包工程的清查;

(5)对金融资产投资的清查,包括交易性金融资产、可供出售金融资产、持有至到期投资、长期股权投资等的清查;

(6)无形资产和其他资产的清查;

(7)应收、应付款项的清查,包括应收账款、其他应收款、应付账款和其他应付款等的清查。

(三)财产清查的分类

财产清查可以按不同的标准进行分类。按清查的对象和范围,可以分为全面清查和局部清查。按清查的时间,可以分为定期清查和不定期清查。

1. 全面清查

全面清查是对属于本单位或存放在本单位的全部财产物资进行的清查。需要进行全面清查的情况通常主要有:年终决算之前;单位撤销、合并或改变隶属关系前;中外合资、国内合资前;企业股份制改制前;开展全面的资产评估、清产核资前;单位主要领导调离工作前等。

2. 局部清查

局部清查是根据需要对部分财产物资进行盘点与核对。局部清查一般包括下列清查内容(流动性较强的资产):现金应每日清点一次,银行存款每月至少同银行核对一次,债权债务每年至少核对一至两次,各项存货应有计划、有重点地抽查,贵重物品每月清查一次等。

3. 定期清查

定期清查一般在期末进行,它可以是全面清查,也可以是局部清查。

4. 不定期清查

不定期清查一般是局部清查,如:更换出纳员时,对库存现金、银行存款所进行的清查;更换仓库保管员时,对其所保管的财产进行清查;发生自然灾害或意外时所进行的清查等。其目的在于查明情况、分清责任。

(四)清查方法

对实物量的清查,常使用实地盘点法和技术推算法;对价值量的清查和核对,常使用账面价值法和查询核实法。实地盘点法是通过实地清点或用计量器具确定各项财产物资实物数量的方法。技术推算法是通过技术方法对财产物资的实存数量进行测算的方法(如对油罐中的油量进行测算)。账面价值法是根据被清查财产的账面价值确定财产物资价值的方法。查询核实法是以账簿资料为依据,采用一定的查询方法,检查债权债务金额。

1. 实物清查

①确定财产物资账面结存的方法。第一,永续盘存制。永续盘存制亦称账面盘存制。采用这种方法,平时对各项财产物资的增加数和减少数,都要根据会计凭证连续记入有关账簿,并且随时结出账面余额。第二,实地盘存制。不同于永续盘存制。采用这种方法,平时只根据会计凭证在账簿中登记财产物资的增加数,不登记减少数,到月末,对各项财产物资进行盘点,根据实地盘点所确定的实存数,倒挤出本月各项财产物资的减少数。

②清查财产物资的方法。第一,实地盘点。实地盘点是指在财产物资堆放现场逐一清点数量或用计量仪器确定实存数的一种方法。第二,技术推算盘点。技术推算盘点是利用技术方法,如量方计尺等对财产物资的实存数进行推算的一种方法。

2. 资金清查

第一,库存现金的清查。首先在盘点之前,出纳人员应先将现金收、付凭证全部登记入账,并结出余额。其次,盘点时,出纳人员必须在场。现金应逐张清点,如若发现现金长款、短款,必须会同出纳人员核实清楚。盘点时,还应查明是否有违反现金管理制度的行为。盘点结束,应根据盘点结果,及时填制"库存现金盘点报告表",并由盘点人员和出纳人员共同签字盖章。

第二,银行存款的清查。银行存款的清查,是采用与开户银行核对账目的方法进行的,即将本单位的银行存款日记账与开户银行转来的对账单逐笔进行核对。但即使双方记账都没有错误,银行存款日记账的余额和银行对账单的余额也往往不一致。这种不一致的原因可能不是某一方记账有错误,而是存在未达账项。未达账项有以下四种:企业已收,银行未收款;企业已付,银行未付款;银行已收,企业未收款;银行已付,企业未付款。

【例2-6】 甲企业20××年10月31日银行存款日记账的余额为540 000元,银行转来对账单的余额为830 000元。经逐笔核对,发现以下未达账项:

(1)企业送存转账支票500 000元,并已登记银行存款增加,但银行尚未记账。

(2)企业开出转账支票440 000元,并已登记银行存款减少,但持票单位尚未到银行办理转账,银行尚未记账。

(3)企业委托银行代收某公司购货款380 000元,银行已收妥并登记入账,但企业未收到收款通知,尚未记账。

(4)银行代企业支付电话费 30 000 元,银行已登记减少企业银行存款,但企业未收到银行付款通知,尚未记账。

编制银行存款余额调节表,如表 2-3 所示。

表 2-3 银行存款余额调节表

20××年 10 月 31 日　　　　　　　　　　　　　　　　　　　　　单位:元

项目	金额	项目	金额
企业银行存款日记账余额	540 000	银行对账单余额	830 000
加:银行已收、企业未收款	380 000	加:企业已收、银行未收款	500 000
减:银行已付、企业未付款	30 000	减:企业已付、银行未付款	440 000
调节后的存款余额	890 000	调节后的存款余额	890 000

需要注意的是,"银行存款余额调节表"只是为了核对账目,不能作为调整企业银行存款账面记录的记账依据。

3. 款项清查

往来款项在清查之前,应及时与对方公司或个人联系,取得有关的对账单,然后对往来款项进行清查,采用与对方通过对账单核对账簿记录或查询的方法进行,也可以两种方法同时采用。清查过程中,不仅要查明往来款项的余额,还要查明形成的原因。对于清查中发现的坏账损失以及无法支付的应付款项,均必须要按规定进行处理,不得擅自冲销账簿记录。

任务引例解析

会计核算方法体系包括设置账户、复式记账、填制和审核凭证、登记账簿、成本计算、财产清查和编制财务报告七项,其中,填制和审核会计凭证是会计核算工作的起点,复式记账是核算方法体系的核心。会计核算方法是相互联系、相辅相成的,必须一环紧扣一环,方能保证整个会计工作顺利进行。

习题

一、单项选择题

1. 会计方法是用来核算和监督会计对象,实现会计目标的手段。会计方法中(　　)是最基本的方法。

　　A. 会计核算方法　　B. 会计分析方法　　C. 会计监督方法　　D. 会计检查方法

2. 甲公司确认本月办公楼租金 60 万元,用银行存款支付 10 万元,50 万元未付。按照权责发生制和收付实现制分别确认费用(　　)。

　　A. 10 万元;60 万元　B. 60 万元;0 万元　C. 60 万元;50 万元　D. 60 万元;10 万元

3. 企业应当按照(　　)确认当期费用。

　　A. 及时性　　　　B. 权责发生制　　C. 收付实现制　　D. 谨慎性

4. 在会计信息的质量要求中,要求合理核算可能发生的费用和损失的要求是指(　　)。

　　A. 谨慎性　　　　B. 可比性　　　　C. 一贯性　　　　D. 配比性

5.不同企业发生的相同或相似的交易或者事项,应当采用规定的会计政策,确保会计信息口径一致,体现了(　　)要求。
　A.可靠性　　　　　B.可比性　　　　　C.可理解性　　　　D.及时性
6.企业对可能发生的各项资产损失计提资产减值或跌价准备,充分体现了(　　)的要求。
　A.权责发生制　　　B.实质重于形式　　C.谨慎性　　　　　D.可靠性
7.融资租入的固定资产视为承租企业的资产,体现了(　　)会计信息质量要求。
　A.可比性　　　　　B.可靠性　　　　　C.实质重于形式　　D.谨慎性
8.下列符合会计信息质量基本要求的是(　　)。
　A.企业提供的会计信息应当清晰明了,便于理解
　B.对于相似的交易或事项,不同企业相同会计期间应当采用一致的会计政策
　C.会计信息根据交易或事项的经济实质和法律形式进行确认、计量和报告
　D.企业可以通过设置秘密准备来规避估计到的各种风险和损失

二、多项选择题
1.会计核算方法主要包括(　　)。
　A.会计分析方法　　B.财产清查　　　　C.编制财务报表　　D.登记账簿
2.下列各项中,属于会计核算方法的有(　　)。
　A.聘请注册会计师对报表进行审核　　　B.制订计划
　C.复式记账　　　　　　　　　　　　　D.财产清查
3.以权责发生制为核算基础,下列各项不属于本期收入或费用的有(　　)。
　A.本期支付上期的房屋租金　　　　　　B.本期预收的货款
　C.本期预付的费用　　　　　　　　　　D.本期售出商品但尚未收到的货款
4.按照权责发生制原则,下列各项应确认为本月费用的有(　　)。
　A.本月支付的下半年房屋租金
　B.本月预提的短期借款利息
　C.本月支付的以前已预提的短期借款利息
　D.年初已支付,分摊计入本月的报刊订阅费
5.下列各项中,关于企业会计信息可靠性表述正确的有(　　)。
　A.企业应当保持应有的谨慎,不高估资产或者收益、不低估负债或费用
　B.企业提供的会计信息应当相互可比
　C.企业应当保证会计信息真实可靠、内容完整
　D.企业应当以实际发生的交易或事项为依据进行确认、计量和报告
6.谨慎性要求会计人员在选择会计处理方法时(　　)。
　A.不高估资产　　　　　　　　　　　　B.不低估负债
　C.预计任何可能的收益　　　　　　　　D.确认一切可能发生的损失
7.下列各项符合谨慎性要求的有(　　)。
　A.设置各种秘密准备　　　　　　　　　B.固定资产采用加速折旧法
　C.对存货计提存货跌价准备　　　　　　D.对应收账款计提坏账准备
8.下列各项中,对会计信息质量要求表述正确的有(　　)。
　A.实质重于形式是会计信息质量最基本的要求,是基础和关键所在

B. 可比性要求企业提供的会计信息应当相互可比
C. 融资租赁体现了实质重于形式
D. 谨慎性要求不应高估资产或者收益,但是可以低估

三、判断题

1. 会计核算方法体系包括七项,其中,填制和审核会计凭证是会计核算工作的起点,复式记账是核算方法体系的核心。（ ）

2. 我国企业应采用收付实现制作为会计核算的基础。凡是当期已经实现的收入和已经发生或应当负担的费用,不论款项是否收付,都应当作为当期的收入和费用;凡是不属于当期的收入和费用,即使款项已在当期收付,也不应当作为当期的收入和费用。（ ）

3. 谨慎性要求,凡是不属于当期的收入和费用,即使款项已在当期收付,也不应当作为当期的收入和费用。（ ）

4. 根据权责发生制会计基础的要求,收入的归属期间应是收到收入的会计期间,费用的归属期间应是支付费用的会计期间。（ ）

5. 会计核算的可比性要求是指会计核算方法前后各期应当保持一致,不得随意变更。（ ）

6. 企业为应对市场经济环境下生产经营活动面临的风险和不确定性,应高估负债和费用,低估资产和收益。（ ）

综合案例

雷曼倒下,安永殉葬?

沉寂了一年多的雷曼,这家在本次金融危机中第一个倒闭的美国投行以及负责其审计的安永会计师事务所(下称"安永"),日前再次吸引了全球的视线。

在历时一年多、花掉了高达 3 800 万美元的调查费后,美国破产法院日前发布报告称,雷曼曾在 2007 年至 2008 年上半年间,运用会计手法将其数百亿美元的负债变为表外资产,该报告不仅痛斥雷曼高管和其投行的严重过失,也对负责雷曼审计的安永大加鞭挞。

有了 2001 年安然拖垮安达信会计师事务所的前例,人们有理由担心:安永会否成为雷曼的殉葬品?

雷曼为"杠杆率"而狂

要判断安永的前景,还得从雷曼的财务欺诈说起。美国破产法院这份长达 2200 页的调查报告中显示,雷曼的"死因"与"回购 105"交易有着剪不断、绕不开的关系。

审查官指出,雷曼采用"回购 105"交易的目的只有一个,就是用会计手段掩盖其数百亿美元的负债。早在 2007 年第四季度,公司就利用该方法将 386 亿美元从负债表上抹去,变为表外资产。在随后的 2008 年第一季度和第二季度,雷曼兄弟又用相同手法掩盖了 491 亿美元和 504 亿美元的债务。

实际上,这种回购方式在欧美金融机构中并不陌生。只是雷曼将该方法更加复杂化,并且大肆运用,以致在金融危机爆发时,这家华尔街曾经的金融帝国第一个倒下。雷曼通过这种方式欺瞒投资者、评级机构、政府监管部门等,它为此付出的赌注是公司的前途和信誉,得不偿失。

安永责任几何

2001 年,美国安然公司向纽约法院申请破产保护,创下了美国历史上最大的公司破产纪

录,与其相关的因审计失职和销毁有关文件而信誉受损的百年老店安达信会计师事务所也从此在业界销声匿迹。时隔不到 10 年,在雷曼刷新安然公司破产纪录的同时,也给安永的未来笼罩了一层阴影。

据美国破产法院出具的报告披露,安永最初知道雷曼使用"回购 105"交易是在 2001 年。那时候,这种交易手段刚刚"开发"出来。很难想象,在安达信败北之初,对于这样一个比传统的回购操作风险高出数倍的操作手法,安永竟然就让它从眼皮底下"溜之大吉"。

安永对雷曼反复使用"回购 105"交易没有任何诘责和质疑,实在是令人费解。如果说,这是因为安永对此项目的真实目的不知情,似乎说不过去。但安永在一份声明中表示,雷曼利用财务手段调控杠杆率"是管理层而非审计机构的责任"。

安永在雷曼破产问题上究竟责任几何?

(来源:中国会计报,2010 年 3 月,有改动)

第三章
设置会计科目与账户

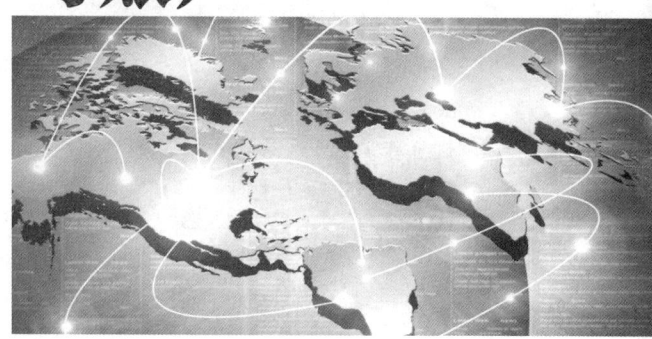

KUAIJIXUE DAOLUN

职业能力目标

1. 理解会计要素的概念；
2. 掌握会计各要素的含义及包括的具体内容；
3. 掌握会计等式；
4. 理解会计科目的概念；
5. 掌握账户的概念、基本结构及设置方法；
6. 理解会计科目与账户的关系；
7. 能够根据简单的经济业务设置账户。

典型工作任务

1. 会计要素的构成；
2. 会计恒等式；
3. 会计科目分类；
4. 设置账户、账户结构；
5. 会计科目与会计账户。

第一节　会计要素

任务引例

刚毕业的张玲应聘到一家企业担任财务会计，由于公司业务发展很快，各项业务越来越多，也越来越复杂，该如何反映这些业务所涉及的会计要素，并对这些所涉及的会计要素进行分类、进行确认呢？

思考：企业的会计要素有哪些？该如何进行分类并进行确认呢？

知识准备与业务操作

一、会计要素的定义及构成内容

1. 会计要素的定义

会计要素是根据交易或事项的经济特征确定的财务会计对象的基本分类，是对会计对象基本内容（资金运动）进行分解归类，使之形成独立的范畴，并用会计术语加以描述的具体内容。

2. 会计要素的构成内容

我国现行《企业会计准则——基本准则》规定："企业应当按照交易或者事项的经济特征确定会计要素。会计要素包括资产、负债、所有者权益、收入、费用和利润。"

通过前面所学章节可知，会计要素的构成内容与企业经营资金的运动有着密切的关系。会计对象的基本内容可概述为企业经营资金的运动，由于资金的这种运动是由企业在经营活动中

发生的各种交易或事项引起的,因而可以从交易或事项经济特征的角度对资金运动进行分类,使资金运动这一较为抽象的概念具体化,形成资产、负债、所有者权益、收入、费用和利润等会计要素内容(见图 3-1)。

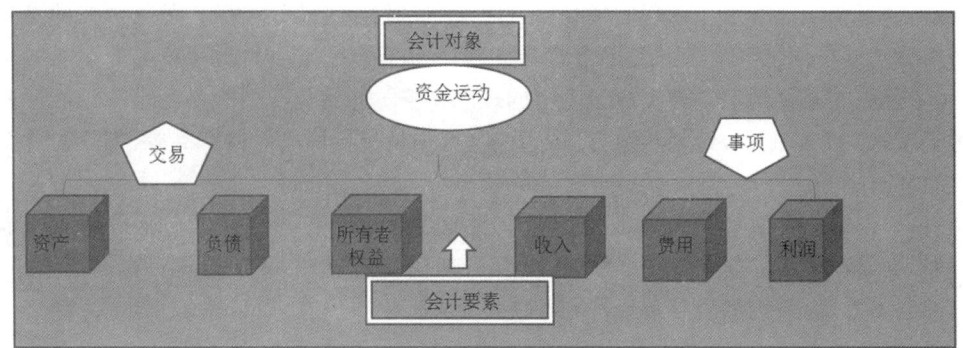

图 3-1　会计要素的定义及构成内容

二、会计要素的定义与特征

(一)资产的定义与特征

资产是指企业过去的交易或者事项形成的、由企业拥有或者控制的、预期会给企业带来经济利益的资源。根据资产的定义,该要素具有如下特征。

(1)资产是由企业过去的交易或事项形成的。过去的交易或事项是指企业已完成的交易或事项,具体包括购买、生产和建造等行为以及其他交易或事项。如果是预期在未来发生的交易或事项将会形成的资源,则不能作为企业现时的资产予以确认。例如,企业制订了一项准备购买一批生产经营所需设备的计划,但实际购买行为尚未发生,这种预期可能增加的设备不符合资产的这一特征,就不能确认为企业的现时资产。

(2)资产应为企业拥有或控制。拥有是指企业享有某项资源的所有权。例如,企业对于用其自有资金购入的设备等享有所有权。控制是指企业对某些资源虽然不享有所有权,但该资源能为企业所控制。例如,企业租赁设备,租期超过一年,即认为承租人在一定期间控制该设备使用的权利,即控制了该设备在一定时期的使用权,这种情况下,确认为承租企业的使用权资产。融资租赁的设备,其所有权属于出租方,但因与使用权有关的几乎全部风险和报酬转移给了承租方,出租方不再拥有该设备的控制权,也就不再是出租方的资产。

(3)资产预期会给企业带来经济利益。即资产具有在未来直接或间接导致现金和现金等价物流入企业的潜力,这是资产的本质特征。例如,企业购入的材料和设备可用于产品生产,产品出售以后可收回货款等。如果某些项目预期不能给企业带来经济利益,就不能确认为企业的资产。例如,企业在财产清查过程中发现的已经毁损的设备或材料,就不再符合资产的这一特征,应从企业现有的资产中予以剔除。

(二)负债的定义与特征

负债是指企业过去的交易或者事项形成的、预期会导致经济利益流出企业的现时义务。负债反映的是企业债权人对企业资产的索取权,因此也称债权人权益。根据负债的定义,该要素具有如下特征。

(1)负债由企业过去的交易或事项形成。如果不是由企业过去的交易或事项形成的义务,就不能确认为其现时的负债。例如,企业计划从银行借入一笔新的借款,计划从供应商处再赊购一批产品,由于交易尚未实际发生,因此不能确认为企业的负债。

(2)负债是企业应当承担的现时义务。现时义务是指企业在现行条件下已承担的义务。如通过与银行签订合同已经借入和使用借款,通过与供应商签订合同赊购了产品产生的应付账款等,都属于企业在某种约定条件下应予承担的现时义务。未来发生的交易或事项可能形成的负债不属于现时义务。例如,计划从银行借入款项,计划从供应商处赊购产品等,都不构成企业应当承担的现时义务。

(3)负债预期会导致经济利益流出企业。预期会导致经济利益流出企业是负债的本质特征。例如,企业在偿还借款和应付账款时,可以用其现金偿还,也可以用其实物资产偿还,不管采用何种偿还方式,最终都会导致经济利益流出企业。

(三)所有者权益的定义与特征

所有者权益是指企业资产扣除负债后,由所有者享有的剩余权益。在股份制企业,所有者权益称为股东权益。

所有者即向企业投入资本的投资者。所有者权益是指投资者在向企业投资后形成的对企业资产的要求权,包括对经营成果的分享权和对经营活动的管理权等。但所有者并非对企业的全部资产都具有要求权,这是因为企业的资产一般由所有者投入的资金和向债权人借入的资金两部分构成。所有者只对其投资所形成的那部分资产具有要求权,对于负债所形成的那部分资产则不具有要求权。企业的全部资产扣除负债后的部分,在会计上称为净资产,所有者只对企业的这部分资产具有要求权。对由负债形成的资产的要求权则归属于债权人。根据相关法律的规定,在企业同时面临偿债和退还投资者投资的情况时,其资产应首先用于偿还负债,之后才能用于退还投资者投资,因而所有者权益也称剩余权益,这是所有者权益的基本特征,对这点可结合图 3-2 加以理解。

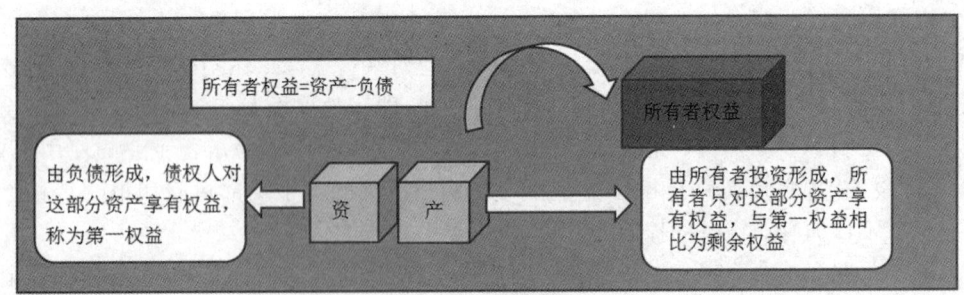

图 3-2 所有者权益的要素特征

(四)收入的定义与特征

收入是指企业在日常活动中形成的、会导致所有者权益增加的、与所有者投入资本无关的经济利益的总流入。根据收入的定义,该要素具有如下特征。

(1)收入是在企业的日常活动中形成的。日常活动是指企业为完成经营目标所从事的经常性活动以及与之相关的活动,例如,产品生产企业从事产品的生产和销售,商品流通企业从事商品的销售,安装公司提供安装服务等。明确界定企业的日常活动,目的是将收入与企业在非日常活动中产生的利得区分开来。企业日常活动产生的经济利益的流入是收入的内涵。而偶发的一些事项,如企业接受捐赠所产生的经济利益流入(净收益)称为利得或营业外收入,是企业经济利益流入的外延。

(2)收入会导致所有者权益增加。收入之所以会导致所有者权益增加,是由收入与利润及所有者权益之间的关系决定的。一般而言,企业开展日常活动实现的收入与其发生的相关费用之差为利润,而利润的所有权归属于所有者。在费用一定的情况下,实现的收入越多,利润越多,企业所有者权益就会增加。对于不会导致所有者权益增加的经济利益流入,则不应确认为收入。例如,企业从银行借款,尽管也导致了企业经济利益的流入,但该经济利益流入不会导致企业所有者权益增加,而是使企业承担了一项现时义务,这种经济利益的流入就不应确认为收入,而应确认为负债。

(3)收入与所有者投入资本无关。尽管所有者向企业投入资本也会导致经济利益流入企业,会增加企业的所有者权益,但该经济利益流入来自投资者,并不是在企业的日常活动中产生的。因而,投资者投入企业的资本不能确认为企业的收入。

(五)费用的定义与特征

费用是指企业在日常活动中发生的、会导致所有者权益减少的、与向所有者分配利润无关的经济利益的总流出。根据费用的定义,该要素具有如下特征。

(1)费用是企业在日常活动中形成的。企业因日常活动而产生的费用通常包括主营业务成本、其他业务成本和投资损失等。例如,企业销售商品本身的成本(主营业务成本)就是企业在其日常活动中形成的,是产品生产企业的一项主要费用。将费用明确界定为企业的日常活动形成的,目的是将费用与企业在非日常活动中形成的损失加以区分,企业日常活动产生的经济利益的流出是费用的内涵。而偶发的一些事项,如企业进行债务重组所产生的经济利益流出(净损失)称为损失或营业外支出,是企业经济利益流出的外延。

(2)费用会导致所有者权益的减少。费用的本质特征是会导致所有者权益减少,这是由费用与利润及所有者权益的关系决定的。在企业实现的收入一定的情况下,发生的费用越多,实现的利润越少,所有者权益就会减少。对于不会导致所有者权益减少的经济利益流出,则不应确认为费用。例如,企业偿还银行的借款,尽管也导致企业经济利益的流出,但该经济利益流出会使企业的负债减少,而不会导致企业所有者权益的减少,就不应确认为企业的费用。

(3)费用与向所有者分配利润无关。企业向所有者分配股利或利润,是企业将其实现的经营成果分配给投资者的一种分配活动,虽然在分配利润的某些情形下(如分配现金股利)会导致经济利益流出企业,但该经济利益的流出导致的是企业利润的减少,而不会导致企业费用的增加,因而也不应将其确认为企业的费用。

(六)利润的定义与特征

利润是指企业在一定会计期间的经营成果,包括收入减去费用后的净额、直接计入当期利润的利得和损失。

企业在一定会计期间的日常活动中实现的收入与发生的费用之差为经营成果,当实现的收入大于费用时,即为企业的营业利润,体现了利润的本质特征。根据我国现行企业会计准则的规定,企业产生的利得和损失,有些应直接计入当期利润,其中利得可增加企业的利润总额,损失则会减少企业的利润总额。

三、会计要素的组成内容

将会计对象划分为资产、负债、所有者权益、收入、费用和利润,为会计确认、计量和报告提供了基本依据,但将会计对象划分到这种程度,还不能够满足会计上处理交易或事项的要求。因而,有必要更详细地了解会计要素的组成内容。

(一)资产的组成内容

企业的资产按其流动性可分为流动资产和非流动资产两类,基本组成内容如图 3-3 所示。

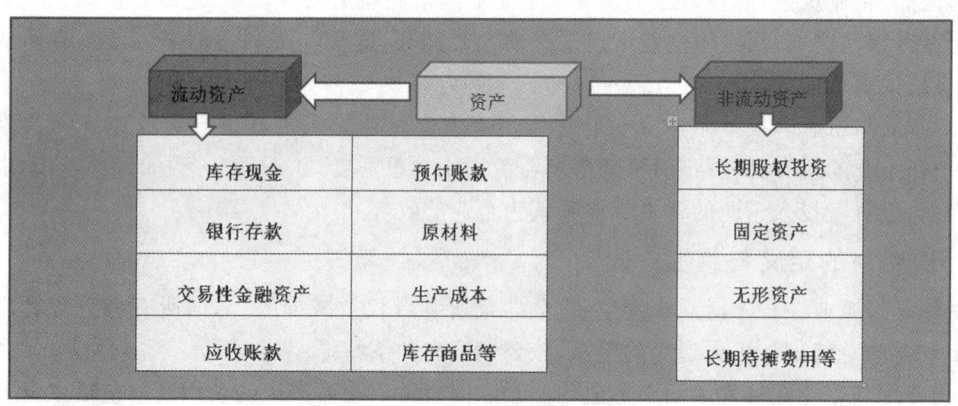

图 3-3 资产的分类及组成内容

1. 流动资产

流动资产是指企业可以在一年或者超过一年的一个营业周期内变现或耗用的资产。具体包括库存现金、银行存款、交易性金融资产、应收票据、应收账款、合同资产、其他应收款、预付账款、原材料、生产成本(在产品)和库存商品等。

①对营业周期的理解。

在产品生产企业,营业周期通常是指企业从购买用于加工的材料和设备等,实际进行产品生产,到销售产品实现现金或现金等价物的流入所经历的期间。在一般情况下,营业周期通常短于一年,即在一年内有若干营业周期。正常营业周期不能确定的,应当以一年(12 个月)作为正常营业周期,这类企业单件产品的生产周期一般不会超过一年,在同一生产周期内可以多批次地组织某一种产品的生产。在实务中,也存在营业周期超过一年的情况,如房地产开发企业以出售为目的而兴建的房屋、航空制造企业生产的飞机等,其单件产品的生产周期往往超过一年,因而这类企业也可以以单件产品的生产周期作为一个营业周期。

②流动资产的主要构成内容。

库存现金是指存放在企业准备随时支用的现款,主要用于企业日常经营活动中发生的小额零星支出,如支付因公出差职工的借款,支付小额的办公费用支出等。

银行存款是指企业存放在其开户银行的款项,这些款项主要来自投资者投入企业的资本、通过负债借入的款项和销售产品收到的货款等。银行存款可用于企业在其日常经营活动中发生的大额支出,如购买材料、购买设备和支付职工薪酬等。

交易性金融资产是指企业持有的以公允价值计量且其变动计入当期损益的金融资产。例如,企业购入以交易为目的而持有的债券投资、股票投资和基金投资。

应收票据是指企业由于销售产品或提供劳务而收到的商业汇票,包括银行承兑汇票和商业承兑汇票。

应收账款是指企业由于赊销产品等应向购买方收取而暂未收到的款项。应收账款是企业无条件收取合同对价的权利,即仅取决于时间流逝因素的权利。

预付账款是指企业由于购买销售方的产品等,按照合同规定预先支付给供应商的款项。

其他应收款是指企业在日常生产经营过程中产生的,除了销售、购货、对外投资等业务环节产生的债权以外的其他应收款项。

合同资产是企业已向客户转让商品而有权收取对价的权利,且该权利取决于时间流逝之外的其他因素。

应收账款和预付账款之所以属于企业资产,是由这些款项的所有权所决定的。在企业产生应收账款时,虽然暂未收到款项,但已经具有向购买方收款的权利,因而可确认为企业的资产。在企业产生预付账款时,虽然款项已经付出,但预收款方尚未提供产品,该款项的所有权仍属于预付款企业,因而可确认为预付款企业的资产。

原材料是指企业库存的各种材料,包括原料及主要材料和辅助材料等。

生产成本是指企业进行产品生产所发生的各项成本,包括生产各种产品、自制材料、自制工具和自制设备等发生的成本,表示存货中的在产品。

库存商品是指企业库存的各种商品,包括产成品、外购商品、存放在门市部准备出售的商品、发出展览的商品以及寄存在外的商品等。

2.非流动资产

非流动资产是指企业不能在一年或者超过一年的一个营业周期内变现或耗用的资产,包括长期股权投资、固定资产、无形资产和长期待摊费用等。

长期股权投资是指企业在对外投资过程中,以获取对被投资方的控制权,或对被投资方产生重大影响为目的而进行的权益性投资。企业持有长期股权投资的时间往往超过一个会计年度,是企业的一种长期投资行为。

固定资产是指企业拥有的同时具有下列特征的有形资产:第一,为生产商品、提供劳务、出租或经营管理而持有;第二,使用寿命超过一个会计年度,如企业在生产经营过程中使用的房屋及建筑物、机器设备和运输设备等。

无形资产是指企业在生产经营过程中拥有或控制的没有实物形态的可辨认非货币性资产,主要包括专利权、非专利技术、商标权和土地使用权等。

长期待摊费用是指企业已经发生(一般是指已经实际支付货币资金)但应由本期和以后各期负担的分摊期限在一年以上的各项支出。如企业租入固定资产发生的改良支出等。

长期待摊费用虽然属于企业已经先行支付货币资金的支出,但该支出仍可在企业的经营活

动中继续发挥效益,并为企业带来经济利益,符合资产的本质特征,因而应确认为企业资产。另外,应特别注意:长期待摊费用虽带有"费用"字样,但其本身并不属于费用性质,而是属于资产性质,只有在将此类支出于其受益期间摊销后才会转化为企业的成本或费用。

(二)负债的组成内容

企业的负债按其流动性可分为流动负债和非流动负债两类,基本组成内容如图 3-4 所示。

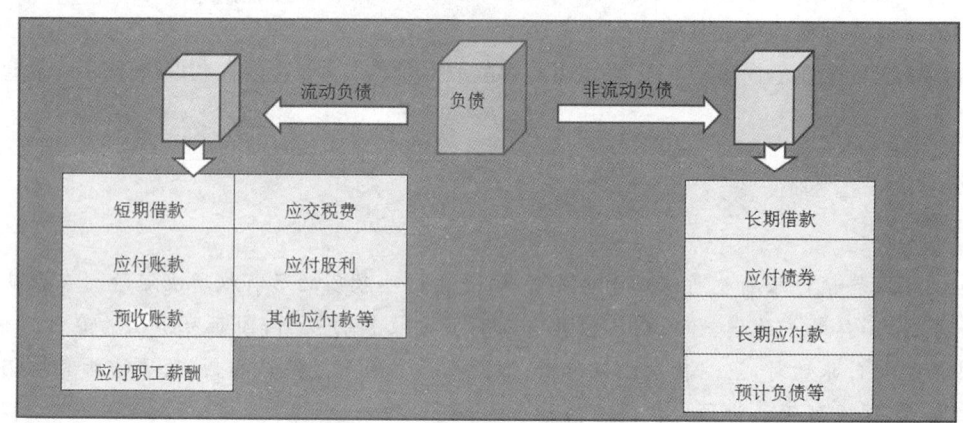

图 3-4 负债的分类及组成内容

1.流动负债

流动负债是指企业将在一年或者超过一年的一个营业周期内偿还的债务。包括短期借款、应付票据、应付账款、预收账款、合同负债、应付职工薪酬、应交税费、应付股利(或应付利润)和其他应付款等。

短期借款是指企业从银行或其他金融机构借入的偿还期在一年以内(含一年)的各种借款。企业借入短期借款的主要用途是满足临时性支出的需要。

应付票据是指企业因购买商品等开出并承兑的交由销售方持有的商业汇票。

应付账款是指企业由于赊购商品等而产生的应向销售方支付但暂未支付的款项。

预收账款是指企业由于销售商品等根据有关协议预先向购买方收取款项而形成的债务。

合同负债是指企业已收或应收客户对价而应向客户转让商品的义务。

特别提示

预收账款和合同负债之所以是预收或应预收款企业的负债,是因为其在向预付款客户收款后或按合同规定应收款(尚未转让商品)而承担向客户转让商品的义务。在没有履行该义务之前,就形成了对客户的负债。企业虽然已经实际收到款项或者应收取款项,但因尚未转让商品,只能将其确认为企业的一项债务,而不是确认为企业收入。

应付职工薪酬是指企业根据有关规定应付给本企业职工的薪酬。如应付工资和福利费等。

应交税费是指企业按照税法规定应缴纳的各种税费。如应交增值税和应交所得税等。

应付股利是指股份企业应支付给股东的现金股利(在非股份制企业,应支付给投资者的利润称为应付利润)。

其他应付款是指企业除上述各种应付款项以外的其他各种应付和暂收款项。

2. 非流动负债

非流动负债是指企业将在一年或者超过一年的一个营业周期以上偿还的债务。包括长期借款、应付债券、长期应付款和预计负债等。

长期借款是指企业从银行或其他金融机构借入的期限在一年以上（不含一年）的各种借款。企业借入长期借款的主要用途是进行施工期比较长的工程项目建设。

应付债券是指企业在采用发行企业债券方式筹集经营资金时，按规定应付给购买者的本金和利息而形成的负债。债券的发行往往有一定的期限，为此，企业在既定的债券发行期满后应将债券本金归还给债券的持有者；此外，在债券发行期间，发行债券的企业还应按规定的债券利率向债券持有者支付利息。以上两项均构成企业对债券购买者的负债。

长期应付款是指企业除长期借款和应付债券以外的其他各种长期应付款项，如企业采用分期付款方式购入固定资产，付款期长于一年或超过一年的一个营业周期时产生的应付款等。

预计负债是指企业确认的对外提供担保、未决诉讼和产品质量保证等产生的预计负债。

(三) 所有者权益的组成内容

企业的所有者权益包括投入资本、直接计入所有者权益的利得和损失、留存收益等，通常由实收资本（或股本）、资本公积（含资本溢价或股本溢价等）、其他综合收益、盈余公积和未分配利润等构成。其中，实收资本和资本公积统称为投入资本；盈余公积和未分配利润统称为留存收益。所有者权益的主要组成内容如图 3-5 所示。

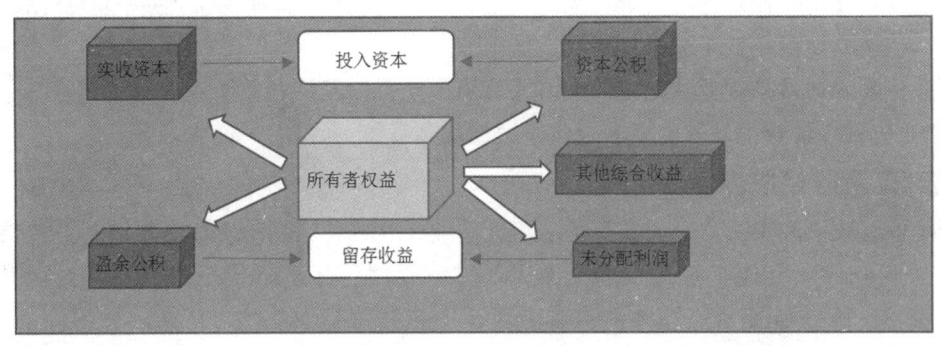

图 3-5 所有者权益的主要组成内容

实收资本是指所有者投入企业的资本中构成企业注册资本（或股本）的部分。资本公积是指所有者投入企业的资本超过注册资本（或股本）的部分，即资本（或股本）溢价，这部分投入资本可按规定的程序转增资本金。

盈余公积是指企业从实现的利润中提取后留存于企业的部分。包括法定盈余公积和任意盈余公积。盈余公积可按规定的程序转增资本金或用于弥补亏损。

未分配利润是指企业已经实现但本年度尚未分配而留待以后年度分配的利润。

其他综合收益是指按照规定应直接计入所有者权益的利得和损失，这部分利得和损失不计入当期利润，而是直接增加或减少所有者权益。

(四) 收入的组成内容

收入有狭义和广义之分。狭义的收入即企业的日常活动带来的经济利益流入，主要包括企业的主营业务收入、其他业务收入和投资收益。其中,主营业务收入和其他业务收入统称为营业收入。广义的收入除以上内容外,还包括企业非日常活动产生的非经常性经济利益流入,即营业外收入,也称利得。广义收入的基本组成内容如图3-6所示。

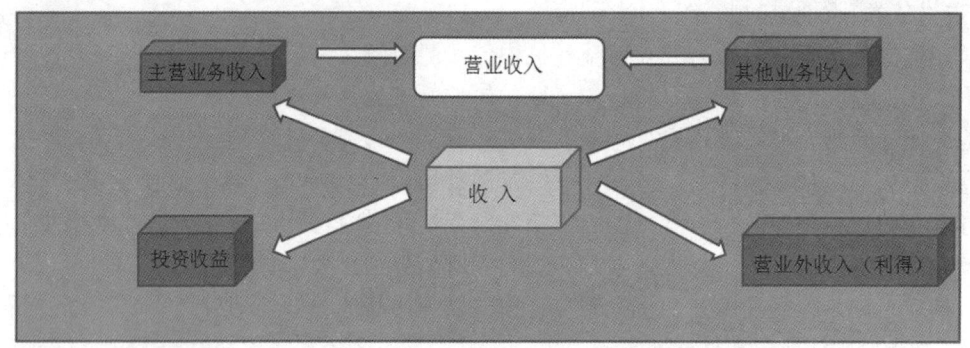

图3-6　广义收入的基本组成内容

主营业务收入是指企业在其主营业务活动中实现的收入,如产品生产企业销售产品所获取的收入。主营业务收入在企业的收入中所占比重较大,是企业主要的经济利益流入。

其他业务收入是指企业主营业务以外的其他日常活动所获取的收入,如企业销售积压材料、出租产品包装物等所获得的收入。其他业务收入一般金额较少,在企业的收入中所占的比重较小。

投资收益是指企业对外投资等带来的收益,如从被投资企业分得的利润等。投资收益属于让渡资产使用权而给企业带来的经济利益流入。

营业外收入通常是企业从偶发的交易或事项中获得的经济利益流入,按规定应计入当期利润,如企业在财产清查中发现的无法查明原因的现金盘盈、获得的捐赠收入等。

(五)费用的组成内容

费用也有狭义和广义之分。狭义的费用即企业在其日常活动中形成的经济利益流出,主要包括主营业务成本、其他业务成本、税金及附加、投资损失、销售费用、管理费用、财务费用和所得税费用等。其中,主营业务成本和其他业务成本统称为营业成本。广义的费用除以上内容外,还包括企业在非日常活动中产生的计入当期损益的非经常性经济利益流出,即营业外支出,也称计入当期损益的损失。广义费用的基本组成内容如图3-7所示。

主营业务成本是指企业在其主营业务活动中产生的成本,属于与主营业务收入相匹配的费用。例如,企业在销售产品后确认的已销售产品的成本,即属于主营业务成本。在产品生产企业,主营业务成本是根据产品在生产过程中发生的各种费用计算确定的,是生产成本的一种转化形式。主营业务成本在企业的全部费用中所占比重较大。

税金及附加是指企业开展经营活动依法应当缴纳的除企业所得税和增值税以外的其他各种税费,包括消费税、城市维护建设税、教育费附加、房产税、土地使用税、车船税和印花税等相关税费。

其他业务成本是指企业在开展其他业务活动中产生的成本,属于与其他业务收入相匹配的费用。例如,企业在销售积压材料、出租包装物后确定的材料或包装物本身的成本。其他业务成本实质上是已销售材料、已出租包装物的买价或制作成本。其他业务成本在企业的费用中所

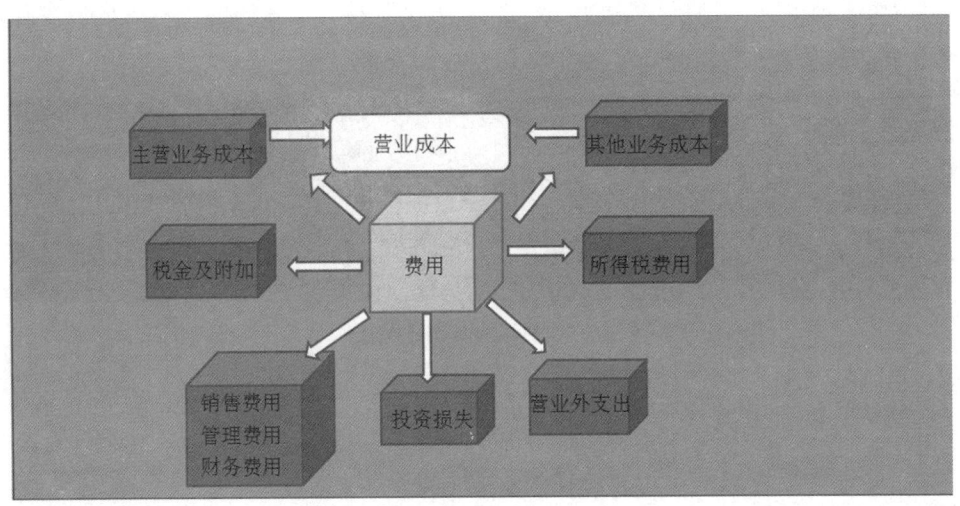

图 3-7 广义费用的基本组成内容

占的比重一般较小。

销售费用、管理费用和财务费用统称为期间费用,是指企业在日常活动中发生的不能计入有关成本,而直接计入所发生会计期间费用的各种耗费。

(1)销售费用是指企业在销售产品过程中发生的各种费用。包括专设销售机构人员的工资及福利费、为推销产品而发生的广告费和展销费等。

(2)管理费用是指企业为组织和管理整个企业的生产经营活动而发生的各种费用。包括企业在筹建期间发生的开办费、公司经费(包括行政管理部门职工工资及福利费等职工薪酬、物料消耗、低值易耗品摊销、办公费和差旅费等)、董事会费(包括董事会成员津贴、会议费和差旅费等)、聘请中介机构费、咨询费(含顾问费)、诉讼费、业务招待费、技术转让费、矿产资源补偿费、研究费用等。

(3)财务费用是指企业为筹集和使用生产经营资金而发生的各种费用。包括利息支出(减利息收入)、汇兑损益以及相关的手续费等。

投资损失是指企业对外投资时所产生的损失。在发生投资损失时,应冲减投资收益。

所得税费用是指企业根据其经营所得采用适用的税率计算确定的税金。缴纳所得税会引起经济利益流出企业,是企业的一种主要费用。

营业外支出是指企业发生的与日常经营活动无关的一些偶发事项所产生的支出,按规定应计入当期利润,如固定资产报废的净损失、由自然灾害等原因造成的非常损失等。

(六)利润的组成内容

利润包括收入减去费用后的净额、计入当期利润的利得和损失。

收入减去费用后的净额,是指企业在其日常活动的一定会计期间实现的全部收入减去该期间发生的全部相关费用后的差额,即营业利润,反映了企业进行日常活动创造的业绩。

计入当期利润的利得和损失,是指企业在非日常活动中产生的应当计入当期损益(收入或费用)的、最终会引起所有者权益发生增减变动的、与所有者投入资本或向所有者分配利润无关的利得(即营业外收入)和损失(即营业外支出)。企业应严格区分收入、费用与利得、损失,以便清晰地反映企业经营业绩的构成内容。当然,利得与损失对当期利润的影响后果是完全不同的。当利得大于损失时,当期利润增加;反之,当期利润减少。利润的基本组成内容如图 3-8 所示。

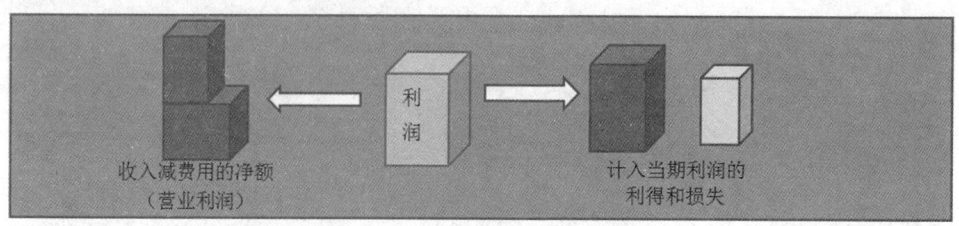

图 3-8 利润的基本组成内容

四、会计要素的重要作用

1. 会计要素为交易或事项的处理提供基本依据

会计要素是对企业的交易或事项按其经济性质进行科学分类以后形成的,为交易或事项的处理提供了基本的参照依据。各种会计要素的严格定义是进行交易或事项确认、计量和报告的衡量标准,当交易或事项发生后,会计上首先应将其与会计要素联系起来加以确认。如果经过确认,所发生的某些事项与会计要素并无关联,该事项就不应属于会计上所处理的内容。由此可见,会计要素是处理交易或事项时须臾不可离开的。

2. 会计要素为交易或事项的报告提供基本框架

企业编制财务报告对外提供的相关会计信息,实际上是企业在一定时点或一定会计期间发生的交易或事项的综合信息。企业在编制财务报告时,利用资产负债表集中反映资产、负债和所有者权益要素信息,即企业的财务状况信息;利用利润表集中反映收入、费用和利润要素信息,即企业的经营成果信息。由此可见,会计要素为交易或事项信息的报告提供了基本框架,是财务报告必不可少的内容。如果没有会计要素,就难以进行会计信息的提供,财务会计的目标也就难以达成。

会计报表是企业报告财务状况、经营成果等信息的重要载体,因而,会计要素又可分为资产负债表要素和利润表要素两类。另外,会计要素是对会计对象基本内容(资金运动)的分类,其中,资产、负债和所有者权益要素是资金运动在某一特定时点(一般指每个会计期间的最后一日)的具体表现形式,而收入、费用和利润要素则是资金运动在某一会计期间(如一个月或一年等)的具体表现形式,是在资金运动过程中新产生的要素。因而,会计要素又可分为静态会计要素和动态会计要素两类。

五、会计要素的确认

(一)会计要素确认的定义

会计要素确认也称会计确认,是指将企业发生的交易或事项与资产、负债、所有者权益、收入、费用和利润等会计要素联系起来加以认定的过程。

会计确认是会计计量、记录和报告的前提,也是会计处理交易或事项的起点。这是因为,企业任何交易或事项的发生都会导致会计要素发生增减变动。当交易或事项发生以后,首先应将其与会计要素联系起来加以分析判定,辨明该交易或事项的发生涉及哪些会计要素,以及是否符合要素的定义和确认条件。对会计要素确认的定义可结合图3-9加以理解。

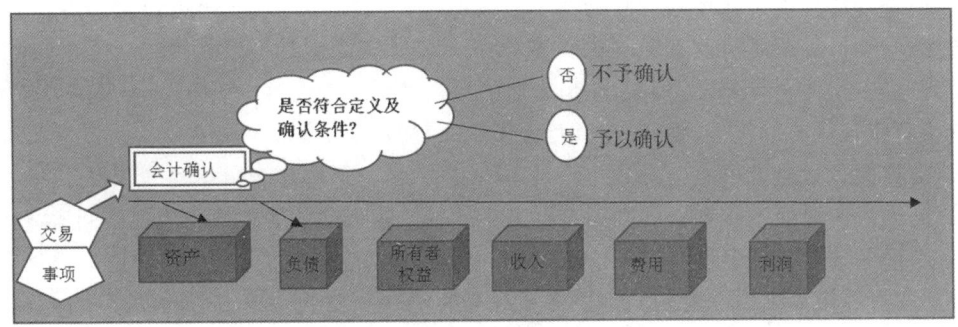

图3-9 会计要素确认的定义

【例3-1】 企业采购原材料5 000元。材料已经运达企业,但货款尚未支付(假定暂不考虑已缴纳的增值税进项税额)。

进行会计要素确认:采购材料属于企业已经发生的交易,购入的材料已为企业所拥有,该材料通过产品生产预期能够给企业带来经济利益,符合资产的定义,因而可以确认为企业的资产。另一方面,企业购入材料而货款未付,是已经发生的交易形成的,预期会导致经济利益流出企业,即未来偿付应付账款会导致企业的现金或现金等价物流出企业,是企业应当承担的一项现时义务,符合负债的定义,因而可以确认为企业的负债。由以上分析可见,该项交易涉及企业的资产和负债两个要素,可以作为会计上应当处理的交易予以确认。

企业发生的其他交易或事项还可能涉及所有者权益、收入、费用和利润等要素,相关内容将在后续章节中予以介绍。

需要注意的是,将一项交易或事项确认为企业的资产或负债等,除应符合会计要素的定义外,还需要符合各项要素的确认条件。

(二)会计要素的确认条件

1. 资产的确认条件

将一项资源确认为企业的资产,除应符合资产的定义外,还应同时满足以下两个条件。

第一,与该资源有关的经济利益很可能流入企业。能够给企业带来经济利益是资产的本质特征,但由于受各种因素的影响,与资源有关的经济利益能否流入企业,或能够流入多少具有很大的不确定性。因此,对资产的确认还应与对经济利益流入确定性程度的判断相结合。如果与资源有关的经济利益不可能流入企业,则不能确认为企业的资产。例如,企业为了推销产品将产品销售给了暂时根本没有付款能力的企业,且货款收回的可能性很小,在这种情况下,即使已经将产品提供给购买方,也不能确认为企业的资产(应收账款)。

第二,该资源的成本或价值能够可靠计量。成本或价值的可计量性既是交易或事项确认的继续,也是所有交易或事项得以记录和报告的前提。在实务中,企业取得的许多资产都发生了相应支出,即构成这些资产的成本。例如,企业购买原材料、购置房屋和设备等,只要实际发生的支出能够可靠计量(如已经取得了购物发票),就可视为符合资产确认的可计量条件。如果某资源的成本或价值不能够可靠计量,则不能将其确认为企业的资产。

2. 负债的确认条件

将一项义务确认为企业的负债,除应符合负债的定义外,还应同时满足以下两个条件。

第一,与该义务有关的经济利益很可能流出企业。预期会导致经济利益流出企业是负债的本质特征,但对负债的确认还应与对经济利益流出确定性程度的判断相结合。在实务中,企业履行法定义务时,如归还借款和缴纳税费等,经济利益流出企业的确定性无疑。反之,如果企业承担了现时义务,但是导致经济利益流出企业的可能性已不复存在,则不仅不应确认为负债,而且应减少负债。例如,经过与债权人的协商,债权人已同意将其原来借给企业的款项转为对企业的投资,这部分负债就不再会导致经济利益流出企业,也不再符合负债的确认条件。

第二,未来流出的经济利益的金额能够可靠计量。对负债的确认在考虑经济利益流出企业的因素时,应考虑其可计量性。对于与法定义务有关的经济利益的流出,通常可以根据合同或法律规定的金额予以确定。对于与推定义务有关的经济利益的流出,例如,企业预期为售出商品提供保修服务可能产生的负债等,企业应当根据履行相关义务需要支出的最佳估计数进行推定。

3. 所有者权益的确认条件

所有者权益体现的是所有者对企业资产所享有的剩余权益,因此,所有者权益的确认主要依赖于资产的确认,所有者权益金额的确定也主要取决于资产的计量。例如,企业在接受投资者投资,并且投入的资产符合企业资产确认条件时,也就相应地符合了所有者权益的确认条件;当该资产的价值能够可靠计量时,所有者权益的金额也就相应地得以确定。

值得注意的是,所有者权益反映的是所有者对企业资产的索取权,而负债反映的是企业债权人对企业资产的索取权,两者有着本质的区别。因此,企业在会计确认、计量和报告中应当严格区分负债和所有者权益,以便如实反映企业的财务状况,尤其是企业的偿债能力和产权比率等。

4. 收入的确认条件

将一项经济利益流入确认为企业的收入,除应符合收入的定义外,还应同时满足以下三个条件。

第一,与收入有关的经济利益应当很可能流入企业。有关的经济利益是指在销售商品等过程中企业可能收到的商品销售价款等。由于多种因素的影响,企业销售商品的价款能否收回有多种可能性。即使确认收入的其他条件均已满足,但价款收回的可能性不大,也不能确认为企业收入。

第二,经济利益流入企业的结果会导致企业资产增加或者负债减少。经济利益流入企业的结果导致企业资产增加的情况在企业的日常活动中经常发生。例如,企业收到销售商品货款,既会增加企业的收入,又会增加企业的资产。而在某些情况下,经济利益流入企业的结果会导致企业的负债减少。例如,企业向原已预付货款的客户实际提供商品时,一方面会增加企业的收入,另一方面会减少企业的负债(合同负债或预收账款)。

第三,经济利益的流入金额能够可靠计量。企业对实现的收入能否可靠地计量,是收入能否得以确认的重要条件。如果收入的金额不能可靠计量,就不应确认为收入。例如,企业提供给购货方的商品销售价格可能发生变动,在新的售价未确定之前,就不能确认为企业的收入。

5. 费用的确认条件

将一项经济利益流出确认为企业的费用,除应符合费用的定义外,至少还应当满足三个条件。一是与费用相关的经济利益很可能流出企业。二是该经济利益流出企业的结果会导致资产减少或者负债增加。前一种情况,如企业用现金支付销售费用和管理费用等,一方面表现为费用增加,另一方面表现为资产减少;后一种情况,如企业本期应当负担的短期借款利息可能是在下一个会计期间支付,应将这部分应付利息确认为本期费用的同时又确认为企业的负债。三是经济利益的流出金额能够可靠计量。

6.利润的确认条件

利润反映的是企业一定会计期间的收入减去费用后的净额加上当期利得、减去当期损失的最终结果。因此,利润的确认主要依赖于收入和费用的确认,以及利得和损失的确认。利润金额的确定也主要取决于收入、费用、利得和损失金额的计量。

六、会计要素的计量

1.会计要素计量的定义

会计要素计量简称会计计量,是将符合确认条件的会计要素进行会计记录继而列报于财务报告文件并确定其金额的过程。

在例3-1中,企业采购材料5 000元,材料已经运达企业,但货款尚未支付,此交易事项所涉及的资产和负债要素各增加了5 000元。其会计计量过程参见图3-10。

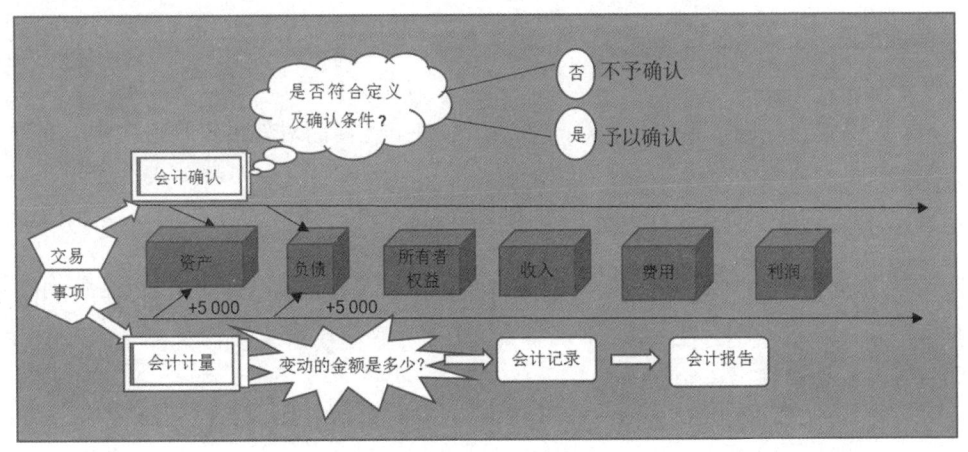

图3-10 某企业的会计要素计量过程

2.会计要素的计量单位与计量属性

(1)计量单位。进行会计要素的计量应以货币作为主要计量单位。

(2)计量属性。计量属性反映的是会计要素金额的确定基础,主要包括历史成本、重置成本、可变现净值、现值和公允价值等。

历史成本又称实际成本。在历史成本计量属性下,资产按照取得或制造时所实际支付的现金或者现金等价物的金额计量,或者按照购置资产时付出的对价的公允价值进行计量;负债按照因承担现时义务而实际收到的款项或资产的金额,或者承担现时义务的合同金额,或者日常活动中为偿还负债预期需要支付的现金或现金等价物的金额计量。

重置成本又称现行成本,是指按照当前市场条件重新取得同样资产所需支付的现金或者现金等价物的金额。在重置成本计量属性下,资产按照现在购买相同或者相似资产所需支付的现金或者现金等价物的金额计量;负债按照现在偿付该项债务所需支付的现金或者现金等价物的金额计量。重置成本多用于盘盈的存货、固定资产的计量。

在可变现净值计量属性下,资产按照其正常对外销售能收到的现金或者现金等价物的金额扣减该资产至完工时估计将要发生的成本、估计的销售费用以及相关税费后的金额计量。可变现净值通常应用于存货资产减值等情况下的后续计量。

现值是指对未来现金流量以恰当的折现率进行折现后的价值,是考虑货币时间价值的一种计量属性。在现值计量属性下,资产按照预计从其持续使用和最终处置中产生的未来净现金流入量的折现金额计量;负债按照预计期限内需要偿还的未来净现金流出量的折现金额计量。现值通常应用于非流动资产(如固定资产、无形资产)可收回金额的确定。

公允价值是指资产和负债按照市场交易者在计量日发生的有序交易中,出售资产所能收到的或者转移负债所需支付的价格计量。在公允价值计量属性下,资产按其在有序交易中出售资产所能收到的价格计量,负债按其在有序交易中所需支付的价格计量。

我国现行《企业会计准则——基本准则》要求:"企业在对会计要素进行计量时,一般应当采用历史成本,采用重置成本、可变现净值、现值、公允价值计量的,应当保证所确定的会计要素金额能够取得并可靠计量。"

【例3-2】 甲企业于20××年1月1日成立:所有者投入货币资金资本100万元,向银行临时借入50万元。

20××年1月1日甲企业的资金占用(银行存款)=(100+50)万元=150万元,甲企业的资金来源为150万元。

20××年甲企业用银行存款购入商品80万元,将上述商品对外出售收到款项120万元,用银行存款支付职工薪酬10万元。不考虑相关税费。

20××年甲企业应确认收入120万元,确认费用=(80+10)万元=90万元,确认利润=(120-90)万元=30万元。

那么20××年12月31日甲企业的资金占用和资金来源分别是多少?怎么计算出来的?

解析 20××年12月31日甲企业的资金占用(银行存款)=(150-80-10+120)万元=180万元,资金来源=(150+30)万元=180万元。

20××年12月31日甲企业的资金占用(银行存款)=(150-80-10+120)万元=180万元,资金来源=100万元(实收资本)+50万元(短期借款)+30万元(未分配利润)=180万元。因为,最终利润会进入"未分配利润"科目,这个科目属于所有者权益。

$$资金占用=资产$$
$$资金来源=负债+所有者权益$$
$$资金占用=资金来源$$
$$资产=负债+所有者权益$$

任务引例解析

我国现行《企业会计准则——基本准则》规定:"企业应当按照交易或者事项的经济特征确定会计要素。会计要素包括资产、负债、所有者权益、收入、费用和利润。"

其中,资产、负债、所有者权益属于静态要素,收入、费用和利润属于动态要素。

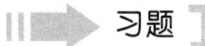 **习题**

一、课后思考题

1. 什么是会计要素？企业会计要素有哪些？
2. 资产要素有哪些特征？包括哪些基本内容？
3. 负债要素的特征有哪些？包括哪些基本内容？
4. 收入要素有哪些特征？包括哪些基本内容？
5. 利润要素包括哪些基本内容？怎样理解利得和损失？

第二节 会计等式

 **任务引例**

刚毕业的张玲应聘到一家企业担任财务会计，由于公司业务发展很快，业务也越来越复杂，好不容易分清了公司业务所涉及的会计要素并对这些业务所涉及的会计要素进行了分类，但现在又遇到一个问题：这些会计要素之间是什么关系呢？

思考：企业的会计等式的内容是什么？

知识准备与业务操作

会计等式，也称会计平衡公式，或会计方程式，它是对各会计要素的内在经济关系利用数学公式所作的概括表达，即反映各会计要素数量关系的等式。它反映了各会计要素之间的联系，是复式记账、试算平衡和编制会计报表的理论依据，在会计核算中有着举足轻重的地位。

一、会计等式及其变化规律

(一)会计等式的定义

会计等式也称会计恒等式，或会计方程式，是运用数学方程的原理描述会计要素之间数额相等关系的表达式。

各种会计要素既是各自独立的，相互之间也有着密切关系。这种关系不仅体现在交易或事项发生时会导致相关要素之间产生此增彼减或同增同减等变化，而且体现在它们在一定时点或一定会计期间的金额相等。利用数学方程原理，将会计要素之间的数额相等关系加以描述，就形成了各种非常具有实用价值的会计等式。

(二)会计等式的种类

会计等式是由会计要素的不同组合方式形成的。如前所述，企业的会计要素可分为静态会计要素和动态会计要素，这两类会计要素可分别组合为以下两个主要会计等式。

1. 静态会计等式

静态会计等式是由静态会计要素组合而成的反映企业一定时点的财务状况的等式。该等式也是会计等式中的基本会计等式，或称第一会计等式。其组合方式为：

$$资产=负债+所有者权益$$

静态会计等式的模型如图 3-11 所示。

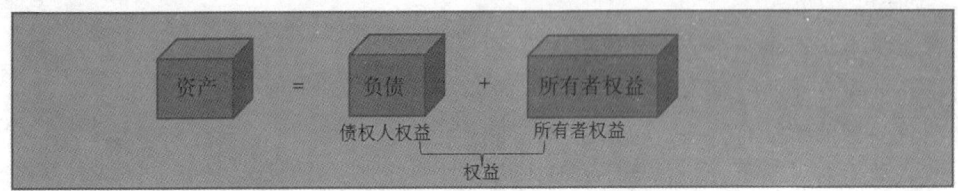

图 3-11 静态会计等式的模型

对静态会计等式应从以下几个方面加深理解。

第一,静态会计等式实质上体现了企业资金的两个不同侧面。等式右边的要素说明企业资金的来源渠道。企业要开展生产经营活动,首先必须拥有一定数量的资金。现代企业主要通过吸引投资者投资和向债权人借款等途径筹集资金,这两条筹资渠道在会计要素上分别被称为所有者权益和负债(债权人权益)。等式左边的要素说明企业资金的存在形态,如货币资金、储备资金、固定资金、生产资金和成品资金等。资金来源和资金存在形态构成了企业经营资金相辅相成的两个不同侧面。

第二,等式双方的会计要素金额应当是相等的。尽管企业的资金来源方式有多种,其存在形态也各异,但在会计上都可采用货币计量单位加以计量,而且双方的总额一定相等,即企业有多少资金存在形态,必定有多少与之相对应的资金来源;反之,有多少资金来源,也必定有金额相等的资金存在形态与之对应,双方金额应当相等。

静态会计等式体现的资金两个不同侧面的金额相等关系如图 3-12 所示。

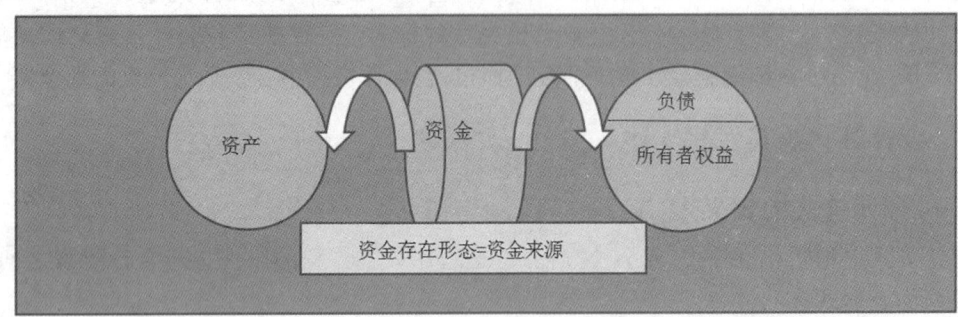

图 3-12 静态会计等式体现的资金两个不同侧面的金额相等关系

第三,资产会随着负债和所有者权益的增减变动而发生相同的变化。即企业的资产会随着负债的增加(如企业购入材料产生应付账款)或所有者权益的增加(如收到投资者向企业的投资)而增加;资产也会随着负债的减少(如企业用银行存款归还借款)或所有者权益的减少(如退还投资者投资)而减少,如图 3-13 所示。

2.动态会计等式

动态会计等式是由动态会计要素组合而成的反映企业一定会计期间经营成果的等式。该等式是会计等式中的另一个主要等式,或称第二会计等式。其基本组合方式为:

$$收入-费用=利润$$

根据我国现行《企业会计准则——基本准则》的规定,利润要素的组成内容除收入减费用后

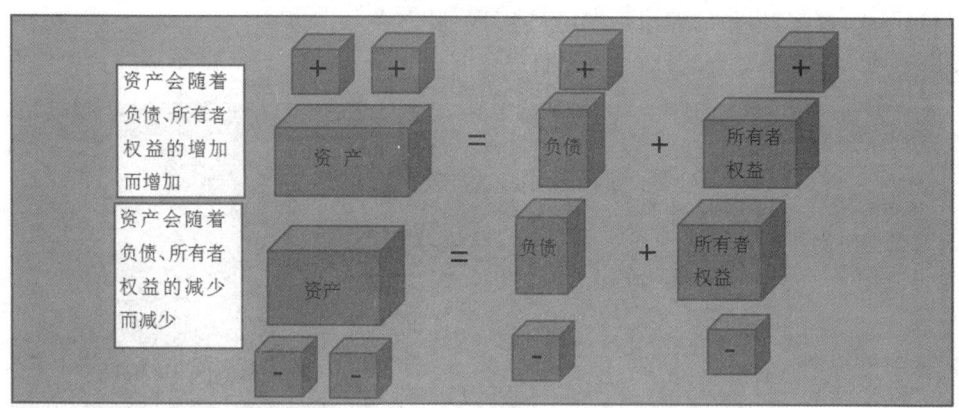

图 3-13　静态会计等式双方会计要素之间增减变化的关系

的净额,还应包括直接计入当期利润的利得和损失。为简便起见,本书以"收入－费用＝利润"作为动态会计等式,暂不考虑利得和损失因素。动态会计等式的模型如图 3-14 所示。

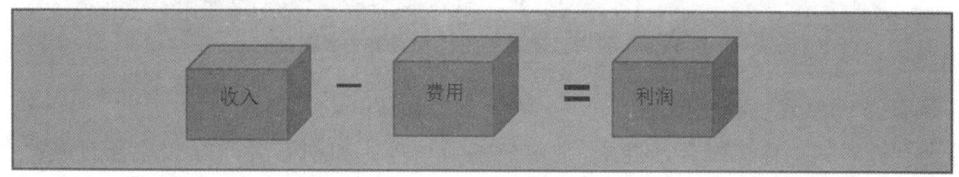

图 3-14　动态会计等式的模型

对动态会计等式可从以下几个方面加深理解。

第一,利润的实质是企业实现的收入与其相关的费用进行配比的结果。当收入大于费用时为利润,收入小于费用时为亏损。

第二,利润会随着收入的增减而发生同向变化。即在费用一定的情况下,企业获得的收入越多,利润也越多;反之,收入越少,利润也越少,如图 3-15 所示。

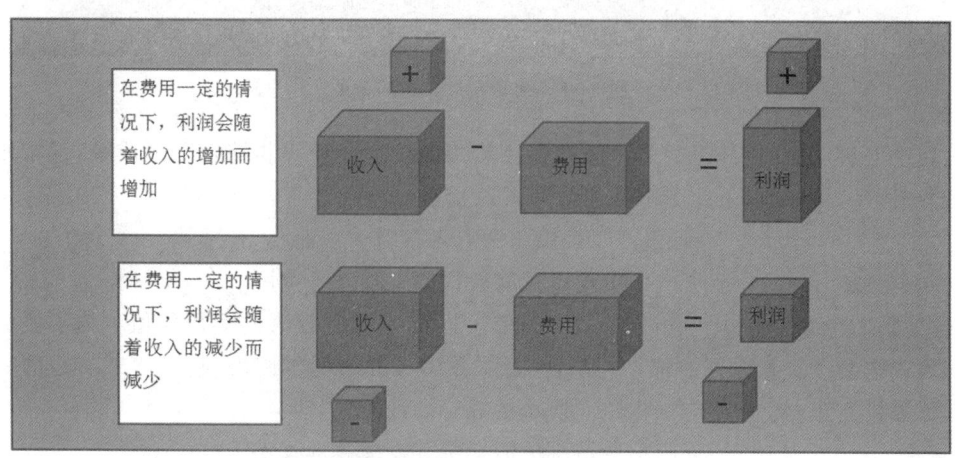

图 3-15　利润会随着收入的增减发生同向变化

第三,利润会随着费用的增减而发生反向变化。即在收入一定的情况下,企业发生的费用越多,利润越少;反之,发生的费用越少,利润越多,如图 3-16 所示。

除以上两个主要会计等式外,也可以将更多的会计要素组合在一起,形成综合会计等式。

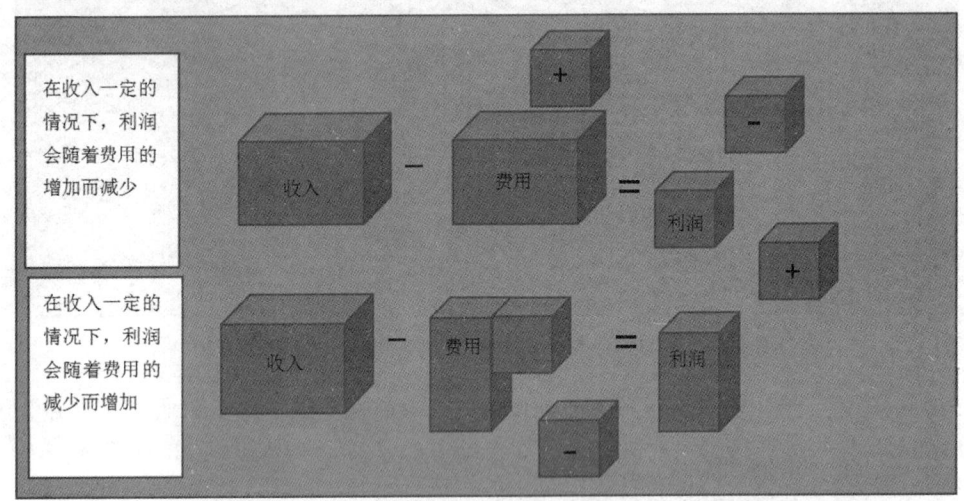

图 3-16　利润会随着费用的增减发生反向变化

3. 综合会计等式

综合会计等式也称扩展会计等式,是由静态会计等式和动态会计等式综合而成的会计等式。综合会计等式的组合方式为:

$$资产+费用=负债+所有者权益+收入$$

综合会计等式的模型如图 3-17 所示。

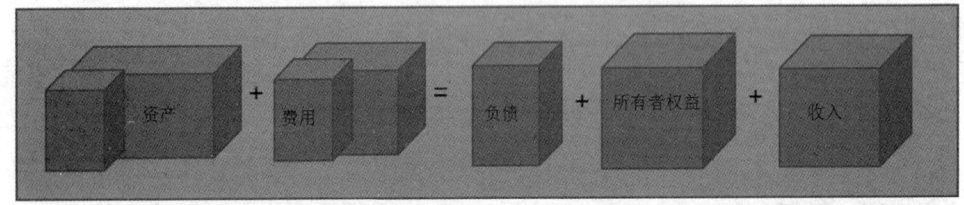

图 3-17　综合会计等式的模型

从理论上讲,综合会计等式是将静态会计等式和动态会计等式综合而形成的,但采用不同的综合方法,又可形成以下两个综合会计等式:

$$资产=负债+所有者权益+利润$$
$$资产=负债+所有者权益+收入-费用$$

其中,第二个综合等式包含的会计要素较为全面,也具有较大的实用价值。为了更清晰地体现该等式中会计要素之间的依存关系,可根据数学方程的基本原理,将该等式右边的"费用"一项移至等号左边,就形成了如图 3-17 所示的综合会计等式,即:

$$资产+费用=负债+所有者权益+收入$$

对综合会计等式应从以下几个方面加深理解。

第一,综合会计等式两边的内容是企业资金两个不同侧面的扩展,即该等式双方反映的仍然是企业的资金存在形态与资金来源,但内容比静态会计等式"资产=负债+所有者权益"更为丰富。一方面,在等式左边既反映了企业现时存在的资产,又反映了企业在生产经营过程中对资产的消耗,将费用视为资产的一种特殊存在形态;另一方面,在等式右边既反映了企业主要资金来源中的负债和所有者权益,又反映了企业通过生产经营活动带来的收入这种新的资金来源。对这一点可结合图3-18加以理解。

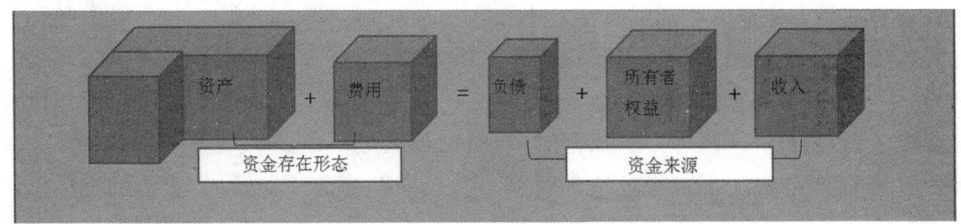

图3-18 综合会计等式是对资金两个不同侧面的扩展

第二,综合会计等式两边在金额变动的基础上达到了新的平衡相等。首先,从等式右边看,在收入大于费用的情况下,收入中实质上包括了企业已经实现的利润,这使等式的右边在原来的基础上产生了一个增量。根据实现的利润属于所有者的原理,实现的利润在会计期末可以加到所有者权益中去,进而引起所有者权益的增加。其次,从等式左边看,资产要素受收入和费用的影响,也会有新的增量,因为企业发生的费用会消耗企业的资产,使资产减少;实现的收入则会增加企业的资产。在收入大于费用的情况下,二者之间的净增量与等式右边所有者权益要素的增量在金额上应当是相等的。因而,在综合会计等式中,两边相等的关系仍然得以保持。在假定等式中的负债和所有者权益都没有变化的情况下,这种新的平衡相等关系正是由双方都同时增加了一个相等的增量而得以保持的。当然,如果发生了亏损(即费用大于收入,两边都会有一个净减量),等式两边的数额会同时减少,但两边的平衡关系仍然能够得以保持。对这一点可结合图3-19加以理解。

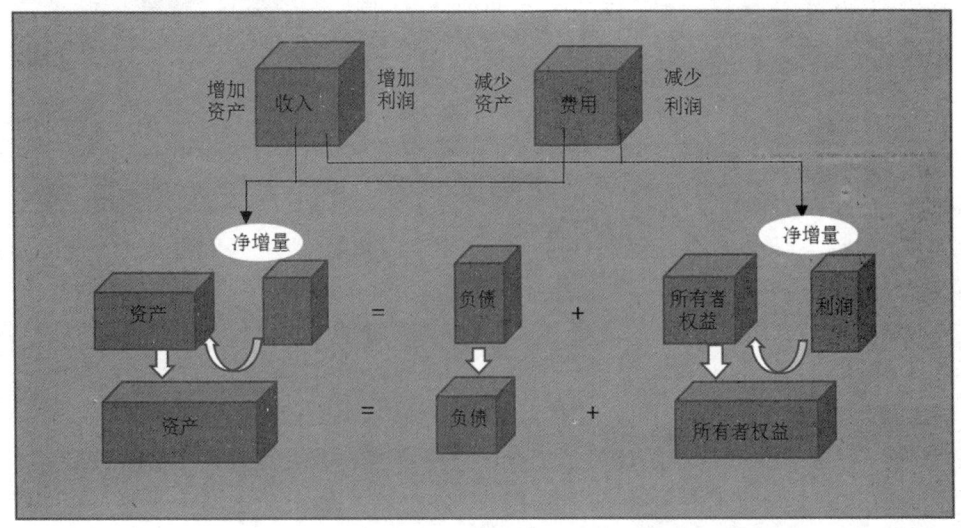

图3-19 综合会计等式两边在金额变动的基础上达到新的平衡相等

由上述分析可见,将交易或事项影响会计要素变化的情况结合综合会计等式进行研究,能够加深对会计要素相互关系的认识,加深对交易或事项影响会计要素变化规律的认识,加深对会计等式客观存在的平衡相等关系的认识。

二、交易或事项的类型及其影响会计等式的规律

1. 交易或事项的定义

交易或事项是在企业的生产经营活动中发生的,能够采用会计的方法加以确认、计量、记录和报告的经济活动。其中,交易一般是指企业与外部的其他企业或有关部门之间发生的经济往来。例如,企业从其他企业购入材料或设备,向客户销售产品,从银行借款和向税务机关缴税等。交易体现企业与供应商、客户、银行和政府有关部门之间的经济联系和利益关系。事项一般是指企业内部发生的、与其他企业或部门没有关系的经济活动。例如,企业的产品生产部门从材料的保管部门领取材料,进行财产清查和向员工发放薪酬等。事项体现企业内部的相关部门、相关人员之间的经济联系和利益关系。此外,事项还包括由于自然灾害等事件引发的企业资产损失等。

2. 交易或事项的类型及其对会计等式的影响

根据交易或事项发生以后对会计等式中的会计要素产生的影响,可将其划分为如下四种类型。

(1)影响会计等式两边的会计要素,使双方要素同时增加,增加金额相等的交易或事项。

【例 3-3】 盛荣公司收到投资者投入企业的货币资金投资 500 000 元,已存入银行。

会计确认:企业收到投资者投资存入银行,一方面涉及等式左边的资产要素(银行存款),另一方面涉及等式右边的所有者权益要素(股本,或实收资本),并使这两个要素同时增加。

会计计量:按实际成本计量,双方均增加 500 000 元,增加金额相等。

对以上交易进行确认及计量的结果如图 3-20 所示。

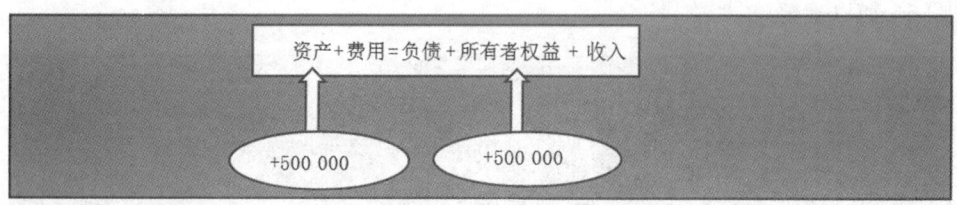

图 3-20 使会计等式两边要素同时增加,增加金额相等的交易或事项

此外,在这种类型的交易或事项中,还有资产与负债同增、费用与负债同增等情况,同样是增加金额相等。

(2)影响会计等式两边的会计要素,使等式双方要素同时减少,减少金额相等的交易或事项。

【例 3-4】 盛荣公司用银行存款 80 000 元偿还以前拖欠某供货企业的货款。

会计确认:企业用银行存款偿还前欠货款,一方面涉及等式左边的资产要素(银行存款),另一方面涉及等式右边的负债要素(应付账款),且这两个要素同时减少。

会计计量:按实际成本计量,双方均减少 80 000 元,减少金额相等。

对以上交易进行确认及计量的结果如图 3-21 所示。

此外,在这种类型的交易或事项中,还有资产与所有者权益同减以及资产与收入同减等情况,同样是减少金额相等。

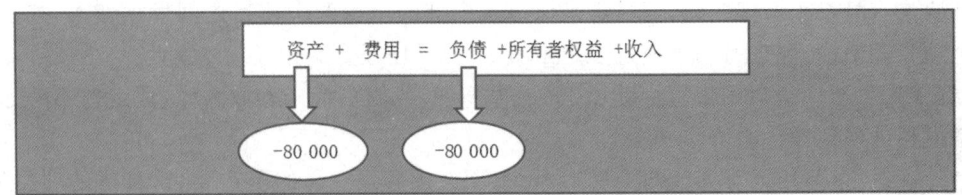

图 3-21 使会计等式两边要素同时减少,减少金额相等的交易或事项

(3) 只影响会计等式左边的会计要素,使这些要素有增有减,增减金额相等的交易或事项。

【例 3-5】 盛荣公司用银行存款 2 000 元向电业公司支付本公司管理部门本月发生的水电费。

会计确认:企业用银行存款支付本公司管理部门发生的水电费,分别涉及会计等式左边的资产要素(银行存款)和费用要素(管理费用)。其中,资产为减少,费用为增加。

会计计量:按实际成本计量,资产要素减少 2 000 元,费用要素增加 2 000 元,增减金额相等。

对以上交易进行确认及计量的结果如图 3-22 所示。

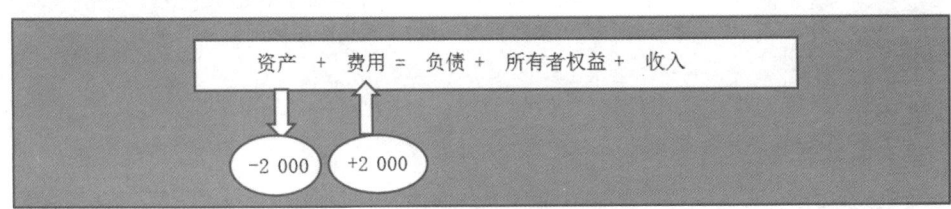

图 3-22 使会计等式左边要素有增有减,增减金额相等的交易或事项

(4) 只影响会计等式右边的会计要素,使这些要素有增有减,增减金额相等的交易或事项。

【例 3-6】 盛荣公司向已在上月预付货款的客户发送产品,实现销售收入 90 000 元(假定暂不考虑应缴纳的增值税销项税额)。

会计确认:企业向原已预付货款的客户提供产品,分别涉及会计等式右边的负债要素(合同负债或预收账款)和收入要素(主营业务收入)。其中,负债为减少,收入为增加。

会计计量:按实际成本计量,负债要素减少 90 000 元,收入要素增加 90 000 元,增减金额相等。

对以上交易进行确认及计量的结果如图 3-23 所示。

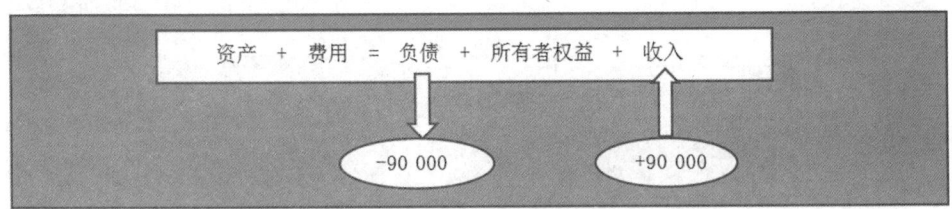

图 3-23 使会计等式右边要素有增有减,增减金额相等的交易或事项

从以上举例可见,在每项交易发生以后,至少会影响会计等式中的两个会计要素发生增减变化,这是交易或事项影响会计等式的一般情况。在实务中,有些交易或事项可能只影响某一

个会计要素自身发生增减变动,但一定是该要素内部的至少两个项目之间发生变动,如果其中的一个项目是增加,那么另一个项目必定是减少,并且增减金额相等。

【例3-7】 盛荣公司用银行存款4 000元购买材料,材料尚未验收入库(假定暂不考虑已缴纳的增值税进项税额)。

会计确认:企业用银行存款购买材料,只涉及会计等式左方的资产要素,具体的项目为"在途物资"和"银行存款"。其中,"在途物资"为增加,"银行存款"为减少。

会计计量:按实际成本计量,"在途物资"项目增加4 000元,"银行存款"项目减少4 000元,增减金额相等。

对以上交易进行确认及计量的结果如图3-24所示。

图3-24 使会计等式中某一要素有增有减,增减金额相等的交易或事项

特别提示

例3-7显示的这种情况可归入上述四种交易或事项的第三种类型。此外,有些交易或事项可能只影响会计等式右边的某一会计要素(如负债或所有者权益)内部发生增减变化,增减金额相等,这种情况可归入上述四种交易或事项的第四种类型。

3. 交易或事项类型影响会计等式的规律及结论

从上述可见,当交易或事项发生以后,总是会引起会计等式中的至少两个会计要素或同一要素内部的两个项目发生增减变化,并且具有一定的规律性。一种规律是,当交易或事项发生后会影响会计等式两边的要素,双方同增或同减,增减金额相等,如例3-3、例3-4;第二种规律是,只影响会计等式某一边的要素,单方有增有减,增减金额相等,如例3-5、例3-6、例3-7。这种规律如图3-25所示。

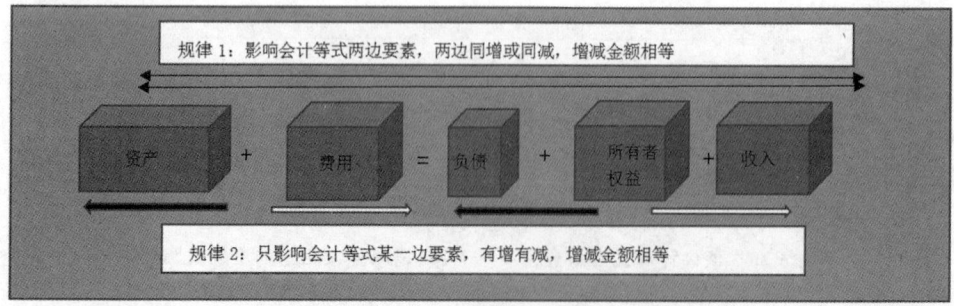

图3-25 交易或事项影响会计等式的规律

通过分析交易或事项影响会计等式中各要素变动的规律,可得出如下结论。

第一,交易或事项的发生必然会引起会计等式中的会计要素发生增减变动。这种变动具体表现为同增同减,或有增有减,正因为如此,才有可能在会计上对同一交易或事项的变动情况至少从两个方面进行记录和反映。

第二,交易或事项的发生不会破坏会计等式的平衡关系。企业发生的所有交易或事项对会计等式的影响具有两大规律。在第一种规律下,等式双方的总额会在原来平衡的基础上同时增加或同时减少一个相等的金额,等式双方总额保持平衡相等;在第二种规律下,会计要素发生变化的某一方增减金额相抵,总额保持不变,而等式另一方的会计要素并未受到影响,其总额并不会发生变化,因此,等式双方的总额仍然保持平衡。由此可以得出结论:企业无论发生什么样的交易或事项,也无论这些交易或事项会导致会计等式中的会计要素发生怎样的变化,都会使会计等式双方始终保持平衡相等关系。

4.建立会计等式的重要意义

会计等式的平衡原理是财务会计基本理论的重要组成内容,它深刻地揭示了会计要素之间内在的联系,清晰地描述了各会计要素之间存在的平衡相等关系,为财务会计方法特别是会计记录和会计报告方法的建立提供了科学的理论依据,是会计确认、计量、记录和报告赖以存在的基石。

企业财务会计是一个完整缜密的确认、计量、记录和报告系统。在这个系统中,无论是进行会计确认、会计计量、会计记录,还是进行会计报告,都需要有专门的方法。关于会计确认与会计计量方法,此前已做介绍。进行会计确认和计量是会计记录和会计报告的基础环节,会计记录和报告是会计确认和会计计量的延续。其中,会计记录是采用专门方法将经过确认和计量的交易或事项利用一定的载体进行反映的过程。会计报告是根据会计记录的资料编制财务报告文件,将相关的会计信息传送给信息使用者的过程。在会计记录和会计报告环节,需要采用依据会计等式的平衡理论建立起来的多种会计方法。

任务引例解析

会计等式,也称会计平衡公式,或会计方程式,它是对各会计要素的内在经济关系利用数学公式所作的概括表达,即反映各会计要素数量关系的等式。它反映了各会计要素之间的联系,是复式记账、试算平衡和编制会计报表的理论依据,在会计核算中有着举足轻重的地位。

企业的会计要素可分为静态会计要素和动态会计要素,这两类会计要素可分别组合为以下两个主要会计等式。

静态会计等式:

$$资产=负债+所有者权益$$

动态会计等式:

$$收入-费用=利润$$

习题

一、课后思考题

1. 什么是会计等式?
2. 静态会计等式是怎样组成的?如何理解静态会计等式?
3. 动态会计等式是怎样组成的?如何理解动态会计等式?
4. 建立会计等式的重要意义是什么?

二、单项选择题

1. 下列属于企业编制利润表的依据的是(　　)。
   A. 收入－费用＝利润
   B. 资产＝净资产
   C. 资产＝负债＋所有者权益＋收入－费用
   D. 资产＝负债＋所有者权益

2. 企业用银行存款购入原材料,原材料入库,表现为(　　)。
   A. 一项资产增加,另一项资产减少,资产总额不变
   B. 一项资产增加,另一项资产减少,资产总额增加
   C. 一项资产增加,另一项负债增加
   D. 一项资产减少,另一项负债减少

3. 将无力支付的商业承兑票据转为企业应付账款,对会计等式的影响是(　　)。
   A. 一项资产减少,一项负债减少
   B. 一项负债减少,一项所有者权益减少
   C. 一项资产增加,一项负债增加
   D. 一项负债增加,一项负债减少

4. 下列各项经济业务,不会引起资产总额发生增减变动的是(　　)。
   A. 外购原材料,款项尚未支付
   B. 以银行存款偿还前欠货款
   C. 接受新投资者追加投资
   D. 从银行提取备用金

第三节　会计科目

任务引例

刚毕业的张玲应聘到一家企业担任财务会计,由于公司业务发展很快,业务也越来越复杂,好不容易分清了公司业务所涉及的会计要素并对这些业务所涉及的会计要素进行了分类,梳理了公司会计要素之间的等式关系,但现在又该通过哪些会计科目来表达公司的业务呢?

思考:会计科目的概念是什么？该如何设置会计科目？

知识准备与业务操作

会计科目,简称科目,是对会计要素的具体内容进行分类核算的项目。会计科目是对会计对象的具体内容在按照会计要素分类的基础上进一步分类的项目,在进行会计核算之前,必须先设置会计科目。

一、会计科目的概念

企业经济业务的内容多种多样,包括筹资、投资、采购、生产和销售等,它们所引起的各个会计要素的内部构成以及各会计要素之间的变化情况错综复杂,表现为不同的形式。如果仅仅使用资产、负债、所有者权益、收入、费用和利润这六个会计要素来记录经济业务,则提供的会计信息就过于综合,不利于会计信息使用者了解企业的具体经营状况。

为了对会计要素的具体内容进行核算和监督,需要根据其各自的不同特征,分门别类地确定具体的核算项目。由于会计要素所反映的经济内容有很大不同,在经营管理中就会有不同的要求,因而,在会计核算中除了要按照各会计要素的不同特征,还应该根据经营管理的要求进行系统的分类,设置会计科目。

会计对象、会计要素与会计科目之间的关系如图 3-26 所示。

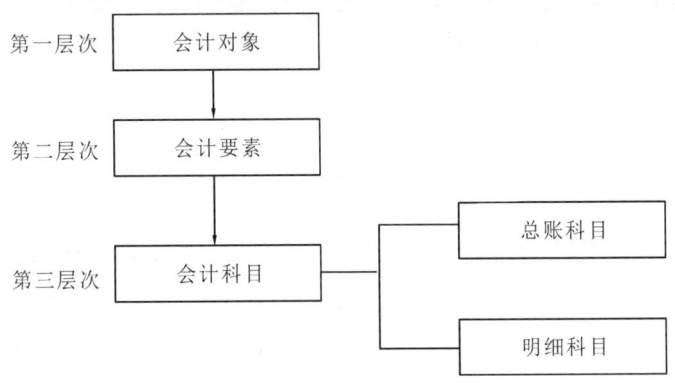

图 3-26　会计要素与会计科目关系图

二、会计科目的分类

会计科目可按其反映的经济内容(即所属会计要素)、所提供信息的详细程度及其统驭关系分类。

1.按反映的经济内容分类

企业的经济内容是通过资产、负债、所有者权益、收入、费用、利润等会计要素的增减变化体现出来的,各个会计要素既有其特定的经济内容,又是互相联系的。因此,会计科目按其反映的经济内容不同,可以分为资产类科目、负债类科目、共同类科目、所有者权益类科目、成本类科目和损益类科目。

(1)资产类科目是对资产要素的具体内容进行分类核算的项目。按资产的科目流动性分为反映流动资产的科目和反映非流动资产的科目。反映流动资产的有"库存现金""银行存款""原材料""应收账款""库存商品"等科目;反映非流动资产的有"长期应收款""固定资产""在建工程""无形资产"和"长期待摊费用"等科目。

特别提示

资产类科目:

资产类科目中,有一些是用来反映资产价值损耗或损失的,如"累计折旧""累计摊销""坏账准备""存货跌价准备"等。设置这些科目是为了确定资产的账面价值,满足单位资产管理的需要。

(2)负债类科目是对负债要素的具体内容进行分类核算的项目。按负债的偿还期限分为反映流动负债的科目和反映非流动负债的科目。反映流动负债的科目有"短期借款""应付账款""应付职工薪酬""应交税费"等;反映非流动负债的科目有"长期借款""应付债券""长期应付款"等。

(3)共同类科目是既有资产性质又有负债性质的科目,主要有"清算资金往来""货币兑换""衍生工具""套期工具""被套期项目"等。

(4)所有者权益类科目是对所有者权益要素的具体内容进行分类核算的项目。按所有者权益的形成和性质可分为反映资产的科目和反映留存收益的科目。反映资产的科目有"实收资本"(或"股本")、"资本公积"等;反映留存收益的科目有"盈余公积""本年利润""利润分配"等。

特别提示

"本年利润"科目:

"本年利润"科目归属于利润要素,由于企业实现利润会增加所有者权益,因而将其作为所有者权益类科目。

(5)成本类科目是对可归属于产品生产成本、劳务成本等的具体内容进行分类核算的项目。按成本的内容和性质的不同可分为反映制造成本的科目、反映劳务成本的科目等。反映制造成本的科目有"生产成本""制造费用"等,反映劳务成本的科目有"劳务成本"等。

(6)损益类科目是对收入、费用等的具体内容进行分类核算的项目。反映收入的科目有"主营业务收入""其他业务收入"等;反映费用的科目有"主营业务成本""其他业务成本""管理费用""财务费用""销售费用""所得税费用"等。

2.按提供信息的详细程度及其统驭关系分类

在设置会计科目的时候,要兼顾对外报告信息和企业内部经营管理的需要,并根据所需提供信息的详细程度及其统驭关系的不同分设总分类科目和明细分类科目。

总分类科目,又称总账科目或一级科目,是对会计要素具体内容进行总括分类、提供总括信息的会计科目,如"应收账款""应付账款""原材料"等。总分类科目反映各种经济业务的概括情况,是进行总分类核算的依据。

明细分类科目,又称明细科目,是对总分类科目所做的进一步分类,提供更详细的具体会计信息。如"应收账款"科目按债务人名称设置明细科目,反映应收账款的具体对象。对于明细科目较多的总账科目,可在总分类科目下设置二级明细科目,在二级明细科目下设置三级明细科目。

总分类科目概括地反映会计对象的具体内容,明细分类科目详细地反映会计对象的具体内容。总分类科目对明细分类科目具有统驭和控制作用,而明细分类科目是对其所属的总分类科目的补充和说明。其相互关系如表3-1所示:

表3-1 总分类科目和明细分类科目的关系

总分类科目 (一级科目)	明细分类科目	
	二级科目	三级科目
生产成本	基本生产成本	某产品
		某产品
	辅助生产成本	某产品
		某产品

三、会计科目的设置

(一)会计科目设置的原则

由于各单位经济业务活动的具体内容、规模大小和业务繁简程度等情况不尽相同,因此在具体设置会计科目时,应考虑其自身特点和具体情况,但设置会计科目时都应遵循以下原则:

1. 合法性原则

合法性原则是指所设置的会计科目应当符合国家统一的会计制度的规定。在我国,总分类科目原则上由财政部统一规定,在不影响会计核算要求以及对外提供统一财务会计报表的前提下,企业可以根据自身的生产经营特点,自行增设、减少或合并某些会计科目。

2. 相关性原则

相关性原则是指所设置的会计科目应当为提供有关各方所需要的会计信息服务,满足对外报告与对内管理的要求。

3. 实用性原则

实用性原则是指所设置的会计科目应符合单位自身特点,满足单位实际需要。例如,对于制造业,由于主要的经营活动是制造产品,因而需要设置反映生产耗费的科目,如"生产成本";还需要设置反映生产成果的科目,如"库存商品"等。而对于商品流通企业而言,由于主要的经营活动是购进和销售商品,不进行产品生产,因而一般不需要设置"生产成本"科目,但需要设置反映商品采购、商品销售,以及在购、销、存等环节发生的各项费用的会计科目。

(二)常用会计科目

在我国《企业会计准则——应用指南》中,依据会计准则中关于确认和计量的规定,规定了企业的会计科目,其中常用的会计科目如表3-2所示:

表 3-2　常用会计科目参照表(简表)

编号	名称	编号	名称
	一、资产类	2201	应付票据
1001	库存现金	2202	应付账款
1002	银行存款	2203	预收账款
1012	其他货币资金	2211	应付职工薪酬
1101	交易性金融资产	2221	应交税费
1121	应收票据	2231	应付利息
1122	应收账款	2232	应付股利
1123	预付账款	2241	其他应付款
1131	应收股利	2501	长期借款
1132	应收利息	2502	应付债券
1221	其他应收款	2701	长期应付款
1231	坏账准备	2711	专项应付款
1401	材料采购	2801	预计负债
1402	在途物资	2901	递延所得税负债
1403	原材料		三、共同类(略)
1404	材料成本差异		四、所有者权益类
1405	库存商品	4001	实收资本
1406	发出商品	4002	资本公积
1407	商品进销差价	4003	其他综合收益
1408	委托加工物资	4101	盈余公积
1471	存货跌价准备	4103	本年利润
1501	债权投资	4104	利润分配
1502	债权投资减值准备		五、成本类
1503	其他债权投资	5001	生产成本
1504	其他权益工具投资	5101	制造费用
1511	长期股权投资	5201	劳务成本
1512	长期股权投资减值准备	5301	研发支出
1521	投资性房地产		六、损益类
1531	长期应收款	6001	主营业务收入
1601	固定资产	6051	其他业务收入
1602	累计折扣	6101	公允价值变动损益
1603	固定资产减值准备	6111	投资收益
1604	在建工程	6301	营业外收入
1605	工程物资	6401	主营业务成本
1606	固定资产清理	6402	其他业务成本
1701	无形资产	6403	税金及附加
1702	累计摊销	6601	销售费用
1703	无形资产减值准备	6602	管理费用
1711	商誉	6603	财务费用
1801	长期待摊费用	6701	资产减值损失
1811	递延所得税资产	6702	信用减值损失
1901	待处理财产损溢	6711	营业外支出
	二、负债类	6801	所得税费用
2001	短期借款	6901	以前年度损益调整

四、会计科目的编号

为了便于账务处理,适应会计信息化的需要,对每个会计科目都要编制固定号码。会计科目编号又称账户编号或科目代码,是在会计科目表中对每一个会计科目编列固定的号码。

会计科目编号的作用,主要是以编码形式体现会计科目的分类和每类中各个会计科目的排列次序,以便于会计人员更好地掌握会计科目的性质及其相互关系,提高会计核算的工作效率,为会计信息化处理提供便利。

会计科目的编号应达到以下要求:①简单明了,便于记忆;②排列有序,层次分明;③有一定的弹性,留有余地。

在编制科目编号时,应考虑到企业将来业务发展的需要,预留一部分编号,以便容纳以后可能要重加细分的项目和新增的会计科目。

关于会计科目的编号方法,主要有两类:科目数字顺序排列编号法和科目十进位数字编号法。而每一类编号法依编号方式不同又可细分为多种具体方法。目前会计科目编号比较常用的是科目十进位数字编号法中的数字定位编号法。

知识拓展

数字定位编号法完全用整数排列,数字的排列不是按自然顺序,而是为每个数字位置确定一个特定的含义进行排列。从左到右的第一位数字代表大类会计科目,如1表示资产类科目,2表示负债类科目,3表示共同类科目,4表示所有者权益类科目,5表示成本类科目,6表示损益类科目。第二位数字表示每一大类内部的顺序编号,第三、四位数字代表总分类科目,第五、六位数字代表明细分类科目等。例如,1001表示库存现金,1002表示银行存款,1012表示其他货币资金,101201表示外埠存款,101202表示银行本票,101203表示银行汇票,等等。

使用数字定位编号法编制的科目编号,层次清晰,对账户的经济内容可以明确显示,便于理解科目间的逻辑关系。数字定位编号法的缺点是编号数字比较长,不便记忆。我们现行的会计科目编号就是采用这种方法。

任务引例解析

会计科目,简称科目,是对会计要素的具体内容进行分类核算的项目。会计科目是对会计对象的具体内容在按照会计要素分类的基础上进一步分类的项目,在进行会计核算之前,必须先设置会计科目。

由于各单位经济业务活动的具体内容、规模大小和业务繁简程度等情况不尽相同,因此在具体设置会计科目时,应考虑其自身特点和具体情况。

习题

一、课后思考题

1.什么是会计科目?设置会计科目应遵循的原则有哪些?

2.按经济内容分类,会计科目可以分为哪几类?

3.按提供信息的详细程度及其统驭关系分类,会计科目可以分为哪几类?

4.会计科目编号应达到什么要求?

第四节 账户及其基本结构

刚毕业的张玲应聘到一家企业担任财务会计,由于公司业务发展很快,业务也越来越复杂,经过一番努力设置好了该公司的会计科目,但又该如何设置公司会计账户呢?

思考:会计账户的含义是什么?会计账户结构是什么?会计账户有哪些分类?

知识准备与业务操作

会计科目是对会计对象的组成内容进行科学分类而规定的名称。通过设置会计科目,能够对会计交易和事项进行科学分类,为开展会计核算奠定基础。对会计对象划分类别并规定名称是必要的,但要全面、系统地记录和反映各项经济业务所引起的会计要素的增减变动情况,还必须在分类的基础上借助具体的形式和方法,这就需要开设和运用账户。

一、账户的含义

账户是根据会计科目设置的,具有一定格式和结构,用于分类反映会计要素增减变动情况及其结果的载体。设置账户是会计核算的重要方法之一。会计科目是对会计要素按其经济内容所做的进一步分类的名称,不存在格式和结构问题,不能把发生的经济业务连续、系统地记录下来,因此,仅有会计科目远远不够,还需要根据会计科目设置具有一定格式和结构的账户,才能将发生的经济业务记录下来。

可见,会计科目与会计账户是两个不同的概念,两者既有联系,又有区别。

会计科目与账户的联系表现在:①两者所反映的经济内容是相同的。会计科目与账户都是对会计要素具体内容进行的分类。会计科目是账户的名称,也是设置账户的依据;会计科目决定着账户核算内容的性质。因此,两者核算的内容是一致的。②会计科目是账户的设置依据,账户是会计科目的具体运用。一方面,没有会计科目,账户就失去了设置的依据;另一方面,账户又是会计科目的具体运用,没有账户也就无法发挥会计科目的作用。

会计科目与账户的区别表现在:①两者的表现形态不同。会计科目没有结构,并且只规定了核算的经济内容的性质;而账户具有一定的格式和结构,用来记录某一特定经济内容的增减变化及其变化的结果。②两者的作用不同。会计科目是会计核算前,事先确定的对经济业务分类核算的项目,主要用于设置账户和填制凭证;账户是经济业务发生之后,进行分类、连续登记的一种手段,它能系统地提供财务信息,主要运用于编制会计报表和经济管理。

二、账户的结构

1.账户的基本结构

账户是用于记录经济业务,反映会计要素的具体内容增减变化及其结果的工具和载体。这就决定了它必须具有一定的格式和合理的结构,这也是账户与会计科目的根本区别。如前所述,任何一项经济业务的发生所引起的会计要素的数量变动,不外乎增加和减少两种情况。因此,账户要记录这种数量变动,也要相应地分为两方,即左方和右方。一方用于登记增加额,另一方用于登记减少额,这就构成了账户的基本结构。至于哪一方登记增加,哪一方登记减少,则由所采用的记账方法和账户的性质来决定。

特别提请注意的是,在借贷记账法中,将账户的左方叫作"借方",账户的右方称为"贷方"。

在会计教学和考试中,为了便于说明和理解,简化手续,提高效率,通常将账户的基本结构简化为"丁"字形来表示,又称为"T"形账户。"T"形账户只保留账户的金额栏,其余栏目予以删除。其格式如图 3-27 所示。

左方	账户名称	右方

图 3-27 "T"形账户格式

2.账户提供的基本指标

账户提供的基本指标可以分为本期发生额和余额两大类。

账户的本期发生额是指记入账户左方和右方的增加数和减少数。其中,记入账户增加方的金额称为本期增加发生额,记入账户减少方的金额称为本期减少发生额。

账户的余额是指账户在某一特定时点增减变动后的结果,又可以分为期初余额和期末余额两种。期初余额是会计期间开始时的账户余额,期末余额是会计期间结束时的账户余额,这里的会计期间包括月度、季度、年度。账户的期初余额和期末余额是可以转化的,本期的期初余额是上期的期末余额,本期的期末余额又是下期的期初余额。

由此可见,任何账户都包括四项金额:期初余额、本期增加发生额、本期减少发生额和期末余额。这四项金额的关系可以用公式表示如下:

$$期末余额=期初余额+本期增加发生额-本期减少发生额$$

"T"形账户中,账户的四项金额之间的关系如图 3-28 所示。

左方		银行存款	右方
期初余额	30 000		
本期增加额	15 000	本期减少额	23 000
	73 000		17 000
本期增加发生额合计	88 000	本期减少发生额合计	40 000
期末余额	78 000		

图 3-28 账户四项金额之间的关系

3.账户的具体格式

账户除了具有反映增加和减少的两方这一基本结构外,还需要设置若干辅助栏目,用以反映经济业务事项的其他详细情况。因此,实际工作中使用的账户格式,除了增加和减少两个基本部分外,还应包括以下内容:

(1)账户名称,即会计科目;

(2)日期,即所依据记账凭证中注明的日期;
(3)凭证字号,即所依据记账凭证的编号;
(4)摘要,即经济业务的简要说明;
(5)金额,即增加额、减少额和余额。

账户一般格式如表3-3所示。

表3-3 账户一般格式

账户名称

年		凭证		摘要	借方金额	贷方金额	借或贷	余额
月	日	种类	号数					

三、账户的分类

研究账户分类是为了进一步了解各账户的具体核算内容,明确账户之间的联系和区别,掌握各账户的核算特点和使用方法,以满足提供各项指标、加强管理的需要。对账户进行分类,有利于从理论上加深对账户的全面认识,进一步了解账户体系中各类账户的共性和特性,理解全部账户在反映会计内容上存在的既分工又协作的关系,从而帮助我们正确运用设置账户这种会计核算的专门方法,建立起更加完善的会计核算体系。

账户分类的标准主要有以下三个:按其反映的经济内容不同分类;按其提供信息的详细程度不同分类;按其用途和结构不同分类。

(一)账户按其反映的经济内容不同分类

账户按其反映的经济内容不同,可以分为资产类账户、负债类账户、所有者权益类账户、成本类账户和损益类账户五类。

1. 资产类账户

资产类账户是反映资产要素增减变动及其结存情况的账户。资产类账户按照资产的流动性不同,可以分为流动资产类账户和非流动资产类账户。

流动资产类账户包括:①货币资产账户,如"库存现金""银行存款""其他货币资金"等账户;②短期投资账户,如"交易性金融资产"等账户;③债权资产类账户,如"应收票据""应收账款""预付账款""其他应收款"等账户;④存货资产账户,如"原材料""库存商品"等账户。

非流动资产类账户主要有"长期股权投资""固定资产""累计折旧""在建工程""无形资产""长期待摊费用"等账户。

2. 负债类账户

负债类账户是反映负债要素增减变动及其结存情况的账户。负债类账户按照负债偿还期限长短的不同,可以再分为流动负债类账户和长期负债类账户。

流动负债类账户主要有"短期借款""应付票据""应付账款""应付职工薪酬""应交税费""应付股利"等账户。

长期负债类账户主要有"长期借款""应付债券""长期应付款"等账户。

3. 所有者权益类账户

所有者权益类账户是反映企业所有者权益增减变动及其结存情况的账户。按所有者权益的形成和性质,可以分为反映资本来源的账户和反映留存收益的账户。

反映资本来源的账户有"实收资本"(或"股本")、"资本公积"、"其他综合收益"等账户。

反映留存收益的账户有"盈余公积""本年利润""利润分配"等账户。

4. 成本类账户

成本类账户是反映企业生产费用的发生情况,并与某一资产项目成本计算有关的账户。成本类账户按照是否需要分配,可以再分为直接计入类成本账户和分配计入类成本账户。

直接计入类成本账户主要有"生产成本"(包括"基本生产成本""辅助生产成本")等账户。

分配计入类成本账户主要有"制造费用"等账户。

5. 损益类账户

损益类账户是反映影响企业本期利润增减变动情况的各项收入和费用的账户。损益类账户可以再分为反映营业损益的账户、反映营业外收支的账户和反映扣减利润总额的账户。

反映营业损益的账户主要有"主营业务收入""其他业务收入""投资收益""主营业务成本""税金及附加""其他业务成本""销售费用""管理费用""财务费用"等账户。

反映营业外收支的账户主要有"营业外收入""营业外支出"等账户。

反映扣减利润总额的账户主要有"所得税费用""以前年度损益调整"等账户。

(二)账户按其提供信息的详细程度不同分类

1. 总分类账户

总分类账户是根据总分类会计科目设置的,对企业经济活动的具体内容进行总括核算的账户。它提供某一具体经济业务的总括核算指标,也称总账账户、一级账户。

在我国,总分类账户的名称、核算内容及使用方法通常是统一规定的。

2. 明细分类账户

明细分类账户是根据明细分类科目设置的,对企业经济活动的具体内容进行明细核算的账户。它提供某一具体经济业务的明细核算指标,又称明细账户。

在实际工作中,大多数总分类账户都须设置明细分类账户,只有少数总分类账户,如"累计折旧"账户,不必设置明细分类账户。明细分类账户由企业根据经营管理的实际需要和经济业务的具体内容自行规定,以提供明细核算资料,满足企业内部经营管理的需要。

(三)账户按其用途和结构不同分类

账户的用途是指设置和运用账户的目的,即通过账户记录能够提供什么财务信息。例如,"固定资产"账户是为了反映固定资产的增减变动及其结存情况的,通过该账户的记录可以提供固定资产的期初余额、本期增加额、本期减少额和期末余额等相关信息。

账户的结构是指在账户中如何记录经济业务,以取得各种必要的财务信息。在借贷记账法下,账户的结构具体是指账户借方登记什么内容,账户贷方登记什么内容,期末余额一般在哪方,表示什么意思。

账户按用途和结构不同,可以分为盘存类账户、资本类账户、结算类账户、调整类账户、集合分配类账户、跨期摊配类账户、成本计算类账户、损益计算类账户和财务成果类账户九类。其中,盘存类账户、资本类账户和结算类账户又称基本账户,集合分配类账户、跨期摊配类账户、成本计算类账户、损益计算类账户和财务成果类账户又称业务账户。

1. 盘存类账户

盘存类账户是用来核算那些能够通过盘点确定其数量,进而确定其金额的财产物资和货币资金的增减变动及结存的账户。

盘存类账户可以通过实地盘点或对账的方法,核对货币资金和实物资产的实际结存数与账面结存数是否一致,并检查财产物资在管理上是否存在问题。此类账户的借方登记各项货币资金和实物资产的增加数,贷方登记各项货币资金和实物资产的减少数,期末余额在借方,表示期末各项货币资金和实物资产的结存数。盘存类账户的基本结构如图3-29所示。

借方	盘存类账户	贷方
期初余额:货币资金和实物资产的期初结存数		
发生额:货币资金和实物资产的本期增加数		发生额:货币资金和实物资产的本期减少数
期末余额:货币资金和实物资产的期末结存数		

图 3-29 盘存类账户基本结构

属于盘存类账户的主要有"库存现金""银行存款""原材料""库存商品""固定资产"等账户。其中,除"库存现金"和"银行存款"账户外,其他盘存类账户都可以通过设置明细账户提供数量和金额两方面的指标。

2. 资本类账户

资本类账户又叫所有者权益账户,是用来核算企业资本金的增减变动及其实有数额的账户。

资本类账户所反映的内容是投资者的权益性质,它既包括投资者的原始投入,又包括企业在经营过程中形成的归投资者享有的权益。此类账户的贷方登记本期资本金的增加数,借方登记本期资本金的减少数,期末余额在贷方,表示期末资本金的结存数。资本类账户的基本结构如图3-30所示。

借方	资本类账户	贷方
		期初余额:资本金的期初结存数
发生额:资本金的本期减少数		发生额:资本金的本期增加数
		期末余额:资本金的期末结存数

图 3-30 资本类账户基本结构

属于资本类账户的主要有"实收资本(或股本)""资本公积""盈余公积"等账户。

3. 结算类账户

结算类账户是用来核算企业同其他单位或个人之间债权债务结算情况的账户。

结算类账户可以反映企业应收、应付款项的增减变动情况,促使企业及时催收款项和及时偿付应付款项,确定企业债权债务的期末结存数。按照账户的具体用途和结构,结算类账户又可以分为债权结算账户、债务结算账户和债权债务结算账户三类。

①债权结算账户。

债权结算账户是用来反映和监督企业同各债务单位或债务个人之间的债权结算业务的账户,即核算各种应收或预付款项的账户。这类账户的借方登记本期各种应收款项或预付款项等债权的增加数,贷方登记其减少数,余额一般在借方,表示期末尚未收回的应收款项或尚未结算的预付款项等债权的结存数。债权结算账户的基本结构如图 3-31 所示。

借方	债权结算账户	贷方
期初余额:尚未收回的债权期初结存数		
发生额:债权的本期增加数	发生额:债权的本期减少数	
期末余额:尚未收回的债权期末结存数		

图 3-31 债权结算账户基本结构

属于债权结算账户的主要有"应收账款""应收票据""预付账款""其他应收款""长期应收款"等账户。

②债务结算账户。

债务结算账户是用来核算企业同各债权单位或债权个人之间的债务结算业务的账户,即核算各种应付或预收款项的账户。这类账户的贷方登记本期借入款项、应付款项或预收款项等债务的增加数,借方登记其减少数。债务结算账户如果有余额在贷方,表示本期尚未偿还的借入款项、应付款项或预收款项的结存数。债务结算账户的基本结构如图 3-32 所示。

借方	债务结算账户	贷方
	期初余额:尚未偿还的债务期初结存数	
发生额:债务的本期减少数	发生额:债务的本期增加数	
	期末余额:尚未偿还的债务期末结存数	

图 3-32 债务结算账户基本结构

属于债务结算账户的主要有"应付账款""应付票据""预收账款""短期借款""应付职工薪酬""应交税费""应付股利""长期借款""长期应付款"等账户。

③债权债务结算账户。

债权债务结算账户既反映债权结算业务,又反映债务结算业务,是双重性质的结算账户,用来反映企业同其他单位或个人之间的往来结算款项。该类账户的借方既登记债权的增加,又登记债务的减少;贷方既登记债务的增加,又登记债权的减少;余额如在借方,表示尚未收回的应收款项;余额如在贷方,表示尚未偿付的应付款项。债权债务结算账户的基本结构如图 3-33 所示。

借方	债权债务结算账户	贷方
期初余额:债权大于债务的期初净债权	期初余额:债务大于债权的期初净债务	
发生额:本期债权增加数或债务减少数	发生额:本期债务增加数或债权减少数	
期末余额:净债权实有数	期末余额:净债务实有数	

图 3-33 债权债务结算账户基本结构

如果企业不单独设置"预收账款"账户,而用"应收账款"账户同时核算企业应收账款和预收账款的增减变动和结果,这时的"应收账款"账户就是一个债权债务结算账户。

如果企业不单独设置"预付账款"账户,而用"应付账款"账户同时核算企业应付账款和预付账款的增减变动和结果,此时的"应付账款"账户就是一个债权债务结算账户。

将"其他应收款"账户和"其他应付款"账户合并,设置一个"其他往来"账户,用来核算其他应收款和其他应付款的增减变动和结果,此时,"其他往来"账户也是一个债权债务结算账户。

4. 调整类账户

调整类账户是用来调整被调整账户的余额,以求得被调整账户的实际余额而设置的账户。在会计核算中,由于经营管理的需要,对于某一会计要素往往需设置两个账户,用两种数字从不同侧面进行记录。其中,一个账户记录原始数字,反映原始状况;另一个账户记录对原始数字的调整,反映调整状况。将原始数字同调整数字相加或相减,则可求得被调整后的实际余额。调整账户按其调整方式不同,主要分为备抵账户和备抵附加账户两类。

①备抵账户。

备抵账户又称抵减账户,是用来抵减被调整账户余额,以求得被调整账户实际余额的账户。其调整关系可用公式表示如下:

被调整账户余额－备抵账户余额＝被调整账户实际余额

属于备抵账户的主要有"坏账准备"("应收账款"的抵减账户)、"累计折旧"和"固定资产减值准备"("固定资产"的抵减账户)、"存货跌价准备"(存货类账户的抵减账户)、"长期股权投资减值准备"("长期股权投资"的抵减账户)、"累计摊销"和"无形资产减值准备"("无形资产"的抵减账户)、"利润分配"("本年利润"的抵减账户)等账户。

②备抵附加账户。

备抵附加账户是指既可以用来抵减,又可以用来附加被调整账户的余额,以求得被调整账户实际余额的账户。此类账户对被调整账户究竟是起抵减作用还是附加作用,取决于该账户的余额与被调整账户的余额是在同一方向还是相反方向。当其余额与被调整账户的余额是在同一方向时,起附加作用;当其余额与被调整账户的余额是在相反方向时,则起抵减作用。其调整关系可用公式表示如下:

被调整账户余额±备抵附加账户余额＝被调整账户实际余额

属于备抵附加账户的主要是"材料成本差异"账户。在材料按计划成本核算时,该账户就是"原材料"账户的备抵附加账户。在计划成本核算方法下,"原材料"账户的期末余额在借方,表示结存的材料计划成本。而"材料成本差异"账户的余额方向不确定,如为借方余额,表示材料实际成本大于计划成本的超支额,"原材料"账户的期末借方余额加上这个超支额,就是库存材料的实际成本;反之,如为贷方余额,表示材料实际成本小于计划成本的节约额,"原材料"账户的期末借方余额减去这个节约额,就是库存材料的实际成本。

5. 集合分配类账户

集合分配类账户是用来归集和分配企业生产经营过程中某个阶段所发生的各种费用,反映和监督有关费用计划执行情况以及费用分配情况的账户。

企业在生产经营过程中发生的一些应由各个成本计算对象共同负担的间接费用,不能直接计入某个成本计算对象,而应首先通过集合分配类账户进行归集,然后按照一定标准进行分配,计入各个成本计算对象。企业可以通过集合分配类账户核算和监督有关费用计划的执行情况和分配情况,加强间接费用的管理,正确确定产品的生产成本。此类账户的基本结构是:借方登记本期各项间接费用的增加数,贷方登记按照一定标准分配计入各个成本计算对象的转出数。这类账户借方归集的费用一般会在期末全部分配计入各成本计算对象,所以,集合分配类账户期末一般没有余额。集合分配类账户的基本结构如图 3-34 所示。

借方	集合分配类账户	贷方
发生额:各项间接费用的本期增加数		发生额:期末分配计入成本计算对象的转出数

图 3-34　集合分配类账户基本结构

属于集合分配类账户的主要有"制造费用"等账户。

6.跨期摊配类账户

跨期摊配类账户是用来核算和监督应由几个会计期间共同负担的费用,并将这些费用在各个会计期间进行分摊的账户。这类账户是按照权责发生制的原则,为严格划清费用的受益期限而设置的。跨期摊配类账户的基本结构如图 3-35 所示。

借方	跨期摊配类账户	贷方
期初余额:已付未摊的期初结存数		
发生额:本期支付数		发生额:本期摊销数
期末余额:已付未摊的期末结存数		

图 3-35　跨期摊配类账户基本结构

属于跨期摊配类账户的主要有"长期待摊费用"等账户。

7.成本计算类账户

成本计算类账户是用来反映和监督企业生产经营过程中某一阶段所发生的应计入成本的全部费用,并确定各个成本计算对象的实际成本的账户。

成本计算类账户按照成本计算对象设置明细账户,如果成本计算对象本期全部完工,则期末无余额;如果成本计算对象部分完工,则期末有余额。此类账户的借方登记本期应计入成本的全部费用,包括直接计入各成本计算对象的费用和按一定标准计入各成本计算对象的费用;贷方登记本期转出的已完工的成本计算对象的实际成本;期末余额在借方,表示尚未完工的成本计算对象的实际成本。成本计算类账户的基本结构如图 3-36 所示。

借方	成本计算类账户	贷方
期初余额:尚未完工的成本计算对象的期初实际成本		
发生额:本期发生的应计入成本的全部费用		发生额:本期转出的已完工成本计算对象的实际成本
期末余额:尚未完工的成本计算对象的期末实际成本		

图 3-36　成本计算类账户基本结构

属于成本计算类账户的主要有"在途物资""材料采购""生产成本""在建工程"等账户。

8.损益计算类账户

损益计算类账户是用来核算企业一定时期内财务成果形成的账户。这类账户的用途是全面反映和监督企业在一定时期内取得的各种收入、发生的各种费用的增减变动情况以及结转至"本年利润"账户的数额。这类账户包括收入类账户和费用类账户两大类。这些账户虽然性质不同,但是从平时所登记的内容来看,其结构有相同之处,即借方登记引起财务成果减少的数额,贷方登记引起财务成果增加的数额,期末应将账户的借贷方差额转入"本年利润"账户,结转后没有余额。

①收入类账户。

收入类账户是用来反映和监督企业在一定会计期间内所取得的各种收入的账户,贷方登记本期收入的增加数,借方登记本期收入的减少数和期末转入"本年利润"账户贷方的收入额。期末结转后,没有余额。收入类账户的基本结构如图3-37所示。

借方	收入类账户	贷方
发生额:本期收入的减少数及期末转入"本年利润"账户的转出数		发生额:本期收入的增加数

图 3-37　收入类账户基本结构

常见的收入类账户主要有"主营业务收入""其他业务收入""营业外收入"等账户。

②费用类账户。

费用类账户是用来反映和监督企业在一定会计期间内所发生的应计入当期损益的各种费用的账户。费用类账户借方登记本期费用的增加数,贷方登记本期费用的减少数和期末转入"本年利润"账户借方的费用额,期末结转后,没有余额。费用类账户的基本结构如图3-38所示。

借方	费用类账户	贷方
发生额:本期费用的增加数		发生额:本期费用的减少数及期末转入"本年利润"账户的转出数

图 3-38　费用类账户基本结构

常见的费用类账户主要有"主营业务成本""其他业务成本""税金及附加""管理费用""财务费用""销售费用""营业外支出""所得税费用"等账户。

9.财务成果类账户

财务成果类账户是用来核算企业在一定时期(月份、季度、年度)内全部生产经营活动的最终财务成果(即利润或亏损)的账户。

这类账户的基本结构是,借方登记一定时期内发生的、从费用类账户转入的各项费用数,贷方登记一定时期内发生的、从收入类账户转入的各项收入数。期末借贷双方相抵的计算结果,如为贷方余额,表示收入大于费用的差额,为企业实现的利润数额;如为借方余额,表示收入小于费用的差额,为企业发生的亏损数额。年末,本年实现的利润或发生的亏损都要转入"利润分配"账户,结转后财务成果类账户没有余额。由此可见,这类账户在年度中间,账户的余额无论是实现的利润还是发生的亏损都不转账,要一直保留在这个账户内,目的是提供截至本期累计实现的利润或累计发生的亏损。因而,年度中间,该账户有余额,并且余额可能在贷方,也可能在借方。年末结转,要将本年实现的利润或发生的亏损转入"利润分配"账户,因此,年末结转后,该账户没有余额。财务成果类账户的基本结构如图 3-39 所示。

借方	财务成果类账户	贷方
发生额:本期转入的各项费用数	发生额:本期转入的各项收入数	
期末余额:发生的净亏损	期末余额:实现的净利润	
	年末无余额	

图 3-39 财务成果类账户基本结构

属于财务成果类账户的主要是"本年利润"账户。

综上所述,账户分类标准是依据账户的特征确定的,每一个账户都有若干特征,因此,每一个账户都可以按不同的标准加以分类。例如,"原材料"账户:从反映的经济内容来看,属于资产类账户,反映企业在生产经营过程中必不可少的流动资产;从提供指标的详细程度来看,属于总分类账户,总括地反映企业材料的增减变动及结存情况;从用途和结构来看,属于盘存类账户,其用途是反映原材料的增减变动及结存情况,其结构是借方登记原材料的本期增加数,贷方登记原材料的本期减少数,余额在借方,表示原材料的期末结存数。

(四)账户与会计科目的关系

账户和会计科目两个概念,人们常常将它们等同起来使用,这说明两者之间存在着密切的联系,有相同的一面。它们之所以是两个概念,说明两者存在着差异。

会计科目与账户都是对会计对象具体内容的分类,两者核算内容一致,性质相同。会计科目是账户的名称,也是设置账户的依据;账户是根据会计科目来设置的,账户是会计科目的具体运用。因此,会计科目的性质决定了账户的性质,会计科目的分类决定了账户的分类。没有会计科目,账户便失去了设置的依据;没有账户,会计科目就无法发挥作用。

会计科目与账户的区别是:会计科目仅仅是账户的名称,不存在结构,而账户则具有一定的格式和结构;会计科目仅反映经济内容是什么,而账户不仅反映经济内容是什么,而且系统地反映某项经济内容的增减变动及其余额;会计科目主要是用来开设账户、填制凭证,而账户主要是提供某一具体会计对象的会计资料,用来编制财务报表。

任务引例解析

账户是根据会计科目设置的,具有一定格式和结构,用于分类反映会计要素增减变动情况及其结果的载体。

账户要记录经济业务的数量变动,也要相应地分为两方,即左方和右方。一方用于登记增加额,另一方用于登记减少额,这就构成了账户的基本结构。

账户分类的标准主要有以下三个:按其反映的经济内容不同分类;按其提供信息的详细程度不同分类;按其用途和结构不同分类。

习题

一、课后思考题

1.账户的具体格式包括哪些内容?

2. 账户按其反映的经济内容不同分为哪些种类？
3. 账户按其用途和结构不同分为哪些种类？
4. 账户的四个金额要素是什么？
5. 账户的基本结构包括哪些内容？

综合案例

存贷双高的康美药业：300亿元的财务谎言

你可以暂时欺骗所有的人，你甚至可以永远欺骗一部分人，但你不能永远欺骗所有的人。

——林肯

2019年，康美药业的近300亿元财务造假案震惊了整个中国资本市场。此前很长一段时间，这家企业是A股市场上被人追捧的大白马，被誉为中国民族医药健康产业的一面旗帜。如今神话破灭，成为A股史上最大规模财务造假案的企业，终将走向末路。

康美药业于2002年上市后，一直保持很高的增长速度，巅峰时期的市值接近1400亿元。而从巅峰到坠落，只有短短几个月时间。康美药业风波始于2018年10月，有媒体发文质疑康美药业"存贷双高"，公司在拥有大笔现金的同时，还借入大笔有息负债。康美药业的股价随即开始跳水，从最高时的每股21.88元跌到2018年12月底的每股9.08元，短短两个月缩水一半还多。至2021年4月16日，康美药业股票市值只剩102亿元。康美药业发布业绩下修公告披露，预计2020年净利润亏损约为244.8亿～299.2亿元，日均亏损约1亿元。

市场的反应引起了监管层的注意。2018年12月，因涉嫌信息披露违法违规，康美药业被证监会立案调查，财务造假事件开始败露。2020年5月，中国证监会发布行政处罚决定书（〔2020〕24号）认定，2016—2018年年度报告中，康美药业营业收入、利息收入、营业利润、货币资金、固定资产、在建工程、投资性房地产，存在虚假记载。其中2016年虚增营业收入206.4亿元，2017年虚增100.3亿元，2018年半年度虚增84.8亿元。康美药业通过财务不记账、虚假记账、伪造、变造大额定期存单或银行对账单，配合营业收入造假伪造销售回款等方式，虚增货币资金，其中2016年虚增货币资金225.5亿元，2017年虚增299.4亿元，2018年虚增361.9亿元；另外还虚增固定资产、在建工程、投资性房地产共36.1亿元。

证监会对康美药业信息披露违法违规行为作出行政处罚及市场禁入决定，公司及相关人员涉嫌犯罪行为被移送司法机关。

2020年7月9日，公司实际控制人马兴田因涉嫌违规披露、不披露重要信息罪被公安机关采取强制措施。

2021年2月，为康美药业提供审计服务的会计师事务所及其4名注册会计师被证监会认定出具存在虚假记载的审计报告、未对康美药业业务管理系统实施相应审计程序、未获取充分适当的审计证据、对康美药业财务报表审计存在缺陷，受到处罚。对该所处罚创下会计师事务所被罚金额最大的新纪录。注册会计师中3人被警告、罚款和证券市场禁入，1人被警告和罚款。

（资料来源：http://www.csrs.gov.cn/pub/newsite/）

第四章 复式记账

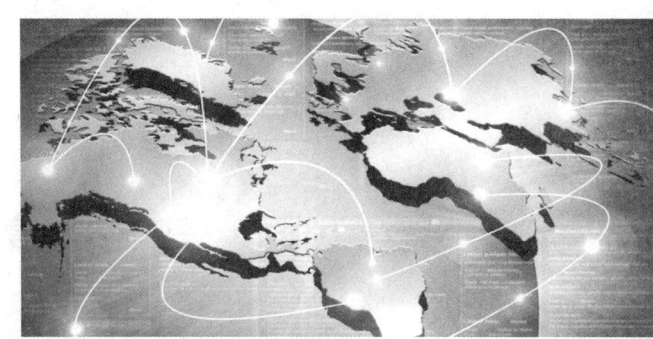

KUAIJIXUE DAOLUN

职业能力目标

1. 了解单式记账与复式记账的主要区别；
2. 理解复式记账的基本原理；
3. 掌握复式记账的基本原则和作用；
4. 掌握借贷记账法的账户结构、记账规则；
5. 掌握借贷记账法的试算平衡；
6. 掌握总分类账户与明细分类账户的关系及平行登记的要点。

典型工作任务

1. 复式记账的基本原理；
2. 复式记账的基本原则；
3. 借贷记账法的账户结构和记账规则；
4. 平行登记的要点。

第一节 复式记账原理

任务引例

刚毕业的张玲应聘到一家企业担任财务会计，20××年12月是她到公司工作的第一个月，共发生了46笔经济业务，具体业务涵盖了筹资、采购固定资产和原材料、生产、销售以及财务成果形成和分配五大类型。在这个月里，财务部相关人员填制和审核了相关经济业务的原始凭证，现在财务经理要求张玲说一说复式记账原理是什么。

思考：企业复式记账原理是什么？复式记账的基本原则和作用有哪些？

 知识准备与业务操作

在会计工作中，为了有效地反映和监督会计对象，各会计主体除了按照规定的会计科目设置账户外，还应采用一定的记账方法。所谓记账方法，是指按照一定的规则，使用一定的符号，在账户中登记各项经济业务的技术方法。会计上的记账方法，最初是单式记账法，随着社会经济的发展和人们的实践与总结，单式记账法逐步改进，从而演变为复式记账法。

一、复式记账原理概述

1. 单式记账法

单式记账法是一种比较简单、不完整的记账方法。这种方法的主要特征是：对于每项经济业务，通常只登记现金和银行存款的收付业务，以及应收款、应付款的结算业务，而不登记实物的收付业务；除了有关应收款、应付款的现金收付业务需要在两个或两个以上账户中各自进行登记外，其他业务只在一个账户中登记或不予登记。例如，企业以现金500元支付办公费用。

对于这项经济业务,在单式记账法下,就只在有关的现金账户中做减少500元的登记,至于费用的发生情况,则不予反映。又如,企业从某单位购入一批材料,计价1 000元,货已收到,款尚未支付。对于这项经济业务,采用单式记账法,就只在结算债务账户中做增加1 000元的登记,而材料的增加,则不予登记。

采用单式记账法,对于有关应收款、应付款的现金收付业务,虽然在记现金账的同时也记往来账,但现金账与往来账是各记各的,彼此没有直接的联系。

由此可见,在单式记账法下,对支付费用以及采用付现或赊购方式购买实物性资产的经济业务,只核算现金的减少或债务的增加,而对费用的发生或实物性资产的取得,一般不设置账户核算。至于实物性资产的结存数额,只能通过定期的实地盘存得到。经营的损益则由前后两期财产结存数的比较求得,即期末资产结存大于期初资产结存的数额为利润;反之,则为亏损。

显然,单式记账法的优点是记账手续比较简单,但由于其账户的设置是不完整的,各个账户之间又互不联系,所以无法全面反映各项经济业务的来龙去脉,也不能正确核算成本和盈亏,更不便于检查账户记录的正确性。因此,这种记账方法只适用于经济业务非常简单的单位,随着社会经济活动的发展,社会化生产的扩大,经济业务的内容也更加复杂,单式记账法已无法满足经济业务发展与经济管理的需要,于是在15世纪末16世纪初,逐渐被复式记账法取代。

2. 复式记账法

所谓复式记账法,是指对任何一项经济业务,都必须用相等的金额在两个或两个以上的有关账户中相互联系地进行登记,借以反映会计对象具体内容增减变化的一种记账方法。现仍以前例说明其主要特征。例如,企业以现金500元支付办公费用。采用复式记账法,这项经济业务除了要在有关"库存现金"账户中做减少500元的登记外,还要在有关费用账户中做增加500元的记录。这样登记的结果表明,企业现金的付出同费用的发生两者之间是相互联系的。又如,企业向某单位购入一批材料,计价1 000元,货已收到,款尚未支付。采用复式记账法,这项经济业务除了要在结算债务账户中做增加1 000元的登记外,还要在有关的材料账户中做增加1 000元的记录。这样登记的结果,就使得债务的发生同材料的购进两者之间的关系一目了然。

由上可见,复式记账法的主要特征是:需要设置完整的账户体系,除了"库存现金""银行存款"账户外,还要设置实物性资产以及收入、费用和各种权益类账户;不仅记录货币资金的收付和债权债务的发生,而且要对所有财产和全部权益的增减变化,以及经营过程中发生的费用和获得的收入做全面、系统的反映;对每项经济业务,都要在两个或两个以上账户中进行等额双重记录,以便反映其来龙去脉;根据会计等式的平衡关系,可以对一定时期发生的全部经济业务的会计记录进行综合试算,以检查账户记录是否正确。

知识拓展

复式记账已有五百多年的历史,在西方会计的发展历程中,1494年,意大利数学家卢卡·帕乔利的著作《算术、几何、比及比例概要》问世,标志着近代会计的开端。该书系统地介绍了威尼斯的复式记账法,并从理论上进行了阐述,使复式记账方法得以在欧洲乃至世界各国迅速传播并推广。我国封建社会时期创建的"龙门账""四脚账"等都属于早期复式记账的应用。鸦片战争后,西式复式记账法开始传入我国。中华人民共和国成立后,我国各行各业曾运用了借贷记账法、收付记账法和增减记账法,这些记账方法都属于复式记账法。

二、复式记账的理论依据和基本原则

1. 复式记账的理论依据

与单式记账法相比，复式记账是一种科学的记账方法，其科学性就在于适应了资金运动内在规律的客观要求。企业经营过程中所发生的每一项经济业务，都是资金运动的具体过程，只有把企业所有的经济业务无一遗漏地进行核算，才能完整地反映出企业资金运动的全貌，为经营管理提供其所需要的全部核算资料。

企业发生的所有的经济业务无非涉及资金增加和减少两个方面，并且某项资金在量上的增加或减少，总是与另一项资金在量上的增加或减少相伴而生。换言之，在资金运动中，一部分资金的减少或增加，总是有另一部分资金的增减变动作为其变化的原因。这样就要求会计在记账的时候，必须要把每项经济业务所涉及的资金增减变化的原因和结果都记录下来，从而完整、全面地反映经济业务所引起的资金运动的来龙去脉。而复式记账法就是适应了资金运动的这一规律性的客观要求，把每一项经济业务所涉及的资金在量上的增减变化，通过两个或两个以上账户的记录予以全面反映。可见，资金运动的内在规律性是复式记账的理论依据。

2. 复式记账的定义

复式记账是指对企业发生的任何一项交易或事项都以相等的金额在两个或两个以上相互联系的账户中进行平衡记录，借以反映会计要素具体内容增减变化的记账方法。对复式记账的基本做法可结合图4-1加以理解。

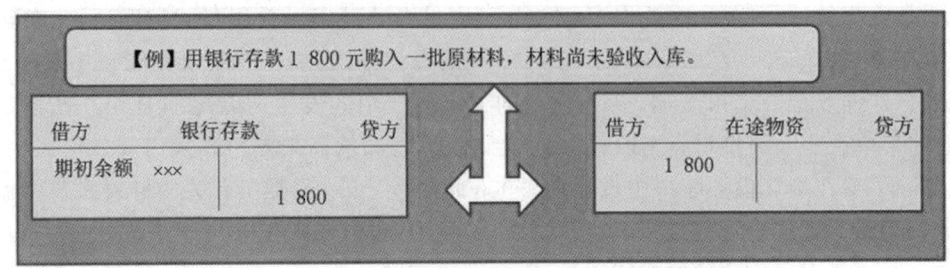

图 4-1 复式记账的基本做法

注：本例中假定暂未考虑已经缴纳的增值税进项税额。

对复式记账的定义应从以下几个方面加深理解。

(1) 对发生的交易或事项至少应在两个账户中进行记录。上例属于简单交易或事项采用复式记账方法在两个账户中记录的情况，这样的记录方法能够比较全面地反映该交易引起的企业资金增减变动的全貌。当企业发生较为复杂的交易或事项时，需要记录的账户可能会有三个或者更多，但仍属于复式记账。

(2) 对发生的交易或事项必须在相互联系的账户中记录。相互联系的账户是指在某一特定的交易或事项发生以后应当记录的所有账户。例如，当企业用银行存款购买材料且尚未验收入库交易发生以后，只能记录在"在途物资"和"银行存款"这两个账户中。这样，"在途物资"和"银行存款"两个账户就在同一项交易中建立起了必然联系。如果随意变更这种必然联系，将这项交易记入其他账户，就会发生账户记录的错误。

(3) 对发生的交易或事项必须在相关账户中以相等金额平衡记录。即在相互联系的双方账户中记录的金额应当相等。简单交易或事项的账户记录体现这种平衡关系,复杂交易或事项的账户记录情况也是这样。

(4)交易或事项的记录实质上体现了会计要素内容的变动状况。在交易或事项发生后所记录的各个账户,它们所反映的都是一定会计要素内容的特定部分。因此,账户的记录也从某个方面体现了该账户所反映的会计要素内容的增减变动情况。

3.复式记账的基本原则

复式记账作为一种科学的记账方法,在具体应用中应遵循以下几项原则:

(1)以会计等式为记账基础。会计等式是将会计对象的具体内容及会计要素之间的相互关系运用数学方程的原理进行描述而形成的,它是客观存在的必然经济现象,同时也使资金运动规律具体化。为了解释资金运动的内在规律性,复式记账必须以会计等式作为其记账基础。

(2)对一项经济业务,必须在两个或两个以上相互联系的账户中进行等额记录。经济业务的发生,必然要引起资金的增减变动,而这种变动势必导致会计等式中至少有两个要素或同一要素中至少有两个项目发生等量变动。为反映这种等量变动关系,会计上就必须在两个或两个以上账户中进行等额双重记录。

(3)必须按经济业务对会计等式的影响类型进行记录。尽管各单位发生的经济业务复杂多样,但对会计等式的影响无外乎两种类型:一类是影响会计等式等号两边会计要素同时发生变化的经济业务,这类业务能够变更企业资金总额,会使会计等式等号两边等额同增或同减;另一类是影响会计等式等号某一边会计要素发生变化的经济业务,这只会使会计等式等号某一边等额地有增有减。这就决定了会计上对第一类经济业务,应在等式两边的账户中等额记同增或同减;而对第二类经济业务,应在等式某一边的账户中等额记有增有减。

(4)定期汇总的全部账户记录必须平衡。通过复式记账的每笔经济业务的双重等额记录,定期汇总的全部账户的数据必然会保持会计等式的平衡关系。复式记账的试算平衡有发生额平衡法和余额平衡法两种。

发生额平衡法,是将一定时期会计等式等号两边账户的发生额增、减交叉相加之和进行核对相等,其计算公式是:

资产账户增加额合计+权益账户减少额合计=权益账户增加额合计+资产账户减少额合计

余额平衡法,是将某一时点会计等式等号两边账户的余额分别加计总数进行核对相等,其计算公式是:

资产账户期末余额合计=权益账户期末余额合计

通过上述方法,如果试算平衡,说明账户金额记录基本正确。

三、复式记账的作用

(1)复式记账能够全面系统地记录企业发生的所有交易或事项。按照复式记账的要求,企业应建立能够涵盖所有会计要素具体内容的账户系统。利用这个系统采用复式记账法进行记录,就能够把企业发生的所有交易或事项全面记录下来。另外,账户是按照会计要素内容分门别类设置的,因此,复式记账还可以系统地记录企业发生的所有交易或事项。

(2)复式记账能够清晰地反映企业资金变化的来龙去脉,便于对交易或事项内容的了解和检查。从复式记账对发生的交易或事项记录的过程和结果看,可以清晰地了解各交易或事项所引起的资金运动变化的全貌,以及账户所反映的会计要素之间的变化关系。同时,也有利于检查交易或事项处理的合理性,从而保证账户记录的正确性。

(3)复式记账能够运用有关数据之间的平衡关系检查账户记录有无差错。采用复式记账法记录企业在一定会计期间所发生的全部交易或事项,所有账户的增减发生额之间,以及所有账户的余额之间会实现自动平衡。这种平衡关系可以为检验交易或事项处理过程的正确性提供重要依据。

复式记账的作用决定了它是一种科学的记账方法。目前,借贷记账法为世界上绝大多数国家所使用。

任务引例解析

复式记账法是指对任何一项经济业务,都必须用相等的金额在两个或两个以上的有关账户中相互联系地进行登记,借以反映会计对象具体内容增减变化的一种记账方法。

复式记账遵循会计分录的记账原则,同时保持发生额和余额平衡。

复式记账的作用决定了它是一种科学的记账方法。

习题

一、课后思考题

1.与单式记账法相比,复式记账法有何优点?

2.复式记账的理论依据是什么?

3.复式记账的主要作用有哪些?

第二节 借贷记账法

任务引例

刚毕业的张玲应聘到一家企业担任财务会计,20××年12月是她到公司工作的第一个月,共发生了46笔经济业务,具体业务涵盖了筹资、采购固定资产和原材料、生产、销售以及财务成果形成和分配五大类型。在这个月里,财务部相关人员填制和审核了相关经济业务的原始凭证,现在财务经理要求张玲说一说什么是借贷记账法。

思考:借贷记账法是如何产生的?借贷记账法有哪些内容?

知识准备与业务操作

一、借贷记账法的产生与演进

借贷记账法是以"借"和"贷"作为记账符号的一种复式记账方法。这种记账方法大约起源于13世纪的意大利。当时,意大利沿海城市的商品经济特别是海上贸易已有很大的发展,在商品交换中,为了适应借贷资本和商业资本经营者管理的需要,逐步形成了这种记账方法。

"借""贷"两字的含义,最初是从借贷资本家的角度来解释的。借贷资本家以经营货币资金为主要业务,对于收进来的存款,记在贷主(creditor)的名下,表示自身的债务即欠人的增加;对于付出去的放款,则记在借主(debtor)的名下,表示自身的债权即人欠的增加。这样,"借""贷"两字分别表示借贷资本家的债权(人欠)、债务(欠人)及其增减变化。

随着商品经济的发展,经济活动的内容日趋复杂化,会计记录的经济业务也不再仅限于货币资金的借贷,而逐渐扩展到财产物资、经营损益和经营资本等的增减变化。这时,为了求得账簿记录的统一,对于非货币资金的借贷活动,也利用"借""贷"两字来说明经济业务的变化情况。这样,"借""贷"两字逐渐失去了原来的字面含义,演变为一对单纯的记账符号,成为会计上的专门术语。到15世纪,借贷记账法已逐渐完备,被用来反映资本的存在形态和所有者权益的增减变化。与此同时,西方国家的会计学者提出了借贷记账法的理论依据,即所谓"资产=负债+资本"的平衡公式(亦称会计方程式),并根据这个理论确立了借贷的记账规则,从而使借贷记账法日益完善,为世界各国普遍采用。

新中国成立以前,借贷记账法就已传入我国,为一部分企业所采用。新中国成立以后,我国会计工作者在借贷记账法的基础上,提出了一些新的记账方法,如增减记账法、资金收付记账法等,并将其运用于会计实践中。但是,记账方法不统一,既给企业间横向经济联系和国际经济交往带来诸多不便,也不利于经济管理中对会计信息的加工、汇总和利用。因此,我国于1993年实施的基本会计准则就已明确规定,境内所有企业在进行会计核算时,都必须统一采用借贷记账法。目前,即使是行政、事业单位,也都采用借贷记账法。

二、借贷记账法的定义

借贷记账法是以"借"和"贷"作为记账符号,记录交易或事项的发生和完成情况的一种复式记账方法。从该定义可见,借贷记账法是以其记账符号命名的,这是命名记账方法的一种惯例。借贷记账法是一种应用广泛的复式记账法,这种记账方法流传数百年而不衰,足见其强大的生命力。我国现行《企业会计准则——基本准则》规定:"企业应当采用借贷记账法记账。"毋庸讳言,借贷记账法是一种比较难以理解和掌握的记账方法,对于初学者更是如此。只有按照借贷记账法的组成内容,循序渐进地加以探讨,并通过实际应用加深理解,才能最终达到熟练把握这种方法的目的。

三、借贷记账法的内容

(一)借贷记账法的记账符号

根据借贷记账法的定义,其记账符号为"借""贷"二字。记账符号的主要作用是表示"增加"或"减少",以及在账户中用来记录增加额和减少额的方向。但借贷记账法并不只是简单地用"借"表示增加,用"贷"表示减少,而是每个记账符号都具有既表示"增加"又表示"减少"的双重含义,这种双重含义是根据账户的不同经济性质来界定的。借贷记账法的记账符号对于六类不同性质账户的含义可结合图4-2加以理解。

按照借贷记账法记账符号含义的规定,其表示增加或减少主要取决于账户的性质,即账户所反映的会计要素内容的经济性质。根据会计要素的组成内容,企业设置的所有账户可具体划分为以下六类——资产类账户、负债类账户、所有者权益类账户、收入类账户、费用类账户和利润类账户,受会计要素经济内容性质的制约,每一类账户都具有特定的经济性质。

对于以上六类账户而言,借贷记账法的"借""贷"记账符号分别具有不同的含义。其含义可

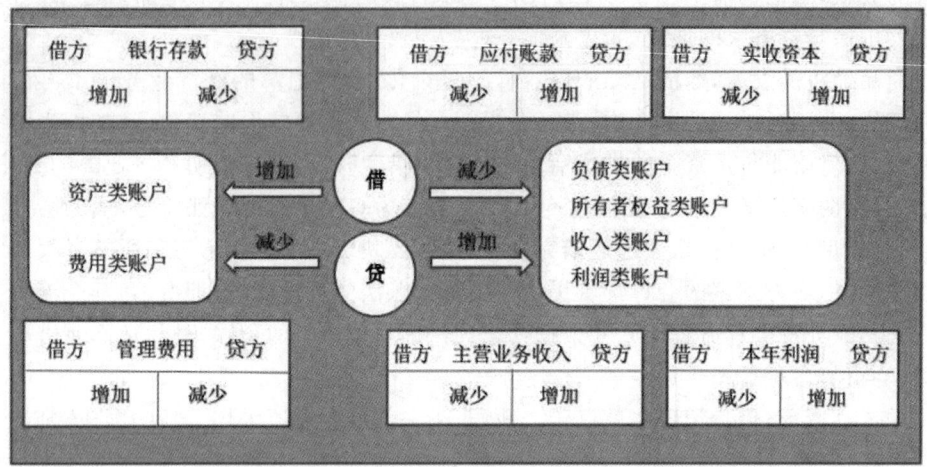

图 4-2 借贷记账法的记账符号对于六类不同性质账户的含义

在将六类账户再划分为两大类的基础上进行具体分析:资产类账户和费用类账户为一大类,对这两类账户而言,"借"表示增加,"贷"表示减少;负债类账户、所有者权益类账户、收入类账户和利润类账户为另一大类,对这四类账户而言,"贷"表示增加,"借"表示减少。"借""贷"记账符号含义的这一基本规定,对于借贷记账法账户基本结构的设计、记账规则的形成和试算平衡方法的建立都具有重要的意义。

(二)借贷记账法的账户结构

在借贷记账法下,账户的基本结构为"借方"和"贷方"两栏,分别用来记录增加额、减少额。对于余额,在账户中专设"余额"栏进行记录。在T形账户中,其左方栏为"借方",右方栏为"贷方",分别用来记录增加额、减少额,余额则一般登记在账户中用来记录增加额的那一方。对于借贷记账法下账户的结构,也可在将六类账户归并为两大类的基础上进行分析:其中,资产类账户和费用类账户是用"借方"记录增加额,而用"贷方"记录减少额;负债类账户、所有者权益类账户、收入类账户和利润类账户,则是用"贷方"记录增加额,而用"借方"记录减少额。有余额时,一般应记录在账户中记录增加额的一方。借贷记账法下各类账户的基本结构如图4-3所示。

对借贷记账法账户结构的理解还应特别注意两个问题。

(1)并不是所有账户在会计期末都一定有余额。一般而言,资产类账户、负债类账户、所有者权益类账户(含利润类账户)在会计期末时应有余额;收入类账户和费用类账户在会计期末是否有余额,与企业计算当期利润的方法有关,在不同的方法下,收入类账户和费用类账户可能有余额,也可能没有余额。另外,有的账户在没有期初余额且双方的发生额相等时,也不会有余额;还有的账户尽管有期初余额,但期初余额和本期增加发生额之和与本期减少发生额二者之间相等,因此也没有期末余额。

(2)个别账户的结构可能与上述基本规律不同。例如,在企业实现盈利的情况下,"本年利润"账户应是贷方余额,而当企业发生亏损时,亏损额应记录在"本年利润"账户的借方。这是由交易或事项的特殊性引起的。另外,也有一些账户的结构是根据会计信息加工整理的特殊要求设置的。例如,"累计折旧""坏账准备"等账户,虽然反映的都是资产要素的内容,其结构却与其他资产类账户的结构相反,即用"贷方"登记增加额,用"借方"登记减少额。此外,"应交税费"

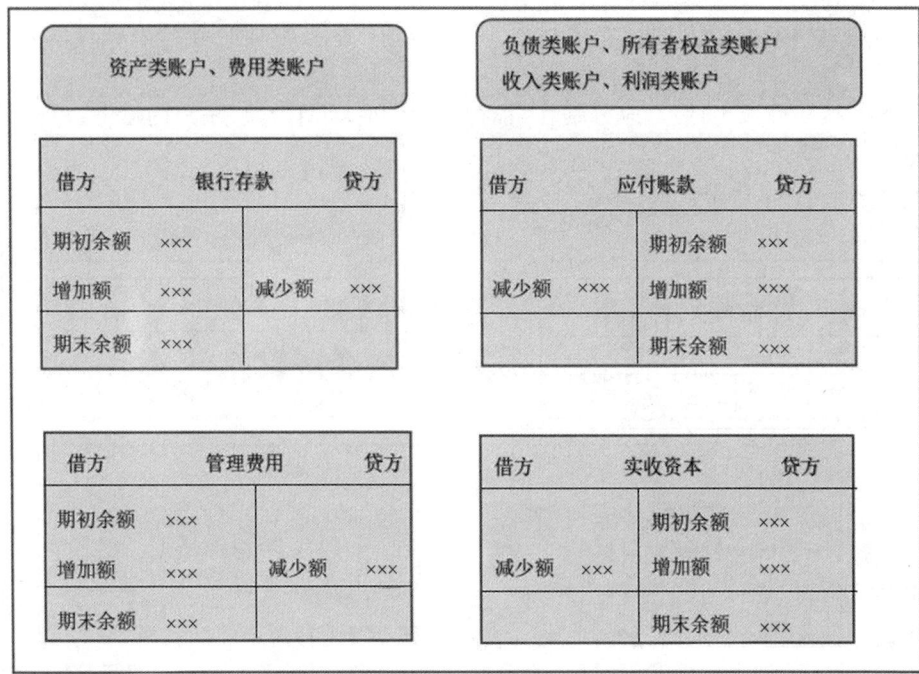

图 4-3　借贷记账法下各类账户的基本结构

"应付职工薪酬"等账户,在某些情况下也可能会产生余额方向上的变异。

(三)借贷记账法的记账规则

记账规则是指采用记账方法在账户中记录交易或事项时必须遵循的规律性要求。借贷记账法的记账规则可概括为:有借必有贷,借贷必相等。

1. 有借必有贷

有借必有贷是指交易或事项在账户中的记录方向。即采用借贷记账法在两个或两个以上的账户中记录同一笔交易或事项时,如果一个(或几个)账户是记录在借方的,那么,与其对应的另外几个(或一个)账户肯定记录在贷方,即一借一贷、一借多贷或一贷多借。在这一规则下,肯定不会发生将一笔交易或事项的发生额都记录在两个(或几个)账户的借方,即有借无贷的情况;或都记录在两个(或几个)账户的贷方,即有贷无借的情况。

2. 借贷必相等

借贷必相等是指交易或事项在相互联系的账户中记录金额相等。即采用借贷记账法在两个或两个以上的账户中记录同一笔交易或事项时,记录在一个(或几个)账户借方的金额,必须与记录在其对应的另外几个(或一个)账户贷方的金额相等。不会发生在相互联系的账户中记录金额不相等的情况。

现结合以下交易或事项账务处理的账户记录实例,进一步解析借贷记账法的记账规则。

提醒注意的是:交易或事项的账户记录(会计记录)是在会计确认和会计计量的基础上进行的一项工作;另外,在举例中包含了交易或事项的四种类型,意在说明企业发生的任何交易或事项都要采用"有借必有贷,借贷必相等"的记账规则进行账务处理。

【例 4-1】 盛荣公司借入短期借款 200 000 元,已存入企业在银行开设的账户。

会计确认:该项交易一方面涉及资产要素("银行存款",增加);另一方面涉及负债要素("短期借款",增加)。

会计计量:按实际成本计量,应分别在"银行存款"和"短期借款"账户的借方、贷方各记录 200 000 元。

账户记录如图 4-4 所示。

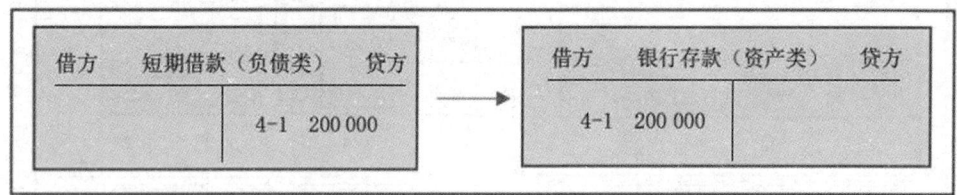

图 4-4　例 4-1 的账户记录情况

这笔交易属于影响会计等式两边会计要素,两边同增的交易或事项类型。以上账户记录体现了"有借必有贷,借贷必相等"的记账规则。

【例 4-2】 假定盛荣公司为股份制企业,收到投资者以设备向企业的投资,双方商定设备价值为 180 000 元。

会计确认:该项交易一方面涉及资产要素("固定资产",增加);另一方面涉及所有者权益要素("股本",增加)。

会计计量:按公允价值计量,应分别在"固定资产"和"股本"账户的借方、贷方各记录 180 000 元。

账户记录如图 4-5 所示。

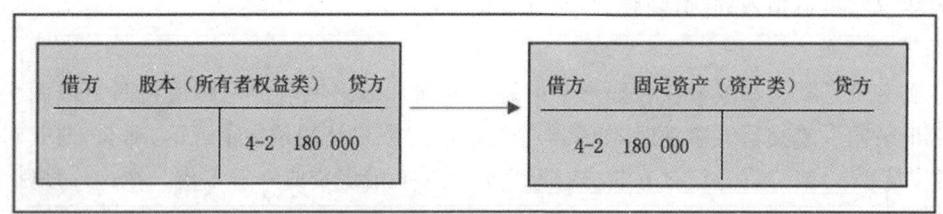

图 4-5　例 4-2 的账户记录情况

这笔交易属于影响会计等式两边会计要素,两边同增的交易或事项类型。以上账户记录体现了"有借必有贷,借贷必相等"的记账规则。

【例 4-3】 盛荣公司用资本公积 300 000 元转增股本。

会计确认:该项交易同时涉及所有者权益要素中的两个项目("资本公积",减少;"股本",增加)。

会计计量:按实际成本计量,应分别在"资本公积"和"股本"账户的借方、贷方各记录 300 000 元。

账户记录如图 4-6 所示。

这笔交易属于只影响会计等式右边会计要素,所有者权益要素内部有增有减的交易或事项

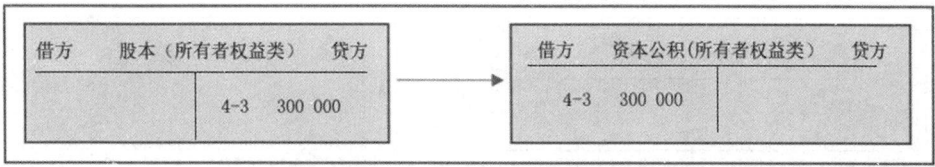

图 4-6 例 4-3 的账户记录情况

类型。以上账户记录体现了"有借必有贷,借贷必相等"的记账规则。

【例 4-4】 盛荣公司用银行存款 6 000 元购买材料(假定暂不考虑已缴纳的增值税进项税额),材料尚未运达企业。

会计确认:该项交易同时涉及资产要素中的两个项目("在途物资",增加;"银行存款",减少)。

会计计量:按实际成本计量,应分别在"在途物资"和"银行存款"账户的借方、贷方各记录 6 000 元。

账户记录如图 4-7 所示。

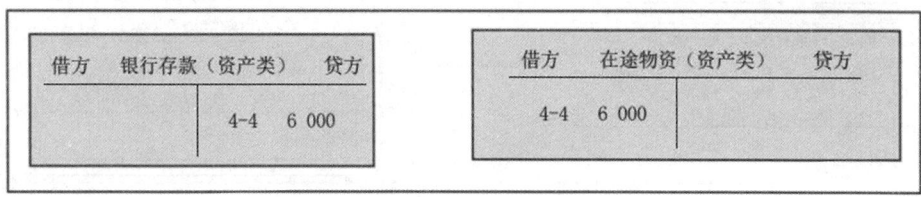

图 4-7 例 4-4 的账户记录情况

这笔交易属于只影响会计等式左边会计要素,资产要素内部有增有减的交易或事项类型。以上账户记录体现了"有借必有贷,借贷必相等"的记账规则。

以上举例均为简单交易或事项的内容,下面再看两个较为复杂的交易或事项实例。

【例 4-5】 盛荣公司购入材料一批,货款 20 000 元(假定暂不考虑已缴纳的增值税进项税额)。货款中的 15 000 元已用银行存款支付,另外 5 000 元尚未支付。材料已运达企业,但尚未办理验收入库手续。

会计确认:该项交易一方面涉及资产要素中的两个项目("在途物资",增加;"银行存款",减少);另一方面涉及负债要素("应付账款",增加)。

会计计量:按实际成本计量,在"在途物资"账户的借方记录 20 000 元;已支付货款部分在"银行存款"账户的贷方记录 15 000 元,未付货款部分在"应付账款"账户的贷方记录 5 000 元。

账户记录如图 4-8 所示。

这笔交易属于左方资产要素内部增减和会计等式双方要素同增交织在一起的交易或事项类型。从账户记录来看,在"在途物资"账户的借方记录了 20 000 元,在"银行存款"和"应付账款"账户的贷方也记录了 20 000 元(15 000 元+5 000 元)。尽管该笔交易被记录在三个账户中,其记录过程仍然体现了"有借必有贷,借贷必相等"的记账规则。

【例 4-6】 盛荣公司用银行存款 50 000 元偿还短期借款 20 000 元、应付账款 30 000 元。

会计确认:该项交易一方面涉及负债要素中的两个项目("短期借款",减少;"应付账款",减

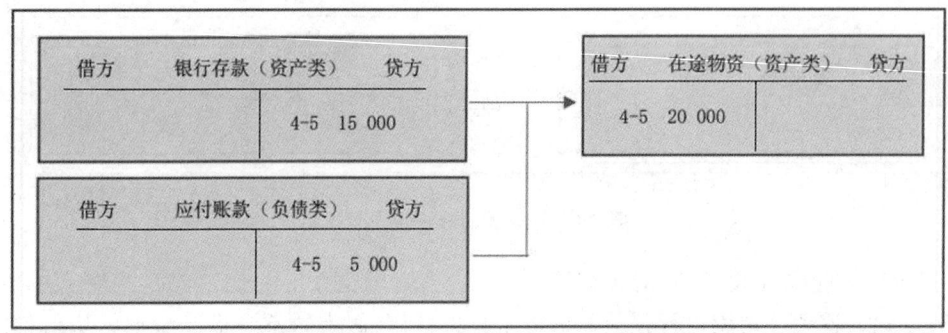

图 4-8　例 4-5 的账户记录情况

少);另一方面涉及资产要素("银行存款",减少)。

会计计量:按实际成本计量,在"短期借款"和"应付账款"账户的借方分别记录 20 000 元、30 000 元;在"银行存款"账户的贷方记录 50 000 元。

账户记录如图 4-9 所示。

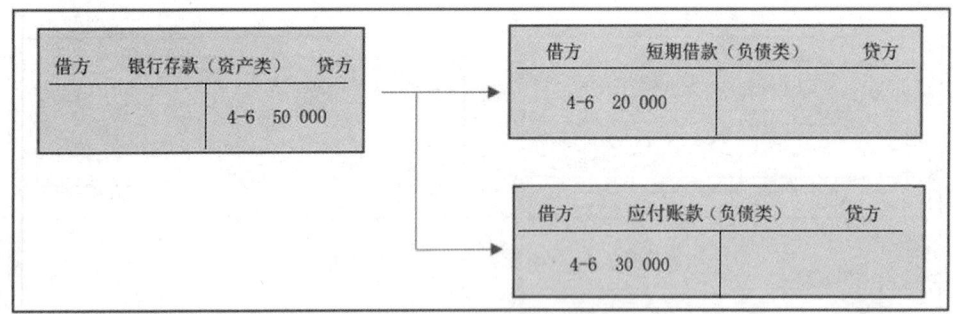

图 4-9　例 4-6 的账户记录情况

这笔交易属于会计等式双方要素同减的交易或事项类型。从账户记录来看,在"短期借款"和"应付账款"账户的借方记录了 50 000 元(20 000 元＋30 000 元),在"银行存款"账户的贷方也记录了 50 000 元,尽管该笔交易被记录在三个账户中,仍然体现了"有借必有贷,借贷必相等"的记账规则。

例 4-1 至例 4-6 的账户记录清楚表明,虽然企业发生的交易或事项内容有的比较简单,有的比较复杂,从账户的记录方向看,也有一借一贷、一借多贷和多借一贷等情况,但无不体现了借贷记账法的记账规则——"有借必有贷,借贷必相等",没有出现同借同贷的情况,也没有出现借方、贷方登记金额不相等的情况。这说明借贷记账法的记账规则对于处理任何类型的交易或事项都是完全适用的。

(四)借贷记账法下会计分录的编制

1. 会计分录的定义

会计分录简称分录,是指在将交易或事项记录在有关账户之前预先确定应登记账户的名称、所登记账户的方向和登记金额的一种记录形式。

应登记账户名称、登记方向和登记金额是构成会计分录的三个要素,只有在将交易或事项记录在有关账户之前预先确定这些内容,才能保证登记的账户正确,登记的方向准确,登记的金额无误。

2.会计分录的编制方法

编制会计分录的过程也是运用会计语言确定分录组成要素内容的过程,这个过程应当是循序渐进的,不可一蹴而就。现结合例 4-1 探讨编制会计分录的具体方法。

①确认涉及的会计要素。这是编制会计分录的基础,因为任何交易或事项的发生必定与会计要素有关。在例 4-1 中,公司在银行存入借入的短期借款,使企业的资产要素和负债要素都发生了变化。可见,这项交易的发生影响到了资产和负债两个会计要素。

②确定应登记的账户。在确认了交易或事项所影响的会计要素以后,须进一步明确应登记的账户,这一步骤也是对会计要素内容的细化。将借入的短期借款存入银行,应登记在反映银行存款增加和减少的"银行存款"账户;对借入款项应登记在反映短期借款借入(增加)和偿还(减少)的"短期借款"账户。

③分析账户的增减变化。在确定了应当登记的账户以后,应进一步分析这些账户的增加或减少的变动情况。在例 4-1 中,将借款存入银行为"银行存款"账户的增加,借入款项属于"短期借款"账户的增加。这一步骤是继而确定账户登记方向的基础。

④确定账户的登记方向。即根据借贷记账法账户结构的设计,确定交易或事项的增加额或减少额在相关账户中的登记方向。在例 4-1 中,"银行存款"账户为资产类账户,其增加额应登记在借方;"短期借款"账户为负债类账户,其增加额应登记在贷方。

⑤确定登记的金额。应根据交易或事项提供的数据信息,具体确定在有关账户中登记的金额各是多少,这一步骤即会计要素的计量,或称会计计量。在例 4-1 中,"银行存款"和"短期借款"账户各应登记 200 000 元。

根据上述第②④⑤这三个环节确定的内容,按照会计分录的格式书写出来,就形成了完整的会计分录。

根据例 4-1 至例 4-6 编制的会计分录如下:

例 4-1	借:银行存款	200 000
	贷:短期借款	200 000
例 4-2	借:固定资产	180 000
	贷:股本	180 000
例 4-3	借:资本公积	300 000
	贷:股本	300 000
例 4-4	借:在途物资	6 000
	贷:银行存款	6 000
例 4-5	借:在途物资	20 000
	贷:银行存款	15 000
	应付账款	5 000
例 4-6	借:短期借款	20 000
	应付账款	30 000
	贷:银行存款	50 000

以上会计分录清晰地表明了对发生的交易或事项应当在哪些账户中记录,记录在这些账户

的哪一方,记录的金额是多少。这相当于对账户的记录拟定了必须执行的指令,账户的记录则是具体执行这些指令的过程。

从中也可以看出,要熟练准确地编制会计分录,必须熟悉企业的会计要素内容,把握资金运动增减变化的规律,掌握所应用账户的名称、核算的内容及其基本结构,同时必须理解借贷记账法记账符号的含义和账户结构,熟知借贷记账法的记账规则等。

特别提示

没有会计分录一般不能直接登记账户。此前在介绍借贷记账法的记账规则时,将发生的交易或事项直接记入了有关账户,在实务中是不能这样做的,因为没有会计分录作为依据是不能直接记账的。另外,在实务中,会计分录是填写在记账凭证上的,并作为登记账户的直接依据。

3. 会计分录的书写要求

编制会计分录时,必须按规范的格式要求书写。对在教学中编制会计分录的书写格式应特别注意四点:第一,分录中的借方内容写在上面,贷方内容写在下面,不可先贷后借;第二,分录中的贷方内容应缩进一个字书写,不要与借方内容齐头写,更不能将贷方内容写在借方的前面;第三,分录中的金额应按借方、贷方分别排成两列,以便后续进行借方发生额、贷方发生额的汇总;第四,分录中的金额后面不必写"元"字。

4. 会计分录的种类

按照一笔会计分录中所包含的账户数量的多少,可以分为以下两类:简单会计分录与复合会计分录。简单会计分录是指只由两个账户组成的分录。以上例4-1至例4-4编制的分录均属于简单会计分录,是根据比较简单的交易或事项编制的分录。复合会计分录也称复杂分录,是指由两个以上的账户组成的分录。以上例4-5和例4-6编制的分录均属于根据比较复杂的交易或事项编制的分录。复合会计分录实际上是由两个或两个以上的简单会计分录组成的,因而一个复合会计分录可以分解为几个简单会计分录。例如,根据例4-5编制的复合会计分录就可以分解为如下两个简单会计分录。

借:在途物资　　　　　　　　　　　　15 000
　　贷:银行存款　　　　　　　　　　　　　15 000
借:在途物资　　　　　　　　　　　　 5 000
　　贷:应付账款　　　　　　　　　　　　　 5 000

同理,根据例4-6编制的复合会计分录也可以分解为两个简单会计分录。

从理论上讲,对于比较复杂的交易或事项可以编制复合会计分录,也可以编制简单会计分录。在实务中,采用专用记账凭证编制会计分录时,对某些比较复杂的交易或事项是不能编制复合会计分录的。例如,在例4-5中,既包括已经付款的部分,又包括尚未付款的部分,按照编制专用记账凭证的要求,只能利用付款凭证和转账凭证分别编制两个简单会计分录。

特别提示

一般不宜编制多借多贷的会计分录。在借贷记账法下编制的会计分录一般应一借一贷、一借多贷或多借一贷,而不宜编制多借多贷的会计分录,因为在多借多贷分录中,账户之间的对应关系体现得不够清楚,不能清晰地反映账户之间增减变动的来龙去脉。

5.账户对应关系与对应账户

账户对应关系是指在采用复式记账法为每一笔交易或事项编制会计分录时,在分录中所体现的账户之间存在的相互依存关系。例如,在根据例4-1编制的会计分录中,"银行存款"账户与"短期借款"账户之间就建立起了必然的相互依存关系。对应账户是指存在对应关系的账户。例如,在例4-1中,"银行存款"账户与"短期借款"账户就互为对应账户。由此可见,在某一特定的交易或事项中,对应账户之间的关系是不可改变的。

复合会计分录一般是指"一借多贷"或"一贷多借"的会计分录。除纯粹属于会计上的结转分录外,最好避免作成"多借多贷"的会计分录。其一般格式为:

借:×××科目　　　　　　　　　　　　　　　　　　金额
　贷:×××科目　　　　　　　　　　　　　　　　　　金额
　　　×××科目　　　　　　　　　　　　　　　　　　金额

借:×××科目　　　　　　　　　　　　　　　　　　金额
　　×××科目　　　　　　　　　　　　　　　　　　金额
　贷:×××科目　　　　　　　　　　　　　　　　　　金额

编制会计分录时,应当按照以下步骤逐步进行:
(1)对所要处理的交易或事项,判断其究竟引起了哪些账户的变化;
(2)判断这些账户的性质,即它们各属于什么会计要素;
(3)确定这些账户受影响的方向,即增加还是减少;
(4)根据这些账户的性质和其增减方向,确定究竟是借记还是贷记;
(5)根据会计分录的格式要求,编制完整的会计分录。

(五)借贷记账法的试算平衡

1.试算平衡的定义

借贷记账法的试算平衡是指根据会计等式的平衡原理,按照记账规则的要求,通过汇总计算和比较,检验账户记录的正确性、完整性的一种技术方法。

2.试算平衡的具体方法

具体包括发生额平衡法和余额平衡法两种。

(1)发生额平衡法。发生额平衡法是对一定会计期间所有账户的发生额进行试算检验的一种方法。

①平衡公式。具体表示为:

一定会计期间全部账户的借方发生额合计=该会计期间全部账户的贷方发生额合计

在发生额平衡法的平衡公式中,强调的是企业在"一定会计期间"的"全部账户"的"借方发生额合计"和"贷方发生额合计"。之所以强调"一定会计期间",是由于采用该公式所要试算的是企业某一特定会计期间所有账户发生额的平衡关系,而不是该会计期间全部账户的借方发生额合计与另外一个会计期间全部账户的贷方发生额合计之间的相等关系。之所以强调"全部账户",是由于采用该公式所要试算的是该期间全部账户的借方发生额合计与该期间所有账户的贷方发生额合计之间的平衡关系,而不是全部账户的发生额与部分账户发生额之间的关系。

②平衡原理。发生额平衡法是依据借贷记账法记账规则的基本原理建立的。一个企业在一定会计期间的全部账户的借、贷方发生额合计数之间之所以存在以上相等关系,是因为借贷记账法对每一笔交易或事项的发生额都是按照"有借必有贷,借贷必相等"的规则在相互联系的账户中记录的,即每一笔交易或事项的借方、贷方发生额是相等的。因而,一个企业在一定会计期间不论发生了多少交易或事项,也不管记入了多少账户,只要把这些账户的发生额按借方、贷方分别进行合计,双方的合计数肯定是相等的。例如,将例4-1至例4-6记录的所有账户中的发生额分别按借方、贷方进行汇总,借方发生额合计数与贷方发生额合计数都是756 000元(这个数据可根据所编制的会计分录中各笔交易的发生额计算求得)。这是按照借贷记账法记录交易或事项时,有关数据之间能够实现自动平衡的情况之一。

③试算平衡方法。在实务中,全部账户借、贷发生额之间的试算一般是通过编制总分类账户发生额及余额试算表(其格式参见表4-1)中的"本期发生额"部分进行的。在试算平衡中利用的数据来自所试算期间全部账户的发生额。由于企业在每一会计期末都要结账,分别计算出各个账户的借方、贷方发生额合计数,这就为进行发生额的试算提供了有利条件。在编制试算表时,将各个账户中的发生额合计数分别按借方、贷方抄列入试算表中相关账户名称的相应栏次即可,即在账户中如果为借方发生额合计,就抄列于试算表的"借方"栏;如果为贷方发生额合计,就抄列于"贷方"栏。之后,再分别计算试算表中借、贷双方发生额的合计数。

表4-1　总分类账户发生额及余额试算表

账户名称	期初余额		本期发生额		期末余额	
	借方	贷方	借方	贷方	借方	贷方
银行存款	850 000		200 000	71 000	979 000	
在途物资	30 000		26 000		56 000	
固定资产	500 000		180 000		608 000	
短期借款		100 000	20 000	200 000		280 000
应付账款		120 000	30 000	5 000		95 000
股本		860 000		480 000		1 340 000
资本公积		300 000		300 000		
合计	1 380 000	1 380 000	756 000	756 000	1 715 000	1 715 000

现以例4-1至例4-6登记的所有账户为例,填列总分类账户发生额及余额试算表中"本期发生额"部分。例4-1至例4-6交易或事项的借方、贷方发生额在总分类账户中的记录情况及合计金额如图4-10所示(图中各账户的"期初余额"为假设)。

将以上各账户中的"本期发生额"分别按借方、贷方抄列于试算表中的"本期发生额"栏,并分别进行汇总合计,就可以检验本期全部账户的借方、贷方发生额合计双方是否平衡,见表4-1中的"本期发生额"一栏。

在正常情况下,该试算表中的"本期发生额"一栏的借方、贷方合计数必须是相等的。本例

借方	银行存款		贷方
期初余额	850 000		
4-1	200 000	4-4	6 000
		4-5	15 000
		4-6	50 000
本期发生额	200 000	本期发生额	71 000
期末余额	979 000		

借方	在途物资		贷方
期初余额	30 000		
4-4	6 000		
4-5	20 000		
本期发生额	26 000		
期末余额	56 000		

借方	固定资产		贷方
期初余额	500 000		
4-2	180 000		
本期发生额	180 000		
期末余额	680 000		

借方	短期借款		贷方
		期初余额	100 000
4-6	20 000	4-1	200 000
本期发生额	20 000	本期发生额	200 000
		期末余额	280 000

借方	应付账款		贷方
		期初余额	120 000
4-6	30 000	4-5	5 000
本期发生额	30 000	本期发生额	5 000
		期末余额	95 000

借方	股本		贷方
		期初余额	860 000
		4-2	180 000
		4-3	300 000
		本期发生额	480 000
		期末余额	1 340 000

借方	资本公积		贷方
4-3	300 000	期初余额	300 000
本期发生额	300 000		

图 4-10 例 4-1 至例 4-6 交易或事项在总分类账户中的记录情况

中均为 756 000 元。一般来说,如果以上合计数相等,则说明交易或事项账务处理以及试算表的编制基本上是正确的。如果不相等,说明肯定存在问题,应分析双方合计数不相等的原因,采用一定的方法进行查找并予以更正,直到双方借方、贷方合计数平衡为止。

(2)余额平衡法。余额平衡法是对一定会计期末所有账户的余额进行试算检验的一种方法。

①平衡公式。可具体表示为:

一定会计期末全部账户的借方余额合计＝该会计期末全部账户的贷方余额合计

式中的"全部账户"同样是指某一企业在一定会计期间登记的所有账户,强调的是所有账户的借方余额合计与所有账户贷方余额合计之间的相等关系。应予注意的是:企业一定会计期末的部分账户借方余额合计与其全部账户贷方余额合计之间不会存在上述平衡关系。

②平衡原理。借贷记账法的余额平衡法是依据会计等式"资产＝负债＋所有者权益",或"资产＋费用＝负债＋所有者权益＋收入"的基本原理建立起来的。

在会计期末,当企业的收入类账户和费用类账户没有余额时,有余额的应当是资产、负债、所有者权益和利润这四类账户。在利润类账户并入所有者权益类账户,成本类账户并入资产类账户的情况下,期末有余额的应当只有资产、负债和所有者权益这三类账户。其中,资产类账户的期末余额一般为借方余额,负债类账户和所有者权益类账户的期末余额一般都为贷方余额。因而,上述试算平衡公式实质上体现的是该期末的"资产＝负债＋所有者权益"的平衡相等关系。当收入类账户和费用类账户期末有余额时,可以根据"资产+费用=负债+所有者权益+收入"等式的基本原理对所有账户的期末余额进行验证。这里暂不考虑第二种情况,只对第一种情况进行验证。验证可利用总分类账户发生额及余额试算表中的"期末余额"部分进行。现将图 4-10 中全部账户的"期末余额"采用下面的形式进行汇总,结果如图 4-11 所示。

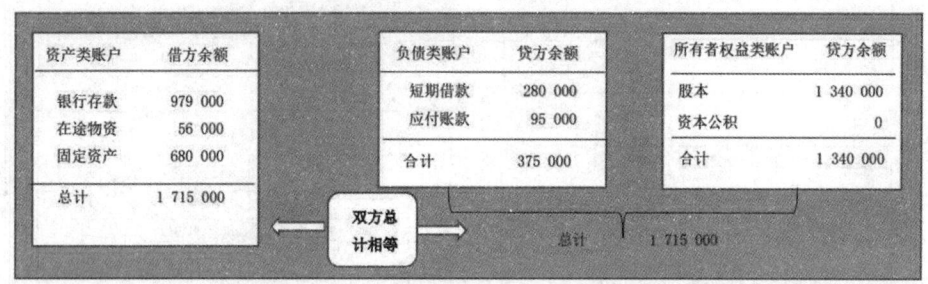

图 4-11 对图 4-10 中账户期末余额的汇总情况

汇总结果表明,资产类账户的期末余额总计 1 715 000 元与负债类账户余额 375 000 元和所有者权益类账户余额 1 340 000 元的总计数(1 715 000 元)是相等的。由此可见,"一定会计期末全部账户的借方余额合计=该期末全部账户的贷方余额合计"与"资产=负债+所有者权益"的含义实质上是相同的,只是表达的形式不同而已。利用余额平衡法也可对所有账户的期初余额进行验证。

③试算平衡方法。在实务中,一定会计期末全部账户余额的试算一般是通过编制总分类账户发生额及余额试算表中的"期初余额"和"期末余额"两部分进行的,所采用的数据来自所试算期间全部账户的期初余额和期末余额。各账户的期初余额是从上一会计期末结转而来的,期末余额则是各账户记录交易或事项后产生的结果。由于企业在会计期末都要结账,计算出各个账户的余额,这就为进行余额的试算提供了便利条件。在编制试算平衡表时,只需要将账户中的余额分别按其借、贷方向抄入试算表中相应账户名称一行的"借方"或"贷方"栏即可。之后,再分别计算借方、贷方余额的合计数,并比较两者是否相符。

根据图 4-10 账户记录所提供的资料编制的总分类账户发生额及余额试算表中的"期初余额"和"期末余额"部分的验证情况见表 4-1 相关栏次。

在正常情况下,该表中的"期初余额"和"期末余额"两大栏各自的借方、贷方合计数必须相等。例如,所有账户的"期初余额"借方合计数和贷方合计数都是 1 380 000 元;所有账户的"期末余额"借方合计数和贷方合计数都是 1 715 000 元。这是按照借贷记账法记录交易或事项所形成的另外一种会计数据之间的自动平衡关系。一般来说,如果以上有关合计数之间各自相等,则说明账务处理和试算表的编制过程基本上是正确的。如果不相等,应查找差错,并进行数字调整,直到有关合计数之间各自相等为止。

利用总分类账户发生额及余额试算表检验账户记录的完整性和准确性,是会计实务中经常采用的基本方法。通过编制总分类账户发生额及余额试算表,能够发现账务处理过程中存在的一些问题。例如,在登记账户或抄转数据过程中,将某一账户的发生额或余额记(抄)多或记(抄)少,以及将发生额或余额的金额位次写颠倒等。但对于在账户中漏记或重复记录整个交易或事项,一笔交易或事项记录的借贷记账方向彼此颠倒,或方向正确但记错了账户等错误则难以发现,因为这些错误并不会影响试算表发生额或余额借方、贷方合计数的平衡。因此,即使试算表的发生额或余额有关合计数之间平衡相等,也不能说明账务处理过程完全正确。只有保证每一笔交易或事项处理的准确性,才能保证试算表试算结果的有效性。

提示:试算不平衡,表示记账一定有错误,但试算平衡时,不能表明记账一定正确。

不影响借贷双方平衡关系的错误包括:

(1)漏记某项经济业务,使本期借贷双方的发生额等额减少,借贷仍然平衡;

(2)重记某项经济业务,使本期借贷双方的发生额等额虚增,借贷仍然平衡;

(3)某项经济业务记录的应借、应贷科目正确,但借贷双方金额同时多记或少记,且金额一致,借贷仍然平衡;

(4)某项经济业务记错有关账户,借贷仍然平衡;

(5)某项经济业务在账户记录中,颠倒了记账方向,借贷仍然平衡;

(6)某借方或贷方发生额中,偶然发生多记和少记并相互抵销,借贷仍然平衡。

任务引例解析

借贷记账法大约起源于13世纪的意大利。当时,意大利沿海城市的商品经济特别是海上贸易已有很大的发展,在商品交换中,为了适应借贷资本和商业资本经营者管理的需要,逐步形成了这种记账方法。它是以"借"和"贷"作为记账符号,记录交易或事项的发生和完成情况的一种复式记账方法。

习题

一、课后思考题

1. 何谓借贷记账法?如何理解其记账符号的含义?

2. 借贷记账法下的账户结构是怎样的?理解账户的结构应注意哪些问题?

3. 借贷记账法的记账规则是什么?怎样理解该记账规则?

4. 什么是会计分录?在借贷记账法下应怎样编制会计分录?

5. 什么是试算平衡?借贷记账法的试算平衡方法有哪几种?其原理是什么?

二、单项选择题

1. 根据科目内容记入成本类账户的是( )。

   A. 主营业务成本　　B. 制造费用　　C. 管理费用　　D. 其他业务成本

2. 下列说法正确的是( )。

   A. 账户的期末余额等于期初余额

   B. 余额一般与减少额在同一方向

   C. 账户的左方记增加额,右方记减少额

   D. 期初余额+本期增加发生额=本期期末余额+本期减少发生额

3. 下列选项中,在借贷记账法下关于成本类账户结构描述不正确的是( )。

   A. 借方登记增加　　　　　　　B. 贷方登记增加

   C. 期末余额一般在借方　　　　D. 有些账户可能无余额

4. 某企业2017年12月初资产总额为1 200万元,12月份申请银行汇票转入银行汇票存款5万元,从银行提取现金2万元,收到设备投资的入账价值为10万元。不考虑其他因素,该企业2017年末资产总额为(　　)万元。

  A. 1 207   B. 1 217   C. 1 215   D. 1 210

5.下列关于会计账户增减变化的表述中,不正确的是(　　)。

  A.资产增加,所有者权益增加,会计等式成立

  B.负债减少,所有者权益增加,会计等式成立

  C.所有者权益减少,负债增加,会计等式成立

  D.资产减少,费用减少,会计等式成立

三、多项选择题

1."累计折旧"账户的结构是(　　)。

  A.增加记借方   B.增加记贷方

  C.减少记借方   D.期末若有余额,在贷方

四、分析题

下列各项经济业务,会引起资产总额发生怎样的变动?

1.外购原材料,款项尚未支付;

2.以银行存款偿还前欠货款;

3.接受新投资者追加投资;

4.从银行提取备用金。

五、实务题

目的:练习借贷记账法下会计分录的编制、账户登记和试算平衡方法。

资料:

1.假定鸿达公司本月初有关总分类账户的余额如下:

库存现金	600元	银行存款	400 000元
原材料	9 400元	固定资产	320 000元
生产成本	30 000元	短期借款	20 000元
应付账款	100 000元	实收资本	640 000元

2.该公司本月发生如下交易或事项:

(1)收到投资者投入的货币资金400 000元,已存入银行。

(2)用银行存款80 000元购入不需要安装设备一台(假定暂不考虑已经缴纳的增值税进项税额)。

(3)购入材料一批,买价和运费计30 000元,货款尚未支付,材料尚未验收入库(假定暂不考虑已经缴纳的增值税进项税额)。

(4)从银行提取现金4 000元备用。

(5)借入短期借款40 000元,已存入银行。

(6)用银行存款70 000元偿还应付账款。

(7)生产产品领用材料一批,价值9 000元。

(8)用银行存款60 000元偿还短期借款。

要求:

1.根据所给交易或事项编制会计分录。

2.根据账户余额资料和编制的会计分录登记有关总分类账户(可开设T形账户)。

3.根据账户的登记结果编制总分类账户发生额及余额试算表。

第三节 平行登记

刚毕业的张玲应聘到一家企业担任财务会计,20××年12月是她到公司工作的第一个月,共发生了46笔经济业务,具体业务涵盖了筹资、采购固定资产和原材料、生产、销售以及财务成果形成和分配五大类型。在这个月里,财务部相关人员填制和审核了相关经济业务的原始凭证,现在财务经理要求张玲说一说平行登记的意思。

思考:平行登记有哪些内容?

一、平行登记的定义及应用

1.平行登记的定义

平行登记是指在借贷记账法下对发生的每一笔交易或事项,既要在有关的总分类账户中进行总括登记,又要在这些总分类账户所属的明细分类账户中进行详细登记的做法。

总分类账户是根据总分类科目设置的账户,用以提供会计要素某些方面的总括信息。在前面举例中所用到的账户都属于总分类账户。如前所述,总分类账户对于交易或事项的反映存在一定的局限性,因此,有必要根据这些总分类账户所反映的内容做进一步分类,并设立明细分类账户,借以反映会计要素某些方面具体内容增减变动的详细信息。在会计上,对交易或事项既要在相关的总分类账户中登记,又要在其所隶属的明细分类账户中登记的过程就是平行登记。在实务中,绝大多数总分类账户下都需要设置明细分类账户,采用平行登记方法;在个别总分类账户下可不设立明细分类账户,就不存在平行登记的要求了。

2.平行登记方法的应用

现举例说明平行登记方法的应用。

【例4-7】 假定盛荣公司购入A、B两种材料计6 000元。其中,A材料4 000元,从彩虹公司购得;B材料2 000元,从兴发公司购得。以上货款尚未支付(假定暂不考虑已经缴纳的增值税进项税额),材料已运达企业,但尚未办理验收入库手续。

会计确认:该笔交易一方面涉及资产要素("在途物资",增加);另一方面涉及负债要素("应付账款",增加)。

会计计量:按实际成本计量,在"在途物资"账户的借方记录6 000元;"应付账款"账户的贷方记录6 000元。

对于需要进行平行登记的交易或事项,在进行上述确认和计量的基础上,还要对购入材料的种类和名称等进行具体确认,本例为A材料和B材料;在货款未付的情况下,还要对债权人进行具体确认,本例为彩虹公司和兴发公司。根据以上确认和计量的结果,应编制如下会计分录:

```
借:在途物资——A材料                    4 000
        ——B材料                    2 000
  贷:应付账款——彩虹公司                  4 000
        ——兴发公司                  2 000
```

特别提示

平行登记对会计分录的编制要求:

对于需要进行平行登记的交易或事项,应注意分录编制上的变化,即在分录中不仅要写出总分类账户的名称,而且要写出明细分类账户的名称,发生额也应按明细账户分别写出。这样做的目的在于为下一步进行总分类账户和明细分类账户的平行登记提供依据。

【例 4-8】 假定盛荣公司用银行存款 3 000 元偿还彩虹公司材料款,款项从本公司在工商银行开设的账户支付。

会计确认:该笔交易一方面涉及负债要素("应付账款",减少);另一方面涉及资产要素("银行存款",减少)。

会计计量:按实际成本计量,应分别在"应付账款"账户的借方和"银行存款"账户的贷方记录 3 000 元。

在进行上述确认和计量的基础上,还要对债权人进行具体确认,本例为彩虹公司;在应付账款已偿付的情况下,还要对所开户银行进行具体确认,本例为工商银行。根据以上确认和计量结果,应编制如下会计分录:

```
借:应付账款——彩虹公司                  3 000
  贷:银行存款——工商银行                  3 000
```

以上会计分录中的明细分类账户名称一般称为一级明细账户,有些交易或事项的账务处理需要设置更多层次的明细账户,可分别称为二级明细账户、三级明细账户等。根据以上会计分录即可进行"在途物资""应付账款"和"银行存款"账户的复式记账和平行登记。例 4-7 和例 4-8 在总分类账户和明细分类账户中的登记情况如图 4-12 所示(账户中的期初余额均为假设)。

二、总分类账户与明细分类账户的关系及平行登记的要点

1. 总分类账户与其所属明细分类账户之间的关系

平行登记体现了账户体系中的总分类账户与其所属明细分类账户之间的密切关系。

(1)控制与被控制的关系。总分类账户是其所属明细分类账户的统驭账户,它提供的是总括信息,这些信息是其所属明细分类账户所反映的详细信息的集合,对所属明细分类账户起着控制作用;明细分类账户则是总分类账户的从属账户,其记录过程和记录结果受其所隶属的总分类账户的制约。

(2)相互配合的关系。在存在平行登记关系的总分类账户和明细分类账户中,虽然它们记录的交易或事项的内容相同,但在功能上有明确分工。明细分类账户提供的信息是对其所隶属的总分类账户提供信息的详细说明,可以弥补总分类账户在信息提供方面的局限性;而总分类账户能够提供的总体信息又是明细分类账户所不能提供的。由此可见,只有把总分类账户与明

借方	银行存款（总分类账户）		贷方
期初余额	50 000		
		4-8	3 000
本期发生额	0	本期发生额	3 000
期末余额	47 000		

借方	工商银行（明细分类账户）		贷方
期初余额	50 000		
		4-8	3 000
本期发生额	0	本期发生额	3 000
期末余额	47 000		

借方	在途物资（总分类账户）		贷方
期初余额	20 000		
4-7	6 000		
本期发生额	6 000		
期末余额	26 000		

借方	A 材料（明细分类账户）		贷方
期初余额	16 000		
4-7	4 000		
本期发生额	4 000		
期末余额	20 000		

借方	应付账款（总分类账户）		贷方
		期初余额	20 000
4-8	3 000	4-7	6 000
本期发生额	3 000	本期发生额	6 000
		期末余额	23 000

借方	B 材料（明细分类账户）		贷方
期初余额	4 000		
4-7	2 000		
本期发生额	2 000		
期末余额	6 000		

借方	彩虹公司（明细分类账户）		贷方
		期初余额	8 000
4-8	3 000	4-7	4 000
本期发生额	3 000	本期发生额	4 000
		期末余额	9 000

借方	兴发公司（明细分类账户）		贷方
		期初余额	12 000
		4-7	2 000
		本期发生额	2 000
		期末余额	14 000

图 4-12　例 4-7 和例 4-8 在总分类账户和明细分类账户中的记录情况

细分类账户相互配合地加以利用，才能既总括又详细地反映同一交易或事项的内容，达到对交易或事项进行全面处理的目的。

2.平行登记的要点

进行总分类账户与明细分类账户的平行登记，需要把握以下要点。

（1）登记的内容相同。凡是在总分类账户下设有明细分类账户的，当交易或事项发生后，一方面要登记有关的总分类账户，另一方面要登记这些总分类账户所属的明细分类账户。如在例4-7中，"在途物资"总分类账户和"A 材料""B 材料"两个明细分类账户登记的都是企业购入材料的交易内容。

（2）登记的方向一致。一般来说，如果总分类账户登记在借方，那么，其所属的明细分类账户也应登记在借方；反之，如果总分类账户登记在贷方，那么，其所属的明细分类账户也应登记在贷方。如在例4-7中，"在途物资"总分类账户和"A 材料""B 材料"两个明细分类账户都是登记在借方。

（3）登记的金额相等。同一交易或事项登记在总分类账户借方（或贷方）的金额必须与登记在该总分类账户所属的一个或几个明细分类账户的借方（或贷方）的金额或金额合计数相等。如在例4-7中，"在途物资"总分类账户登记的金额为 6 000 元，登记在"A 材料""B 材料"两个明细分类账户的金额合计数也为 6 000 元（4 000 元＋2 000 元）。

三、账户平行登记的试算平衡

由于对交易或事项采用平行登记的方法,有关总分类账户与其所属的明细分类账户在发生额及余额之间客观上产生了一种平衡相等关系。为检验账户平行登记的过程和结果是否正确,可编制总分类账户与明细分类账户发生额及余额试算表进行验证。这种试算表的格式有多种,比较简单的一种格式类似于总分类账户发生额及余额试算表,如表 4-2 所示。

表 4-2 总分类账户与明细分类账户发生额及余额试算表

账户名称	期初余额		本期发生额		期末余额	
	借方	贷方	借方	贷方	借方	贷方
银行存款总分类账	50 000			3 000	47 000	
银行存款日记账	50 000			3 000	47 000	
在途物资总分类账	20 000		6 000		26 000	
在途物资明细分类账合计	20 000		6 000		26 000	
A 材料	16 000		4 000		20 000	
B 材料	4 000		2 000		6 000	
应付账款总分类账		20 000	3 000	6 000		23 000
应付账款明细分类账合计		20 000	3 000	6 000		23 000
彩虹公司		8 000	3 000	4 000		9 000
兴发公司		12 000		2 000		14 000

编制总分类账户与明细分类账户发生额及余额试算表时,首先应把有关总分类账户及其所属各明细分类账户的期初余额、借方发生额合计、贷方发生额合计和期末余额相应地抄列于该表的发生额和余额栏,然后将明细分类账户的发生额和余额分别相加求得合计数。之后,直接利用这些合计数分别与该表中的总分类账户发生额和余额进行核对。如果相关的金额之间相等,则说明平行登记过程和结果基本是正确的;否则,说明存在问题,应及时查找,并予以更正。与编制总分类账户发生额及余额试算表的目的不同,编制总分类账户与明细分类账户发生额及余额试算表的主要目的在于检验账户平行登记的过程及其结果是否一致,以全面地保证交易或事项账务处理的准确性。

任务引例解析

平行登记是指在借贷记账法下对发生的每一笔交易或事项,既要在有关的总分类账户中进行总括登记,又要在这些总分类账户所属的明细分类账户中进行详细登记的做法。

习题

一、课后思考题

1.什么是平行登记?平行登记的要点有哪些?

2.在平行登记中,总分类账户与明细分类账户之间的关系如何?

二、单项选择题

1.下列错误事项能通过试算平衡发现的是(　　)。

A.借贷科目错

B.某项经济业务重复记账

C.应借应贷账户中借贷方向颠倒

D.应借应贷账户中金额不等

2.下列属于发生额试算平衡公式的是(　　)。

A.全部账户本期借方发生额合计=全部账户本期贷方发生额合计

B.借方期初余额+借方本期发生额-贷方本期发生额=借方期末余额

C.贷方期初余额+贷方本期发生额-借方本期发生额=贷方期末余额

D.全部账户借方期末余额合计=全部账户贷方期末余额合计

三、多项选择题

1.一个完整的会计分录应包括(　　)。

A.账户名称　　　　B.经济业务摘要　　C.记账方向的符号　D.记账的金额

2.关于会计分录,下列说法中正确的有(　　)。

A.会计分录主要包括三个要素:会计科目、记账方向的符号、金额

B.一借一贷的会计分录为简单会计分录

C.一借多贷、多借一贷、多借多贷的会计分录为复合会计分录

D.可以把反映不同类型经济业务的不相关联的简单会计分录合并而编制多借多贷的复合分录

3.下列属于试算平衡公式的有(　　)。

A.全部账户本期借方发生额合计=全部账户本期贷方发生额合计

B.借方期初余额+借方本期发生额-贷方本期发生额=借方期末余额

C.贷方期初余额+贷方本期发生额-借方本期发生额=贷方期末余额

D.全部账户借方期末余额合计=全部账户贷方期末余额合计

4.关于试算平衡法的下列说法中正确的有(　　)。

A.包括发生额试算平衡法和余额试算平衡法

B.试算不平衡,表明账户记录肯定有错误

C.试算平衡了,说明账户记录一定正确

D.理论依据是"有借必有贷、借贷必相等"

四、判断题

1.会计人员误将财务费用确认为制造费用,通过试算平衡表无法查出该差错。(　　)

2.编制试算平衡表时,也应包括只有期初余额而没有本期发生额的账户。(　　)

3.本期发生额是一个期间指标,它说明某类经济内容的增减变动情况。(　　)

五、分析题

某企业×月末编制的试算平衡表如下:

账户名称	期初余额		本期发生额		期末余额	
	借方	贷方	借方	贷方	借方	贷方
银行存款	20 000		50 000		70 000	
固定资产	80 000		①		②	
原材料	50 000		40 000		90 000	
应付账款				40 000		40 000
实收资本		150 000		80 000		230 000
合计	150 000	150 000	120 000	120 000	270 000	270 000

则下列计算正确的有哪些？（　　　）

A. ①＝120 000－50 000－40 000＝30 000

B. ①＝150 000－120 000＝30 000

C. ②＝80 000＋30 000－0＝110 000

D. ②＝270 000－70 000－90 000＝110 000

六、实务题

目的：练习总分类账户与明细分类账户的平行登记及其试算平衡方法。

资料：

1. 假定鸿达公司本月初有关账户的期初余额如下：

(1) 在途物资　　　　　　　　　　　　　　8 000 元

其中：在途物资——H 材料　　　　　　6 000 元

　　　　　　　——Y 材料　　　　　　2 000 元

(2) 应付账款　　　　　　　　　　　　　50 000 元

其中：应付账款——东华公司　　　　　30 000 元

　　　　　　　——贸发公司　　　　　20 000 元

(3) 原材料　　　　　　　　　　　　　　40 000 元

其中：原材料——H 材料　　　　　　　30 000 元

　　　　　　——Y 材料　　　　　　　10 000 元

2. 该公司本月发生如下交易或事项：

(1) 从东华公司购入不需要安装设备两台，价值 50 000 元，货款尚未支付（假定暂不考虑已经缴纳的增值税进项税额）。

(2) 从贸发公司购入材料一批，货款计 36 000 元。其中：H 材料 20 000 元，Y 材料 16 000 元。H 材料货款已用银行存款支付，Y 材料货款尚未支付（假定暂不考虑已经缴纳的增值税进项税额）。以上两种材料暂未验收入库。

(3) 用银行存款偿还东华公司设备款 50 000 元。

(4) 用银行存款支付贸发公司材料款 36 000 元。

(5) 发出 H 材料 28 000 元、Y 材料 6 000 元用于 A 产品生产。

要求：

1. 根据所给交易或事项编制会计分录。
2. 根据所给账户余额资料和编制的会计分录登记"在途物资""应付账款"和"原材料"总分类账户和明细分类账户(开设 T 形账户即可)。
3. 编制总分类账户与明细分类账户发生额及余额试算表。

综合案例

试算平衡表不是万能的

小甄从某财经大学会计系毕业,刚刚被聘任为启明公司的会计员。今天是他来公司上班的第一天。会计科里那些同事们忙得不可开交,一问才知道,大家正在忙于月末结账。"我能做些什么?"会计科长看他那急于投入工作的表情,也想检验一下他的工作能力,就问:"试算平衡表的编制方法在学校学过了吧?""学过。"小甄很自然地回答。

"那好吧,趁大家忙别的时候,你先编一下我们公司这个月的试算平衡表。"科长帮他找到了本公司所有的总账账簿,让他在早已为他准备的办公桌上开始工作。不到一个小时,一张"总分类账户发生额及余额试算平衡表"就完整地编制出来了。看到表格上那相互平衡的三组数字,小甄激动的心情难以言表,兴冲冲地向科长交了差。

"呀,昨天车间领材料的单据还没记到账上去呢,这也是这个月的业务啊!"会计员李媚说道。还没等小甄缓过神来,会计员小张手里又拿着一些会计凭证凑了过来,对科长说:"这笔账我核对过了,应当记入'原材料'和'生产成本'的是 10 000 元,而不是 9 000 元。已经入账的那部分数字还得改一下。"

"试算平衡表不是已经平衡了吗?怎么还有错账呢?"小甄不解地问。

科长看他满脸疑惑的神情,就耐心地开导说:"试算平衡表也不是万能的,像在账户中把有些业务记漏了,借贷金额记账方向彼此颠倒了,还有记账方向正确但记错了账户,这些都不会影响试算表的平衡。像小张才发现的把两个账户的金额同时多记了或记少了,也不会影响试算表的平衡。"

小甄边听边点头,心里想:"这些内容好像老师在上基础会计课的时候也讲过。以后在实践中还得好好琢磨呀。"

经过一番调整,一张真实反映本月经济业务的试算平衡表又在小甄的手里诞生了。

第五章
账户和借贷记账法的应用

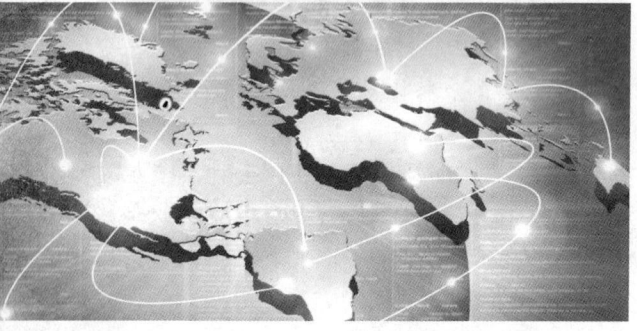

KUAIJIXUE DAOLUN

第五章　账户和借贷记账法的应用

职业能力目标

1. 了解工业企业的主要经济业务的内容；
2. 了解工业企业业务活动的工作流程；
3. 理解并掌握各环节各类交易或事项应设置的账户结构及其账户体系；
4. 能够运用借贷记账法对各种会计交易或事项编制会计分录；
5. 具备爱岗敬业的职业素质，细心严谨，服务于经济主体战略管理目标。

典型工作任务

1. 资金筹集业务；
2. 生产准备业务；
3. 产品生产业务；
4. 产品销售业务；
5. 财务成果业务；
6. 利润分配业务。

第一节　工业企业的主要经济业务

任务引例

刚毕业的小李应聘到某制造企业担任财务会计，第一天上班就收到了大量的原始单据，面对企业发生的各种各样的业务单据，一下子也无从下手，她在思考：企业的资金从哪里来？靠什么赚钱？如何运营？发生的各项费用应该如何核算？

思考：企业的主要经济业务内容包括哪些？

知识准备与业务操作

第四章我们学习了借贷记账法，本章以工业企业为例，讲解企业生产经营的核算和成本计算，结合第三章设置会计科目和账户，系统地介绍借贷记账法在工业企业的运用。

一、工业企业的主要经济业务内容

企业的经营目的是实现利润，为了能够独立进行生产经营活动，每个企业都必须拥有一定数量的经营资金，这些资金是企业一切生产经营的物质基础，从而可以实现"独立核算、收支相抵、自负盈亏"。企业筹集资金的渠道主要是投资者投入的资本金和向银行等金融机构借入款项。从经营过程看，企业沿着供应、生产、销售三大经营过程，还发生以下一系列经济业务：购买原材料储备生产资料，用原材料生产产品，将产品对外销售，收回货款，支付所欠货款等。其中无论是库存现金还是银行存款都是货币资金，从货币资金开始，通过供产销，又回到货币资金，完成了资金循环。资金的循环也称为"资金运动"，体现了管理者对资源的营运能力，营运能力

越强,资金周转越快,企业的盈利能力就越强。

二、工业企业的主要经济业务的流程

工业企业资金循环与周转过程如图5-1所示。

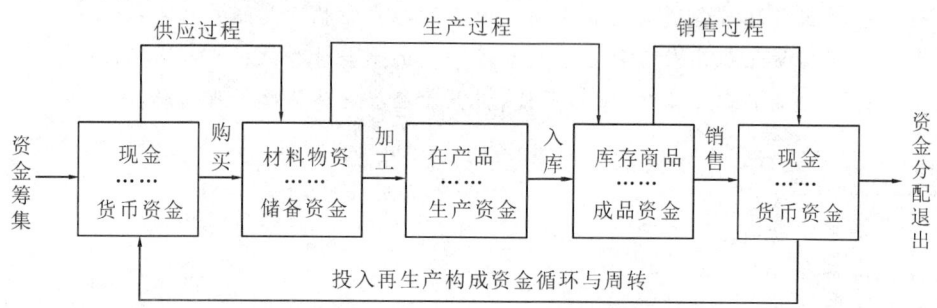

图5-1 工业企业资金循环与周转过程

三、对工业企业的主要经济业务的理解

工业企业要开展日常的生产经营,首先要通过资金筹集过程筹集足够的资金;然后利用货币资金购建厂房、购置机器设备和原材料,形成了储备资金;进入生产过程后,企业通过劳动者运用生产资料对劳动对象进行生产,制造产品,从生产资金形成了成品资金;通过产品的销售形成收入,获得的各项收入抵减各项费用后形成经营成果,即企业的利润,资金运用又回到了货币资金;最后企业实现的利润按规定上交所得税后,再将利润在企业和投资者之间进行分配,分配到投资者的利润就是资金退出企业的过程,分配后剩下的利润称为留存收益,属于所有者权益的一部分。

任务引例解析

工业企业是以产品的生产和销售为主要活动内容的经济组织。其主要经济业务内容可归纳为以下6种:①资金筹集业务;②生产准备业务;③产品生产业务;④产品销售业务;⑤财务成果业务;⑥利润分配业务。如图5-2所示。

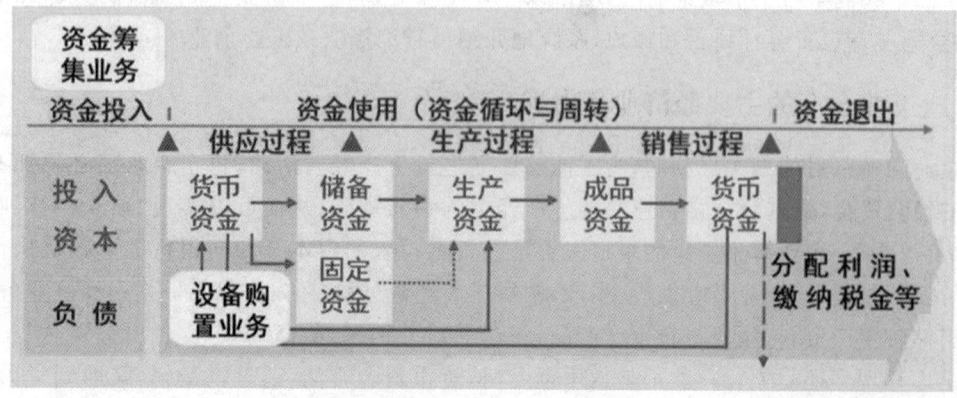

图5-2 工业企业业务活动流程

一、课后思考题

1.工业企业的主要经济业务内容包括哪些?

2.工业企业业务活动的流程是怎样的?

第二节 资金筹集业务核算

资金筹集业务

周扬响应"创新创业"的号召,准备开一家创意公司。可是,资金从哪里来?要知道"巧妇难为无米之炊",家庭开门就是柴、米、油、盐、酱、醋、茶,公司企业更是如此,没有资金将一事无成。

思考:企业筹资的主要渠道有哪些?

知识准备与业务操作

资产是企业进行生产经营活动的重要物质基础,从会计等式"资产=负债+所有者权益"可以看出,对企业而言,形成资产的资金来源主要有两条渠道:一是投资者的投入及其增值,形成所有者权益,属于所有者权益资金的筹集;二是向债权人借入的资金,形成债权人的权益,属于负债资金的筹集。会计上,我们将债权人权益(即企业的负债)和所有者权益(又称股东权益)统称为权益。

我国《企业会计准则——基本准则》规定:"所有者权益的来源包括所有者投入的资本、直接计入所有者权益的利得和损失、留存收益等。"根据所有者权益的不同来源所形成的内容,将所有者权益分为实收资本(或股本)、资本公积、盈余公积和未分配利润。

所有者投入的资本,是指所有者投入企业的资本部分,它既包括构成企业注册资本或股本的金额,也包括投入资本超过注册资本或股本部分的金额(即资本溢价或股本溢价)。

留存收益是企业历年实现的净利润留存于企业的部分,主要包括盈余公积和未分配利润。

一、权益资金筹集业务的核算

(一)实收资本(或股本)业务的核算

1.实收资本(或股本)的含义

实收资本是指企业的投资者按照企业章程或合同、协议的约定认缴的资本金以及按照有关规定由资本公积、盈余公积转入的资本,是投资人投入资本形成法定资本的价值。

按照会计上对资本金的核算要求,股份有限公司以外的企业使用"实收资本"账户,股份有限公司使用"股本"账户。所有者向企业投入的资本一般情况下无须偿还,可供企业长期周转使用。实收资本(或股本)的构成比例,通常是确定所有者在企业所有者权益中所占份额(该份额用于参与企业经营决策)的基础,也是企业进行利润分配或股利分配的依据,同时是在企业清算时确定所有者对净资产要求权的依据。

2. 实收资本(或股本)的分类

(1)按照投资主体不同,可分为国家资本、法人资本、个人资本、外商资本;如果是股份有限公司,也被称为国家股、法人股、个人股和外资股。国家资本是指有权代表国家投资的政府部门或机构以国有资产投入企业形成的资本;法人资本是指其他法人单位以其可支配的资产投入企业形成的资本;个人资本是指社会公众或本企业内部职工以其合法的财产投入企业形成的资本;外商资本是指国外投资者以及我国港澳台地区投资者投入企业资产所形成的资本。

(2)按照投入资本物质形态不同,可分为货币资金以及实物、知识产权、土地使用权等可以用公允价值依法转让的非货币财产。

3. 实收资本(或股本)的核算

需要设置"实收资本"(股份有限公司为"股本")账户,用以核算企业接受投资者投入的实收资本。企业收到投资者的出资超过其在注册资本或股本中所占份额的部分,作为资本溢价或股本溢价,在"资本公积"账户核算。

"实收资本"账户属于所有者权益类账户,该账户贷方登记实收资本的增加数额,借方登记实收资本的减少数额,期末余额在贷方,表示企业期末实收资本的实有数额。本账户可按投资者设置明细账户,进行明细分类核算。"实收资本"账户结构如图5-3所示。

借方	实收资本(股本)	贷方
实收资本的减少数(偿还数)	实收资本的增加数(投入数)	
	期末余额:实收资本期末结存数	

图 5-3 "实收资本"账户结构

【例 5-1】 20××年11月1日,根据投资协议书,海风有限责任公司收到A公司作为投资投入的货币资金200 000元,款项已存入银行。根据投资协议书和进账单,编制会计分录如下:

借:银行存款 200 000
　　贷:实收资本——A公司 200 000

【例 5-2】 20××年12月2日,海风有限责任公司为扩大生产规模,接受A公司投入全新生产设备一台,该设备协议价为400 000元(符合公允价值),设备投入使用(假设不考虑增值税)。根据出资协议和固定资产投资交接单,编制会计分录如下:

借:固定资产——车床 400 000
　　贷:实收资本——A公司 400 000

(二)资本公积业务的核算

1. 资本公积的含义及用途

资本公积是企业收到的投资者超出其在企业注册资本或股本中所占份额的投资。投资者投入企业的资金中,只有按投资者占被投资企业实收资本比例计算的部分才作为注册的实收资本,超过按投资比例计算的部分,作为资本溢价或股本溢价,记入"资本公积"账户。资本公积的主要用途是转增资本,即在办理增资手续后用资本公积转增实收资本或股本,按所有者原投资比例增加该投资者的实收资本。

由于我国采用注册资本制度,超出投资比例的资金无法计入实收资本或股本,但从本质上看,资本公积也属于投入资本的范畴,是企业资本的一种储备形式。但资本公积和实收资本或股本存在一定的区别:实收资本是一种投资者的原始投入,有权利参与企业决策和利润分配;而资本公积除了投资者原始投入外还有其他不同的来源,无论哪一种来源都归所有投资者共同享有,其主要用途是转增资本,即在办理增资手续后用资本公积转增实收资本或股本,所有者按照原有投资比例增加投资者的实收资本。

2. 资本公积的核算

为了反映和核算资本公积的增减变动情况,会计上应设置"资本公积"账户。"资本公积"属于所有者权益类账户,其贷方登记资本公积的增加数,借方登记资本公积的减少数,期末余额在贷方,表示资本公积的期末结存额。"资本公积"账户结构如图5-4所示。

借方	资本公积	贷方
资本公积的减少数(偿还数)		资本公积的增加数(投入数)
		期末余额:资本公积期末结存数

图5-4 "资本公积"账户结构

【例5-3】 20××年11月5日,海风有限责任公司接受投资者李某的投资1 000 000元,已存入银行。其中600 000元作为实收资本,另400 000元作为资本公积。

借:银行存款　　　　　　　　　　　　　　　　1 000 000
　　贷:实收资本——李某　　　　　　　　　　　　600 000
　　　　资本公积——资本溢价　　　　　　　　　　400 000

【例5-4】 20××年12月5日,海风有限责任公司经股东大会批准,将公司的资本公积200 000元按照股东的持股比例转增资本。

借:资本公积　　　　　　　　　　　　　　　　200 000
　　贷:实收资本——A公司　　　　　　　　　　　100 000
　　　　　　　　——李某　　　　　　　　　　　100 000

二、负债资金筹集业务的核算

企业在生产经营过程中,如果出现自有资金不足以满足正常生产经营和购建长期资产等需要,可以通过从银行或其他金融机构借款的方式筹集资金。

通过从银行或其他金融机构借款的方式筹集资金,偿还期在一年以下(含一年)的各种借款称为短期借款,偿还期在一年以上的各种借款称为长期借款,企业应按借款协议约定的利率承担利息支出,同时到期归还借款本金的义务。

(一)短期借款业务的核算

1. 短期借款的含义

短期借款是企业为了满足在生产经营活动中对资金的临时需要而向银行或其他金融机构等借入的偿还期限在1年以内(含1年)的各种借款。一般情况下,企业取得短期借款是为了维持正常的生产经营活动,满足临时的需要。

短期借款的特点是筹资高效、筹资弹性大,但筹资风险高、利息成本较高。

2.短期借款利息的确认与计量

短期借款的利息支出属于企业为筹集资金而发生的耗费,应计入企业的期间费用中的财务费用。

根据短期借款利息不同的支付方式和支付时间,会计处理有如下区别:

(1)如果短期借款按月计收利息,或者虽是借款到期时一次归还本金和利息,但利息数额不大时,企业可以在收到银行的计息通知或实际支付利息时,将利息费用计入当期损益,即财务费用。

(2)如果短期借款按季度或半年度等较长期间计收利息,或者在借款到期时一次归还本金和利息,但利息数额较大时,企业应按照权责发生制核算基础的要求,按月计提借款利息,计入财务费用,待到期支付利息时,再冲销计提的应付利息。

短期借款利息的计算公式为:

$$短期借款利息=借款本金\times 利率\times 计息期$$

使用上述公式计算短期借款利息时,应注意利率和计息期要对应。短期借款的计息期往往以"月"为单位,而利率通常采用年化利率,所以应将年利率转化为月利率。如果计息期按实际经历的天数计算,还应将年利率转化为日利率。为简化起见,一个月一般按 30 天计算,一年按 360 天计算。

$$月利率=年利率\div 12$$
$$日利率=年利率\div 360\ 或日利率=月利率\div 30$$

3.短期借款的会计处理

为了核算短期借款的本金和利息,企业应设置"短期借款""财务费用"和"应付利息"账户。

(1)"短期借款"账户。该账户属于负债类账户,用来核算企业向银行或其他金融机构借入的期限在 1 年以内(含 1 年)的各种借款本金的增减变动及结余情况。该账户的贷方登记取得短期借款的本金数,借方登记偿还的短期借款本金数,余额在贷方,表示尚未偿还的短期借款本金。该账户应按照债权人设置明细账户,并按照借款种类进行明细分类核算。

"短期借款"账户结构如图 5-5 所示。

借方	短期借款	贷方
短期借款本金的减少数(偿还数)	短期借款本金的增加数(借入数)	
	期末余额:短期借款本金期末结存数	

图 5-5 "短期借款"账户结构

(2)"财务费用"账户。该账户属于损益类账户,用来核算企业为筹集生产经营所需资金等而发生的各种筹资费用。包括利息支出(减利息收入)、汇兑差额以及相关的手续费、企业发生的现金折扣或收到的现金折扣等。需要注意的是,为购建或生产满足资本化条件的资产发生的应予资本化的借款费用,在"在建工程"账户核算,不通过"财务费用"账户核算。"财务费用"账户借方登记发生的财务费用,贷方登记发生的应冲减财务费用的利息收入、汇兑收益以及期末转入"本年利润"账户的财务费用净额(如果财务收入大于支出时则进行反方向的结转)。经过结转之后,该账户期末没有余额。"财务费用"账户应按照费用项目设置明细账户。

【例 5-5】 海风有限责任公司于 20××年 7 月 1 日由于临时需要向银行借入期限为 6 个月、年利率为 6% 的借款 100 000 元,款项已存入银行。

该项业务的发生,一方面使企业的银行存款增加了 100 000 元,另一方面使企业的流动负债增加 100 000 元。

编制会计分录如下:

借:银行存款　　　　　　　　　　　　　　　　　　100 000
　　贷:短期借款　　　　　　　　　　　　　　　　　　100 000

【例 5-6】 承例 5-5,假如海风有限责任公司取得的上述借款利息按季度支付,则 7 月份应负担的利息为 500 元(100 000 元×6%÷12)。

按照权责发生制核算基础的要求,本月应负担的利息额为 500 元。但此借款的付息方式是按季度支付,所以 500 元的利息虽由本月负担,但并不在本月实际支付,因而此业务一方面确认应由本月负担的费用即财务费用,另一方面形成企业的一项负债,即计提费用。(8、9 月份利息的计算和处理方法同 7 月份)

编制会计分录如下:

借:财务费用　　　　　　　　　　　　　　　　　　500
　　贷:应付利息　　　　　　　　　　　　　　　　　　500

【例 5-7】 承例 5-5、例 5-6,海风有限责任公司于 9 月末用银行存款支付本季度银行借款利息。

本季度银行借款利息=100 000×6%÷12×3 元=1 500 元。由于 7、8、9 月份均已计提当月的利息费用,所以 9 月末实际支付会使得企业应付利息减少。

编制会计分录如下:

借:应付利息　　　　　　　　　　　　　　　　　　1 500
　　贷:银行存款　　　　　　　　　　　　　　　　　　1 500

【例 5-8】 20××年 12 月 31 日,海风有限责任公司用银行存款偿还 100 000 元借款,并支付本季度借款利息 1 500 元。

编制会计分录如下:

借:短期借款　　　　　　　　　　　　　　　　　　100 000
　　贷:银行存款　　　　　　　　　　　　　　　　　　100 000
借:应付利息　　　　　　　　　　　　　　　　　　1 000
　　财务费用　　　　　　　　　　　　　　　　　　500
　　贷:银行存款　　　　　　　　　　　　　　　　　　1 500

(二)长期借款业务的核算

1. 长期借款的含义

长期借款是企业向银行或其他金融机构借入的偿还期限在 1 年以上或超过 1 年的一个营业周期以上的各种借款。与短期借款不同,企业借入长期借款主要是为了购置大型固定资产、地产、厂房等长期资产,往往是为了满足扩充经营规模的需要。

2. 长期借款利息的确认与计量

根据权责发生制记账基础的要求,长期借款的利息费用应按期计算。借款利息符合资本化条件的,应予以资本化,计入相关资产的成本;不符合资本化条件的,应予以费用化,计入当期损益(财务费用)。

3. 长期借款的会计处理

为了核算长期借款本金及利息的取得和偿还情况,企业应设置"长期借款"账户。本账户属于负债类账户,用以核算企业向银行或其他金融机构借入的期限在1年以上(不含1年)的各项借款的增减变动及结余情况。其贷方登记长期借款的增加数(包括本金和未付的各期利息),借方登记长期借款的减少数(包括偿还的本金和利息)。期末余额在贷方,表示尚未偿还的长期借款本金和利息的结余额。该账户按照贷款单位和贷款种类设置明细账户进行明细分类核算。

"长期借款"账户结构如图 5-6 所示。

借方	长期借款	贷方
长期借款本息的减少(偿还数额)	长期借款本金的取得(借入款项) 计提的未付利息	
	期末余额:尚未偿还的长期借款本息结余	

图 5-6 "长期借款"账户结构

【例 5-9】 为改建厂房(工期 2 年),海风有限责任公司于前 2 年 1 月 1 日向银行借入期限为 3 年的借款 5 000 000 元,存入银行,并将该借款投入到该厂房的改建中。

编制会计分录如下:

借:银行存款   5 000 000
    贷:长期借款   5 000 000

【例 5-10】 承例 5-9,上述长期借款年化利率 10%,单利计息,到期一次还本付息。计算借入当年应由该工程负担的借款利息(假设符合利息资本化的条件)。

由于借款利息符合资本化条件,所以当年发生的借款利息应计入相关厂房的改建成本,即"在建工程"账户。由于是单利计息,到期一次还本付息,所以使得"长期借款"账户增加 500 000 元(5 000 000 元×10%)的利息。编制会计分录如下:

借:在建工程   500 000
    贷:长期借款   500 000

第二年确认利息的会计分录同借入当年。

【例 5-11】 承例 5-9 和例 5-10,海风有限责任公司于 20××年年末到期偿还该笔长期借款的本金和利息。

由于厂房改建工程于上一年年底已竣工,所以按照相关规定,当期该笔借款的利息费用不符合资本化条件,应予以费用化。所以当年确认当期利息费用时会计分录如下:

借:财务费用   500 000
    贷:长期借款   500 000

偿还三年本息和的会计分录为:

借:长期借款 6 500 000
　　贷:银行存款 6 500 000

任务引例解析

筹资包括自有资金(或资本)和借入资金的筹措。借入资金要适度并考虑自己的偿还能力；同时要考虑借款的成本效益问题。借款的形式有银行借款(长期借款和短期借款)、发行公司债券和商业信用等形式。

习题

一、课后思考题

1. 权益资金筹集的方式包括哪些？涉及哪些科目？
2. 负债资金筹集的方式包括哪些？涉及哪些科目？
3. 筹资过程中有哪些需要注意的事项？

二、实务题

目的:练习有关资金筹集业务的核算。

资料:

四方有限责任公司20××年11月发生下列经济业务:

(1)接受南坪公司投资80 000元,存入银行。

(2)收到国家投入资本200 000元,存入银行。

(3)收到吉顺公司投资,其中设备80 000元,材料25 000元,验收入库。

(4)向银行借入期限6个月借款100 000元,存入银行账户。

(5)向银行借入期限为3年、到期一次还本付息、年利率为8%的借款200 000元,存入银行存款户。

(6)用银行存款偿还期限为3个月的到期借款40 000元。

(7)月末以银行存款支付短期借款利息4 000元。

(8)月末计提本月借入3年期长期借款的利息。

(9)经有关部门批准将资本公积金100 000元转增资本(其中国家资本60 000元,法人资本40 000元)。

要求:根据上述资料编制会计分录。

第三节　生产准备业务核算

财务部小李通过一个月的实习基本了解了企业的资金循环,今天接到任务,需要配合生产部门,对仓库的原材料进行实地盘点。

思考:原材料是企业生产前必须具备的条件,除了原材料,企业为了保证生产的顺利进行,还需要做哪些准备工作呢？

> 知识准备与业务操作

工业企业筹集到资金后,就需要购置机器设备、建造厂房等固定资产,购买和储备一定品种与数量的材料等存货,以备组织生产。因此,固定资产的购建和原材料的采购,就构成了生产准备业务核算的主要经济业务。通过固定资产购建和原材料采购,企业的资产增加了;同时,因采购而支付了相应的款项或承担了相应的负债,会导致货币资金相应减少或负债相应增加,资金进一步发生了运动。

一、固定资产购建业务的核算

(一)固定资产的含义

我国《企业会计准则第 4 号——固定资产》中对固定资产的定义是,固定资产是指同时具有下列两个特征的有形资产:①为生产商品、提供劳务、出租或经营管理而持有的;②使用寿命超过一个会计年度。使用寿命是指企业使用固定资产的预计年限,或者该固定资产所能生产产品或提供劳务的数量(工作总量),比如汽车行驶的公里数。

从固定资产的定义可以看出,固定资产具有三个特征:

(1)固定资产是为生产商品、提供劳务、出租或经营管理而持有的,这一特征反映了固定资产的持有目的不是出售,这是固定资产与存货等流动资产区别的重要标志。

(2)固定资产的使用寿命超过一个会计年度,这也是其与流动资产区别的标志。而且因为固定资产要在超过一个会计年度的期间内长期地参加企业的生产活动,导致其价值转移与实物补偿并不同步。

(3)固定资产为有形资产,属于长期资产,具有实物形态是固定资产区别于无形资产的一个重要特征。

固定资产同时满足下列条件的,才能予以确认:①与该固定资产有关的经济利益很可能流入企业;②该固定资产的成本能够可靠计量。

(二)固定资产取得时入账价值的确定

我国《企业会计准则第 4 号——固定资产》中规定,固定资产应当按照成本计量。固定资产取得时的实际成本是指企业购建固定资产达到预定可使用状态前所发生的一切合理的、必要的支出。一般来说,构成固定资产取得时实际成本的具体内容包括买价、运输费、保险费、包装费、安装成本等。

(三)固定资产购建业务核算

为了核算企业购买和自行建造完成固定资产价值的变动过程及结果,需要设置"固定资产""在建工程"等账户。

1."固定资产"账户

该账户用以核算企业持有的固定资产的原值及其增减变动、结余情况,属于资产类账户。借方登记企业增加的固定资产原值,贷方登记企业减少的固定资产原值,期末余额在借方,表示企业期末固定资产的原值。本账户可按固定资产类别和项目进行明细核算。只有当固定资产达到预定可使用状态时,其原值已经形成,才可以记入"固定资产"账户。

"固定资产"账户结构如图 5-7 所示。

借方	固定资产	贷方
固定资产原值的增加(取得)	固定资产原值的减少(处置)	
期末余额:固定资产原值的结余		

图 5-7 "固定资产"账户结构

2."在建工程"账户

该账户核算企业改扩建等在建工程发生的价值,属于资产类账户。该账户的借方登记工程支出的增加,贷方登记结转完工工程的成本。期末余额在借方,表示尚未完工工程的成本。

"在建工程"账户结构如图 5-8 所示。

借方	在建工程	贷方
工程发生的全部支出	结转完工工程成本	
期末余额:未完工工程成本		

图 5-8 "在建工程"账户结构

企业外购的固定资产,需要安装的部分,在达到预定可使用状态之前发生的相关支出,也需要通过"在建工程"账户进行归集核算。待工程达到预定可使用状态之后,再将"在建工程"账户核算的工程成本结转入"固定资产"账户。所以对固定资产进行核算时,一般将其区分为不需要安装固定资产和需要安装固定资产分别进行处理。

【例 5-12】 11 月 10 日,海风有限责任公司,购入不需要安装的机器设备一台,设备买价 20 000 元,运输费 800 元(假设不考虑增值税),款项以银行存款支付。

编制会计分录如下:
借:固定资产　　　　　　　　　　　　　　　　　20 800
　　贷:银行存款　　　　　　　　　　　　　　　　20 800

【例 5-13】 11 月 12 日,海风有限责任公司购入需要安装的机器设备一台,设备买价 20 000 元,运输费 800 元,款项以银行存款支付,设备投入安装。

由于购入的是一台需要安装的设备,购买的价款和运输费属于设备达到预定可使用状态前的固定资产安装工程支出,应先在"在建工程"账户归集。

编制会计分录如下:
借:在建工程　　　　　　　　　　　　　　　　　20 800
　　贷:银行存款　　　　　　　　　　　　　　　　20 800

【例 5-14】 承例 5-13,11 月 15 日,该设备在安装过程中发生如下安装费用:领用原材料 1 400 元,支付安装工人工资 5 000 元。

设备在安装过程中发生的安装费和人工费构成固定资产安装工程支出,也应先在"在建工程"账户归集。

编制会计分录如下:
借:在建工程　　　　　　　　　　　　　　　　　6 400
　　贷:原材料　　　　　　　　　　　　　　　　　1 400
　　　　应付职工薪酬——工资　　　　　　　　　　5 000

【例 5-15】 承例 5-13 和例 5-14,11 月 15 日上述设备安装完毕,达到预定可使用状态,已办理竣工决算手续并交付使用,结转工程成本。

编制会计分录如下：
借：固定资产　　　　　　　　　　　　　　　　　　27 200
　　贷：在建工程　　　　　　　　　　　　　　　　　　27 200

(四)固定资产折旧计算

固定资产折旧是指固定资产在使用过程中因磨损所减少的价值。固定资产的损耗有两种：有形损耗和无形损耗。有形损耗,也称物理磨损,是由于使用而发生的机械磨损,以及由于自然力的作用所引起的自然损耗。无形损耗,是指科学进步以及劳动生产率提高等原因而引起的固定资产价值的损失,属于资产跌价损失。一般情况下,当计算固定资产折旧时,要同时考虑这两种损耗。可选用的折旧方法包括年限平均法(又称直线法)、工作量法、双倍余额递减法和年数总和法,本书以年限平均法为例。

1. 影响固定资产折旧的主要因素

(1)计提折旧基数。

计提折旧基数是固定资产的原始价值或账面净值。现行会计制度规定,一般以固定资产的原价作为计提依据,但选用双倍余额递减法计提折旧的企业,以固定资产的账面净值作为计提依据。

(2)折旧年限。

折旧年限是固定资产的预计使用寿命,折旧年限的长短直接关系到折旧率的高低,是影响折旧额的关键因素。

(3)折旧方法。

企业应当根据与固定资产有关的经济利益的预期实现方式,合理选择折旧方法。我国会计准则中可选用的折旧方法包括年限平均法、工作量法、双倍余额递减法和年数总和法。固定资产的折旧方法一经确定,不得随意变更。如需变更,应当符合固定资产准则第十九条的规定。

(4)净残值。

净残值,是指预计固定资产清理报废时可收回的残值扣除清理费用后的数额。企业应根据固定资产的使用方式和特点,合理估计固定资产的净残值。

2. 计提折旧的范围

除以下情况外,企业应当对所有固定资产计提折旧：

第一,已提足折旧仍继续使用的固定资产；

第二,单独计价入账的土地。

在确定计提折旧的范围时,还应注意以下几点：

(1)固定资产应当按月计提折旧,当月开始使用的固定资产,当月不计提折旧,从下月起计提折旧；当月减少的固定资产,当月仍计提折旧,从下月起不计提折旧。

(2)固定资产提足折旧后,不论能否继续使用,均不再计提折旧；提前报废的固定资产,也不再补提折旧。所谓提足折旧,是指已经计提完该项固定资产的应计折旧额。

(3)已达到预定可使用状态但尚未办理竣工决算的固定资产,应当按照估计价值确定其成本,并计提折旧；待办理竣工决算后,再按实际成本调整原来的暂估价值,但不需要调整原已计提的折旧额。

3. 固定资产折旧方法

固定资产折旧方法指将折旧总额在固定资产使用期间内进行分配时所采用的具体计算方法。可选用的折旧方法包括年限平均法、工作量法、双倍余额递减法和年数总和法。本书以年限平均法为例。

年限平均法又称直线法,是简单且常用的一种方法。此法是以固定资产的原价减去预计净残值的差额除以预计使用年限,得出每年的折旧费用。其特点是将固定资产的应计折旧额平均地分摊到固定资产预计使用寿命内,所以采用这种方法计算的每期折旧额是相等的。

年限平均法的计算公式如下:

$$年折旧率=(1-预计净残值率)\div 预计使用寿命(年)\times 100\%$$

$$月折旧率=年折旧率\div 12$$

$$月折旧额=固定资产原价\times 月折旧率$$

【例5-16-1】 某公司有一台生产用机器设备,原价为618万元,预计使用10年,预计净残值为18万元。计算该机器设备每月计提的折旧金额。

月折旧额=(原值-预计净残值)÷使用年限：12=(618-18)÷10÷12万元=5万元

【例5-16-2】 某公司有一栋办公楼,原价为2 000万元,预计使用20年,预计净残值率为2%。计算该办公楼每月计提的折旧金额。

$$年折旧率=(1-预计净残值率)\div 预计使用寿命(年)\times 100\%$$
$$=(1-2\%)\div 20\times 100\%=4.9\%$$
$$月折旧率=年折旧率\div 12=4.9\%\div 12=0.41\%$$
$$月折旧额=固定资产原价\times 月折旧率=20\ 000\ 000\times 0.41\%元=82\ 000元$$

年限平均法的优点:简单明了,易于掌握,简化了会计核算。在实际工作中得到了广泛的应用。

年限平均法的不足:固定资产在使用前期操作效能高,使用资产所获得的收入比较高,根据收入与费用配比的原则,前期应计提的折旧额应该相应地比较多。其次,固定资产使用的总费用包括折旧费和费用化的修理费两部分。通常在固定资产使用后期,修理费会逐渐增加,而平均年限法的折旧费用在各期是不变的。这造成了总费用逐渐增加,不符合配比的原则。再次,平均年限法未考虑固定资产的利用程度和强度,忽视了固定资产使用磨损程度的差异及工作效能的差异。

二、原材料采购业务的核算

原材料采购业务是生产准备过程的主要业务之一,企业储存备用的原材料通常都是向外单位采购而来。在材料采购过程中,企业一方面要计算购进原材料的采购成本,另一方面还需要支付材料运费、装卸费等各种采购费用。另外,对运达企业的原材料,还要办理验收入库手续,产生入库前的挑选费,方能使材料入库。

按照《企业会计准则第1号——存货》的规定,存货应当按照成本进行初始计量,存货成本包括采购成本、加工成本和其他成本。对于外购的原材料,实际采购成本主要包括:①购买价款,指购货发票所注明的不含增值税金额;②采购过程中发生的运杂费(包括运输费、装卸费、保险费、仓储费等);③材料在运输途中发生的合理损耗;④材料入库前发生的挑选整理费用;⑤按规定应计入材料采购成本的各种税金,如进口关税等;⑥其他费用。

(一)材料采购业务的账户设置

企业购入材料时,要支付购买材料的各项费用,并与供货单位发生货款结算关系,所以,材料采购业务的核算,一般应设置"在途物资""原材料""应付账款""应付票据""预付账款""应交税费"等账户。

1."在途物资"账户

企业采用实际成本进行原材料(或库存商品)日常核算,当存在货款已付但尚未验收入库的原材料或商品时,其采购成本应记入该账户。该账户为资产类账户,其借方登记本期购入材料物资的采购成本,贷方登记已完成采购手续而结转入库材料的实际采购成本,期末余额在借方,表示尚未验收入库材料的实际成本。本账户可按照供货商或物资品种进行明细核算。

"在途物资"账户结构如图5-9所示。

借方	在途物资	贷方
尚未验收入库材料的实际采购成本	结转验收入库材料的实际采购成本	
期末余额:在途材料的实际采购成本		

图5-9 "在途物资"账户结构

2."原材料"账户

该账户核算企业库存的各种材料,包括原料及主要材料、辅助材料、外购半成品(外购件)、修理用备件(备品备件)、包装材料、燃料等的实际成本,一般采用数量金额式的账簿登记库存材料的收入、发出和结存情况。该账户为资产类账户,其借方登记已验收入库材料的实际成本,贷方登记发出材料的实际成本,期末余额在借方,表示结存材料的实际成本。为了具体反映每一种材料的增减变动和结存情况,应分别按照材料的保管地点(仓库)以及材料的类别、品种和规格等设置明细账户,进行明细分类核算。材料的明细分类核算,既要提供价值指标,又要提供详细的实物数量。

"原材料"账户结构如图5-10所示。

借方	原材料	贷方
验收入库材料实际成本的增加(购入)	库存材料实际成本的减少(发出)	
期末余额:库存材料的实际成本		

图5-10 "原材料"账户结构

3."应付账款"账户

该账户核算企业因购买材料、商品和接受劳务等经营活动应支付的款项,是反映企业因购入材料等而与供应商发生结算债务的增减变动情况的账户。该账户为负债类账户,其贷方登记应付给供货单位的款项,借方登记偿付供应商的款项,期末一般为贷方余额,表示期末应付未付的款项。该账户应按不同的债权人分设明细分类账户,进行明细分类核算。

"应付账款"账户结构如图5-11所示。

借方	应付账款	贷方
偿还应付供应商款项	应付供应商款项的增加	
	期末余额:尚未偿还的应付款项	

图 5-11 "应付账款"账户结构

4. "应付票据"账户

该账户核算企业购买原材料、商品和接受劳务等开出的商业汇票,包括银行承兑汇票和商业承兑汇票。该账户为负债类账户,其贷方登记企业开出的商业汇票,借方登记商业汇票的减少。期末余额在贷方,表示尚未到期的商业汇票余额。

企业应当设置"应付票据备查簿",登记每一商业汇票的种类、票号和出票日期、到期日、票面金额、交易合同号和收款人姓名或单位名称以及付款日期和金额等资料。应付票据到期结清或贴现时,应当在备查簿内逐笔注销。

"应付票据"账户结构如图 5-12 所示。

借方	应付票据	贷方
应付票据的减少	开出商业汇票的增加	
	期末余额:尚未到期商业汇票的余额	

图 5-12 "应付票据"账户结构

5. "预付账款"账户

该账户核算企业按照购货合同规定预付给供应商的款项。预付款项情况不多的,也可以不设置本账户,将预付的款项直接记入"应付账款"账户的借方。"预付账款"账户为资产类账户,其借方登记向供货单位预付的货款和补付的款项,贷方登记收到供货单位提供的材料及有关发票账单而冲销的预付账款。期末余额一般在借方,表示企业预付的款项;期末如为贷方余额,反映企业尚未补付的款项。该账户应按供货单位名称分设明细分类账户,进行明细分类核算。

"预付账款"账户结构如图 5-13 所示。

借方	预付账款	贷方
预付供货商款项的增加	冲销预付供货商的款项	
期末余额:尚未结算的预付款	期末余额:尚未补付的款项	

图 5-13 "预付账款"账户结构

6. "应交税费"账户

该账户核算企业按照税法规定计算应交纳的各种税费,包括增值税、消费税、所得税、资源税、土地增值税、城市维护建设税、房产税、土地使用税、车船税、地方教育附加、教育费附加等,但不核算企业不需要预计应交数所交纳的税金,如印花税、耕地占用税等。该账户为负债类账户,贷方登记应交纳的各种税费,借方登记实际交纳的各种税费。期末余额一般在贷方,表示企业尚未交纳的税费;期末余额如在借方,表示企业多交或尚未抵扣的税费。本账户按应交税费的税种进行明细核算。

在材料采购业务中的"应交税费"账户主要是为了核算增值税。增值税是以商品(含应税劳务)在流转过程中产生的增值额作为计税依据而征收的一种流转税,是就其取得的货物或应税劳务的销售额计算税款,并实行税款抵扣制的一种流转税。增值税是一种价外税,分为增值税进项税额和增值税销项税额。

销项税额是指纳税人销售货物或应税劳务,按照销售额和规定的税率计算并向购买方收取的增值税税额。

$$销项税额 = 不含税销售额 \times 增值税税率$$

进项税额是指纳税人购进货物或接受应税劳务所支付或负担的可以抵扣的增值税税额。

$$进项税额 = 不含税购进货物或接受劳务的价款 \times 增值税税率$$

增值税的进项税额与销项税额是相对应的,销售方的销项税额就是购买方的进项税额。

$$企业当期应纳增值税额 = 当期销项税额 - 当期进项税额$$

在"应交税费——应交增值税"账户中,购入材料时支付或负担的进项税额登记在账户的借方,按产品销售收入计算的销项税额登记在账户的贷方。

"应交税费"账户结构如图 5-14 所示。

借方	应交税费	贷方
实际缴纳的各种税费(包括增值税进项税额)		应交未交的税费(包括增值税销项税额)
期末余额:多交的税费(尚未抵扣的进项税额)		期末余额:未交的税费

图 5-14 "应交税费"账户结构

(二)材料采购业务核算举例

【例 5-17】 11 月 25 日,海风有限责任公司从 A 工厂购入下列材料:甲材料 50 吨,单价 2 500 元,乙材料 20 吨,单价 2 000 元,增值税税率 13%,全部款项用银行存款付清。

编制会计分录如下:

借:在途物资——甲材料　　　　　　　　　　　　　125 000
　　　　　　——乙材料　　　　　　　　　　　　　 40 000
　　应交税费——应交增值税(进项税额)　　　　　　 21 450
　　贷:银行存款　　　　　　　　　　　　　　　　　　　186 450

【例 5-18】 11 月 26 日,海风有限责任公司用银行存款 21 000 元支付上述购入甲、乙材料的运杂费,该费用按照材料的重量比例进行分配。

购入材料发生的采购费用,凡能分清是为采购某种材料所发生的,可以直接计入该材料的采购成本;分不清的,如同批购入两种或两种以上材料共同发生的采购费用,应按适当标准在该批各种材料之间进行分配,以便正确确定各种材料的采购成本。

分配标准可选择重量、体积、价格等,在实际工作中应视具体情况选择采用。

按照重量比例甲、乙材料应分摊的运杂费计算如下:

$$运杂费分配率 = 21\ 000/(50+20)元/吨 = 300\ 元/吨$$
$$甲材料应分摊的运杂费 = 300 \times 50\ 元 = 15\ 000\ 元$$
$$乙材料应分摊的运杂费 = 300 \times 20\ 元 = 6\ 000\ 元$$

该项经济业务的发生,一方面使企业的材料采购成本增加了 21 000 元,另一方面使企业的银行存款减少 21 000 元。

编制会计分录如下：

借：在途物资——甲材料　　　　　　　　　　　　15 000
　　　　　　——乙材料　　　　　　　　　　　　 6 000
　　贷：银行存款　　　　　　　　　　　　　　　　　　　　21 000

【例 5-19】 12 月 10 日，海风有限责任公司从 B 工厂购进丙材料 6 000 千克，单价 27 元，发票注明的价款 162 000 元，增值税税额 21 060 元，B 工厂代公司垫付材料的运杂费 2 000 元。发票已到，但款项尚未支付。

编制会计分录如下：

借：在途物资——丙材料　　　　　　　　　　　　164 000
　　应交税费——应交增值税（进项税额）　　　　　21 060
　　贷：应付账款——B 工厂　　　　　　　　　　　　　　185 060

【例 5-20】 12 月 11 日，海风有限责任公司按合同，用银行存款预付给 C 工厂订货款 160 000 元。

编制会计分录如下：

借：预付账款——C 工厂　　　　　　　　　　　　160 000
　　贷：银行存款　　　　　　　　　　　　　　　　　　　160 000

【例 5-21】 12 月 12 日，海风有限责任公司收到 C 工厂发运来的前已预付货款的丙材料，增值税发票注明该批丙材料的价款 400 000 元，增值税进项税额 52 000 元，除冲销原预付款 160 000 元外，不足款项用银行存款支付，另发生的运杂费 800 元，用现金支付。

编制会计分录如下：

借：在途物资——丙材料　　　　　　　　　　　　400 800
　　应交税费——应交增值税（进项税额）　　　　　52 000
　　贷：预付账款——C 工厂　　　　　　　　　　　　　160 000
　　　　银行存款　　　　　　　　　　　　　　　　　　292 000
　　　　库存现金　　　　　　　　　　　　　　　　　　　　800

【例 5-22】 12 月 15 日，海风有限责任公司签发并承兑一张商业汇票购入丁材料，该批材料的含税价款 226 000 元，增值税税率 13%。

材料成本中包含的是不含增值税的价款，由于该笔业务中出现价款为含税价款 226 000 元，所以应将其分解为不含税价款和增值税额两部分。

不含税价款＝含税价款/(1＋税率)＝226 000/(1＋13%)元＝200 000 元

增值税额＝不含税价款×税率＝200 000×13%元＝26 000 元

编制会计分录如下：

借：在途物资——丁材料　　　　　　　　　　　　200 000
　　应交税费——应交增值税（进项税额）　　　　　26 000
　　贷：应付票据　　　　　　　　　　　　　　　　　　　226 000

【例 5-23】 12 月 15 日，海风有限责任公司签发并承兑一张商业汇票，用以抵付本月从 B 工厂购入的丙材料的价税款和代垫的运杂费。

编制会计分录如下：

借:应付账款——B工厂　　　　　　　　　　　　　185 060
　　贷:应付票据　　　　　　　　　　　　　　　　　　185 060

【例 5-24】 12 月 15 日,购入的甲、乙、丙、丁材料已经验收入库,结转各种材料的实际采购成本。

首先计算本月购入的各种材料的实际采购成本:

　　　　甲材料实际采购成本=(125 000+15 000)元=140 000 元
　　　　乙材料实际采购成本=(40 000+6 000)元=46 000 元
　　　　丙材料实际采购成本=(164 000+400 800)元=564 800 元
　　　　丁材料实际采购成本=200 000 元

编制会计分录如下:
借:原材料——甲材料　　　　　　　　　　　　　140 000
　　　　——乙材料　　　　　　　　　　　　　　46 000
　　　　——丙材料　　　　　　　　　　　　　　564 800
　　　　——丁材料　　　　　　　　　　　　　　200 000
　　贷:在途物资——甲材料　　　　　　　　　　　140 000
　　　　　　——乙材料　　　　　　　　　　　　46 000
　　　　　　——丙材料　　　　　　　　　　　　564 800
　　　　　　——丁材料　　　　　　　　　　　　200 000

任务引例解析

工业企业筹集到资金后,就需要购置机器设备、建造厂房等固定资产,购买和储备一定品种与数量的材料等存货,以备组织生产,期末还要定期对固定资产计提折旧,对存货实地盘点,保证账实相符。

习题

一、课后思考题

1．外购原材料的入账价值的实际成本包含哪些内容?
2．应付票据中的票据是指什么?转账支票属于应收票据核算内容吗?
3．固定资产的折旧方法包括哪几种?其中每月的折旧额相同的折旧方法是什么?

二、实务题

目的:练习生产准备业务的核算。

资料:

四方有限责任公司 20××年 11 月经济业务如下:

(1)企业购入生产用不需要安装的甲设备一台,买价 80 000 元,运杂费 1 100 元,保险费 250 元,增值税 10 400 元,全部款项已用银行存款支付。

(2)企业购入生产用需要安装的乙设备一台,含税价款 113 000 元,运杂费 2 000 元。款项已用银行存款支付。

(3)企业进行上述需要安装设备的安装,耗用材料 1 250 元,用银行存款支付安装公司安装费 1 000 元(不含税),取得的增值税专用发票上注明增值税 90 元。

(4)上述设备安装完毕,经验收合格,交付使用。

(5)企业用从银行借入专门借款进行仓库的建造。耗用原材料计 125 000 元,分配工资为 50 000 元,分配制造费用为 45 000 元。

(6)上述专门长期借款本期利息为 60 000 元,用银行存款支付,仓库尚未完工。

(7)仓库建造完毕,经验收合格,交付使用,结转建造成本。

(8)采购员张三预支差旅费 2 000 元,以现金支付。

(9)购进原材料一批,其中甲材料 2 500 公斤,不含税单价 10 元;乙材料 500 公斤,不含税单价 16 元。材料尚未验收入库,货款以商业承兑汇票结算,增值税税率 13%。

(10)以银行存款支付上述材料运费 5 000 元,以现金支付运达仓库装卸费 500 元,按照材料的重量分配运杂费,同时原材料已验收入库。

(11)商业承兑汇票到期,以银行存款支付上述材料款及增值税款。

第四节　生产过程业务核算

财务部小李在参与原材料的盘点中发现车间的生产过程井然有序,包括原材料的投入,工人的加工,水电照明的供应,完工产品的入库等业务。生产过程随着生产工序和生产规模不同,核算方法也不同。

思考:生产过程的耗费是通过什么来核算的?

▶▶▶　**知识准备与业务操作**

一、生产过程业务概述

产品生产是制造业企业的主要业务活动。制造业企业在生产过程中要发生各种耗费,如消耗各种原材料,支付生产工人的工资,厂房、机器设备的磨损和其他费用。这些消耗和费用用货币形式表现出来就称为生产费用。生产费用是为生产各种产品而发生的,通过账户的归集,最后分配到各种产品上去,从而形成各种产品的生产成本。当这些产品销售出去,则转换为产品的销售成本。简言之,生产费用对象化于产品,就形成了产品成本。因此,生产费用的发生、归集和分配,产品成本的形成与计算,是制造业企业生产过程业务核算的主要内容。

二、生产费用的归集与分配

生产费用分为直接费用和间接费用。直接费用是指企业生产产品过程中实际消耗的直接材料和直接人工。间接费用是指企业为生产产品和提供劳务发生的各项间接支出,通常称为制造费用。直接材料、直接人工和制造费用是按照经济用途对生产费用的分类,会计上将其称为成本项目。

直接材料,是指企业在生产产品和提供劳务过程中所消耗的,直接用于产品生产,构成产品实体的各种原材料,包括原料、主要材料、燃料、外购半成品以及有助于产品形成的辅助材料等。

直接人工,是指企业在生产产品和提供劳务过程中,直接从事产品生产的工人工资、社会保险费、补贴和福利费等。

制造费用,是指企业为生产产品和提供劳务而发生的各项间接费用,其主要包括车间管理人员的工资、福利费,车间固定资产的折旧费,车间的办公费、水电费、机物料的消耗以及季节性停工损失等。

为了归集、分配生产费用和计算产品成本,生产成本可采用多栏式账簿,同时还需设置"生产成本""制造费用""应付职工薪酬""累计折旧"和"库存商品"等账户。

1. "生产成本"账户

该账户核算工业企业进行生产发生的各项生产费用,包括生产各种产品(包括产成品、自制半成品等)、自制材料、自制工具、自制设备等。该账户为成本类账户,账户的借方登记产品生产过程中所发生的各项生产费用,包括直接计入产品成本的直接费用(直接材料与直接人工),以及期末分配转入产品成本的制造费用,贷方登记完工入库产品的生产成本。期末如有余额,为借方余额,表示期末尚未完工产品(在产品)的实际成本。

该账户应按照基本生产成本和辅助生产成本进行明细核算。基本生产成本应当分别按照基本生产车间和成本核算对象(如产品的品种、类别、订单、批别、工序等)设置明细账(或成本计算单),并按照实际的成本项目设置专栏。

"生产成本"账户结构如图 5-15 所示。

借方	生产成本	贷方
发生的生产费用: 　　直接材料 　　直接人工 　　制造费用		结转完工入库产品成本
期末余额:在产品的成本		

图 5-15 "生产成本"账户结构

2. "制造费用"账户

该账户核算企业生产车间为生产产品和提供劳务而发生的各项间接费用。该账户为成本类账户,账户的借方登记实际发生的各项制造费用,贷方登记分配转入产品成本的制造费用,"制造费用"账户月末一般无余额。该账户应按不同的生产车间、部门和费用项目设置明细分类账户,进行明细分类核算。

"制造费用"账户结构如图 5-16 所示。

借方	制造费用	贷方
归集车间范围内发生的各项间接费用		期末分配转入"生产成本"账户的制造费用

图 5-16 "制造费用"账户结构

3. "应付职工薪酬"账户

该账户核算企业根据有关合同和规定承担的各种人工费用。该账户为负债类账户,账户的贷方登记实际发生的应分配的人工费用,借方登记实际支付的职工薪酬,账户贷方余额,反映应付未付的职工薪酬。该账户可按照"工资""职工福利""社会保险费""住房公积金""工会经费""职工教育经费"等人工费用项目进行明细核算。

"应付职工薪酬"账户结构如图5-17所示。

借方	应付职工薪酬	贷方
实际支付的职工薪酬	月末计算分配的职工薪酬	
	期末余额:应付未付的职工薪酬	

图5-17 "应付职工薪酬"账户结构

4."累计折旧"账户

该账户核算企业对固定资产计提的累计折旧,该账户为资产类的抵减账户。该账户的贷方登记计提的固定资产折旧额,借方登记出售、报废、毁损等原因处置固定资产而相应注销的折旧额,期末余额在贷方,表示固定资产已提取的累计折旧数额。该账户应当按照固定资产的类别或项目进行明细核算。

"累计折旧"账户结构如图5-18所示。

借方	累计折旧	贷方
固定资产折旧的减少(处置固定资产)	提取的固定资产折旧的增加	
	期末余额:现有固定资产累计折旧	

图5-18 "累计折旧"账户结构

5."库存商品"账户

该账户核算企业库存的各种商品的实际成本(或进价)或计划成本(或售价),包括库存产成品、外购商品、收回的委托加工商品。该账户为资产类账户,账户的借方登记已经完工入库,可以对外销售的产品的实际成本,贷方登记出库产品的实际成本,期末借方余额表示库存产品的实际成本。该账户可按产品的品种、种类和规格进行明细分类核算。

"库存商品"账户结构如图5-19所示。

借方	库存商品	贷方
库存商品成本的增加(入库)	库存商品成本的减少(出库)	
期末余额:库存商品的成本		

图5-19 "库存商品"账户结构

三、成本项目的归集与分配

1.材料费用的归集与分配

【例5-25】 12月16日,海风有限责任公司本月发出材料的情况如下:

甲产品生产耗用A材料85 000元,乙产品生产耗用B材料45 000元,车间一般耗用C材料6 000元。

该项经济业务的发生,一方面使企业的原材料减少了136 000元,另一方面使产品成本增加 136 000 元。直接用于产品生产的材料费用应直接计入甲、乙产品的成本,车间一般耗用的材料应先计入制造费用。编制会计分录如下:

  借:生产成本——甲产品   85 000
      ——乙产品   45 000
    制造费用   6 000
   贷:原材料——A 材料   85 000
      ——B 材料   45 000
      ——C 材料   6 000

2.人工费用的归集和分配

【例 5-26】 12 月 16 日,海风有限责任公司本月应付工资总额为 45 000 元,其中:甲产品生产工人工资 15 000 元,乙产品生产工人工资 25 000 元,车间管理人员工资 5 000 元。

编制会计分录如下:

  借:生产成本——甲产品   15 000
      ——乙产品   25 000
    制造费用   5 000
   贷:应付职工薪酬——工资   45 000

【例 5-27】 12 月 16 日,海风有限责任公司以转账方式支付 11 月工资 45 000 元。

编制会计分录如下:

  借:应付职工薪酬——工资   45 000
   贷:银行存款   45 000

【例 5-28】 12 月 18 日,按上述工资总额的 14%,提取职工福利费 6 300 元。

编制会计分录如下:

  借:生产成本——甲产品   2 100
      ——乙产品   3 500
    制造费用   700
   贷:应付职工薪酬——职工福利   6 300

3.制造费用的归集与分配

【例 5-29】 海风有限责任公司计提 12 月生产车间固定资产的折旧费 8 000 元。

编制会计分录如下:

  借:制造费用   8 000
   贷:累计折旧   8 000

【例 5-30】 12 月 18 日,海风有限责任公司以现金购买车间办公用品,取得增值税普通发票 550 元。

编制会计分录如下:

  借:制造费用   550
   贷:库存现金   550

【例 5-31】 月末,将 12 月发生的制造费用 20 250 元分配转入生产成本。其中:甲产品 18 000 元,乙产品 2 250 元。

编制会计分录如下:

借:生产成本——甲产品	18 000	
——乙产品	2 250	
贷:制造费用		20 250

【例 5-32】 12月末,将归集的生产成本,结转本月已经完工验收入库产品成本 197 850 元。其中,甲产品成本 122 100 元,乙产品成本 75 750 元。

编制会计分录如下:

借:库存商品——甲产品	122 100	
——乙产品	75 750	
贷:生产成本——甲产品		122 100
——乙产品		75 750

任务引例解析

制造业的生产过程是通过原材料在机器设备和工人的加工下形成库存商品,完成储备资金到生产资金、成品资金的转换。在产品生产的核算中,产品的生产成本是通过"生产成本"账户进行核算的,其中生产过程中区分直接成本和间接费用,间接费用先通过"制造费用"账户进行归集,再分摊计入生产成本,产品完工后从"生产成本"转入"库存商品"。

习题

一、课后思考题

1.生产工人的人工费用和车间管理人员的人工费分别记入什么账户?
2."应付职工薪酬"账户核算哪些内容?
3.企业存货中的半成品来源于哪个账户余额?

二、实务题

目的:练习产品生产业务的核算。

资料:

四方有限责任公司 20××年12月发生下列产品生产业务:

(1)开出转账支票 80 000 元发放 11 月工资。

(2)用银行存款 31 800 元支付本月广告费,取得增值税专用发票注明价款 30 000 元,增值税 1 800 元。

(3)仓库发出材料,用途如下:

部门	金额
产品耗用	12 000 元
车间一般耗用	4 200 元
厂部一般耗用	1 500 元

(4)开出现金支票 1 000 元购买厂部办公用品。

(5)车间预付明年生产作业保险费 4 800 元。

(6)计提本月固定资产折旧,其中车间折旧额 35 100 元,厂部 5 000 元。

(7)月末分配工资费用,其中:

部门	金额
生产工人工资	34 000元
车间管理人员工资	16 000元
厂部管理人员工资	8 000元

(8)按工资额的14%提取职工福利费。

(9)将本月发生的制造费用转入"生产成本"账户。

(10)本月生产的A产品40台全部完工,验收入库,结转成本(假设没有期初、期末在产品)。

要求:编制本月业务的会计分录,完成生产成本明细账的登记。

生产成本明细账

产品名称:A产品

20××年		凭证		摘要	借方				贷方	余额
月	日	字	号		直接材料	直接人工	制造费用	合计		
12	×	记	4	领用材料						
12	×	记	6	摊销保险费						
12	×	记	7	计提折旧						
12	×	记	8	计提工资						
12	×	记	9	计提福利费						
12	×	记	10	结转制造费用						
12	×	记	11	结转生产成本						

第五节 销售过程业务核算

不知不觉实习工作已经到了中旬,小李发现本月的业绩不错,从账面上看收入挺好的,但是货币资金却不理想,尤其是支付上月的材料购货款后,货币资金明显下降,她很想去提醒财务主管关于货币资金不足的情况,但是有些害羞,终于还是鼓起了勇气。

思考:为什么很多老总都非常重视应收账款的回收?有什么办法可以尽快回笼资金?

知识准备与业务操作

销售过程是企业生产经营过程的最后阶段,企业售出产品,按照销售价格与购货单位办理结算,收取产品的价款,确认产品销售收入。产品销售收入减去产品销售成本、产品销售税金即为产品销售利润(或亏损)。因此,在销售过程中,企业要确认销售收入的实现,结转销售成本;

计算应缴纳的销售税金;最终确定销售成果。企业在销售过程中除了发生销售商品及提供工业劳务等主营业务之外,还可能发生一些其他业务,如销售材料、出租包装物等,所以本节主要介绍企业主营业务收支和其他业务收支的核算。

一、主营业务收支的核算

制造业企业的主营业务范围主要包括销售商品、自制半成品以及提供公益性劳务等。本部分主要介绍商品销售业务的核算,包括商品销售收入的确认与计量、商品销售成本的计算与结转以及销售过程中税费的计算和缴纳等问题。

(一)商品销售收入的确认与计量

1. 收入的概念

收入是指企业在日常活动中形成的、会导致所有者权益增加的、与所有者投入资本无关的经济利益的总流入。

2. 收入的特征

(1)收入是企业在日常活动中形成的经济利益的总流入;

(2)收入能导致企业所有者权益的增加;

(3)收入与所有者投入资本无关。

我国收入准则规定,企业应当在履行了合同中的履约义务,即在客户取得相关商品控制权时确认收入。取得相关商品控制权是指能主导该商品的使用并从中获得几乎全部的经济利益。当企业与客户之间的合同同时满足下列条件时,企业应当在客户取得相关商品控制权时确认收入:

①合同各方已批准该合同并承诺将履行各自义务;

②该合同明确了合同各方与所转让商品或提供劳务相关的权利和义务;

③该合同有明确的与所转让商品或提供劳务相关的支付条款;

④该合同具有商业实质,即履行该合同将改变企业未来现金流量的风险、时间分布或金额;

⑤企业因向客户转让商品或提供劳务而有权取得的对价很可能收回。

(二)销售商品业务的会计处理

为了核算企业销售商品所实现的收入、结转的成本、支付的税金以及因销售商品而与购买单位之间发生的货款结算关系,企业应设置"主营业务收入""主营业务成本""税金及附加""应收账款""预收账款"等账户。

1. 主营业务收入的核算

主要设置的账户有:

(1)"主营业务收入"账户。

该账户为损益类账户,用以核算企业根据收入准则确认的销售商品、提供劳务等主营业务的收入。其贷方登记已实现的主营业务收入,借方登记期末转入"本年利润"账户的主营业务收入,期末结转后无余额。为了详细地反映企业各种主营业务收入的实现情况,该账户应按照主营业务的内容(如某产品),设置明细分类账户,进行明细分类核算。

"主营业务收入"账户的结构如图5-20所示。

借方	主营业务收入	贷方
销售退回 期末转入"本年利润"账户的净收入	实现的主营业务收入(增加)	

图 5-20 "主营业务收入"账户结构

(2)"应收账款"账户。

该账户属于资产类账户,属于双重性质的账户,用以核算企业因销售商品、产品,提供劳务等经营活动应收取的款项。其借方登记应收货款的发生额,贷方登记应收货款的收回额。期末余额在借方,表示期末尚未收回的应收货款数额。期末余额如在贷方,表示预收的账款。为了详细地反映每笔应收账款的发生和收回的具体情况,该账户应按债务人设置明细分类账户,进行明细分类核算。

"应收账款"账户的结构如图 5-21 所示。

借方	应收账款	贷方
发生的应收账款(增加)	收到应收账款(减少)	
期末余额:应收未收账款	期末余额:预收账款	

图 5-21 "应收账款"账户结构

(3)"预收账款"账户。

该账户属于负债类账户,属于双重性质的账户,用来核算企业按照合同规定向购货单位预收的款项。预收账款情况不多的,也可将预收的款项直接记入"应收账款"账户。"预收账款"账户贷方登记预收购货单位订货款的增加,借方登记销售实现时冲减的预收货款。期末余额如在贷方,则表示企业预收款项;期末余额如在借方,表示购货单位应补付给本企业的款项。本科目应按购货单位进行明细核算。

"预收账款"账户的结构如图 5-22 所示。

借方	预收账款	贷方
预收账款的减少	预收账款的增加	
期末余额:应收未收账款	期末余额:预收账款	

图 5-22 "预收账款"账户结构

(4)"应收票据"账户。

该账户属于资产类账户,用来核算企业因销售商品、产品,提供劳务等而收到的商业汇票,包括银行承兑汇票和商业承兑汇票。借方登记企业收到商业汇票的金额,贷方登记票据到期收回购货单位货款的金额。期末如有余额,应在借方,反映企业持有的商业汇票的金额。该账户应当按照客户进行明细核算。

为了及时了解每一张票据的结算情况,企业应当设置"应收票据备查簿",逐笔登记商业汇票的种类、号数、出票日、票面金额、交易合同号和付款人、承兑人、背书人名称,到期和背书转让日、贴现日、贴现率和贴现净额以及收款日和收回金额、退票情况等资料,商业汇票到期结清票款或退票后,应当在备查簿内逐笔注销。

"应收票据"账户的结构如图 5-23 所示。

借方	应收票据	贷方
本期收到的商业汇票(增加)	到期或贴现的商业汇票(减少)	
期末余额:持有的商业汇票金额		

图 5-23 "应收票据"账户结构

【例 5-33】 20××年 12 月 20 日,海风有限责任公司向亿达公司销售甲产品 2 000 件,不含税单价 280 元,增值税税率 13%,增值税额 72 800 元,款项已收并存入银行。

该项经济业务的发生,一方面使企业的银行存款增加 632 800 元,另一方面使产品销售收入增加 560 000 元,应缴纳的增值税增加 72 800 元。

编制会计分录如下:

借:银行存款　　　　　　　　　　　　　　　632 800
　　贷:主营业务收入——甲产品　　　　　　　　　560 000
　　　　应交税费——应交增值税(销项税额)　　　　72 800

【例 5-34】 12 月 21 日,向达惠公司销售甲产品 3 000 件,不含税单价 280 元;乙产品 1 000 件,不含税单价 550 元。增值税税率 13%,增值税额 180 700 元,款项尚未收到。

该项经济业务的发生,一方面使企业的应收账款增加了 1 570 700 元,另一方面使产品销售收入和应交增值税分别增加 1 390 000 元和 180 700 元。

编制会计分录如下:

借:应收账款——达惠公司　　　　　　　　　1 570 700
　　贷:主营业务收入——甲产品　　　　　　　　　840 000
　　　　　　　　　　——乙产品　　　　　　　　　550 000
　　　　应交税费——应交增值税(销项税额)　　　180 700

【例 5-35】 12 月 22 日,收到达惠公司所欠账款 1 070 700 元。

该项经济业务的发生,一方面使企业的银行存款增加了 1 070 700 元,另一方面使应收账款减少了 1 070 700 元。

编制会计分录如下:

借:银行存款　　　　　　　　　　　　　　　1 070 700
　　贷:应收账款——达惠公司　　　　　　　　　　1 070 700

【例 5-36】 12 月 23 日,成峰公司向本企业订购甲产品 400 件,收到其预付款项 10 000 元,存入银行。

该项经济业务的发生,一方面使企业的银行存款增加 10 000 元,另一方面使预收账款增加了 10 000 元。

编制会计分录如下:

借:银行存款　　　　　　　　　　　　　　　10 000
　　贷:预收账款——成峰公司　　　　　　　　　　10 000

【例 5-37】 12 月 24 日,向成峰公司发出甲产品 400 件,不含税单价 270 元,增值税税率 13%,增值税额 14 040 元。货款不足部分成峰公司当即以银行存款补付。

该项经济业务的发生,一方面使企业的预收账款减少 10 000 元,银行存款增加了 112 040 元,另一方面分别使产品销售收入和应交增值税增加了 108 000 元和 14 040 元。

借:预收账款——成峰公司　　　　　　　　　　10 000
　　银行存款　　　　　　　　　　　　　　　　112 040
　　贷:主营业务收入——甲产品　　　　　　　　　　108 000
　　　　应交税费——应交增值税(销项税额)　　　　14 040

【例 5-38】 12 月 25 日,向顺丰公司销售甲产品 300 件,不含税单价 300 元,增值税税率 13%,收到对方开来的商业承兑汇票,面值 101 700 元。

该项经济业务的发生,一方面使企业的应收票据增加 101 700 元,另一方面使产品销售收入增加了 90 000 元,应缴纳的增值税增加 11 700 元。

编制会计分录如下:

借:应收票据——顺丰公司　　　　　　　　　　101 700
　　贷:主营业务收入——甲产品　　　　　　　　　　90 000
　　　　应交税费——应交增值税(销项税额)　　　　11 700

【例 5-39】 承例 5-34、例 5-35,12 月 26 日,收到达惠公司开出并承兑的商业汇票 500 000 元,用以抵偿其所欠货款。

该项经济业务的发生,一方面使得公司的应收票据增加 500 000 元,另一方面使得公司应收账款减少 500 000 元。

编制会计分录如下:

借:应收票据——达惠公司　　　　　　　　　　500 000
　　贷:应收账款——达惠公司　　　　　　　　　　500 000

2.主营业务成本的核算

企业销售商品,一方面减少了库存商品,另一方面售出产品的生产成本是企业为取得主营业务收入而必须付出的代价。减少了库存商品表明企业发生了费用,我们把这项费用称为主营业务成本。根据配比原则,主营业务成本的结转应与主营业务收入在同一会计期间确认,且与主营业务收入在销售数量上应该保持一致。值得注意的是,产品的销售成本可以随着收入的发生随时结转,也可以定期结转,本书以月末一次性结转产品销售成本为例。

主营业务成本的计算公式为:

本期应结转的主营业务成本=本期销售商品的数量×单位商品的生产成本(或进价)

为了核算主营业务成本的发生和结转情况,需要设置"主营业务成本"账户。该账户属于损益类账户,用以核算企业根据收入准则确认销售商品、提供劳务等主营业务收入时应结转的成本。其借方登记主营业务发生的实际成本,贷方登记期末转入"本年利润"账户的主营业务成本,期末结转后无余额。为了详细地反映企业各种主营业务成本的发生情况,该账户应按照主营业务的内容设置明细分类账户(如某产品),进行明细分类核算。

"主营业务成本"账户的结构如图 5-24 所示。

借方	主营业务成本	贷方
发生的主营业务成本	期末转入"本年利润"账户的主营业务成本	

图 5-24 "主营业务成本"账户结构

【例 5-40】 12 月 31 日,海风有限责任公司结转本月销售甲、乙产品的销售成本,其中甲产品的单位成本为 250 元,共销售 5 700 件,乙产品单位成本为 220 元,共销售 1 000 件。

该项经济业务的发生,一方面使企业的库存产成品减少了 1 645 000 元,另一方面使产品销售成本增加了 1 645 000 元。

编制会计分录如下:

```
借:主营业务成本——甲产品              1 425 000
          ——乙产品                220 000
  贷:库存商品——甲产品              1 425 000
          ——乙产品                220 000
```

3. 税金及附加的核算

企业因销售行为应该向国家税务机关缴纳各种销售税金及附加,按税法规定主要包括消费税、城市维护建设税、资源税、教育费附加及房产税、土地使用税、车船使用税、印花税等相关税费,这些税金及附加一般根据当月销售额或应税额,按照规定的税率计算,于下月初缴纳。其中:

应交城市维护建设税=(消费税+增值税)×城建税税率

教育费附加的计算同城市维护建设税,只是缴纳比例不同。

为了核算产品销售税金,企业应设置"税金及附加"账户。该账户为损益类账户,其借方登记应缴纳的各种销售税金及附加,贷方登记期末转入"本年利润"账户的销售税金及附加额,结转后期末无余额。

"税金及附加"账户的结构如图 5-25 所示。

借方	税金及附加	贷方
按照计税依据计算出的消费税、城建税等	期末转入"本年利润"账户的税金及附加	

图 5-25 "税金及附加"账户结构

【例 5-41】 12 月 31 日,经计算本期销售商品应缴纳的税金及附加为 20 000 元,其中城市维护建设税 14 000 元、教育费附加 6 000 元。

这项经济业务的发生是企业因销售商品必须承担相应的纳税义务,由此而产生的费用增加,记入"税金及附加"账户的借方,同时确认相应的应交税费增加。

编制分录如下:

```
借:税金及附加                       20 000
  贷:应交税费——应交城市维护建设税         14 000
         ——应交教育费附加              6 000
```

二、其他业务收支的核算

企业在经营过程中除了发生主营业务以外,还会发生一些具有兼营性的其他业务。其他业务是指企业在经营过程中发生的除主营业务以外的其他销售业务,包括销售材料、出租包装物、出租固定资产、出租无形资产等。对于不同的企业而言,主营业务和其他业务的内容划分并不是一成不变的,即便在同一个企业里,不同期间的主营业务和其他业务的内容也并非固定不变。其他业务收入和支出的确认原则和计量方法与主营业务基本相同,但按照重要性原则的要求,对其他业务的核算采取比较简单的方法。

(一)其他业务收入的核算

企业通过"其他业务收入"账户对兼营性业务实现的收入进行核算。"其他业务收入"账户是损益类账户,用来核算企业确认的除主营业务活动以外的其他经营活动实现的收入,包括出租固定资产、出租无形资产、出租包装物和商品、销售原材料等实现的收入。其贷方登记其他业务收入的实现,即增加;借方登记期末转入"本年利润"账户的其他业务收入额。结转后,期末没有余额。本账户可按其他业务收入种类进行明细核算。

"其他业务收入"账户的结构如图 5-26 所示。

借方	其他业务收入	贷方
期末转入"本年利润"账户的其他业务收入		其他业务收入的实现(增加)

图 5-26 "其他业务收入"账户结构

【例 5-42】 12 月 25 日,海风有限责任公司销售一批 A 原材料,价款 30 000 元,增值税 3 900 元。款项收存银行。

根据规定,销售原材料取得的收入属于企业的其他业务收入,这项经济业务的发生一方面使得公司银行存款增加 33 900 元,另一方面使公司其他业务收入增加了 30 000 元,增值税销项税额增加了 3 900 元。

编制分录如下:

借:银行存款 33 900
 贷:其他业务收入——A 原材料 30 000
  应交税费——应交增值税(销项税额) 3 900

【例 5-43】 12 月 26 日,海风有限责任公司出租闲置运输车辆 10 辆,获取收入 100 000 元,增值税 13 000 元,款项收存银行。

根据规定,出租车辆属于让渡资产使用权,取得的收入属于企业的其他业务收入,这项经济业务的发生一方面使得公司银行存款增加 113 000 元,另一方面使公司其他业务收入增加了 100 000 元,增值税销项税额增加了 13 000 元。

编制会计分录如下:

借:银行存款 113 000
 贷:其他业务收入 100 000
  应交税费——应交增值税(销项税额) 13 000

【例 5-44】 12 月 27 日,海风有限责任公司出租包装物,收取不含税租金 6 500 元,增值税 845 元,款项收存银行。

根据规定,出租包装物属于让渡资产使用权,取得的收入属于企业的其他业务收入,这项经济业务的发生一方面使得公司银行存款增加 7 345 元,另一方面使公司其他业务收入增加了 6 500 元,增值税销项税额增加了 845 元。

编制会计分录如下:

借:银行存款　　　　　　　　　　　　　　　　　　　7 345
　　贷:其他业务收入　　　　　　　　　　　　　　　　　6 500
　　　　应交税费——应交增值税(销项税额)　　　　　　　845

(二)其他业务成本的核算

企业实现其他业务收入的同时,还要发生其他业务支出,即与其他业务有关的成本和费用,包括销售原材料的成本、出租包装物的成本或摊销额、出租无形资产的摊销额等。为了核算这些支出,需要设置"其他业务成本"账户。该账户属于损益类账户,用来核算企业确认的除主营业务活动以外的其他经营活动所发生的支出,包括销售材料的成本、出租固定资产的折旧额、出租无形资产的摊销额、出租包装物的成本或摊销额等。其借方登记其他业务成本的增加,贷方登记期末转入"本年利润"账户的其他业务成本额,经过期末结转,账户没有余额。本账户可按其他业务成本的种类进行明细核算。

需要注意的是,除主营业务活动以外的其他经营活动发生的相关税费,也在"税金及附加"账户核算。

"其他业务成本"账户的结构如图 5-27 所示。

借方	其他业务成本	贷方
其他业务成本的增加	期末转入"本年利润"账户的其他业务成本	

图 5-27　"其他业务成本"账户结构

【例 5-45】 12 月 31 日,海风有限责任公司月末结转本月销售原材料的成本 15 000 元。

这项经济业务的发生,一方面使得公司其他业务成本增加了 15 000 元,另一方面使公司库存原材料减少 15 000 元。

编制分录如下:

借:其他业务成本　　　　　　　　　　　　　　　　　15 000
　　贷:原材料　　　　　　　　　　　　　　　　　　　15 000

【例 5-46】 12 月 31 日,海风有限责任公司月末结转本月出租包装物的成本 6 000 元。

这项经济业务的发生,一方面使得公司其他业务成本增加 6 000 元,另一方面使公司包装物减少了 6 000 元。

编制分录如下:

借:其他业务成本　　　　　　　　　　　　　　　　　6 000
　　贷:周转材料——包装物　　　　　　　　　　　　　6 000

【例 5-47】 12 月 31 日,海风有限责任公司出租车辆本月应负担的车船使用税为 7 500 元,该车辆折旧费为1 000元。

这项经济业务的发生,一方面使得公司税金及附加增加7 500元,另一方面使公司应交税费增加了7 500元。

编制分录如下:

借:税金及附加　　　　　　　　　　　　　　7 500
　　贷:应交税费——应交车船使用税　　　　　　　　7 500
借:其他业务成本　　　　　　　　　　　　　　1 000
　　贷:累计折旧　　　　　　　　　　　　　　　　1 000

任务引例解析

根据收付实现制,收入的确认不是以是否收款作为条件的,所以往往会出现收入高而货币资金低的情况。企业在销售过程中,应充分评估经济利益是否能够流入企业,方能确认收入。否则,应收账款如果收不回来,就形成了信用减值损失。为了防止出现资金链断裂,企业应制定赊销政策,防止坏账风险,提前做好全面预算工作。对于尽快回笼资金,可以采取现金折扣的方法,或者将其与业务员的绩效挂钩的方法。

习题

一、课后思考题

1.商品销售收入确认的条件是什么?

2.应收账款金额中是否包含了增值税?

3.一般纳税人取得的含税收入如何进行价税分离?

二、实务题

目的:练习工业企业销售过程的核算。

资料:

四方有限责任公司为一般纳税人,货物销售增值税税率为13%,12月发生销售经济业务如下:

(1)向恒利工厂出售A产品500件,每件售价160元。货款已收到,存入银行。

(2)向万达工厂出售B产品300件,每件售价250元。收到一张已承兑的商业汇票。

(3)用银行存款21 200元支付销售产品的广告费,取得增值税专用发票,税率6%。

(4)预收海平公司订货款20 000元,存入银行。

(5)结转A、B两种产品的实际销售成本,A产品每件80元,B产品每件125元。

(6)以银行存款支付上述A、B两种产品在销售过程中的运输费1 800元、包装费1 200元,取得普通发票。

(7)结算本月销售机构职工工资20 000元,并按工资总额的14%计提职工福利费。

(8)向万达工厂出售甲材料100公斤,每公斤售价18元(不含税),货款存入银行。

(9)结转出售的甲材料实际销售成本(每公斤10元)。

(10)经计算,本月销售产品应计提的城建税1 600元,教育费附加700元。

要求:根据上述各项经济业务编制会计分录。

第六节　利润形成及利润分配业务核算

年末了,财务部的同事都特别忙,小李纳闷了:为什么年末需要处理的业务那么多?企业的年末都有哪些业务是平日里没有的呢?

思考:年末的时候,如何去计算企业这一年是否盈利呢?

知识准备与业务操作

利润是反映企业在一定期间内生产经营成果的重要指标,是通过等式"收入－费用＝利润",将一定时期内的收入与费用进行配比而产生的结果。收入大于费用的差额形成利润,反之则为亏损。

一、利润的构成与计算

利润是一个综合指标,对于利润的确认和计量,是以企业生产经营活动中所实现的收入和发生的费用的确认与计量为基础的,同时还包括通过投资活动产生的投资收益以及非日常活动中形成的营业外收支等。所以,从构成内容上看,利润既包括通过生产经营活动获得的,也包括通过投资活动获得的,还包括与生产经营活动没有直接关系的各项收入和支出等。按照我国会计准则的规定,制造业企业的利润指标有以下几个层次。

利润总额＝营业利润＋营业外收入－营业外支出

营业利润是企业利润的主要来源,营业利润的计算公式为:

营业利润＝营业收入－营业成本－税金及附加
　　　　－期间费用－资产减值损失＋公允价值变动收益＋投资收益
　　　＝(主营业务收入＋其他业务收入)－(主营业务成本＋其他业务成本)
　　　　－税金及附加－期间费用－资产减值损失＋公允价值变动收益＋投资收益

营业外收入是指企业非日常经营活动产生的各项收入,主要包括非货币性资产交换利得、债务重组利得、罚款利得、政府补助、盘盈利得、捐赠利得等。营业外收入不需要也不可能与有关费用配比,因此,在会计核算时应严格区分营业外收入和营业收入。营业外收入发生时,按照实际发生金额直接增加企业的利润总额。

营业外支出是指企业非日常经营活动产生的各项支出,主要包括债务重组损失、公益性捐赠支出、非常损失、盘亏损失。营业外收入与营业外支出并不配比,所以两者应分别核算,不能以营业外支出直接冲减营业外收入,同样也不能以营业外收入直接冲减营业外支出。营业外支出发生时,按照实际发生金额直接冲减企业的利润总额。

企业实现了利润总额后,应该向国家缴纳企业所得税,扣除所得税费用后的利润即为净利润。

净利润＝利润总额－所得税费用

利润总额中营业利润的部分指标(主营业务收入、主营业务成本、其他业务收入、其他业务成本、税金及附加)前面均已介绍,接下来对期间费用、投资收益、营业外收支以及所得税费用的核算进行讲述,并进一步讨论利润分配的核算。

二、营业利润形成过程的核算

(一)期间费用的核算

期间费用是指不能直接归属于某个特定的产品成本,而应直接计入当期损益的各种费用。期间费用不计入产品生产成本,而是从当期损益中予以扣除。包括销售费用、管理费用、财务费用。

管理费用是指企业行政管理部门为组织和管理企业生产经营所发生的各种费用,包括企业在筹建期间发生的开办费、董事会和行政管理部门在企业的经营管理中发生的或者应由企业统一负担的公司经费(包括行政管理部门职工工资及福利费、物料消耗、低值易耗品摊销、办公费和差旅费等)、工会经费、董事会费(包括董事会成员津贴、会议费和差旅费等)、聘请中介机构费、咨询费(含顾问费)、诉讼费、业务招待费、技术转让费、研究费用、排污费等。

销售费用是指销售商品和材料、提供劳务等日常经营过程中发生的各种费用,包括保险费、包装费、展览费和广告费、商品维修费、预计产品质量保证损失、运输费、装卸费等,以及为销售本企业商品而专设的销售机构(含销售网点、售后服务网点等)的职工薪酬及福利费、业务费、折旧费等经营费用。

财务费用是指企业为筹集生产经营所需资金等而发生的筹资费用,包括利息支出(减利息收入)、汇兑差额以及相关的手续费、企业发生的现金折扣或收到的现金折扣等。

为了核算期间费用,除了"财务费用"账户外(前面资金筹集业务部分已做介绍),还应设置以下账户。

1. "管理费用"账户

该账户属于损益类账户,核算企业为组织和管理企业生产经营所发生的各种费用。其借方登记发生的各项管理费用,贷方登记期末转入"本年利润"账户的管理费用,经过结转后,本账户期末没有余额。本账户可按费用项目设置明细账,进行明细核算。"管理费用"账户的结构如图5-28所示。

借方	管理费用	贷方
发生的管理费用		期末转入"本年利润"账户的管理费用

图5-28 "管理费用"账户结构

2. "销售费用"账户

该账户属于损益类账户,核算企业销售商品和材料、提供劳务的过程中发生的各种费用。其借方登记发生的各项销售费用,贷方登记期末转入"本年利润"账户的销售费用,经过结转后,本账户期末没有余额。本账户可按费用项目设置明细账,进行明细核算。

"销售费用"账户的结构如图5-29所示。

借方	销售费用	贷方
发生的销售费用		期末转入"本年利润"账户的销售费用

图 5-29 "销售费用"账户结构

【例 5-48】 12 月 31 日,海风有限责任公司行政管理人员刘明出差报销差旅费 2 000 元,原借款 4 000 元,余额退回现金。

差旅费用在企业的"管理费用"账户核算,这项经济业务的发生一方面使得公司管理费用增加了 2 000 元,使库存现金增加了 2 000 元,另一方面使公司的其他应收款减少了 4 000 元。

编制会计分录如下:

借:管理费用——差旅费　　　　　　　　　　　2 000
　　库存现金　　　　　　　　　　　　　　　　2 000
　　贷:其他应收款——刘明　　　　　　　　　　　4 000

【例 5-49】 12 月 31 日,海风有限责任公司用银行存款支付广告费 60 000 元,计提专设销售机构人员工资 40 000 元。

广告费及专设销售机构人员工资在企业的"销售费用"账户核算,这项经济业务的发生一方面使得公司销售费用增加了 100 000 元,另一方面使公司的应付职工薪酬增加了 40 000 元,公司银行存款减少了 60 000 元。

编制会计分录如下:

借:销售费用　　　　　　　　　　　　　　　100 000
　　贷:银行存款　　　　　　　　　　　　　　　60 000
　　　　应付职工薪酬——工资　　　　　　　　　40 000

【例 5-50】 12 月 31 日,海风有限责任公司计算本月应缴纳的车船税为 1 500 元,房产税为 15 000 元。用银行存款支出本月印花税 300 元。

上述税金都属于"税金及附加"账户核算的内容,车船税和房产税属于本月预计,以后缴纳,所以形成应交税费,印花税属于发生即缴纳的,所以这项经济业务的发生一方面使得公司税金及附加增加了 16 800(15 000+1 500+300)元,另一方面使公司的应交税费增加了 16 500(1 500+15 000)元,公司银行存款减少 300 元。

编制会计分录如下:

借:税金及附加　　　　　　　　　　　　　　16 800
　　贷:银行存款　　　　　　　　　　　　　　　　300
　　　　应交税费——应交车船税　　　　　　　　1 500
　　　　应交税费——应交房产税　　　　　　　15 000

(二)投资收益的核算

企业除了进行正常生产经营活动外,为了提高资金的使用效率以获取更多经济利益,企业可以将资金投放于债券、股票或其他资产,形成对外投资。为了核算投资损益,需要设置"投资收益"账户。该账户属于损益类账户,用来核算企业确认的投资收益或投资损失。其贷方登记实现的投资收益和期末转入"本年利润"账户的投资净损失;借方登记发生的投资损失和期末转入"本年利润"账户的投资净收益。经结转后,该账户期末没有余额。"投资收益"账户可按投资项目设置明细账,进行明细核算。

"投资收益"账户的结构如图 5-30 所示。

借方	投资收益	贷方
发生的投资损失 期末转入"本年利润"账户的投资净收益		实现的投资收益 期末转入"本年利润"账户的投资净损失

图 5-30 "投资收益"账户结构

【例 5-51】 12 月 31 日,海风有限责任公司对某公司投资,该被投资单位宣告股利分配方案,海风有限公司应得股利 10 000 元,确认为投资收益。

这项经济业务的发生一方面使得公司投资收益增加了 10 000 元,另一方面使公司的应收股利增加了 10 000 元。

编制分录如下:
借:应收股利　　　　　　　　　　　　　　　10 000
　　贷:投资收益　　　　　　　　　　　　　　　10 000

通过前述经济业务的核算,可以计算海风有限责任公司的营业利润。

其中:

主营业务收入为(560 000+840 000+550 000+108 000+90 000)元=2 148 000 元;

主营业务成本为(1 425 000+220 000)元=1 645 000 元;

其他业务收入为(30 000+100 000+6 500)元=136 500 元;

其他业务成本为(15 000+6 000+1 000)元=22 000 元;

税金及附加为(20 000+7 500+16 800)元=44 300 元;

管理费用为 2 000 元;

销售费用为 100 000 元;

投资收益为 10 000 元;

假设财务费用为 5 000 元。

则企业的营业利润为(2 148 000−1 645 000+136 500−22 000−44 300−2 000−100 000+10 000−5 000)元=476 200 元。

三、净利润形成过程的核算

(一)营业外收支的核算

企业的营业外收支包括营业外收入和营业外支出。为了核算其具体内容,需要设置以下账户。

1. "营业外收入"账户

该账户属于损益类账户,用来核算企业发生的各项营业外收入,主要包括债务重组利得、政府补助、盘盈利得、捐赠利得等。其贷方登记营业外收入的实现即增加,借方登记期末转入"本年利润"账户的营业外收入额,经过结转后,该账户期末没有余额。营业外收入账户按照营业外收入项目设置明细账,进行明细核算。

"营业外收入"账户的结构如图 5-31 所示。

借方	营业外收入	贷方
期末转入"本年利润"账户的营业外收入		实现的营业外收入

图 5-31 "营业外收入"账户结构

2."营业外支出"账户

该账户属于损益类账户,核算企业发生的各项营业外支出,包括非流动资产处置损失、非货币性资产交换损失、债务重组损失、公益性捐赠支出、非常损失、盘亏损失等。其借方登记营业外支出的发生,贷方登记期末转入"本年利润"账户的营业外支出额,经过结转后,该账户期末没有余额。本账户可按支出项目设置明细账,进行明细核算。

"营业外支出"账户的结构如图 5-32 所示。

营业外支出	
营业外支出的发生	期末转入"本年利润"账户的营业外支出

图 5-32 "营业外支出"账户结构

【例 5-52】 12 月 30 日,海风有限责任公司收到某单位的违约罚款,共计 70 000 元,存入银行。

罚款收入属于营业外收入。这项经济业务的发生一方面使得公司银行存款增加了 70 000 元,另一方面使公司的营业外收入增加了 70 000 元。

编制会计分录如下:
借:银行存款　　　　　　　　　　　　　　　70 000
　　贷:营业外收入　　　　　　　　　　　　　　　70 000

【例 5-53】 12 月 31 日,海风有限责任公司用银行存款 10 000 元对外进行一项公益捐赠。

公益捐赠属于营业外支出。这项经济业务的发生一方面使得公司银行存款减少了 10 000 元,另一方面使公司的营业外支出增加 10 000 元。

编制会计分录如下:
借:营业外支出　　　　　　　　　　　　　　　10 000
　　贷:银行存款　　　　　　　　　　　　　　　10 000

(二)所得税费用的核算

1.利润总额的计算

经过上述业务,我们可以核算企业的利润总额。企业的营业利润为 476 200 元,营业外收入为 70 000 元,营业外支出为 10 000 元,所以:

利润总额=(476 200+70 000-10 000)元=536 200 元

利润总额计算出后,假设没有其他的纳税调整事项,根据这个数额作为基数计算缴纳的所得税费用。

2.所得税费用的核算

所得税费用是企业按照国家税法的有关规定,对企业某一经营年度实现的经营所得和其他所得,按照规定的所得税税率计算缴纳的一种税款。所得税是根据企业一定期间的纳税所得和所得税税率计算确定的。这里所说的纳税所得是根据税法规定确认的收入与费用配比计算的利润数,与会计准则计算的税前会计利润可能不同。在实际工作中,企业计算出的税前会计利润与纳税所得之间产生差异时,应在缴纳所得税时,对税前会计利润按照税法规定加以调整。为了简化核算,假设纳税调整事项金额为零,所以,我们按照会计利润作为所得税费用计算的基础。

为了核算所得税费用,会计上需要设置"所得税费用"账户。该账户是损益类账户,用来核算企业确认的应从当期利润总额中扣除的所得税费用。其借方登记按照应纳税所得额计算出的所得税费用额,贷方登记期末转入"本年利润"账户的所得税费用额,经过结转后,本账户期末没有余额。

"所得税费用"账户的结构如图 5-33 所示。

借方	所得税费用	贷方
计算出的所得税费用金额		期末转入"本年利润"账户的所得税费用金额

图 5-33 "所得税费用"账户结构

(三)净利润的核算

企业的利润总额扣除所得税费用后,即为企业的净利润。在会计核算上,只需在期末将各损益类账户的本期发生额转入"本年利润"账户,该账户的余额,就是本年的净利润。

"本年利润"账户是所有者权益类账户,用以核算企业当期实现的净利润(或发生的净亏损)。其贷方登记期末各损益收入类账户转入的数额,借方登记期末各损益支出类账户转入的数额。企业期(月)末结转利润时,应将各损益类科目的金额转入本科目,结平各损益类科目。结转后本科目的贷方余额为当期实现的净利润,借方余额为当期发生的净亏损。

年度终了,应将本年收入和支出相抵后结出的本年实现的净利润,转入"利润分配"科目,借记本科目,贷记"利润分配——未分配利润"科目,如为净亏损作相反的会计分录。结转后本科目应无余额。

"本年利润"账户的结构如图 5-34 所示。

本年利润	
期末转入的各项费用:	期末转入的各项收入:
主营业务成本	主营业务收入
税金及附加	其他业务收入
其他业务成本	投资收益
管理费用	营业外收入等
销售费用	
财务费用	
资产减值损失	
营业外支出	
所得税费用等	
期末余额:本年累计亏损额	期末余额:本年累计净利润

图 5-34 "本年利润"账户结构

【例5-54】 12月31日,海风有限责任公司期末将本期实现的各项收入转入"本年利润"账户。其中主营业务收入为2 148 000元,其他业务收入为136 500元,投资收益为10 000元,营业外收入为70 000元。

编制会计分录如下:

借:主营业务收入	2 148 000
其他业务收入	136 500
投资收益	10 000
营业外收入	70 000
贷:本年利润	2 364 500

【例5-55】 12月31日,海风有限责任公司期末将本期发生的各项费用转入"本年利润"账户。其中主营业务成本为1 645 000元,税金及附加为44 300元,其他业务成本为22 000元,管理费用为2 000元,销售费用为100 000元,假设财务费用为5 000元,营业外支出为10 000元。

编制会计分录为:

借:本年利润	1 828 300
贷:主营业务成本	1 645 000
税金及附加	44 300
其他业务成本	22 000
管理费用	2 000
销售费用	100 000
财务费用	5 000
营业外支出	10 000

【例5-56】 经过前面的计算,确认海风有限责任公司本期实现利润总额为536 200元,海风有限责任公司期末结转损益类科目到"本年利润"后,由于没有纳税调整事项,可计算出所得税费用。

所得税费用经计算为536 200×25%元＝134 050元,一般当期并不实际缴纳,所以这项经济业务的发生一方面使得公司所得税费用增加134 050元,另一方面使公司的应交税费增加了134 050元。

编制会计分录如下:

借:所得税费用	134 050
贷:应交税费——应交所得税	134 050

【例5-57】 12月31日,海风有限责任公司期末结转计算出的所得税费用134 050元,转入"本年利润"账户。

编制会计分录为:

借:本年利润	134 050
贷:所得税费用	134 050

通过所得税费用结转,本年利润的账户余额即可确定。本期实现的净利润为:(536 200－134 050)元＝402 150元。

四、企业利润分配业务的核算

利润分配就是企业根据股东大会或类似权力机构批准,对企业可供分配利润指定其特定用途和分配给投资者的行为。股份公司实现的净利润应按《公司法》、公司章程以及股东大会决议的要求进行分配。

(一)利润分配

利润分配的形式主要包括:①以利润的形式分配给投资者,作为投资回报;②以盈余公积金的形式留归企业,用于企业扩大再生产;③以未分配利润的形式留存于企业。

根据《公司法》等法律法规的规定,企业当年实现的净利润,首先应弥补以前年度尚未弥补的亏损,对于剩余部分,应按照下列顺序进行分配:

(1)提取法定盈余公积。根据《公司法》有关规定,公司制企业应按照净利润(减弥补以前年度亏损)的10%提取法定盈余公积。法定盈余公积累计额已达注册资本的50%时可以不再提取。非公司制的企业也可以按照超过10%的比例提取。值得注意的是,在计算提取法定盈余公积的基数时,不应包括企业年初未分配利润。

(2)提取任意盈余公积。公司从税后利润中提取法定公积金后,经股东会或者股东大会决议,还可以从税后利润中提取任意盈余公积金。

(3)分配给投资者利润或股利。公司弥补亏损和提取公积金后所余税后利润,再加上期初未分配利润和其他转入数(公积金弥补的亏损等),形成可供投资者分配的利润。有限责任公司依照《公司法》的规定分配;股份有限公司按照股东持有的股份比例分配,但股份有限公司章程规定不按持股比例分配的除外。

$$可供投资者分配的利润=净利润-弥补以前年度的亏损-提取的法定公积金$$
$$-提取的任意公积金+以前年度未分配利润$$

可供投资者分配的利润,应按下列顺序分配:

(1)支付优先股利,是指企业按照利润分配方案分配给优先股股东的现金股利,是按照约定的股利率计算支付的。

(2)支付普通股现金股利,是指企业按照利润分配方案分配给普通股股东的现金股利,一般按各股东持有股份的比例进行分配。

(3)转作资本或股本的普通股股利,是指企业按照利润分配方案以分派股票股利的形式转作的资本或股本。

可供投资者分配的利润经过上述分配后,剩余的部分即为企业的未分配利润(或未弥补的亏损),年末未分配利润可按下列公式计算:

$$本年末未分配利润=可供投资者分配的利润-优先股股利-普通股股利$$

未分配利润是企业留待以后年度进行分配的利润或等待分配的利润,它是所有者权益的一个重要组成部分,企业对未分配利润的使用相对于所有者权益的其他部分而言,拥有较大的自主权。

(二)利润分配业务的核算

利润分配过程中,需要设置的账户有:

1."利润分配"账户

该账户属于所有者权益类账户,用以核算企业利润的分配(或亏损的弥补)和历年分配(或弥补)后的余额。平时,其借方登记实际分配的利润数,年末,将企业实现的净利润从"本年利润"账户转入"利润分配"账户贷方,若本年发生亏损,则将亏损额从"本年利润"账户转入"利润分配"账户借方。结转后本账户如为年末贷方余额,表示累计未分配利润;如为年末借方余额,表示累计未弥补亏损。

为了具体反映企业利润分配情况和未分配利润情况,本账户应设置"提取法定盈余公积""提取任意盈余公积""应付现金股利""转作股本的股利""盈余公积补亏""未分配利润"等明细账户进行明细分类核算。

年末应将"利润分配"账户下的其他明细账户余额转入"未分配利润"明细账户,经过结转后,除了"未分配利润"明细账户有余额外,其他各个明细账户均无余额。

"利润分配"账户的结构如图5-35所示。

借方	利润分配	贷方
实际分配的利润额: 提取法定盈余公积 应付现金股利 转作股本的股利 年末转入的亏损	盈余公积补亏 年末从"本年利润"账户转入的全年净利润	
年内余额:已分配利润额 年末余额:未弥补亏损额	期末余额:未分配利润	

图 5-35 "利润分配"账户结构

企业对实现的利润进行分配,就意味着利润的减少,本应在"本年利润"账户的借方进行登记,表示对本年利润的冲减,但如果这样处理,会使得"本年利润"账户的期末贷方余额只表示实现的利润额减去已分配的利润额后的差额,即未分配利润额,而不能提供本年累计实现的净利润额这一指标。

为了全面地反映整个会计年度利润的完成情况,以便与利润预算的执行情况进行对比分析,同时又能提供企业未分配利润的数据,因此在利润分配时,不直接冲减"本年利润"账户,而是设置"利润分配"账户核算企业利润的分配(或亏损的弥补)和历年分配(或弥补)后的积存余额。这样就可以根据需要,将"利润分配"账户的贷方余额(即累计净利润)与"利润分配"账户的借方余额(即累计已分配的利润额)相抵减,以计算出未分配利润这一指标。

2. "盈余公积"账户

该账户属于所有者权益类账户,用来核算企业从净利润中提取的盈余公积。其贷方登记提取的盈余公积,借方登记实际使用的盈余公积金,期末余额在贷方,表示结余的盈余公积金。该账户应设置"法定盈余公积""任意盈余公积"明细账户,进行明细核算。

"盈余公积"账户的结构如图5-36所示。

借方	盈余公积	贷方
实际使用的盈余公积	年末提取的盈余公积	
	期末余额:结余的盈余公积	

图 5-36 "盈余公积"账户结构

3. "应付股利"账户

该账户属于负债类账户,用来核算企业分配的现金股利或利润。其贷方登记应付给投资者现金股利或利润的增加,借方登记实际支付给投资者的现金股利或利润,期末余额在贷方,表示应付未付的现金股利或利润。需要注意的是,企业分配给投资者的股票股利不在本账户核算。本科目可按投资者进行明细核算。

"应付股利"账户的结构如图 5-37 所示。

借方	应付股利	贷方
实际支付的现金股利或利润	应付未付的现金股利或利润	
	期末余额:尚未支付的利润或股利	

图 5-37 "应付股利"账户结构

【**例 5-58**】 12 月 31 日,海风有限责任公司经股东大会批准,按净利润的 10% 提取法定盈余公积金。本期实现的净利润为 402 150 元。

提取的法定盈余公积金为 402 150×10% 元 = 40 215 元。该经济业务一方面使利润减少(即利润分配增加)了 40 215 元,另一方面使盈余公积增加了 40 215 元。

编制会计分录如下:

```
借:利润分配——提取法定盈余公积              40 215
    贷:盈余公积——法定盈余公积                   40 215
```

【**例 5-59**】 12 月 31 日,海风有限责任公司按股东大会决议,分配给股东现金股利 100 000 元。

该项经济业务的发生,一方面使利润分配增加了 100 000 元,另一方面使应付股利增加 100 000 元。

编制会计分录如下:

```
借:利润分配——应付现金股利                100 000
    贷:应付股利                                100 000
```

【**例 5-60**】 12 月 31 日,海风有限责任公司在期末结转本期实现的净利润。

该项经济业务的发生,一方面使得公司"本年利润"账户登记的累计本年净利润减少 402 150 元,另一方面使得公司可供分配的利润增加 402 150 元。

编制会计分录如下:

```
借:本年利润                                402 150
    贷:利润分配——未分配利润                    402 150
```

【**例 5-61**】 12 月 31 日,海风有限责任公司在会计期末结清利润分配账户所属的各有关明细账户。

经分析,利润分配账户设置的明细分类账为:提取法定盈余公积,40 215 元;应付现金股利,100 000 元。

编制会计分录如下:

```
借:利润分配——未分配利润                  140 215
    贷:利润分配——提取法定盈余公积              40 215
            ——应付现金股利                   100 000
```

任务引例解析

一般情况下,每个月月末,企业需要将"收入类"账户和"费用类"账户结转到"本年利润"中,结转后损益类账户余额为零,而"本年利润"累计到年末就形成了本年度的盈利情况。到了年末,企业的业务还要增加利润分配的业务,按照税法和《公司法》的规定弥补亏损、计提盈余公积、发放现金股利等,最后没有分配的利润,留在企业形成未分配利润,未分配利润和盈余公积就是企业的留存收益。

习题

一、课后思考题

1. 利润总额是否一定等于应纳税所得额?为什么?
2. 企业分配利润的顺序是什么?
3. 盈余公积的用途有哪些?

二、实务题

目的:练习工业企业财务成果形成与分配的核算。

资料:

1. 四方有限责任公司12月初有关账户的余额如下:
(1)"利润分配——未分配利润"账户借方余额109 000元。
(2)"本年利润"账户贷方余额400 000元。

2. 12月份发生以下经济业务:
(1)出售A产品一批,售价500 000元,增值税税率13%,货款收到,存入银行。
(2)按该产品的实际销售成本250 000元结转销售成本。
(3)以现金支付产品销售过程中的运杂费、包装费50 000元,取得普通发票。
(4)以银行存款支付行政部办公租金30 000元,取得普通发票。
(5)以银行存款支付短期借款本季度利息24 000元,前两个月已计提利息16 000元。
(6)以银行存款支付违约罚金5 000元。
(7)没收兴海公司逾期未还包装物的押金3 000元。
(8)销售甲原材料一批,价款30 000元,增值税税率13%,货款尚未收到。
(9)结转甲原材料成本20 000元。

3. 计算并结转和分配利润。
(1)结转12月发生的损益类账户至"本年利润"。
(2)计算12月份营业利润、利润总额。
(3)按12月份利润总额的25%计算应交纳的所得税,假设无纳税调整事项。
(4)结转12月发生的"所得税费用"至"本年利润"。
(5)计算12月份的净利润、本年度的净利润。
(6)按本年净利润的10%提取盈余公积金。
(7)将全年实现的净利润自"本年利润"账户转入"利润分配"账户。
(8)按可供分配利润的10%计算应付给投资者的现金股利。
(9)结清"利润分配"账户所属的各有关明细账户。

要求:根据上列资料的各项经济业务内容编制会计分录。

综合案例1

小李和小王是大学同学,毕业后进行自主创业,她们进行一系列的市场调研后,组建了一家有限责任公司,主要业务为销售奶茶和点心,10月完成了工商登记和税务登记,开设了银行账户,招聘一名员工负责门店销售,该企业属于小规模纳税人。

11月,发生了以下经济业务:

1日,小李和小王每人出资60 000元作为资本投入该企业,款项存入基本户。

8日,预付了店铺半年的租金,其中免租期1个月,租赁期(20××年12月—20××年5月)为每月3 000元,用银行存款支付了18 000元。

10日,购买了制作奶茶和点心的原材料40 000元,取得增值税普通发票,货款用银行存款支付。

20日,从幸福商行购入包装材料一批,价款5 000元,取得增值税普通发票,款项尚未支付。

21日,购买设备一批,价款36 000元,下个月投入使用,预计使用寿命3年,净残值为0。

12月,奶茶店正式开业,发生了以下经济业务:

1日,制作宣传单,用银行存款支付广告公司3 000元。

1日,销售日报表为:奶茶1 500元,点心545元,商业折扣500元,收现款1 545元。(含税)

2日,用银行存款支付幸福商行上月货款5 000元。

2日—30日,假设每日销售日报表均为:奶茶530元,点心500元,收现款1 030元。(含税)

31日,通过原材料盘点,确定产品本月耗用了原材料30 000元,包装材料4 000元。

31日,分配员工本月工资,其中:应发工资3 000元,企业承担社保费600元。

31日,用银行存款支付该员工的工资,并从工资代扣个人承担的社保费240元,实付工资2 760元。

31日,分配本月的房租费3 000元。

31日,计提本月折旧费1 000元。

31日,用银行存款支付本月水电费,其中:水费500元,电费2 000元。

31日,根据本月应交增值税,企业计提了城建税(7%)、教育费附加(3%)。

31日,结转本月损益类账户中收入类科目至"本年利润"。

31日,结转本月损益类账户中费用类科目至"本年利润"。

31日,本年享受小微企业免税企业所得税的优惠政策,结转"本年利润"账户至"利润分配"账户。

综合案例2

目的:熟悉制造业资金运动过程,能够运用借贷记账法完成主要经济业务的核算。

资料:

某公司20××年12月份发生下列经济业务:

(1)1日,收到甲投资者投入货币资金1 000 000元,存入银行。

(2)2日,从蓝天工厂购入A材料2 000千克,买价20 000元,进项税额2 600元,款项用银行存款支付,材料同时验收入库。

(3)3日,接受乙工厂投入的仓库,双方协商按房屋价值1 000 000元作为投入资本入账。

(4)3日,收到丙公司投入的商标权,双方协商以1 250 000元作为投入资本入账,其中:注册资本1 000 000元。

(5)3日,销售给万达工厂甲产品1 000件,每件售价300元,计300 000元,增值税销项税额39 000元,款项已收存银行存款户。

(6)5日,向银行借入期限为6个月、年利率为7.2%的借款500 000元,存入银行存款户。

(7)5日,从明达工厂购入B材料2 000千克,买价40 000元,增值税进项税额5 200元;购入C材料1 000千克,买价5 000元,增值税进项税额650元,款项暂未支付,材料已验收入库。

(8)5日,从银行提取现金125 000元,准备发放工资。

(9)5日,用现金125 000元发放职工工资。

(10)7日,用银行存款支付产品销售广告费31 800元,增值税进项税额1 800元。

(11)8日,从利名工厂购入D材料5 000千克,买价20 000元,进项税额2 600元,款项用银行存款支付,材料尚未到达。同日,用现金购入办公用品,其中生产车间400元,管理部门5 000元。

(12)9日,销售给立达工厂乙产品1 000件,每件售价200元,计200 000元,增值税销项税额26 000元,款项暂未收到。

(13)10日,向银行借入期限为3年、年利率为12%的长期借款100 000元,存入银行存款户。

(14)10日,用银行存款支付前欠明达工厂货款50 850元。

(15)10日,用银行存款支付明年上半年财产保险费36 000元。

(16)12日,采购员李红出差,预借差旅费2 000元,以现金支付。

(17)15日,用银行存款偿还期限为3个月的到期借款本金100 000元。

(18)15日,销售给大康工厂B材料500千克,不含税单价50元,计25 000元,增值税销项税额3 250元,款项已收存银行。

(19)18日,经过协议,甲投资者在投入1 000 000元之外还需再投入500 000元,才能享有与原投资者同等的投资比例。

(20)20日,从利名工厂购入的D材料5 000千克到达,并已验收入库。

(21)20日,李红出差回来,报销差旅费1 800元,退回现金200元。

(22)20日,收到立达工厂偿还的前欠乙产品货款226 000元,存入银行。

(23)20日,企业收到A公司的违约款30 000元。

(24)22日,销售给惠氏工厂甲产品200件,每件售价300元,计60 000元,乙产品250件,每件售价200元,计50 000元,增值税销项税额14 300元,款项已收存银行。

(25)22日,企业用银行存款向抗疫地区捐款50 000元。

(26)25日,企业收到被投资单位分来的利润25 000元,存入银行。

(27)30日,经批准将企业的资本公积180 000元转增注册资本,按照投资者原持股比例转增资本,持股比例为1:1:1。

(28)31日,计提本月短期借款利息3 000元。

(29) 31 日，根据领料凭证汇总表，本月领用材料如下表所示：

项目	A材料	B材料	C材料	D材料	合计
生产甲产品耗用	50 000	20 000	200 000	10 000	280 000
生产乙产品耗用	50 000	10 000	80 000	10 000	150 000
车间一般耗用	20 000		10 000		30 000
管理部门领用		1 000			1 000
合计	120 000	31 000	290 000	20 000	461 000

(30) 31 日，结转本月应付职工工资 125 000 元，其中：生产甲产品工人工资 80 000 元，生产乙产品工人工资 15 000 元，生产车间管理人员工资 20 000 元，企业管理人员工资 10 000 元。

(31) 31 日，根据工会会议，决定发放职工困难补助费 7 000 元，其中：甲产品生产工人 2 800 元，乙产品生产工人 2 100 元，车间管理人员 700 元，企业管理人员 1 400 元。

(32) 31 日，计提本月固定资产折旧 70 000 元，其中：生产车间固定资产折旧 50 000 元，企业管理部门固定资产折旧 20 000 元。

(33) 31 日，用银行存款支付本月水电费 25 000 元，其中：生产车间 21 000 元，管理部门 4 000 元。

(34) 31 日，将本月发生的制造费用转入生产成本，其中：甲产品负担 56 800 元，乙产品负担 65 300 元。

(35) 31 日，结转本月完工入库产品的生产成本，其中：甲产品 2 000 件全部完工，总成本 419 600 元，乙产品 1 600 件全部完工，总成本 232 400 元。

(36) 31 日，结转本月销售甲产品 1 200 件的生产成本 62 880 元，销售乙产品 1 250 件的生产成本 50 837.5 元。

(37) 31 日，结转本月已销 B 材料 500 千克的成本 25 000 元。

(38) 31 日，计算本月销售过程应交增值税，同时计提本月应缴纳的城市维护建设税（税率 7%）和教育费附加（费率 3%）。

(39) 31 日，将本月损益类有关收入账户的余额结转"本年利润"账户。（暂不考虑明细科目）

(40) 31 日，将本月损益类有关费用账户的余额结转"本年利润"账户。（暂不考虑明细科目）

(41) 31 日，计算本月实现的利润总额，计提并结转应缴纳的所得税。（假设无纳税调整事项）

(42) 年末，结转全年累计实现的净利润，本年利润期初余额为 800 000 元（贷方）。

(43) 按全年净利润的 10% 提取法定盈余公积。

(44) 经股东大会决定本年向投资者分配现金股利 500 000 元。

(45) 结转"利润分配"明细科目。

要求：根据上述经济业务，编制会计分录。（保留 2 位小数）

第六章
财务会计报告

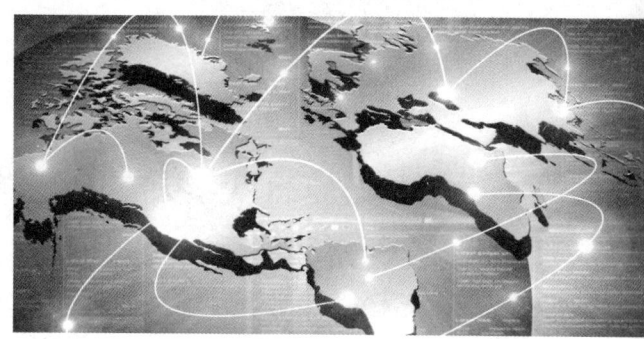

KUAIJIXUE DAOLUN

职业能力目标

1. 掌握企业财务报告的组成；
2. 掌握资产负债表的格式和项目构成；
3. 掌握利润表的格式和项目构成；
4. 能编制一般企业的资产负债表；
5. 能编制一般企业的利润表。

典型工作任务

1. 编制资产负债表；
2. 编制利润表；
3. 现金流量表的基本结构；
4. 财务报表附注的内容。

第一节 财务报告概述

任务引例

刚毕业的张玲应聘到一家企业担任财务会计，20××年12月是她到公司工作的第一个月，共发生了46笔经济业务，具体业务涵盖了筹资、采购固定资产和原材料、生产、销售以及财务成果形成和分配五大类型。在这个月里，财务部相关人员填制和审核了相关经济业务的原始凭证，会计张玲依据审核无误的原始凭证编制了记账凭证，财务经理也审核了所有的会计凭证。现在，到了12月31日，会计张玲要进行会计工作流程的最后一步——编制财务报告。面对这个月的凭证和账簿，她感觉无从下手。企业股东会、高管要得到哪些财务报表信息呢？应该如何去编制财务报告呢？之前会计人员已经编制好了公司11月份的会计报表，12月份编制会计报表时，会有哪些不同呢？

思考：企业的财务报表包括哪些内容？

财务报告是指企业对外提供的反映企业某一特定日期的财务状况和某一会计期间的经营成果、现金流量等会计信息的文件。

一、财务报告的基本概念及分类

1. 财务报告的概念

财务报告（financial report），是财务报表、财务报表附注和财务情况说明书等文件的统称。

财务报表（financial statement）是对企业财务状况、经营成果和现金流量的结构性表述，一套完整的财务报表至少应当包括"四表一注"。"四表"是指资产负债表、利润表、现金流量表和所有者权益变动表。"一注"是指附注,附注是对财务报表的编制基础、编制依据、编制原则和方法及主要项目等所做的解释,以帮助报表使用者理解报表项目的内容和计量方法。

财务情况说明书是对财务报表反映出的经营情况,采用文字或者图表的方式对其做进一步的解释和说明。重点解释财务报表数据背后的市场环境、业务背景、主客观原因以及合理化的建议等。比如,企业亏损的主客观原因分析、收支的详细对比以及扭亏为盈的对策等。

需要指出的是,对外披露的财务报表是统一的标准化格式(特殊企业特殊业务除外),附注和财务情况说明书是非标准产品,但它们都具有同等的重要性。上述概念之间的关系如图6-1所示。

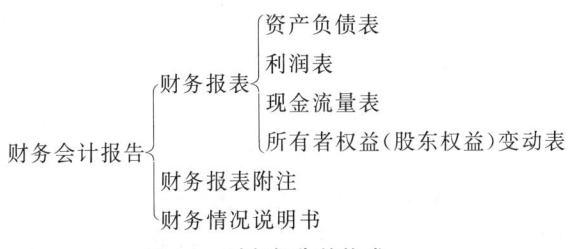

图 6-1 财务报告的构成

对外披露财务会计报告时,财务会计报告应当由单位负责人和主管会计工作的负责人、会计机构负责人(会计主管人员)签名并盖章;设置总会计师的单位,还须由总会计师签名并盖章。

单位负责人应当保证财务会计报告真实、完整。单位负责人是指单位法定代表人或者法律、行政法规规定代表单位行使职权的主要负责人。

2.财务报告的分类

财务报告可以按其编报期间不同分为中期财务报告和年度财务报告。会计学中将会计期间短于一个完整会计年度的财务会计报告统称为中期财务报告(interim financial report),如半年度报告、季度报告、月度报告等。

年度财务报表应当包括"四表一注",中期财务报告除所有者权益变动表可以选择披露、附注可以简化外,其格式和内容应当与年度财务报表相一致。

3.个别财务报表与合并财务报表

财务报表按其报告范围不同分为个别财务报表和合并财务报表。

个别财务报表(separate financial statement)只反映一个会计主体的财务状况、经营成果和现金流量信息。编报主体可以是法律主体,如子公司;也可以是非法律主体,如分公司、事业部等。

合并财务报表(consolidated financial statement)反映一个集团对外业务形成的财务状况、经营成果和现金流量信息。由母公司编制,集团包括母公司及其纳入合并范围的子公司。集团业务包括对外业务和对内业务,对外业务是指除母子公司、各子公司之间的业务以外的业务。对内业务是指母公司与子公司及其各子公司之间形成的投融资、担保、采购、销售等业务。合并财务报表只包括对外业务,对内业务需要编制抵销分录加以调整,核算非常复杂,不属于本书内容,进一步的学习请参考高级会计学。

二、财务报表编制的基本要求

1. 以持续经营为基础编制

企业应当以持续经营为基础,根据实际发生的交易和事项,按照《企业会计准则——基本准则》和其他各项具体会计准则的规定进行确认和计量,在此基础上编制财务报表。

在编制财务报表的过程中,企业管理层应当利用所有可获得信息来评价企业自报告期末起至少12个月的持续经营能力。评价时需要考虑宏观政策风险、市场经营风险、企业目前或长期的盈利能力和偿债能力、财务弹性以及企业管理层改变经营政策的意向等因素。如果评价结果对持续经营能力产生重大怀疑的,企业应当在附注中披露导致对持续经营能力产生重大怀疑的因素以及企业拟采取的改善措施。

企业如有近期获利经营的历史且有财务资源支持,则通常表明以持续经营为基础编制财务报表是合理的。企业正式决定或被迫在当期或将在下一个会计期间进行清算或停止营业的,则表明以持续经营为基础编制财务报表不再合理。在这种情况下,企业应当采用清算价值或其他基础编制财务报表,比如破产企业的资产采用可变现净值计量、负债按照其预计的结算金额计量等。并在附注中声明财务报表未以持续经营为基础编制的事实,披露未以持续经营为基础编制的原因和财务报表的编制基础。

2. 附注披露与报表列示不可相互代替

企业不应以附注披露代替确认和计量,不恰当的确认和计量也不能通过充分披露相关会计政策而纠正。如果按照各项会计准则规定披露的信息不足以让报表使用者了解特定交易或事项对企业财务状况和经营成果的影响,企业还应当披露其他的必要信息。

3. 采用正确的会计基础

除现金流量表按照收付实现制原则编制外,企业应当按照权责发生制原则编制财务报表。

4. 保持各个会计期间财务报表项目列报的一致性

财务报表项目的列报应当在各个会计期间保持一致,不得随意变更,但下列的情况除外:①会计准则要求改变财务报表项目的列报;②企业经营业务的性质发生重大变化或对企业经营影响较大的交易或事项发生后,变更财务报表项目的列报能够提供更可靠、更相关的会计信息。

5. 财务报表列报的重要性原则

根据重要性原则,性质或功能不同的项目,应当在财务报表中单独列报,但不具有重要性的项目除外。性质或功能类似的项目,其所属类别具有重要性的,应当按其类别在财务报表中单独列报。某些项目的重要性程度不足以在资产负债表、利润表、现金流量表或所有者权益变动表中单独列示,但对附注具有重要性,则应当在附注中单独披露。

重要性,是指在合理预期下,财务报表某项目的省略或错报会影响使用者据此做出经济决策的,该项目具有重要性。重要性应当根据企业所处的具体环境,从项目的性质和金额两方面予以判断,且对各项目重要性的判断标准一经确定,不得随意变更。判断项目性质的重要性,应当考虑该项目在性质上是否属于企业日常活动,是否显著影响企业的财务状况、经营成果和现金流量等因素;判断项目金额大小的重要性,应当考虑该项目金额占资产总额、负债总额、所有者权益总额、营业收入总额、营业成本总额、净利润、综合收益总额等直接相关项目金额的比重或所属报表单列项目金额的比重。例如,错报金额达到资产总额的5%,就具有重要性。

6.各财务报表项目之间原则上不得相互抵销

财务报表中的资产项目和负债项目的金额、收入项目和费用项目的金额、直接计入当期利润的利得项目和损失项目的金额不得相互抵销。例如,企业欠客户的应付款不得与其他客户欠本企业的应收款相抵销,否则就掩盖了交易的实质,但其他会计准则另有规定的除外。

一组类似交易形成的利得和损失应当以净额列示,例如,汇兑损益是按照汇兑收益与汇兑损失之差进行列示,但具有重要性的除外。

资产或负债项目按扣除备抵项目后的净额列示,不属于抵销。例如,存货是按照减去存货跌价准备之后的余额进行列示。

非日常活动产生的利得和损失,以同一交易形成的收益扣减相关费用后的净额列示更能反映交易实质的,不属于抵销。例如,非流动资产处置收益,是按照处置收入扣除该资产的账面金额和相关税费后的净额进行列示。

7.比较数据的列报

当期财务报表的列报,至少应当提供所有列报项目上一个可比会计期间的比较数据,以及与理解当期财务报表相关的说明,但其他会计准则另有规定的除外。

财务报表的列报项目发生变更的,应当至少对可比期间的数据按照当期的列报要求进行调整,并在附注中披露调整的原因和性质,以及调整的各项目金额。对可比数据进行调整不切实可行的,应当在附注中披露不能调整的原因。

不切实可行,是指企业在做出所有合理努力后仍然无法采用某项会计准则规定。

8.关于表头信息的规定

企业应当在财务报表的显著位置至少披露下列各项:①编报企业的名称;②资产负债表日或财务报表涵盖的会计期间;③人民币金额单位;④财务报表是合并财务报表的,应当予以标明。

9.财务报表的编制期间

企业至少应当按年编制财务报表。年度财务报表涵盖的期间短于一年的,应当披露年度财务报表的涵盖期间、短于一年的原因以及报表数据不具有可比性的事实。

在沪深交易所上市的公司财务报表需要按照第一季度、半年、第三季度和年度进行披露。

10.关于单列项目的规定

《企业会计准则第30号——财务报表列报》要求单独列报的项目,应当单独列报。其他会计准则要求单独列报的项目,应当增加单独列报项目。

三、财务报表编制前的准备工作

在编制财务报表前,要完成下列工作:

(1)财产清查。年度末,需要对企业所有财产物资、债权债务进行盘点和核对。如果发现有问题,应及时查明原因,按规定程序报批后,进行相应的会计处理,以保证账面数据与实际数据一致,达到账实相符的要求。

(2)期末账项调整。按照权责发生制的要求,将已支付或已收到的款项,按照受益期进行调整,以严格区分本期和非本期的收入和费用,以正确计算本期的损益。

除了按照权责发生制进行调整以外,还有大量的工作需要在年末集中进行。例如,所得税的年终清缴、员工各种奖金福利的计算,以及因会计差错、会计政策变更等原因需要调整前期或本期相关项目的情况等。

(3) 结账。严格审核会计账簿的记录和有关资料,在确保所有账项都已入账的前提下,计算各账户的本期发生额和期末余额。

(4) 对账。通过对账,以保证账证、账账、账实相符。财务报表编制完成后,再对账表进行核对,达到账表相符的目的。

此外,在手工环境下,为了便于财务报表的编制,还可以事先编制工作底稿,在底稿上完成账项调整、试算平衡和财务报表的编制工作。由于目前计算机软件的普及,财务报表编制可以通过会计软件加以快速实现。

任务引例解析

一套完整的财务报表至少应当包括"四表一注"。"四表"是指资产负债表、利润表、现金流量表和所有者权益变动表。"一注"是指附注,附注是对财务报表的编制基础、编制依据、编制原则和方法及主要项目等所做的解释,以帮助报表使用者理解报表项目的内容和计量方法。

习题

一、判断题

1. 财务报告又称会计报告。(　　)
2. 财务会计报告包括财务报表及其附注和其他应当在财务会计报告中披露的相关信息和资料。(　　)
3. 财务报表附注不属于财务报表的组成部分。(　　)
4. 根据会计信息质量要求中的及时性要求,企业编制财务会计报告以后可直接报送给报告使用者。(　　)
5. 财务报告应当由企业根据其自身的具体情况制作。(　　)

二、单项选择题

1. 在下列各项中,不属于在企业四张主要报表上提供的信息的是(　　)。
   A. 财务状况　　B. 经营成果　　C. 现金流量　　D. 物资流量
2. 在下列各项中,不属于企业财务报告主要作用的是(　　)。
   A. 有助于投资者和债权人等做出投资和贷款等经济决策
   B. 有助于企业管理层加强企业内部经营管理方面的决策
   C. 有助于政府经济管理部门进行宏观经济调控等经济决策
   D. 有助于社会公众做出相应的经济决策
3. 在下列各项中,属于企业以短于一个完整的会计年度的报告期间为基础编制的财务报表的是(　　)。
   A. 中期财务报表　　B. 个别财务报表　　C. 合并财务报表　　D. 年度财务报表
4. 在下列各项中,在年度终了时由企业编报的包含一个完整会计年度情况的财务报表是(　　)。
   A. 中期财务报表　　B. 个别财务报表　　C. 合并财务报表　　D. 年度财务报表
5. 在下列各项中,根据母子公司的财务报表,由母公司编制的财务报表是(　　)。
   A. 中期财务报表　　B. 个别财务报表　　C. 合并财务报表　　D. 年度财务报表

第二节 财务报告的编制

刚毕业的张玲应聘到一家企业担任财务会计,20××年12月是她到公司工作的第一个月,共发生了46笔经济业务,具体业务涵盖了筹资、采购固定资产和原材料、生产、销售以及财务成果形成和分配五大类型。在这个月里,财务部相关人员填制和审核了相关经济业务的原始凭证,会计张玲依据审核无误的原始凭证编制了记账凭证,财务经理也审核了所有的会计凭证。现在,到了12月31日,会计张玲要进行会计工作流程的最后一步——编制财务报告。面对这个月的凭证和账簿,她感觉无从下手。该如何完成财务经理布置的任务——编制资产负债表、利润表、现金流量表以及编写财务报表附注呢?

思考:企业的资产负债表、利润表、现金流量表该如何编制?

 知识准备与业务操作

一、资产负债表的编制

资产负债表是指反映企业在某一特定日期所拥有或控制的经济资源、所承担的现时义务和所有者对净资产的要求权。

1.资产负债表的概念与作用

资产负债表(balance sheet,B/S)是反映企业在某一特定日期的财务状况的财务报表,也称财务状况表(statement of financial position)。财务状况是指企业资产、负债和所有者权益的构成以及各自的结构。因此,其所列报的是时点数据,故又称为"静态报表"。

资产负债表的作用主要有:

(1)可以提供某一日期资产的总额及其结构,表明企业拥有或控制的资源及其分布情况;

(2)可以提供某一日期的负债总额及其结构,表明企业未来需要用多少资产或劳务清偿债务以及清偿时间;

(3)可以反映所有者所拥有的权益,据以判断资本保值增值的情况以及对负债的保障程度。

2.资产负债表的列示要求

资产负债表应当按照资产、负债和所有者权益三大类别分类列报。

资产和负债应当按照流动性分别分为流动资产和非流动资产、流动负债和非流动负债列示。资产负债表中的资产类至少应当列示流动资产和非流动资产的合计项目;负债类至少应当列示流动负债、非流动负债以及负债的合计项目;所有者权益类应当列示所有者权益的合计项目。

资产负债表应当分别列示资产总计项目、负债与所有者权益总计项目,并且这二者的金额应当相等。

3.资产负债表的列示要求

在我国,资产负债表采用账户式的格式,即资产列于左侧,负债和所有者权益(股东权益)分

别列于右侧的上端、下端;另将资产区分为流动资产和非流动资产,将负债区分为流动负债和非流动负债予以分类列示。

资产负债表由表头和表体两部分组成。表头部分应列明报表名称、编表单位名称、资产负债表日和人民币金额单位;表体部分反映资产、负债和所有者权益的内容。其中,表体部分是资产负债表的主体和核心,各项资产、负债按流动性排列,所有者权益项目按永久性排列,分别为股本(实收资本)、资本公积、盈余公积、未分配利润。我国企业资产负债表的格式一般如表 6-1 所示。

表 6-1 资产负债表

会企 01 表

编制单位: 年 月 日 单位:元

资产	期末余额	年初余额	负债和所有者(股东)权益	期末余额	年初余额
流动资产:			流动负债:		
货币资金			短期借款		
交易性金融资产			交易性金融负债*		
衍生金融资产			衍生金融负债*		
应收票据			应付票据		
应收账款			应付账款		
应收账款融资*			预收账款		
预付账款			合同负债*		
其他应收款			应付职工薪酬		
存货			应交税费		
合同资产			其他应付款		
持有待售资产*			持有待售负债*		
一年内到期的非流动资产			一年内到期的非流动负债		
其他流动资产			其他流动负债		
流动资产合计			流动负债合计		
非流动资产:			非流动负债:		
债权投资*			长期借款		
其他债权投资*			应付债券		
长期应收款*			其中:优先股		
长期股权投资*			永续股		
其他权益工具投资*			租赁负债*		
其他非流动金融资产			长期应付款*		
投资性房地产*			预计负债*		
固定房产			递延收益*		
在建工程			递延所得税负债*		

续表

资产	期末余额	年初余额	负债和所有者(股东)权益	期末余额	年初余额
生产性生物资产*			其他非流动负债		
油气资产*			非流动负债合计		
使用权资产*			负债合计		
无形资产			所有者权益(或股东权益):		
开发支出			实收资本(或股本)		
商誉*			其他权益工具		
长期待摊费用*			其中:优先股		
递延所得税资产*			永续股		
其他非流动资产			资本公积		
非流动资产合计			减:库存股		
			其他综合收益		
			专项储备*		
			盈余公积		
			未分配利润		
			所有者权益(或股东权益)合计		
资产总计			负债和所有者权益(或股东权益)总计		

注:标有*的报表项目超出了本课程的教学范围,不要求掌握。

流动资产(current assets)是指满足下列条件之一的资产:
(1)预计在一个正常营业周期中变现、出售或耗用;
(2)主要为交易目的而持有;
(3)预计在资产负债表日起一年内(含一年,下同)变现;
(4)自资产负债表日起一年内,交换其他资产或清偿负债的能力不受限制的现金或现金等价物。

非流动资产(non-current assets)是指未列入流动资产的资产。

流动负债(current liabilities)是指满足下列条件之一的负债:
(1)预计在一个正常营业周期内清偿;
(2)主要为交易目的而持有;
(3)自资产负债表日起一年内到期应予以清偿;
(4)企业无权自主将清偿推迟至资产负债表日后一年以上。

非流动负债(non-current liabilities)是指未列入流动负债的负债。

4.资产负债表编制的基本方法
(1)"期末余额"栏的填列方法。

资产负债表"期末余额"栏内各项数字,一般应根据资产、负债和所有者权益类科目的期末余额填列,具体方法如下:

①根据总账科目余额直接誊写。如"交易性金融资产""短期借款""应付职工薪酬""实收资本""盈余公积"等项目。

②根据多个总账科目余额的加总数字填写。如"货币资金"项目，需要根据"库存现金""银行存款""其他货币资金"三个总账科目的期末借方余额计算填列。

③根据总账科目和明细账科目余额分析计算填列。如"一年内到期的非流动资产""一年内到期的非流动负债"等项目。

④根据总账科目余额减去其备抵科目余额后的净额填列。如"固定资产"项目列示的是账面价值，固定资产账面价值等于固定资产原价减去"累计折旧"和"固定资产减值准备"后的差额。

⑤综合运用上述方法填列。如"存货"项目，应根据存货类各科目期末余额合计，减去"存货跌价准备"科目期末余额后的金额填列。

资产负债表附注的内容，根据实际需要和有关备查账簿等的记录分析填列。

(2)"年初余额"栏的填列方法。

资产负债表的"年初余额"栏通常根据上年末有关项目的期末余额填列，且与上年末资产负债表"期末余额"栏一致。如果企业上年度资产负债表规定的项目名称和内容与本年度不一致，应当对上年年末资产负债表相关项目的名称和数字按照本年度的规定进行调整，填入"年初余额"栏。

(3)资产负债表中各个项目的具体填列方法。

①"货币资金"项目，反映企业库存现金、银行存款、其他货币资金(外埠存款、银行汇票存款、银行本票存款、信用卡存款、信用证保证金存款)等的合计数。本项目应根据"库存现金""银行存款""其他货币资金"科目期末余额的合计数填列。

②"交易性金融资产"项目，反映分类为以公允价值计量且其变动计入当期损益的金融资产，以及直接指定以公允价值计量且其变动计入当期损益的金融资产的期末账面价值。本项目应根据"交易性金融资产"科目的相关明细科目期末余额分析填列。自资产负债表日起超过一年到期且预期持有超过一年的以公允价值计量且其变动计入当期损益的非流动金融资产的期末账面价值，在"其他非流动金融资产"项目反映。

③"应收票据"项目，反映资产负债表日以摊余成本计量的，企业因销售商品、提供服务等收到的商业汇票，包括银行承兑汇票和商业承兑汇票。该项目应根据"应收票据"科目的期末余额，减去"坏账准备"科目中相关坏账准备期末余额后的金额分析填列。

④"应收账款"项目，反映资产负债表日以摊余成本计量的，企业因销售商品、提供服务等经营活动应收取的款项。该项目应根据"应收账款"和"预收账款"科目所属明细科目的期末借方余额合计数，减去"坏账准备"科目中相关坏账准备期末余额后的金额分析填列。

⑤"预付账款"项目，反映企业按照购货合同规定预付给供应单位的款项等。本项目应根据"预付账款"和"应付账款"科目所属各明细科目的期末借方余额合计数，减去"坏账准备"科目中有关预付款项计提的坏账准备期末余额后的金额填列。

⑥"其他应收款"项目，根据"应收利息""应收股利"和"其他应收款"科目的期末余额合计数，减去"坏账准备"科目中相关坏账准备期末余额后的金额填列。其中的"应收利息"仅反映相关金融工具已到期可收取但于资产负债表日尚未收到的利息。基于实际利率法计提的金融工具的利息应包含在相应金融工具的账面余额中。

⑦"存货"项目,反映企业期末在库、在途和在加工中的各项存货的账面价值,需要根据原材料、生产成本、库存商品、低值易耗品等科目的期末余额合计数,减去"存货跌价准备"科目期末余额后的金额填列。

⑧"一年内到期的非流动资产"项目,反映企业将于一年内(含一年)到期的非流动资产项目金额。本项目应根据有关科目的期末余额填列。

值得注意的是,对于按照相关会计准则采用折旧(或摊销、折耗)方法进行后续计量的固定资产、无形资产、油气资产等非流动资产,折旧(或摊销、折耗)年限(或期限)只剩一年或不足一年的,无须归类为流动资产,仍在各该非流动资产项目中列报,不转入"一年内到期的非流动资产"项目列报;预计在一年内(含一年)进行折旧(或摊销、折耗)的部分,也无须归类为流动资产,不转入"一年内到期的非流动资产"项目列报。

⑨"其他流动资产"项目,反映企业除上述流动资产以外的其他流动资产。本项目应根据有关科目的期末余额填列。

⑩"长期股权投资"项目,反映企业对子公司、联营企业和合营企业的长期股权投资。本项目应根据"长期股权投资"科目的期末余额,减去"长期股权投资减值准备"科目期末余额后的金额填列。

⑪"固定资产"项目,反映资产负债表日企业固定资产的期末账面价值(即固定资产原价减去累计折旧和累计减值准备后的净额)和企业尚未清理完毕的固定资产清理净损益。本项目应根据"固定资产"科目的期末余额,减去"累计折旧"和"固定资产减值准备"科目的期末余额后的金额,以及"固定资产清理"科目的期末余额填列。

⑫"在建工程"项目,反映资产负债表日企业尚未达到预定可使用状态的在建工程的期末账面价值(即"在建工程"的期末余额减去"在建工程减值准备"的期末余额后的净额)和企业为在建工程准备的各种物资的期末账面价值(即"工程物资"的期末余额减去"工程物资减值准备"的期末余额后的净额)。本项目应根据"在建工程"科目的期末余额,减去"在建工程减值准备"科目的期末余额后的金额,以及"工程物资"科目的期末余额,减去"工程物资减值准备"科目的期末余额后的金额填列。

⑬"短期借款"项目,反映企业向银行或者其他金融机构等借入的期限在一年以下(含一年)的各种借款。本项目应根据"短期借款"科目的期末余额填列。

⑭"应付票据"项目,反映资产负债表日以摊余成本计量的,企业因购买材料、商品和接受服务等开出、承兑的商业汇票,包括银行承兑汇票和商业承兑汇票。该项目应根据"应付票据"科目的期末余额填列。

⑮"应付账款"项目,反映资产负债表日以摊余成本计量的,企业因购买材料、商品和接受服务等经营活动应支付的款项。该项目应根据"应付账款"和"预付账款"科目所属的相关明细科目的期末贷方余额合计数填列。

⑯"预收账款"项目,反映企业按照销货合同规定预收购买单位的款项。本项目应根据"预收账款"和"应收账款"科目所属各明细科目的期末贷方余额合计数填列。

⑰"应付职工薪酬"项目,反映企业根据有关规定应付给职工的工资、职工福利费、社会保险费、住房公积金、工会经费、职工教育经费、非货币性福利、辞退福利等各种薪酬。本项目应根据"应付职工薪酬"科目期末贷方余额填列。

⑱"应交税费"项目,反映企业按照税法规定计算应缴纳的各种税费。本项目应根据"应交

税费"科目的期末贷方余额填列;如"应交税费"科目期末为借方余额,应以"—"号填列。

⑲"其他应付款"项目,应根据"应付利息""应付股利"和"其他应付款"科目的期末余额合计数填列。其中的"应付利息"仅反映相关金融工具已到期应支付但于资产负债表日尚未支付的利息。基于实际利率法计提的金融工具的利息应包含在相应金融工具的账面余额中。

⑳"一年内到期的非流动负债"项目,反映企业非流动负债中将于资产负债表日后一年内到期部分的金额,如将于一年内偿还的长期借款。本项目应根据有关科目的期末余额填列。

㉑"长期借款"项目,反映企业向银行或其他金融机构借入的尚未归还的1年期以上(不含1年)的各项借款。本项目应根据"长期借款"科目所属明细科目的期末余额填列。

㉒"实收资本(或股本)"项目,反映企业各投资者实际投入的资本(或股本)总额。本项目应根据"实收资本(或股本)"科目的期末余额填列。

㉓"资本公积"项目,反映企业资本公积的期末余额。本项目应根据"资本公积"明细科目的期末余额之和填列。

㉔"盈余公积"项目,反映企业盈余公积的期末余额。本项目应根据"盈余公积"明细科目的期末余额之和填列。

㉕"未分配利润"项目,反映企业尚未分配的利润。本项目应根据"利润分配——未分配利润"明细科目的余额计算填列。未弥补的亏损在本项目内以"—"号填列。

【例6-1】 大美同心口罩有限公司20××年6月30日全部资产、负债和所有者权益类总账和明细账余额见表6-2。

表6-2 大美同心口罩有限公司总账和明细账余额表

金额单位:元

总账	明细账	借方余额	贷方余额	总账	明细账	借方余额	贷方余额
库存现金		28 850		短期借款			1 000 000
银行存款		4 487 965		应付票据	无锡无纺布		135 600
应收票据		3 757 250		应付账款	浙江电子		745 800
应收账款		525 500		应付职工薪酬			186 900
原材料	辅助材料	48 000		应交税费	未交增值税		49 750
库存商品	医用口罩	54 845			城市维护建设税		3 482.5
	N95口罩	80 060			教育费附加		1 492.5
固定资产	厂房	3500 000			地方教育附加		995
	灭菌柜	400 000		应付利息			10 000
	N95口罩生产线	1 280 000		长期借款	本金		800 000
					利息		8 000
	医用口罩生产线	840 000		实收资本	法人资本		6 111 100
					国家资本		3 500 000
累计折旧			102 000		个人资本		1 500 000
无形资产	专利权	1 500 000		资本公积	资本溢价		888 900

续表

总账	明细账	借方余额	贷方余额	总账	明细账	借方余额	贷方余额
累计摊销	专利权		93 750	盈余公积	法定盈余公积		166 470
					任意盈余公积		166 470
				利润分配	未分配利润		1 031 760
合计		16 502 470	195 750	合计			16 306 720

根据上述资料编制该公司20××年6月30日的资产负债表,见表6-3(省略了没有数据的报表项目)。

表6-3 资产负债表

编制单位:大美同心口罩有限公司　　　　20××年6月30日　　　　　　　金额单位:元

资产	期末余额	负债和所有者权益	期末余额
流动资产:		流动负债:	
货币资金	4 516 815	短期借款	1 000 000
应收票据	3 757 250	应付票据	135 600
应收账款	525 500	应付账款	745 800
存货	182 905	应付职工薪酬	186 900
流动资产合计	8 982 470	应交税费	55 720
非流动资产:		应付利息	10 000
固定资产	5 918 000	流动负债合计	2 134 020
无形资产	1 406 250	非流动负债:	
非流动资产合计	7 324 250	长期借款	808 000
		非流动负债合计	808 000
		负债合计	2 942 020
		所有者权益(或股东权益):	
		实收资本	11 111 100
		资本公积	888 900
		盈余公积	332 940
		未分配利润	1 031 760
		所有者权益(股东权益)合计	13 364 700
资产合计	16 306 720	负债和所有者权益合计	16 306 720

二、利润表的编制

(一)利润表的概念与作用

利润表(income statement, earnings statement, operating statement, statement of operations)又称损益表(profit and loss statement，P&L)，是反映企业在一定会计期间的经营成果的财务报表。因其所记载的是期间数据，故又称为"动态报表"。

利润表的作用主要有：

(1)反映企业一定会计期间收入的规模。收入可以较好地反映企业的市场地位和规模，《财富》世界500强、《财富》中国500强的排名依据就是收入。

(2)反映企业一定会计期间为取得收入而发生的费用情况。

(3)反映企业的经营成果，据以判断企业的盈利能力。

(二)利润表的列示要求

利润表主要反映企业利润的来源及其构成。其列示的基本要求如下：

1. 反映营业利润

企业营业利润主要来自企业日常从事的商业活动，商业活动分直接活动和间接活动，直接活动包括制造业务活动和服务业务活动。制造业务活动通过生产产品、出售产品赚取收入；服务业务活动通过提供劳务赚取收入，如运输、物流、通信、安保等服务，在利润表中用营业收入项目列示。与此对应，为取得收入而发生的成本，用营业成本项目列示。此外，为赚取收入而发生的费用，按功能将其分为管理费用、销售费用和财务费用、研发费用，以及应由经营活动承担的税金及附加。

间接活动主要是通过投资金融产品获得收入，如股权投资、债权投资等。间接活动赚取的利润用投资收益项目列示。需要说明的是，对于一般制造业，间接活动对利润的贡献不大，按照重要性原则，在利润表中，投资收益按净额列示。

此外，由于经营性资产(如存货、固定资产等)的账面价值高于市价或者可收回金额而计提的资产减值损失、应收账款预计信用减值损失等作为营业利润的减少项目加以列示。

企业接受政府补助单独在"其他收益"项目中列示。

资产处置收益也列入营业利润。

2. 反映利润总额

企业利润总额等于营业利润加上营业外收入减去营业外支出。营业外收入和营业外支出是企业非日常活动产生的，营业外支出与营业外收入之间没有因果关系。

3. 反映净利润

净利润是指企业缴纳所得税之后的利润。计算公式为：

$$净利润 = 利润总额 - 所得税费用$$

为了向报表使用者提示风险，在净利润之下又分为持续经营净利润和终止经营净利润。

以上是本课程应掌握的内容。下面的内容由于涉及更为细致的金融资产和设定受益计划业务的核算，只做一般了解即可。

4. 反映其他综合收益的税后利润

其他综合收益，是指企业根据其他会计准则规定未在当期损益中确认的各项利得和损失。例如，根据《企业会计准则第22号——金融工具确认和计量》的规定，以公允价值计量且变动计入其他综合收益的金融资产，其公允价值变动带来的利得和损失，先计入资产负债表中的其他综合收益，等实现以后再转入利润表。还有一部分业务产生的利得和损失就永久留在资产负债表。

因此,其他综合收益分为以后会计期间不能重分类进损益的其他综合收益项目和以后会计期间在满足条件时将重分类进损益的其他综合收益项目两类进行列示。

其他综合收益需要按照税后利润列示,以便与净利润口径一致。

5.反映综合收益总额

综合收益,是指企业在某一期间除与所有者以其所有者身份进行的交易之外的其他交易或事项所引起的所有者权益变动。综合收益总额项目反映净利润和其他综合收益扣除所得税影响后的净额相加后的合计金额。

6.反映每股收益

每股收益是评价企业业绩的相对指标,分基本每股收益和稀释每股收益。基本每股收益一般指的是普通股的每股收益,计算公式为:

基本每股收益=归属于普通股股东的当期净利润/发行在外普通股的加权平均数

稀释每股收益与基本每股收益的区别主要是分母,稀释每股收益考虑了今后可能影响普通股数量的因素。例如,可转换债券行权后,会增加企业股份数量,在业绩没有同步增长的情况下,就会稀释每股收益。

列示稀释每股收益是为了帮助财务报表使用者理解潜在股权变化对每股收益带来的影响。此外,在合并利润表中,企业应当在净利润项目下单独列示归属于母公司所有者的损益和归属于少数股东的损益,在综合收益总额项目下单独列示归属于母公司所有者的综合收益总额和归属于少数股东的综合收益总额。

(三)我国企业利润表的一般格式

现行企业会计准则所规定的利润表格式分步列示了营业利润、利润总额和净利润等项目,这种格式的利润表称作多步式利润表(multiple step income statement)。这种格式的利润表有助于使用者理解企业经营成果的不同来源。与此相对应的概念是单步式利润表,顾名思义,就是指用全部收入减去全部费用,从而一步得出净利润数字的利润表格式。

利润表通常包括表头和表体两部分。表头应列明报表名称、编表单位名称、财务报表涵盖的会计期间和人民币金额单位等内容;利润表的表体反映形成经营成果的各个项目和计算过程。我国企业利润表的格式一般如表 6-4 所示。

表 6-4 利润表

会企 02 表

编制单位:　　　　　　　　年　　月　　　　　　　　　　单位:元

项目	本期金额	上期金额
一、营业收入		
减:营业成本		
税金及附加		
销售费用		
管理费用		
研发费用		
财务费用		
其中:利息费用		

续表

项目	本期金额	上期金额
利息收入		
加:其他收益		
投资收益		
其中:对联营企业和合营企业的投资收益		
净敞口套期收益(损失以"－"号填列)*		
以摊余成本计量的金融资产终止确认收益(损失以"－"号填列)		
公允价值变动收益(损失以"－"号填列)*		
资产减值损失(损失以"－"号填列)*		
信用减值损失(损失以"－"号填列)*		
资产处置收益(损失以"－"号填列)		
二、营业利润(亏损以"－"号填列)		
加:营业外收入		
减:营业外支出		
三、利润总额(亏损总额以"－"号填列)		
减:所得税费用		
四、净利润(净亏损以"－"号填列)		
(一)持续经营净利润		
(二)终止经营净利润(净亏损以"－"号填列)		
五、其他综合收益的税后净额*		
(一)以后不能重分类进损益的其他综合收益		
(二)以后将重分类进损益的其他综合收益		
六、综合收益总额*		
七、每股收益*		
(一)基本每股收益		
(二)稀释每股收益		

注:标有*的报表项目超出了本课程的教学范围,不要求掌握。

(四)利润表编制的基本方法

1."本期金额"栏的填列方法

"本期金额"栏根据本期"主营业务收入""主营业务成本""税金及附加""销售费用""管理费用""研发费用""财务费用""其他收益""信用减值损失""投资收益""资产减值损失""公允价值变动收益""资产处置收益""营业外收入""营业外支出""所得税费用"等科目的发生额分析填列。其中,"营业利润""利润总额""净利润"等项目根据该表中相关项目计算填列。

①"营业收入"项目,反映企业经营主要业务和其他业务所确认的收入总额。本项目应根据"主营业务收入"和"其他业务收入"科目的发生额分析填列。

②"营业成本"项目,反映企业经营主营业务和其他业务所发生的成本总额。本项目应根据

"主营业务成本"和"其他业务成本"科目的发生额分析填列。

③"税金及附加"项目,反映企业经营业务应负担的消费税、城市维护建设税、教育费附加、地方教育附加、资源税、房产税、城镇土地使用税、车船税、土地增值税等。本项目应根据"税金及附加"科目的发生额分析填列。

④"销售费用"项目,反映企业在销售商品过程中发生的包装费、广告费等费用以及为销售本企业商品而专设的销售机构的职工薪酬、业务费等经营费用。本项目应根据"销售费用"科目的发生额分析填列。

⑤"管理费用"项目,反映企业为组织和管理生产经营发生的管理费用。本项目应根据"管理费用"科目的发生额分析填列。

⑥"研发费用"项目,反映企业进行研究与开发过程中发生的费用化支出,以及计入管理费用的自行开发无形资产的摊销。该项目应根据"管理费用"科目下的"研究费用"明细科目的发生额,以及"管理费用"科目下的"无形资产摊销"明细科目的发生额分析填列。

⑦"财务费用"项目,反映企业为筹集生产经营所需资金等而发生的应予费用化的利息支出。本项目应根据"财务费用"明细科目的发生额分析填列,如果利息费用大于利息收入,按正数填列;如果利息收入大于利息费用,按负数填列。

"财务费用"项目下的"利息费用"项目,反映企业为筹集生产经营所需资金等而发生的应予费用化的利息支出。该项目应根据"财务费用"科目的相关明细科目的发生额分析填列。该项目作为"财务费用"项目的其中项,以正数填列。

"财务费用"项目下的"利息收入"项目,反映企业按照相关会计准则确认的应冲减财务费用的利息收入。该项目应根据"财务费用"科目的相关明细科目的发生额分析填列。该项目作为"财务费用"项目的其中项,以正数填列。

⑧"其他收益"项目,反映计入其他收益的政府补助,以及其他与日常活动相关且计入其他收益的项目。该项目应根据"其他收益"科目的发生额分析填列。企业作为个人所得税的扣缴义务人,根据《中华人民共和国个人所得税法》收到的扣缴税款手续费,应作为其他与日常活动相关的收益在该项目中填列。

⑨"投资收益"项目,反映企业以各种方式对外投资所取得的收益。本项目应根据"投资收益"科目的发生额分析填列。如为投资损失,本项目以"-"号填列。

⑩"公允价值变动收益"项目,反映企业应当计入当期损益的资产或负债的公允价值变动收益。本项目应根据"公允价值变动损益"科目的发生额分析填列,如为净损失,本项目以"-"号填列。

⑪"资产减值损失"项目,反映企业各项资产发生的减值损失。本项目应根据"资产减值损失"科目的发生额分析填列,损失以"-"号填列。

⑫"信用减值损失"项目,反映企业按照《企业会计准则第22号——金融工具确认和计量》的要求计提的各项金融工具减值准备所形成的预期信用损失。本项目应根据"信用减值损失"科目的发生额分析填列,损失以"-"号填列。

⑬"资产处置收益"项目,反映企业出售划分为持有待售的非流动资产(金融工具、长期股权投资和投资性房地产除外)或处置组(子公司和业务除外)时确认的处置利得或损失,以及处置未划分为持有待售的固定资产、在建工程、生产性生物资产及无形资产而产生的处置利得或损失。债务重组中因处置非流动资产(金融工具、长期股权投资和投资性房地产除外)产生的利得

或损失和非货币性资产交换中换出非流动资产(金融工具、长期股权投资和投资性房地产除外)产生的利得或损失也包括在本项目内。该项目应根据"资产处置损益"科目的发生额分析填列;如为处置损失,以"－"号填列。

⑭"营业利润"项目,反映企业实现的营业利润。如为亏损,本项目以"－"号填列。

⑮"营业外收入"项目,反映企业的偶然所得,主要包括债务重组利得、与企业日常活动无关的盘盈利得、捐赠利得(企业接受股东或股东的子公司直接或间接的捐赠,经济实质属于股东对企业的资本性投入的除外)等。本项目应根据"营业外收入"明细科目的发生额分析填列。

⑯"营业外支出"项目,反映企业发生的除营业利润以外的支出,主要包括债务重组损失、公益性捐赠支出、非常损失、盘亏损失、非流动资产毁损报废损失等。本项目应根据"营业外支出"明细科目的发生额分析填列。非流动资产毁损报废损失通常包括因自然灾害发生毁损、已丧失使用功能等原因而报废清理产生的损失。

⑰"利润总额"项目,反映企业实现的利润。如为亏损,本项目以"－"号填列。

⑱"净利润"项目,反映企业实现的净利润(税后利润)。如为净亏损,本项目以"－"号填列。其中,"(一)持续经营净利润"和"(二)终止经营净利润"项目分别反映净利润中与持续经营相关的净利润和与终止经营相关的净利润;如为净亏损,以"－"号填列。这两个项目应按照《企业会计准则第42号——持有待售的非流动资产、处置组和终止经营》的相关规定分别列报。

⑲"每股收益"项目,见前面的列示要求。

2."上期金额"栏的填列方法

"上期金额"栏应根据上年该期利润表"本期金额"栏内所列数字填列。如果上年该期利润表规定的各个项目的名称和内容与本期不一致,应对上年该期利润表各项目的名称和数字按本期的规定进行调整,填入利润表"上期金额"栏内。

【例6-2】 大美同心口罩有限公司20××年4月1日至6月30日全部收入、费用类账户总账和明细账结账前发生额见表6-5。

表6-5 大美同心口罩有限公司收入、费用发生额总账和明细账

金额单位:元

总账	明细账	借方发生额	贷方发生额
主营业务收入	医用口罩		1 395 000
	N95口罩		3 325 000
其他业务收入			40 000
营业外收入			1 715
投资收益		14 000	196 400
主营业务成本	医用口罩	728 655	
	N95口罩	1 521 140	
其他业务成本		32 000	
营业外支出	捐赠支出	100 000	
税金及附加		5 970	
销售费用	广告费用	100 000	

续表

总账	明细账	借方发生额	贷方发生额
管理费用	管理人员工资	120 000	
	办公费用	5 000	
	折旧费用	93 750	
财务费用	短期借款	10 000	
	长期借款	8 000	
所得税费用		554 900	
合计		3 293 415	4 958 115

根据上述资料编制大美同心口罩有限公司20××年4—6月利润表,见表6-6(省略了没有数据的报表项目)。

表6-6 利润表

编制单位:大美同心口罩有限公司　　　　20××年4—6月　　　　金额单位:元

项目	行次	本期金额
一、营业收入		4 760 000
减:营业成本		2 281 795
税金及附加		5 970
销售费用		100 000
管理费用		218 750
财务费用		18 000
加:投资收益(损失以"-"号填列)		182 400
二、营业利润(亏损以"-"号填列)		2 317 885
加:营业外收入		1 715
减:营业外支出		100 000
三、利润总额(亏损总额以"-"号填列)		2 219 600
减:所得税费用		554 900
四、净利润(净亏损以"-"号填列)		1 664 700

三、现金流量表、所有者权益变动表与财务报表附注

1. 现金流量表的内容与结构

现金流量表(cash flow statement),是指反映企业在一定会计期间现金和现金等价物的流入和流出的报表。

《企业会计准则第31号——现金流量表》中所称的"现金"(cash),是指库存现金和可以随时用于支付的存款。不能随时用于支付的存款不属于该准则所称"现金"。这与惯常所称的现金概念有所不同。

该准则所称的"现金等价物"(cash equivalents),是指企业持有的期限短、流动性强、易于转

换为已知金额现金、价值变动风险很小的投资。"期限短"一般是指从购买日起三个月内到期。现金等价物通常包括三个月内到期的债券投资。至于权益性投资(即股权性质的投资),由于其变现的金额通常不确定,因而财务分析中一般不视其为现金等价物。企业应当根据具体情况确定现金等价物的范围,一经确定,不得随意变更。

现金流量,是指现金和现金等价物的流入和流出。企业从银行提取现金、用现金购买短期到期的国库券等现金和现金等价物之间的转换不会导致现金流量的变化。

现金流量表中区分经营活动、投资活动和筹资活动的现金流入总额和现金流出总额,分别列报了这三类活动所产生的现金流量净额,最后汇总列示了企业的现金及现金等价物的净增加额(见表6-7)。

鉴于现金流量表的编制方法超出了本教材范围,因此,以下阐释以帮助读者阅读现金流量表为主,而不再关注如何编制现金流量表。

表6-7 现金流量表

编制单位： 年 月

会企03表
单位:元

项目	行次	本期金额	上期金额
一、经营活动产生的现金流量			
销售商品、提供劳务收到的现金			
收到的税费返还			
收到其他与经营活动有关的现金			
经营活动现金流入小计			
购买商品、接受劳务支付的现金			
支付给职工以及为职工支付的现金			
支付的各项税费			
支付其他与经营活动有关的现金			
经营活动现金流出小计			
经营活动产生的现金流量净额			
二、投资活动产生的现金流量			
收回投资收到的现金			
取得投资收益收到的现金			
处置固定资产、无形资产和其他长期资产收回的现金净额			
处置子公司及其他营业单位收到的现金净额			
收到其他与投资活动有关的现金			
投资活动现金流入小计			
购建固定资产、无形资产和其他长期资产支付的现金			

续表

项目	行次	本期金额	上期金额
投资支付的现金			
取得子公司及其他营业单位支付的现金净额			
支付其他与投资活动有关的现金			
投资活动现金流出小计			
投资活动产生的现金流量净额			
三、筹资活动产生的现金流量			
吸收投资收到的现金			
取得借款收到的现金			
收到其他与筹资活动有关的现金			
筹资活动现金流入小计			
偿还债务支付的现金			
分配股利、利润或偿还利息支付的现金			
支付其他与筹资活动有关的现金			
筹资活动现金流出小计			
筹资活动产生的现金流量净额			
四、汇率变动对现金及现金等价物的影响			
五、现金及现金等价物净增加额			
加:期初现金及现金等价物余额			
六:期末现金及现金等价物余额			

2.现金流量表的列报规则

企业应当分别按照现金流入和现金流出的总额列报其现金流量信息,但是,代客户收取或支付的现金以及周转快、金额大、期限短项目的现金流入和现金流出可以按净额列报。

自然灾害损失、保险索赔等特殊项目,应当根据其性质,分别归并到经营活动、投资活动和筹资活动现金流量类别中单独列报。

外币现金流量及境外子公司的现金流量,应当采用现金流量发生日的即期汇率或按照系统合理的方法确定的、与现金流量发生日即期汇率近似的汇率折算。汇率变动对现金的影响额应作为调节项目,在现金流量表中单设"汇率变动对现金及现金等价物的影响"项目。

3.所有者权益变动表

所有者权益变动表(statement of changes in equity)是列示所有者权益各组成部分的当期增减变动情况的报表。该表在各列中逐项列出了所有者权益的各个项目,然后在各行中逐项列出了期初余额(与上期资产负债表的数据一致)、本期增加额及其发生原因、本期减少额及其发生原因,最后列出了期末余额(与本期资产负债表的数据一致)。这样,通过所有者权益变动表,就可以了解所有者权益各个项目在过去整个会计期间内的增减变动的全貌。

根据《企业会计准则第30号——财务报表列报》的规定,所有者权益变动表至少应当单独列示反映下列信息的项目：

(1)综合收益总额；

(2)会计政策变更和前期差错更正的累积影响金额；

(3)所有者投入资本和向所有者分配利润等；

(4)按照规定提取的盈余公积；

(5)所有者权益各组成部分的期初和期末余额及其调节情况。

4.财务报表附注

报表附注(notes to financial statements)是对在资产负债表、利润表、现金流量表和所有者权益变动表等报表中列示项目的文字描述或明细资料，以及对未能在这些报表中列示项目的说明等。

附注应当披露财务报表的编制基础，相关信息应当与资产负债表、利润表、现金流量表和所有者权益变动表等报表中列示的项目相互参照。

附注一般应当按照下列顺序披露：

(1)企业的基本情况：①企业注册地、组织形式和总部地址；②企业的业务性质和主要经营活动；③母公司以及集团最终母公司的名称；④财务报告的批准报出者和财务报告批准报出日，或者以签字人及其签字日期为准；⑤营业期限有限的企业，还应当披露有关其营业期限的信息。

(2)财务报表的编制基础。

(3)遵循企业会计准则的声明。企业应当声明编制的财务报表符合企业会计准则的要求，真实、完整地反映了企业的财务状况、经营成果和现金流量等有关信息。

(4)重要会计政策和会计估计。重要会计政策的说明，包括财务报表项目的计量基础和在运用会计政策过程中所做的重要判断等。重要会计估计的说明，包括可能导致下一个会计期间内资产、负债账面价值重大调整的会计估计的确定依据等。企业应当披露采用的重要会计政策和会计估计，并结合企业的具体实际披露其重要会计政策的确定依据和财务报表项目的计量基础，及其会计估计所采用的关键假设和不确定因素。

(5)会计政策和会计估计变更以及差错更正的说明。

(6)报表重要项目的说明。企业应当按照资产负债表、利润表、现金流量表、所有者权益变动表及其项目列示的顺序，对报表重要项目的说明采用文字和数字描述相结合的方式进行披露。报表重要项目的明细金额合计，应当与报表项目金额相衔接。企业应当在附注中披露费用按照性质分类的利润表补充资料，可将费用分为耗用的原材料、职工薪酬费用、折旧费用、摊销费用等。

(7)或有和承诺事项、资产负债表日后非调整事项、关联方关系及其交易等需要说明的事项。

(8)有助于财务报表使用者评价企业管理资本的目标、政策及程序的信息。

任务引例解析

资产负债表是静态报表，一般依据余额填列；利润表和现金流量表是动态报表，一般依据发生额填列；所有者权益变动表反映所有者权益的变动情况；报表附注是对在资产负债表、利润表、现金流量表和所有者权益变动表等报表中列示项目的文字描述或明细资料，以及对未能在这些报表中列示项目的说明等。

习题

一、判断题
1. 利润表是反映企业在某一特定日期财务状况的会计报表。（　　）
2. 企业的资产负债表是按年编制的会计报表。（　　）
3. 利润表是以"收入－费用＝利润"为基础编制的。（　　）
4. 资产负债表中的"存货"项目，应根据"库存商品"账户期末余额填列。（　　）
5. 利润表的格式有多步式和单步式两种。（　　）

二、单项选择题
1. 资产负债表是反映企业在（　　）财务状况的会计报表。
   A. 某一特定时期　　B. 某一特定会计期间　　C. 一定时间　　D. 某一特定日期
2. 根据"资产＝负债＋所有者权益"这一平衡公式填列的会计报表是（　　）。
   A. 主营业务收入表　　B. 利润表　　C. 资产负债表　　D. 现金流量表
3. 反映企业某一特定期间经营成果的会计报表是（　　）。
   A. 资产负债表　　B. 利润表　　C. 产品成本表　　D. 现金流量表
4. "预付账款"账户明细账中若有贷方余额，应将其计入资产负债表中的（　　）项目。
   A. 应收账款　　B. 预收账款　　C. 应付账款　　D. 其他应付款
5. 资产负债表中负债项目的顺序是按（　　）排列的。
   A. 项目的重要性程度　　　　　　B. 项目的金额大小
   C. 项目的支付性大小　　　　　　D. 清偿债务的先后

三、多项选择题
1. 会计报表包括（　　）。
   A. 资产负债表　　B. 利润表　　C. 现金流量表　　D. 附注
2. 借助于资产负债表提供的会计信息，可以帮助管理者（　　）。
   A. 分析企业资产的结构及其状况
   B. 分析企业目前与未来需要支付的债务数额
   C. 分析企业的盈利能力
   D. 分析企业的现金流量情况
3. 报表使用者通过利润表可以了解（　　）。
   A. 企业资产变动情况
   B. 企业收入、成本和费用及利润的实现情况
   C. 企业的获利能力
   D. 投资者投入资本的保值增值情况
4. 利润表的基本要素有（　　）。
   A. 资产　　B. 收入　　C. 费用　　D. 利润
5. 下列影响营业利润的项目有（　　）。
   A. 财务费用　　B. 投资收益　　C. 营业收入　　D. 营业外支出

四、简答题
1. 简要阐释财务报表附注的含义及其内容。

2. 简要阐释资产负债表中各个项目的列报规则。

3. 有人认为,财务报表比报表附注更加重要,更加有用。你怎么看?

五、综合题

1. 练习资产负债表上项目的填列。

目的:练习资产负债表上项目的填列。

资料:

某公司固定资产相关总账信息如下:"固定资产"账户借方余额6 000万元,"累计折旧"账户贷方余额1 000万元。

该公司货币资金相关总账信息如下:"库存现金"账户借方余额300万元,"银行存款"账户借方余额5 000万元,"其他货币资金"账户借方余额300万元。

要求:请给出资产负债表上"货币资金"项目和"固定资产"项目的金额。

2. 练习利润表的编制。

目的:练习利润表的编制。

资料:

某企业某年某季度发生下列经济业务:

(1)销售商品一批,不含税售价为4 000 000元,增值税520 000元,价税合计为4 520 000元。商品已经发出,收到货款3 000 000元,存入银行,应收账款1 520 000元。

(2)发出上月已预收货款1 000 000元的商品一批,该批商品不含税价格为2 000 000元,增值税260 000元,价税合计为2 260 000元。

(3)收回应收账款1 520 000元。

(4)以银行存款50 000元支付广告费。

(5)以银行存款100 000元支付总部管理部门办公经费,计提总部办公大楼的固定资产折旧2 000 000元。

(6)结转商品销售成本3 600 000元。

(7)转账向灾区捐赠救灾款990 000元。

要求:

(1)根据上述经济业务编制会计分录。

(2)根据会计分录编制利润表(列示出季度数据)。

3. 练习资产负债表的编制。

目的:练习资产负债表的编制。

资料:中兴实业有限责任公司20×6年12月31日总账账户和有关明细账余额如下表所示。

总账和有关明细账余额表

金额单位:元

总账	明细账账户	借方余额	贷方余额	总账	明细账账户	借方余额	贷方余额
库存现金		300 000		短期借款			6 000 000
银行存款		2 000 000		应付账款			5 000 000
交易性金融资产		500 000			丁公司		1 500 000

续表

总账	明细账账户	借方余额	贷方余额	总账	明细账账户	借方余额	贷方余额
应收账款		3 000 000			戊公司		3 500 000
	甲公司	1 000 000		预收账款			4 000 000
	乙公司	2 000 000			己公司		1 000 000
预付账款		500 000			庚公司		3 000 000
	丙公司	500 000		其他应付款			60 000
其他应收款		60 000		应付职工薪酬			900 000
原材料		60 000 000		应交税费			300 000
生产成本		80 000 000		长期借款			13 000 000
库存商品		90 000 000		实收资本			200 000 000
固定资产		110 000 000		盈余公积			73 600 000
累计折旧			30 000 000	利润分配	未分配利润		13 500 000
借方余额合计		316 360 000		贷方余额合计			316 360 000

要求：根据上述信息，编制该公司20×6年12月31日的资产负债表。

4. 练习利润表的编制。

目的：练习利润表的编制。

资料：中兴实业有限责任公司20×6年12月31日有关收入、费用类总账账户的发生额如下表所示。

总账和有关明细账发生额

金额单位：元

总账	借方发生额	贷方发生额
主营业务收入		60 000 000
其他业务收入		3 000 000
投资收益		600 000
营业外收入		280 000
主营业务成本	40 000 000	
其他业务成本	1 700 000	
税金及附加	800 000	
销售费用	1 100 000	
管理费用	3 600 000	
财务费用	2 900 000	
所得税费用	3 305 000	

要求：根据上述信息，编制该公司20×6年度的利润表。

第三节 财务会计报告解读

刚毕业的张玲应聘到一家企业担任财务会计,20××年12月是她到公司工作的第一个月,共发生了46笔经济业务,具体业务涵盖了筹资、采购固定资产和原材料、生产、销售以及财务成果形成和分配五大类型。现在,到了12月31日,会计张玲已经编制完成了公司的资产负债表、利润表、现金流量表三张报表,现在财务经理让张玲写一份关于本月公司财务报表的分析报告给他,面对这个任务,张玲感到无从下手。该如何完成财务经理布置的任务,分析本月公司财务报表呢?这就涉及该如何解读财务会计报告。

思考:企业的财务会计报告该如何解读呢?

知识准备与业务操作

财务报告分析(又称为财务报表分析)必须以财务数据为依托,而每一个数字不是简单独立的个体,它们之间是相互串联、彼此影响的。

一、资产负债表解读

资产负债表历来被称为第一会计报表,可见资产负债表在人们心目中占据的重要地位。

资产负债表一般具有以下几个方面的重要作用:

1. 揭示经济资源的数量与分布状态

资产负债表不仅反映了企业所拥有或控制的经济资源总额,还分门别类地反映了企业流动资产和非流动资产各类经济资源的具体数量和结构比重。事实上,不同企业的经济资源所能给公司带来的未来经济利益的大小是不一样的。对于财务报表使用者来说,仅仅了解经济资源的总量是不够的,还必须了解这些经济资源的具体构成。通过对资产负债表的阅读与分析,把握企业经济资源的具体构成及其分布现状,有助于判明企业经济资源的结构是否合理和未来的财务发展前景。

2. 揭示资金来源的数量与构成情况

资产负债表反映了企业全部的资金来源,并将全部资金来源区分为负债和所有者权益两大类。负债和所有者权益之间的对比,反映了企业的资本结构,资本结构合理与否,揭示了企业财务风险的高低以及是否有效地利用了财务杠杆作用。负债即债权人提供的资金,在资产负债表上又分为流动负债和非流动负债(长期负债)。无论是流动负债还是长期负债,在资产负债表上都列示了各具体负债项目的数额。而所有者权益在资产负债表上又具体划分为实收资本、资本公积、盈余公积和未分配利润。这便使得财务报表使用者能了解一个企业债务与所有者权益的形成及其具体结构,有助于评价企业的资本结构与财务风险。

3. 反映资产流动性的现状

流动性一般是指资产转换成现金或负债到期清偿所需要的时间。资产转换成现金的速度越快,其流动性越强;负债到期日越短,其还本付息的偿债压力就越大。无论是短期债权人,还是长期债权人,都十分关心企业的流动比率、速动比率、现金比率等反映企业流动性大小的指标和数值。由于资产负债表按照资产和负债的流动性对资产和负债项目进行列示,报表使用者可以根据有关资产项目和负债项目对比来评价企业的流动性。

4. 反映企业的财务弹性

财务弹性又称财务实力或财务适应性,是指企业融通资金和使用资金的能力。企业财务弹性的大小,取决于其资产的构成和资本结构。保持合理的资产和资本结构,使企业既能够以较低的资本成本获得所需的资金,又可以改变现金流量的数额和时间,以便抓住有利的投资机会并应付突发事件。通过资产负债表,会计报表的使用者可以利用企业资产、负债的构成以及公司的资本结构,并借助利润表及财务报表附注,评价企业的财务弹性。

5. 便于计算经营绩效

企业的经营绩效主要表现在获利能力的大小等方面。利润表是直接反映企业获利能力的会计报表,但资产负债表所提供的会计信息也为计算净资产收益率、每股收益等衡量企业获利能力的指标提供了数据资料;同时,通过分析资产与负债的质量,有助于掌握企业潜在盈余的情况,把握企业未来的财务状况与盈利趋势。

二、利润表解读

随着盈利对企业的生存与发展的重要作用越来越引人关注,利润表开始更加受到人们的重视,并逐步成为现代会计报表体系的核心。由于投资者创办企业的目的就是获利,而只有获利,企业才能更好地生存与发展,投资者才有更好的投资回报,再加上利润表反映出众多的经济利益关系,与不同的相关利益集团的利益直接关联,因而受到人们更多的重视也是理所当然的事。

对会计报表使用者来说,利润表在以下方面发挥着重要的作用。

1. 反映企业经营效绩

随着所有权与经营权的分离,所有者将有关的经济资源交付给管理者进行管理,而管理者也就是公司当局需要履行受托经济责任。那么,如何评价公司管理当局对受托经济责任的履行情况,是摆在所有者面前的一个十分重要而现实的问题。利润表的第一个重要作用就在于向所有者提供了经营成果的各项数据,即公司经营绩效。也就是说,利润表的中心是通过对盈利及其组成部分的计量提供的经营业绩的相关信息。

从加强财务分析的要求出发,营业利润可以进一步划分为各个利润的组成部分,例如可以区分为主要经营利润、其他营业利润和营业外收支三个主要部分。

主要经营利润是指企业日常经营活动产生的利润。它等于营业收入减去营业成本及有关的期间费用。主要经营利润还可以进一步划分为主营业务利润和其他业务利润。尤其是主营业务利润,应当是构成企业利润的主体部分,它是以实际发生的产品销售收入减去与其相关的成本、费用后得出的。主营业务利润在营业利润或利润总额中所占的比重大,说明企业有能力抓住主营业务。主营业务突出的企业,收益相对稳定,收益质量相对较好。

其他营业利润的持续性因为难以判断而常会受到质疑,其包括资产减值损失、公允价值变动净收益和投资净收益,一般应当低于主要经营利润。

营业外收支是指营业外收入减去营业外支出后的净额,一般不具有持续性,没有预测价值。

正确区分主要经营利润、其他营业利润和营业外收支,有利于正确评价企业的盈利结构、盈利能力和盈利的可持续性等。

2. 提供利润分配依据

企业是不同利益集团组成的结合体。这些不同的利益集团之所以向企业提供各种经济资源,最终目的在于分享企业的经营成果。利润表反映了企业经营成果的形成及经营成果各组成部分的具体数额,因而利润表在公司利润分配中起着重要的作用。利润表的数据直接影响到相关集团的利益,如国家的税收收入、管理人员的奖金、职工的工资、股东的股利等。在公司利润分配的实践中,无论是提取盈余公积或公益金,还是制定股利分配政策等,都必须以利润表为重要依据。

3. 预测未来现金流量

净现金流量主要来源于企业的增收或盈利。净利润是净现金流量最重要的组成部分与来源。企业未来现金流量的时间、数额、不确定性,与财务报表使用者的经济决策密切相关。而企业过去的和现在的利润水平与未来现金流量存在一定的关系。财务报表使用者可以根据公司提供的利润表,通过比较和分析同一公司在不同时期或不同公司在同一时期利润表的信息,了解公司利润增长的规模和趋势,预测公司未来现金流量的时间、数额、不确定性,进而做出合理的经济决策。

4. 合理进行经营决策

企业管理当局可以通过分析利润表,了解公司各项收入、成本、费用与利润之间的消长趋势,反映在生产经营和管理活动的各个环节中所存在的问题,找出差距,采取相应的改善措施,以做出合理的经营决策。

利润表对上市公司还发挥着其他重要作用。例如,有关政府部门在核准公司是否具备发行股票或债券的资格时,需要考虑该公司是否连续三年盈利;公司在确定股票发行价格时,需要考虑其前三年的每股收益水平等。

三、现金流量表解读

在市场经济条件下,企业的现金流量状况在很大程度上决定着企业生存和发展的能力。一个企业即使有盈利能力,但若现金周转不畅,现金调度不灵,也将严重影响企业的发展,甚至影响企业的生存。如果现金充裕,企业就可以及时购买生产资料、原材料,及时支付工资、偿还债务、支付股利。净现金流量作为衡量企业未来收益的重要指标,在评价企业经营业绩、衡量企业财务资源和财务风险、预测企业未来发展前景、评估投资价值等方面具有特别重要的意义。也正是由于现金流量表能够向报表使用者提供现金流入、现金流出、净现金流量等详细数据,净现金流量在现代企业管理、财务管理、经营预测、资产评估、投资精算、税收管理等方面得到广泛应用。现金流量信息表明企业经营状况是否良好、资金是否紧缺、企业偿付能力大小。尤其是企业管理当局可以通过编制现金流量表,及时地掌握现金流动的信息,为科学、合理地利用现金奠定基础;企业投资者和债权人也可以通过现金流量表所提供的信息,了解企业如何使用现金以及企业将来生成现金的能力。

现金流量表的主要作用表现为以下几个方面:

1. 反映企业获取现金的能力

投资者不满足于仅以利润来衡量企业经营业绩与获利能力,因为投资者投入现金的目的归根结底是产出更多的现金,衡量企业经营业绩与获利能力只有建立在现金流量和偿付能力的基础上才具有实际意义。由于会计上广泛使用权责发生原则和配比原则,利润的计算包含了太多的估计和假设,使人难以确信账面利润所代表的真正意义。

净利润是企业在一定期间全部收入和全部费用的差额。净利润是依据权责发生制原则,按照收入与费用配比原则加以计算的,在一定程度上体现出企业经济效益的高低。净利润是资本报酬的来源,也是积累的来源。企业是以营利为目的的组织,净利润(或利润或利润的相关指标)是财务管理的重要指标之一。

净现金流量是企业在一定期间全部现金流入和现金流出的差额。企业销售商品、提供劳务、出售资产、取得借款等取得的现金,形成企业的现金流入;企业购买材料、接受劳务、购建固定资产、对外投资、偿还债务等而支付的现金,形成企业的现金流出。现金流量是按收付实现制的原则确定的。现金流量信息能够表明企业经营状况是否良好、资金是否紧缺、企业偿付能力大小的情况等,从而为投资者、债权人、经营者提供有效的理财信息。

2. 评估企业未来的现金流量

投资者和债权人从事投资与信贷的目的是使现金在未来实现增值,他们在做出投资或贷款决策时必须考虑利息的收取和本金的偿还(对债权人而言)、股利的获得以及资本的保障(对投资者而言)。因此,只有企业能产生预期的现金流量,才有能力还本付息、支付股利。

3. 分析企业的偿债能力

利用现金流量表可以帮助投资者和债权人评估企业偿还债务、支付股利以及对外筹资的能力。企业的现金流量越高,财务状况越稳健,偿债能力和筹资能力越强,股利发放率也越高。

4. 揭示净利润与净现金流量产生差异的原因

以企业全部经营时间而言,创造净利润的总和应该等于结束清算、变卖资产并偿还各种债务后的净现金流量。然而,在严重通货膨胀的情况下,以币值稳定为假设的传统会计报表披露的利润失去了真实性,资本受到了严重侵蚀,使账面利润与现金资源的差距日益扩大。投资者需要根据现金流量表所提供的净现金流量的信息,来分析净利润与净现金流量产生差异的原因。

通常,对一个盈利的、健康的、成长中的企业来说,应当保持经营活动净现金流量为正数才好,投资活动和筹资活动的现金流量一般来说受到理财思维的影响可以正负相间。企业没有必要去追求全部净现金流量越多越好,因为现金流量也是有机会成本的,企业应当考虑用经营活动创造的现金净流量去投资或还本付息,应当关注现金净流量的有效运作。

四、所有者权益变动表解读

在所有者权益变动表中,由于当期损益、直接计入所有者权益的利得和损失,以及与所有者的资本交易导致的所有者权益的变动的信息分门别类地列出来,所以,所有者权益变动表至少有以下几个方面的作用:

(1)通过编制所有者权益变动表,可以反映各项交易和事项导致所有者权益增减变动的情况。

(2)通过所有者权益变动表,可以反映所有者权益各组成部分增减变动的结构性信息。

(3)所有者权益变动表在一定程度上体现企业综合收益的特点。所有者权益变动表除列示直接计入所有者权益的利得和损失外,同时包含最终属于所有者权益变动的净利润,从而构成企业的综合收益。

(4)由于所有者权益变动表中已经列示了净利润及其利润分配的情况,所以,不再需要单独编制利润分配表,利润分配表作为附表在财务报表附注中披露。

虽然资产负债表和所有者权益变动表都可以反映所有者权益的增减变动情况,但所有者权益变动表更为具体详尽。因此,在日常分析资产负债表中所有者权益的增减变动情况时,往往会与对所有者权益变动表的分析结合在一起。

五、财务报表附注解读

财务报表附注可以包括所有在财务报表内未提供的、与企业财务状况和经营成果及现金流量有关的、有助于报表使用者更好地了解财务报表且可以随同财务报表一同报出的重要信息。

1. 增进会计信息可理解性

财务报表的附注部分,将对有重要性的数据做出解释或说明,将抽象的数据具体化,有助于报表使用者全面正确地理解财务报表以及相关的会计信息。

2. 促使会计信息充分披露

财务报表上所反映的数据都是高度集中和高度综合的,而财务报表附注主要以文字说明的方式,充分披露会计报表所提供的信息以及会计报表以外但与报表使用者的决策有关的重要信息,从而便于广大投资者全面掌握企业财务状况、经营成果和现金流量情况,为投资者正确决策提供信息服务。

3. 提高会计信息可比性

财务报表是依据会计准则和相关会计制度编制而成的,但会计准则和会计制度在某些方面提供了多种会计处理方法,企业可以根据具体情况进行选择。这就造成了不同行业或同一行业的不同企业所提供的会计信息之间的差异。另外,在某些情况下,企业所采用的会计政策也可能允许有所变动,这就容易造成企业因所选用的会计政策发生变动,而导致不同会计期间的会计信息失去可比的基础。通过编制与理解财务报表附注,有利于了解会计信息的上述差异及其影响的程度,从而有助于提高会计信息的可比性。

所以,读懂财务报表附注,对充分理解财务报表信息和有效进行财务分析是至关重要的。

▶ 任务引例解析

财务报告分析(又称为财务报表分析)必须以财务数据为依托,而每一个数字不是简单独立的个体,它们之间是相互串联、彼此影响的,要分析出数据之间的逻辑关系。

解读财务报告时,要对偿债能力、盈利能力、营运能力和发展能力进行分析,同时,不能只是关注财务数据,还要关注非财务数据。

▶ 习题

一、简答题

1. 简述资产负债表分析与所有者权益变动表分析之间的关系。
2. 如何理解利润表分析与现金流量表分析之间的互补作用?

3. 怎样才能切实提高阅读、理解、分析财务报表的能力？谈谈你的看法。

综合案例

提供虚假财会报告　三名被告一致认罪

2002年11月17日上午，在郑州市中级人民法院大审判庭，郑州百文股份有限公司（以下简称"郑百文公司"）提供虚假财务报告一案开庭审理。上午10时许，郑百文公司原董事长李福乾、原公司总经理兼家电分公司经理卢一德、原公司财务处主任都群福被带上了审判法庭。

公诉人指出，被告人李福乾作为郑百文公司董事长、法人代表，在听取总经理卢一德、财务处主任都群福汇报1997年年度经营亏损，并看到1997年年底第一次汇总的财务报表也显示亏损的情况下，仍召集会议，指示财务部门和家电分公司完成年初下达的销售额80个亿、盈利8 000万的"双八"目标。随后，作为财务主管的都群福指示总公司财务人员，将各分公司所报当年财务报表全部退回做二次处理。郑州百文股份有限公司采取虚提返利、费用跨期入账等手段，编制虚假财务报表，虚增利润8 658万多元，并在郑百文公司1997年上市公司年报中向社会公众披露赢利8 563万多元，从而使郑百文公司在1998年7月顺利实现了配股方案，并筹集配股资金15 533万多元。因上述作假手段以及公司经营管理不善等原因，郑百文公司1998年出现巨额亏损，使股东权益包括配股资金当年即损失98.79%。

郑州市人民检察院认为，郑百文公司向股东和社会公众提供虚假的财务会计报告，被告人李福乾、卢一德、都群福系郑百文公司直接负责的主管人员和其他直接责任人员，其行为触犯了《中华人民共和国刑法》，于2002年7月23日向郑州市中级人民法院提起公诉，请求依法惩处。

第七章
会计信息化

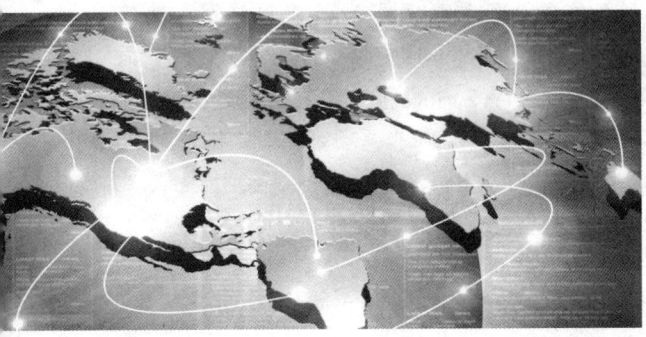

KUAIJIXUE DAOLUN

第七章　会计信息化

职业能力目标

1. 了解会计信息化意义及国家发展规划；
2. 了解信息技术对会计工作的影响；
3. 熟悉主要会计信息化产品及账务处理；
4. 了解智能财务发展趋势。

典型工作任务

1. 初识会计信息化；
2. 会计信息化账务处理；
3. 财务报表处理；
4. 初识智能财务。

第一节　会计信息化的意义

任务引例

刚毕业的张玲应聘到一家工业企业担任财务会计，作为一个新手会计，财务报表不会看对不对，错了也不知道去哪里找差异，头疼。固定资产设备多，资料统计烦琐，手工计算折旧容易错。根据公司经营情况，需要精准核算各部门各个费用明细报表数据，每次都要手工从系统整理数据再填写，一个个查找，填表都要半天。商品种类多且杂，管理和录入耗时耗力。为了解决这些问题，张玲应该如何选择适合本企业的会计核算要求的通用会计软件呢？在选择会计软件时，应注意软件的合法性、安全性、正确性、可扩充性和满足审计要求等方面的问题，以及软件服务的便利，软件的功能应满足本单位当前的实际需要，并考虑到今后工作发展的要求。

思考：会计信息化的意义及发展规划是什么？

一、会计信息化发展规划

"十四五"时期，我国会计信息化工作的总体目标是：服务我国经济社会发展大局和财政管理工作全局，以信息化支撑会计职能拓展为主线，以标准化为基础，以数字化为突破口，引导和规范我国会计信息化数据标准、管理制度、信息系统、人才建设等持续健康发展，积极推动会计数字化转型，构建符合新时代要求的国家会计信息化发展体系。

——会计数据标准体系基本建立。结合国内外会计行业发展经验以及我国会计数字化转型需要，会同相关部门逐步建立健全覆盖会计信息系统输入、处理、输出等各环节的会计数据标准，形成较为完整的会计数据标准体系。

——会计信息化制度规范持续完善。落实《中华人民共和国会计法》等国家相关法律法规的新要求，顺应会计工作应用新技术的需要，完善会计信息化工作规范、软件功能规范等配套制度规范,健全会计信息化安全管理制度和安全技术标准。

——会计数字化转型升级加快推进。加快推动单位会计工作、注册会计师审计工作和会计管理工作数字化转型。鼓励各部门、各单位探索会计数字化转型的实现路径,运用社会力量和市场机制,逐步实现全社会会计信息化应用整体水平的提升。

——会计数据价值得到有效发挥。提升会计数据的质量、价值与可用性,探索形成服务价值创造的会计数据要素,有效发挥会计数据在经济资源配置和单位内部管理中的作用,支持会计职能对内对外拓展。

——会计监管信息实现互通共享。通过数据标准、信息共享机制和信息交换平台等方面的基础建设,在安全可控的前提下,初步实现监管部门间会计监管数据的互通和共享,提升监管效率,形成监管合力。

——会计信息化人才队伍不断壮大。完善会计人员信息化方面能力框架,丰富会计人员信息化继续教育内容,创新会计信息化人才培养方式,打造懂会计、懂业务、懂信息技术的复合型会计信息化人才队伍。

二、会计信息化的意义

会计信息化是会计与信息技术的结合,是信息社会对企业财务信息管理提出的一个新要求,是企业会计顺应信息化浪潮所做出的必要举措。

1. 保证了会计工作的整体效率和质量

在以往的财务会计工作中,会计人员采用人工审核的方式处理数据和信息,然后将核算后的数据记录到财务报表中,这种人工操作的工作效率较差且稍有不慎就会发生数据错误,影响了会计数据的真实性,而且越是规模较大的企业,会计工作中消耗的人力物力也会更多。随着信息化时代的到来,信息技术和计算机技术代替了重复、简单的人工操作,并且建立会计模型,从而有效提高工作的效率,同时工作的质量也可以得到保障。

2. 实现了资源共享

会计信息化建设进程的加快,也实现了会计信息在企业内部的共享,加强了企业各部门的联系,尤其有利于加强财务部门和业务部门的沟通,保障企业资源的共享和合理分配,从而推动企业全面发展,加强企业团结,形成各部门互惠互利、互帮互助的企业文化。促进信息的沟通并且保证信息共享的效率,也能为管理者制定企业发展决策奠定良好的基础,保证企业制定的发展目标具有科学性。

3. 提高了企业在市场中的核心竞争力

随着信息技术的发展,企业所处的市场环境也发生着翻天覆地的变化,企业信息化建设水平也成了帮助企业在市场中占据一席之地的基础。企业要合理应用信息技术,才能促进企业会计工作的信息化发展,有效整合数据,从而为企业管理者和各部门人员提供有价值的数据,提高企业发展的竞争实力。

4. 促进了企业现代化发展水平

随着信息技术的发展,传统电算化在如今的时代下局限性越来越明显,无法满足企业的现代化发展需求。会计信息化解决了传统会计电算化中的很多不足,也有很多会计电算化无法比拟的优势和功能,真正促进了企业的健康持续发展。

三、大数据时代下的会计信息化

大数据时代的到来不仅仅改变了我们的生产生活模式,更是有效推动了会计信息化的进步与发展。由于信息资源的获取变得越来越便捷,信息处理的效率得到了显著的提升,企业只需要投入更少的成本就可以获得更高的价值回报。互联网技术的普及更是使得海量的财务数据直接汇入系统当中,只需要通过信息提炼,就可以为企业实现战略结构化调整奠定坚实的基础。为了进一步探讨大数据时代背景下会计信息化的风险防控策略,现就大数据、会计信息化的情况简单介绍如下。

1. 资源具有丰富性与共享性

在大数据的背景下,会计行业的工作模式与传统模式截然不同,大数据在会计信息化领域中的应用使得许多工作得到了简化或者自动化,例如记账、算账和报账等工作,不仅提高了会计信息处理的效率,也增强了数据的可靠性和规范性。会计工作当前仍然存在信息保守的问题,个别会计工作人员信息来源相对闭塞,导致不能正常交流和共享会计信息。但是,大数据的使用很好地解决了这些问题,还提高了会计信息之间的流转与共享。

2. 显著降低会计工作的成本

在大数据背景下,会计信息化所处理的信息远远多于传统工作模式下的工作量,其所收集和应用的数据和资料数量是非常庞大的,但其成本却大大低于传统工作模式下的成本,大数据的使用,降低了会计信息化的工作成本。会计信息化使用大数据手段,其所依赖的是云服务,也就是数据功能的在线应用,云服务是一个拥有海量数据并能全面共享的服务平台,既不要求我们购买相关硬件、软件等设备,也不要求我们进行升级以及更新。因此,大数据背景下的会计信息化不仅可降低人力和物力的投入,也能有效降低工作成本。

3. 提升会计工作的效率

在大数据背景下,会计信息化的工作速度和质量能够得到有效提升。大数据背景下的会计信息化工作只要在有互联网的前提下,就可以对数据进行收集、整理和分析,这些处理过程都是自动完成的,并且处理工作速度极快,质量也很高。在实际的会计工作中,传统模式下的会计信息化难以处理的工作,对于大数据背景下的会计信息化来说往往轻而易举,通过对云会计超高的计算能力进行融合,可提升工作速度,使其能够迅速并顺利完成工作。

任务引例解析

工业企业是以产品的生产和销售为主要活动内容的经济组织,工业企业的经营活动包括供应、生产与销售三个过程。为了确定企业生产与销售产品的经营成果,要将生产过程中发生的各项费用,按照产品的种类进行归集和分配,计算产品的生产(制造)成本。在销售过程中,企业按照销售合同的规定,出售产品,向客户收取货款。

企业在生产、销售、控制和预测的经济活动中,主要表现为信息流、资金流和物流的统一。要有效地控制"三流",单靠财务部门使用软件是不够的,企业各个部门尤其是业务部门必须将其业务信息纳入软件管理的范畴,软件功能将延伸到企业经营和管理的各个方面。这样能建立财务信息和其他业务信息的联系,彼此共享信息资源,实现财务信息和业务信息一体化,才能真正从全方位、多层次体现可信的决策信息。

因此，会计信息化的意义在于：保证了会计工作的整体效率和质量；实现了资源共享；提高了企业在市场中的核心竞争力；促进了企业现代化发展水平。

在促进企业会计信息化建设发展规划上，可以加强企业管理层对会计信息化建设的重视，培养优秀的专业人才，加强监督管理，制定完善的财务管理机制。通过共享平台的构建能够为企业各部门的数据流通、信息交流提供一个安全可靠的环境。会计信息化系统建设中，根据不同的工作内容制定不同的系统，并且还要构建一个财务信息、业务信息等结合的集成化系统，从而促进各部门信息的共享。

习题

一、课后思考题

1. 财务人员应具备什么样的素质？
2. 阅读拓展资料《"十四五"国家信息化规划》。
3. 财务人员应该从哪些方面提升自己？

第二节　初始化及系统维护

张玲在了解会计信息化的意义和未来企业信息化发展规划后，结合企业自身信息化建设基础、技术力量和业务需求，综合考虑会计软件的功能，选择适宜的会计软件或云端服务。

思考：如何选择适宜企业的会计软件？

知识准备与业务操作

一、企业常用会计信息化软件介绍

《企业会计信息化工作规范》中定义，会计软件是指企业使用的，专门用于会计核算、财务管理的计算机软件、软件系统或者其功能模块。企业可以根据自身信息化建设基础、技术力量和业务需求，选择适用的会计软件或云端会计软件服务。

1. 速达云软件

速达软件技术（广州）有限公司作为中国著名的大型软件企业，由多家世界著名跨国公司投资组建，是中国中小型企业管理软件市场的领导者。公司秉承"传播经营管理智慧"，专注于中小企业管理。二十多年来，速达凭借自身的品牌优势、强大的技术创新能力及雄厚的资金实力，为中国一百多万家中小企业提供了优秀的企业管理软件和卓越的技术解决方案，赢得了广大用户的极大信赖和赞誉。

速达云软件是基于云计算技术而衍生的软件产品，仅限在速达容器云中部署应用，支持浏览器/App应用使用。速达云软件Docker系列采用先进的Docker容器技术，在LBS技术的支持下，软件应用可实现高带宽、高存储、高效CPU群、安全备份等资源优化分配。先进的二次开发工具Buillder-Ⅱ，支持用户软件个性化应用。产品涵盖进销存软件、财务软件、ERP软件、客户关系管理软件等（见图7-1）。真正实现产品平台化，满足企业管理的个性化需求（见图7-2）。

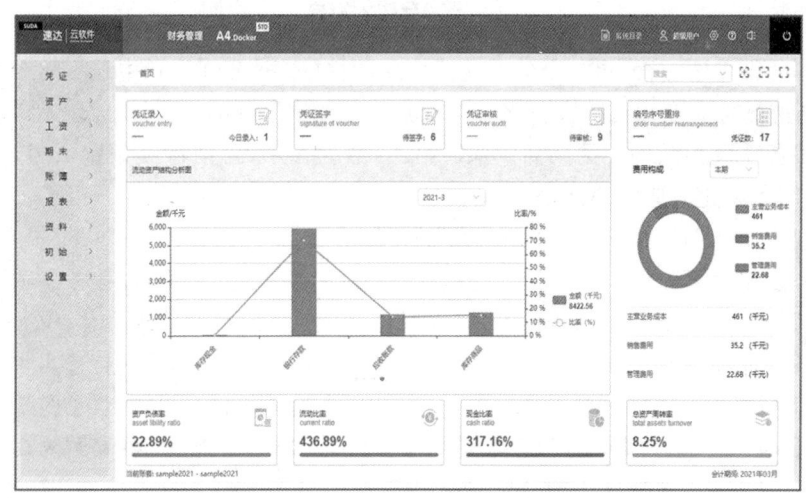

图 7-1 速达云软件

图 7-2 速达云软件数据分析

2．柠檬云财税

柠檬云财税是深圳易财信息技术有限公司旗下的互联网财税平台，自 2016 年初上线以来，已推出柠檬云财务软件、柠檬云进销存、柠檬云工资条、柠檬云代账、会计头条 App、柠檬云课堂等互联网财税产品，服务近 300 万企业用户，获得广大中小企业及财税业界人士的认可（见图 7-3）。

柠檬云以用户为中心，利用云计算、大数据及人工智能，跨界打通财务软件、财税培训、财税服务等，建立领先的中小企业财税服务平台。

3．用友财务云平台

用友创立于 1988 年，是全球领先的企业云服务与软件提供商。用友致力于用创想与技术推动商业和社会进步，通过构建和运行全球领先的商业创新平台——用友 BIP，服务企业数智化转型和商业创新，成就千万数智企业，让企业云服务随需而用，让数智价值无处不在，让商业创新如此便捷。

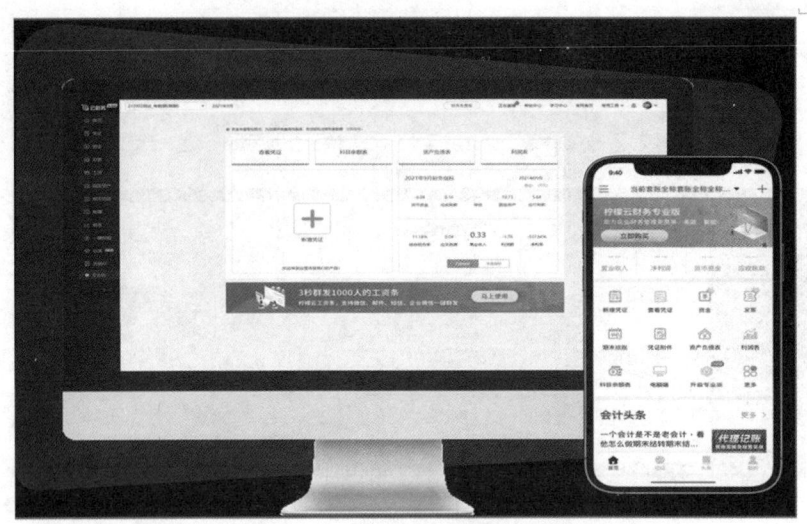

图 7-3 柠檬云财税

据 Gartner 研究显示,公司是全球企业级应用软件(ERP)TOP 10 中唯一的亚太厂商,在全球 ERP SaaS 市场位居亚太区厂商排名第一,也是唯一入选 Gartner 全球云 ERP 市场指南、综合人力资源服务市场指南的中国厂商。同时,IDC 数据显示,公司持续领跑中国企业云服务市场,在中国应用平台化云服务 APaaS 市场占有率第一、中国企业应用 SaaS 市场占有率第一,是中国企业数智化服务和软件国产化自主创新的领导品牌。

用友财务云采用领先的大智物移云的技术,基于事项法会计理论,以业务事项为基础,以实时会计、智能财务、精准税务、敏捷财资为核心理念,构建财务会计、管理会计、税务服务、报账服务、财资服务、企业绩效、电子档案服务、共享服务的全新一代财务体系。打造实时、智能、精细、多维、可视、生态的企业数智化财务云服务平台,助力企业财务数字化转型(见图 7-4 和图 7-5)。

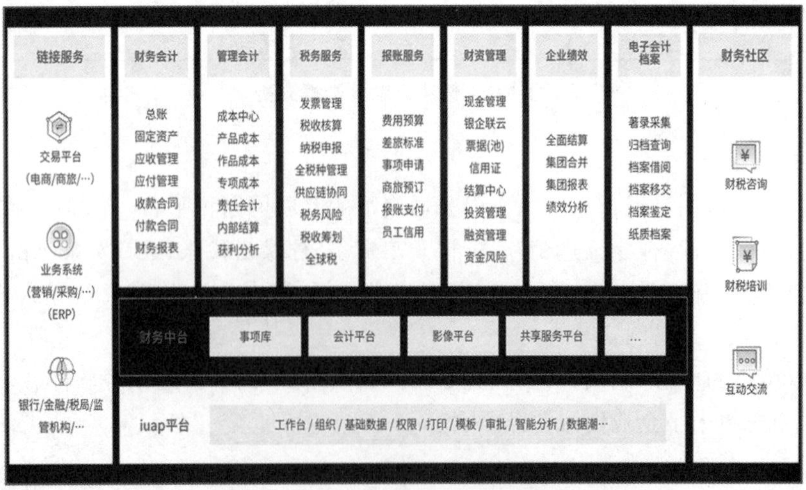

图 7-4 用友财务云服务架构

用友云在新技术、新模式形势下打造产业链发票应用,全程电子化、自动化。运用云计算、大数据、移动互联网、人工智能、区块链等各种新技术,带来财务新应用。基于社会化商业新模

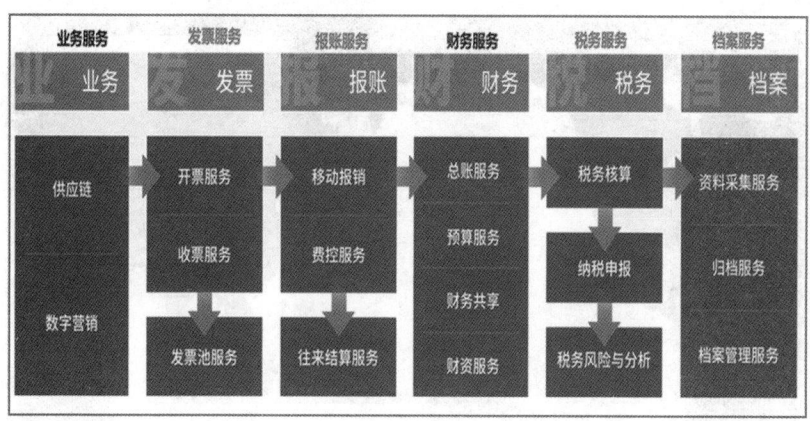

图 7-5 用友财务云"业财税一体化"融合架构

式,打破财务企业内边界,实现财务社会化链接商旅、税务、金融等;围绕核心企业的上下游协同对账、管控服务。

4.金蝶云平台

金蝶国际软件集团有限公司("金蝶国际"或"金蝶")始创于 1993 年,是香港联交所主板上市公司(股票代码:0268.HK),总部位于中国深圳,是领先的企业 SaaS 云服务公司。以"致良知、走正道、行王道"为核心价值观,以"全心全意为企业服务,让阳光照进每一个企业"为使命,致力成为"最值得托付的企业服务平台"。

金蝶在中国大、中、小型企业资源管理云服务市场排名第一,金蝶在 SaaS EA(企业级应用软件云服务)、SaaS ERM(企业资源管理云服务)、财务云市场占有率维持排名第一,并连续 17 年稳居中国成长型企业应用软件市场占有率第一。金蝶凭借技术领先全栈可控的大型企业管理云服务及平台、稳定成熟的中小企业管理云服务,斩获三料冠军。

金蝶旗下的多款云服务产品获得标杆企业的青睐,包括金蝶云·苍穹(可组装企业级 PaaS 平台)、金蝶云·星瀚(大型企业 EBC)、金蝶云·星空(高成长型企业 EBC)、金蝶云·星辰(小型企业 SaaS 管理云,见图 7-6)等,已为世界范围内超过 740 万家企业、政府等组织提供数字化管理解决方案。

EBC(企业业务能力,enterprise business capability)是可组装的业务能力,由全球知名 IT 研究机构 Gartner 提出,与金蝶等 SaaS 厂商共同倡导。EBC 被定义为企业管理从 MRP、MRP Ⅱ 到 ERP 后的第四代变革,包含链接客户、链接生态、链接万物、链接员工和数据驱动的五大能力平台,帮助企业直面迎战未来的不确定性,构建可组装的数字战斗力,韧性成长。

二、DBE 业财融合实践教学平台的介绍

随着数字技术、业财一体化技术向各个行业全面渗透,并实现跨界融合和倍增创新,数字化转型、业财一体信息化应用已经推动企业在业务、流程、人才等方面进行全方面变革。

本教材基于 DBE 业财融合实践教学平台(见图 7-7),教学内容适配企业真实应用 U8+,企业应用广。通过学习,了解业财一体化的企业应用现状、技术水平和发展趋势,熟悉业财一体信息化的业务处理的逻辑关系和业财融合信息的流转过程,掌握业财一体信息化平台的操作流程和典型业务处理方法,具备应用财务、税务相关知识处理企业实际经济业务的能力。

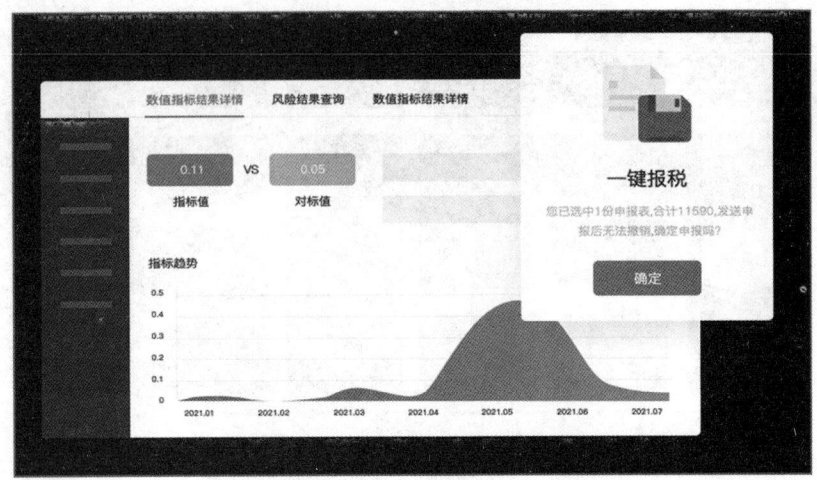

图 7-6 面向小型企业的金蝶云·星辰

图 7-7 DBE 业财融合实践教学平台

(1)首先在浏览器中输入院校 DBE 网址,打开 DBE 业财融合实践教学平台首页,界面如图 7-8 所示。

(2)进入登录界面,输入账号密码,进入云班课堂(见图 7-9)。

(3)教学中心:教学资源丰富,教练导引式教学,易教、易学、易会(见图 7-10)。

(4)自由训练中心:平台关联企业级 U8 应用软件,既能进行标准操作流程训练,又能进行多通道流程自由训练,既有企业级 ERP 软件,又有税务云仿真系统、电子档案仿真系统(见图 7-11)。同时 U8 辅助工具能对 U8 部分单据操作进行甄别,给出成绩,定位技能操作短板,快速提升。

(5)模拟考试中心:真实还原技能考试环境及试题(见图 7-12)。

用友集团和新道科技具备长期服务财经类职业教育累积的优势,充分考虑信息化、智能化等新技术对财会专业学习带来的影响,我们通过 DBE 业财融合实践教学平台的学习,以企业的业(业务)、财(财务)、税(税务)三大板块业财协同业务及信息系统管理与信息系统实施两大系统应用为工作领域,面向独立核算模式和集中核算模式的企业,运用当代信息技术,培养社会紧缺财务人才。

图 7-8　DBE 业财融合实践教学平台登录界面

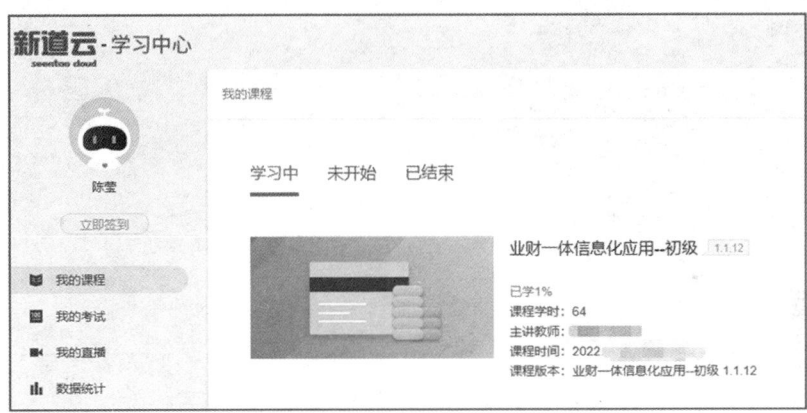

图 7-9　DBE 业财融合实践教学平台班级中心

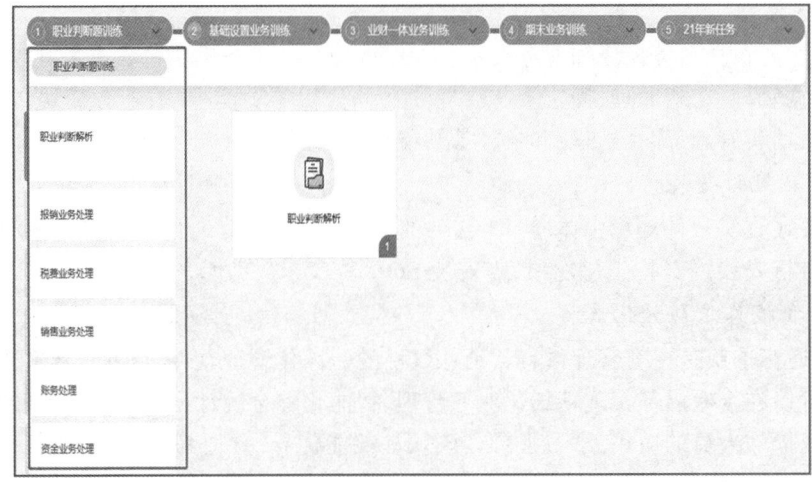

图 7-10　DBE 业财融合实践教学平台学习中心

图 7-11　DBE 业财融合实践教学平台训练中心

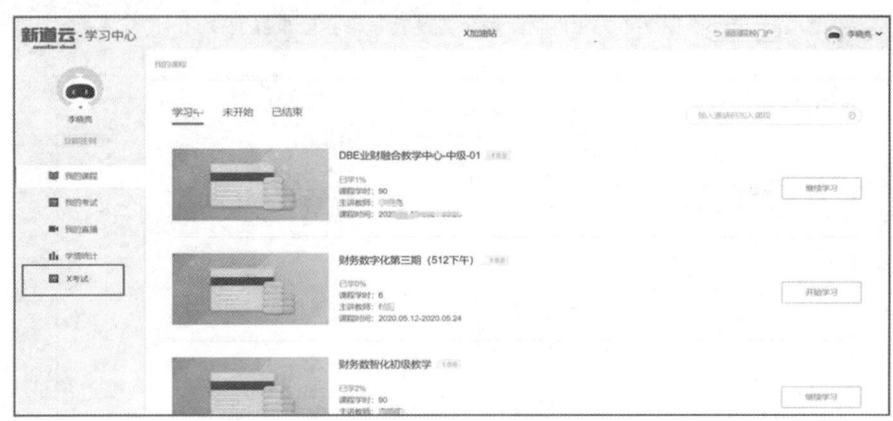

图 7-12　DBE 业财融合实践教学平台考试模式

三、T3 标准版的介绍

T3 软件主要包括财务模块和业务模块两大组成部分。财务模块包含总账管理、出纳管理、财务报表、票据管理、工资管理、固定资产管理和财务分析等功能模块；业务模块包含进销存管理（采购管理、销售管理、库存管理）和核算等功能模块（见图 7-13）。

1. T3 标准版的安装

用户若要在真实软件环境中体验 T3 软件的功能，可从畅捷通信息技术有限公司获取 T3 标准版软件自行安装。安装 T3 软件前需安装 SQL Server 数据库。

2. T3 标准版总账初始化流程

T3 用友通标准版是一套管理供、产、销、财、税的一体化管理软件，帮助企业实现规范管理、精细理财。可以在企业内部实现精细化业务管理、智能化综合统计分析，帮助管理层科学决策，同时搭建企业操作人员的应用、学习平台。该软件性能优异，方便易用，是企业管理的好帮手。T3 标准版的初始化流程如图 7-14 所示。

第七章 会计信息化

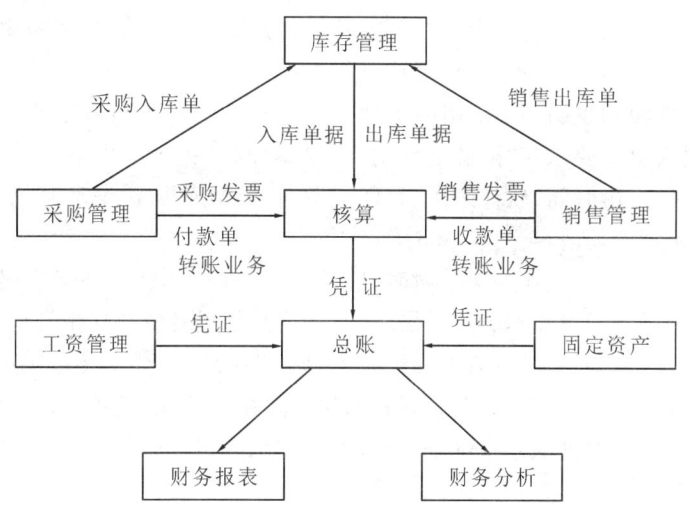

图 7-13 T3 标准版模块数据关系图

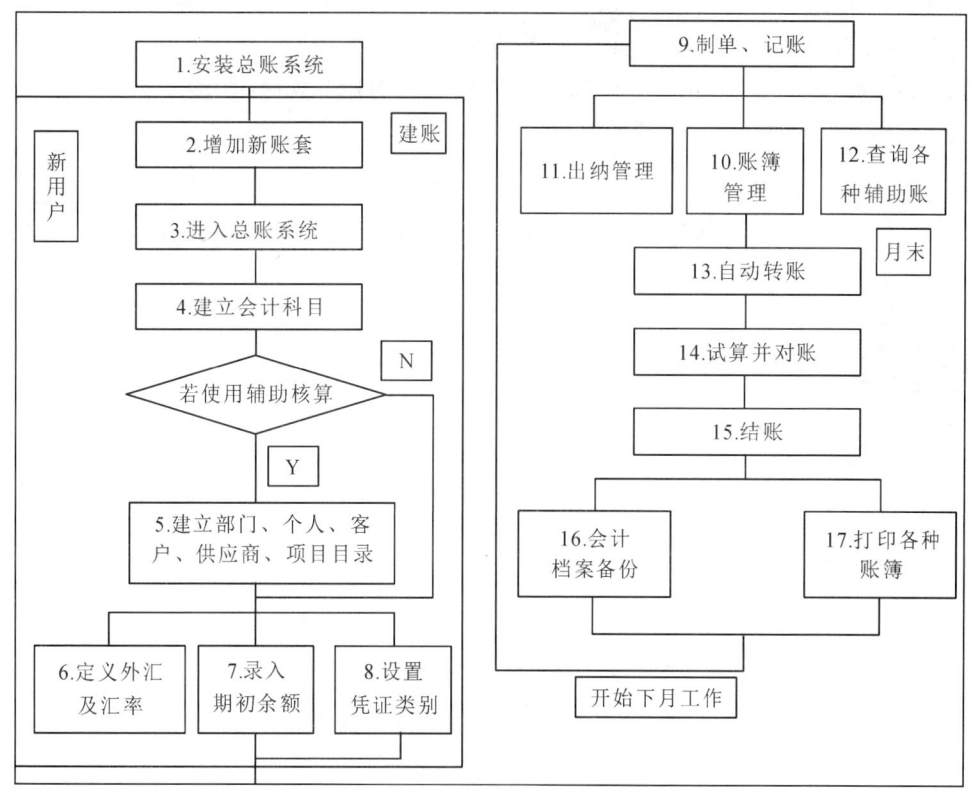

图 7-14 T3 软件初始化流程

▶ **任务引例解析**

张玲在申请使用会计核算软件进行财务核算时遇到一项规定：从事生产、经营的纳税人的财务、会计制度或者财务、会计处理办法和会计核算软件，应当报送税务机关备案。企业办税人员应该准备营业执照，办税人身份证原件及复印件，"财务会计制度及核算软件备案报告书"，纳税人财务、会计制度或纳税人财务、会计核算办法,财务会计核算软件、使用说明书复印件去税务机关备案,或者可通过办税服务厅、电子税务局办理。

1. 会计核算软件使用说明书(使用电子计算机记账的纳税人):对于使用会计核算软件进行财务核算的纳税人要按要求在"财务会计制度及核算软件备案报告书"中填写会计核算软件的名称、版本号、软件启用时间、软件来源、软件开发商、数据库类型、软件通用查询用户(或软件负责人)及联系电话等相关内容。

2. 纳税人无法按期呈报上述备案资料时,应填写"会计核算软件备案延误说明单",详细说明无法报备资料的名称、原因和相关改进措施,并随同其他报备资料交主管地税机关报备。

3. 会计核算软件包括财务核算软件和经营管理软件,其中,财务核算软件主要是专门用于财务核算工作的计算机应用软件,经营管理软件主要是用于记录、核算、管理企业生产经营活动过程的计算机应用软件,如进销存系统、ERP系统、MIS、收银类软件系统(含税控和非税控类)。

习题

一、课后思考题

1. 阅读拓展资料《企业会计信息化工作规范》。
2. 查阅相关资料,自行在网上体验各个云财务平台,对比各软件的优劣。
3. 阅读拓展资料,进行会计信息化学习软件初始化练习。

第三节 会计信息化账务处理内容

张玲在了解几大云财务平台的功能后,决定先进行试用再做选择,于是选取了本企业的几笔经济业务,在平台上进行操作。

思考:如何在财务云平台中进行账务处理?

知识准备与业务操作

一、权益资金筹集业务的核算

【例 7-1】 20××年12月1日,根据投资协议书,海风公司收到 A 公司作为资本投入的货币资金 200 000 元,款项已存入银行。根据投资协议书和进账单,编制会计分录如下:

借:银行存款 200 000
　　贷:实收资本——A 公司 200 000

【例 7-2】 20××年12月3日,海风公司为扩大生产规模,接受 B 公司投入新生产设备 1 台,该设备协议价为 400 000 元,设备投入使用(假设不考虑增值税)。根据出资协议和固定资产投资交接单,编制会计分录如下:

借:固定资产——车床 400 000
　　贷:实收资本——B 公司 400 000

二、DBE 业财融合实践教学平台 U8＋软件账务操作示例

(1)在 DBE 业财融合实践教学平台训练中心，制单人登录 U8＋，点击"财务会计"—"总账"—"凭证"—"增加"(见图 7-15)。

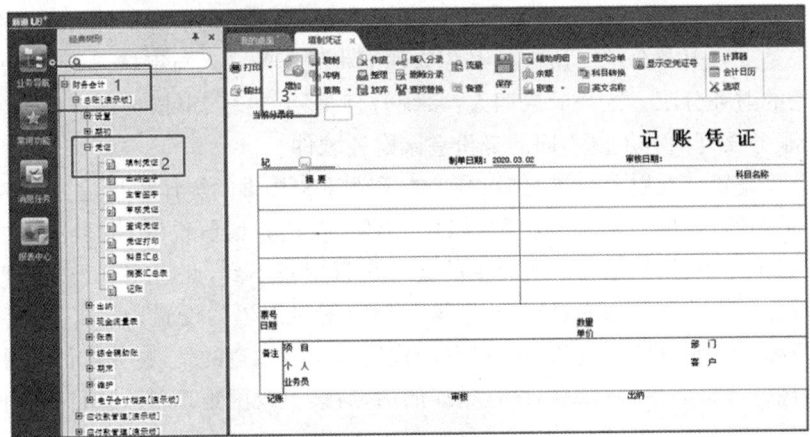

图 7-15　账务操作 1

(2)根据经济业务在记账凭证中填写内容(见图 7-16 和图 7-17)。

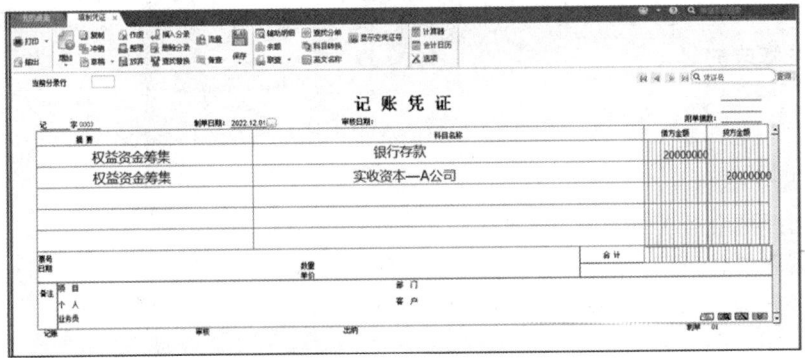

图 7-16　账务操作 2

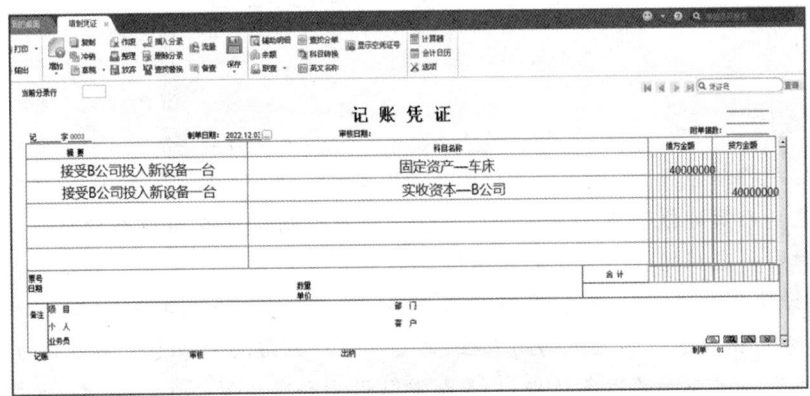

图 7-17　账务操作 3

任务引例解析

拿到一套软件之后,首先应该对软件的使用细则有一个清晰的了解,应了解该财务软件的运作流程。然后,按下列程序进行账套的初始化操作。

1.在财务软件中,首先应该以管理员的身份新建账套,建账之后不应先去初始化期初余额,更重要的工作是进行财务分工。所有的财务软件都将凭证的录入与审核记账相分离,以便交叉监督。最常见的财务分工方式是分成四人:系统管理员、制单员、审核员、记账员。在以后的使用中,应该按账务核算的分工以不同的身份登录财务软件。

2.进行科目设置。在财务分工之后,接着查看由系统提供的会计科目是否能够满足单位的核算需要,如果不够,还应该添加相关的科目。比如,在核算增值税的过程中,需要"应交增值税"二级科目甚至三级科目,但在系统提供的会计科目中找不到,此时应进入"会计科目"模块,进行科目的添加工作。在添加的过程中,应该注意对科目编码的设置。如果是二级科目,该科目的前三位编码一定要设成对应的一级科目的代码。应该知道的是,财务软件对科目的管理是以科目编码为依据的,如果科目编码设置错误的话,后续更改困难,而且,科目只要设定好了,以后核算中想将之删掉都不可以。

3.进行期初金额的设定。如果新建账套的启用日期是在年份中间,在录入期初余额时,不能在"年初余额"栏目中输入,这样做是徒劳的。正确的方法是在"期初余额"栏目中输入。在进行期初余额录入时,一定要注意数据的准确性,因为,这些期初数据一旦发生作用时,是无论如何也不可能去修改的。

一、课后思考题

1.如何选择适合企业的财务平台?

2.阅读拓展资料,自行在云财务平台中进行账务处理。

3.在账务处理中,如果出现错误,如何进行反向操作?

第四节 财务报告处理

任务引例

财报通常是指财务报告,财务报表一般是指"三表"(资产负债表、损益表、现金流量表或财务状况变动表),而财务报告不仅指"三表"还包括附注说明或完整的财务分析等。财务报告是对一个公司的财务流程的具体展示的一个途径。财务报表分析对于一个单位的发展具有重要的意义,是科学决策的依据。但是,由于财务报表、财务人员、分析方法、分析指标等方面的原因,财务报表分析出现了不可避免的局限性,需要尽快得到解决。张玲作为企业的财务人员,需要为企业决策者提供全面的财务数据,从而帮助其做出科学决策。

知识准备与业务操作

财务会计作为对外报告会计,其目的是通过向外部会计信息使用者提供有用的信息,以反映企业财务信息,帮助信息使用者做出相关决策。承担这一信息载体和功能的便是企业编制的财务报告,它是财务会计确认和计量的最终成果,是沟通企业管理层与外部信息使用者之间的桥梁和纽带。因此,财务报告的目标定位十分重要。

(1)财务报告的目标定位决定着财务报告应当向谁提供有用的会计信息,应当保护谁的经济利益。这既是财务报告编制的出发点,也是企业会计准则建设与发展的立足点。因此,需要清楚界定企业财务报告的使用者,这些使用者具有哪些特征,进行什么样的经济决策,在决策过程中需要什么样的会计信息等。在这种情况下,财务报告"按需定产",为使用者提供有用信息,不仅可以有效地调和企业管理层与外部信息使用者之间的关系,还可以提高使用者的决策水平与质量,降低资金成本,提高市场效率。

(2)财务报告的目标定位决定着财务报告所要求会计信息的质量特征,决定着会计要素的确认与计量原则,是财务会计系统的核心与灵魂。通常认为财务报告目标有经管责任观和决策有用观两种,在经管责任观下,会计信息更多地强调可靠性,会计计量主要采用历史成本;在决策有用观下,会计信息更多地强调相关性,会计计量在坚持历史成本外,如果采用其他计量属性能够提供更加相关信息的,会较多地采用除历史成本之外的其他计量属性。因此,财务报告的目标定位直接决定着整个财务会计系统的构造,包括会计要素的确认、计量和报告等诸方面。

(3)财务报告的目标定位决定着财务会计未来发展的方向。财务会计作为反映经济交易或者事项的一门科学,从来都是随着经济环境的变化而不断发展演化的,尤其随着现代公司制的建立、资本市场的发展和技术革新的加剧,财务会计理论和实务更是以惊人的速度向前发展,相应地,会计准则的发展与变化也是日新月异,国际国内的实践都证明了这一点。

财务报表数据可视化如图 7-18 所示。

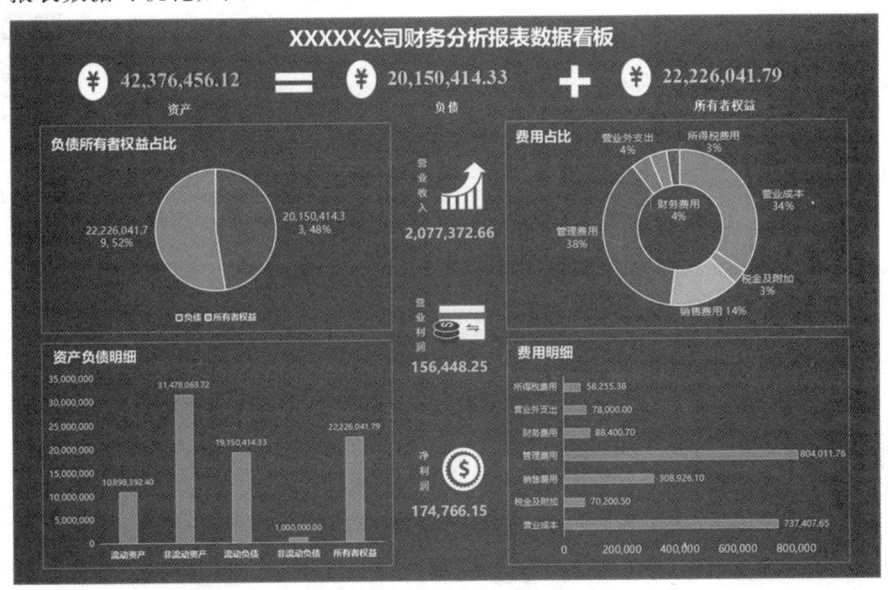

图 7-18 财务报表数据可视化

任务引例解析

财务报表分析主要是为信息的使用人提供准确的财务信息,财务报表分析的目的因使用报表的人的不同而有着明显的区别,主要表现在四点:第一是投资人可以对企业的资产现状以及盈利能力加以分析,从而决定是否需要投资;第二是债权人需要对贷款风险、报酬等方面进行分析,确定是否需要向企业实施贷款;第三是经营者为了改善财务决策与经营状况,需要对企业财务加以分析;第四是企业主管部门要清楚了解企业的纳税情况、职工的基本收入等。

财务报表分析中资产负债表涉及企业的资产、负债情况,对企业融资、投资起到十分重要的作用。利润表能够将企业的经营现状进行展现,能够依据企业实际发展情况调整发展目标,对利润点多的地方进行扩张。现金流量表表明了企业资金周转能力,是企业财务管理的重要内容。假如企业在做出一项决策的时候需要现金的支撑,否则项目无法得到有效开展,现金流量表则为企业财务管理提供决策支持。

习题

一、课后思考题

1. 查阅拓展资料,在互联网查询某公司财务报告数据,并进行分享。
2. 查阅网络信息,简述进行财务报表分析需要什么工具。
3. 作为财务人员,在财务报表分析时需要具备什么样的素质与能力?

第五节　智能财务发展趋势

任务引例

智能财务
发展趋势

张玲通过近几年的财务工作发现,目前基础的财务人员就是做一个输入和输出的工作,这些工作内容明显是机械化的简单重复。作为财务管理人员,所起到的最终作用是为管理层、投资人、债权人提供决策依据。未来,随着数据科学的不断应用,财务决策应该迈向智能化,作为企业财务人员应该顺应智能财务发展趋势,积极利用现代化科学技术,进行企业转型。

思考:智能财务发展带来了哪些变革?

知识准备与业务操作

一、海尔集团——向管理要效能

为了强化财务管理效率的提升、财务信息质量的控制以及有效降低财务风险,海尔设立财务共享中心。海尔共享服务中心服务十大类流程以及120个子流程,涵盖了会计核算的所有内容。海尔除了会计核算流程被纳入共享服务范畴之外,还将资金管理纳入共享中心管理,反映了其作为白色家电行业注重现金与营运资金管理的特质。

海尔的资金平台主要负责金融风险、资金运营以及融资平台管理；会计平台主要负责会计交易事项核算，根据交易处理特性及业务循环，划分为费用、应付、应收、总账报表、资产核算等功能中心，各中心根据职责、服务水平为事业单元提供财务核算服务，实现流程的"端到端"管理。海尔共享服务中心在日常工作中一直遵循流程管理，依赖流程产生高质量的数据信息，通过流程标准化管理加强集团管控，提高信息的透明度，并不断提升流程操作效率。

二、中国石油——一次全球布局的智能升级

中国石油财务共享服务建设以"打造世界一流的智能型全球财务共享服务体系"为愿景。在试点过程中，中国石油积极创新应用智能化信息技术，先后上线5款16个虚拟"小铁人"机器人，处理效率达到人工10倍以上。同时结合业务流程优化、专业化、精益化管理，财务共享业务实际效率提升43%，集约效率、规模效益切实显现。

中国石油理想的报销情景是这样的：在手机上提交出差申请，审批通过后系统会自动订好车票和酒店，刷身份证即可取票入住，全程不用垫付一分钱。出差结束返程，飞机落地后点击完成，还没回到家中，出差补助就已经打到银行卡……

共享实施前，报销单提交至基层财务科再到员工收到报销款通常需要1周以上的时间；共享后，时间缩短至3个工作日以内。

未来，中国石油财务共享服务中心具有三大功能定位：交易处理中心、创新中心和专家中心。作为交易处理中心，财务共享服务将逐渐从简单会计处理向业务流程前端拓展；作为创新中心，不断吸收和应用优秀管理经验和新兴技术。共享服务西安中心正与上海国家会计学院协商合作共建"智能财务研究中心"。

共享平台是多方共用的平台，把各方连接为有机的整体。中国石油明确，将逐步建立财务、人力资源、技术、信息、物资采购、审计等共享服务中心。

三、中国国旅——打造一体化财务共享服务中心

2015年，国旅集团副总会计师陈文龙亲自带队，打造了集团全内容、业务财务一体化的财务共享服务中心，成为业内标杆。国旅财务共享服务中心具有起点高、内容全、建设快、投资少，以及业财高度融合、数据高度集成、业务高度共享等特点。实现了项目设计时的五大建设目标。

一是业务处理表单化。按照"制度流程化、流程表单化、表单信息化"思路，公司历时8个月，对业务流程进行梳理、分类、调整、优化，对部分重要业务流程和审批流程进行了规范统一，实现了业务数据化、流程规范化和系统自动控制。

二是业务财务一体化。国旅的主营业务均有多个成熟的业务系统，通过主数据接口实现业务系统与共享系统的自动连接，生成相应单据，并按照该单据在共享系统中设置的流程自动流转，同时业务系统中的审批流程及附件会自动形成相关文件，同步成为单据附件。

三是共享内容全面化。国旅共享服务内容涵盖了全部财务会计内容并融入部分管理会计和移动互联网内容。

四是信息系统集成化。国旅在财务共享上线前有20套完全独立的财务系统及硬件，上线后变成了全集团统一的一套共享系统和一套硬件设备，在功能和内容上较之前的系统有了质的

飞跃,并且所有业务及数据完成了互联互通。正向流程实现了业务、资金、核算、预算的完全协同,以及集团各级主体"实时报表,一键合并"功能;逆向流程实现了从报表、预算到业务、到单据的全流程联查,在合并报表方面可以查询到每张合并抵销凭证,预算执行能查询到每张单据。同时,信息系统的集成,也使得财务共享成为集团一个重要的信息库,不仅包括财务信息,还包括大量的业务信息,为后续开展的大数据分析提供了基础。

五是多端应用同步化。财务共享服务区别于以往的财务信息化,主要用户是业务人员并且是线上审批,因此在设计时就要求系统满足对不同人群的适应性以及移动端的同步应用,以前端、后端、移动端三端不同形式进行人机对话。

国旅集团财务共享上线后,成效快速显现出来,除大幅提高了业务与财务的工作效率、显著提升财务信息质量、降低运维及人工成本等财务共享的基本成效外,还在跨组织作业突破传统会计主体实现财务整体素质提升、实时报表突破会计分期实现持续财务监督等方面发挥出明显作用。

四、长虹集团——中国企业财务共享先行者

长虹如今已成为集军工、消费电子、核心器件研发与制造为一体的综合型跨国企业集团,长虹品牌价值达到千亿元之高,继续稳居中国电子百强品牌。为了更好地提高财务效率和加强风险管理的能力,长虹一直在财务共享领域不断地求索与实践。

从2005年开始,长虹财务管理模式实施转型,财务管理和财务服务职能分离。2008年,长虹财务共享中心正式挂牌,开展市场化运作。2009年,长虹财务共享服务中心协同长虹信息管理部门完成"两大平台、三大系统"的财务信息化体系建设;在集团内部,持续进行财务共享服务推进,将子公司纳入财务共享范围。长虹的财务共享看上去是对会计核算的集中,其实核心发生了两个变化:一是整个财务职能的变革;二是引发财务管理工作的革命。长虹FSSC积极优化自身的功能,发挥更大的功效,提升长虹的财务管理能力和水平。

总的来说,财务共享服务中心的成立,可以将公司的财务人员从繁重的财务核算业务中解脱出来,使他们有更多的精力将财务与业务更好地结合起来,探索财务管理的有效途径。

传统的企业财务往往将核算、报表和税务业务作为财务管理的重点,有些企业的财务总监往往会埋头于一些事务性的工作而无法自拔,审核凭证、审核报表占据了财务负责人的大部分时间。其实这些工作均有明确的规章制度规范,可以用信息系统或者操作规范加以落实。将这些重复性强的工作交给擅长规范化管理的财务共享服务中心,企业的财务总监就有时间从事对企业管理增加值更高的工作中,比如成本管理、全面预算管理、资金管理、财务规划管理等工作,使财务管理工作与业务管理和企业发展工作更加紧密地结合,发挥财务管理更大的功效。

▶ 任务引例解析

信息技术的创新发展,必然引发商业模式的变革,使得财务体系、运营策略和运作流程发生变化。在数字化、自动化、智能化的趋势下,流程机器人(RPA)、人工智能、大数据和云计算等新技术被应用到财务领域,使财务流程不断优化、财务运营效率不断提升。其中,财务共享服务是近年来集团企业财务转型的焦点、创新技术应用的聚集地,也是构建面向未来财务的基石。

习题

一、课后思考题

1. 查阅拓展资料,了解财务共享技术。
2. 查阅拓展资料,了解 RPA 机器人。
3. 通过学习,你觉得作为财务人员未来面对的挑战是什么?

综合案例 1

1. 阳光信息技术有限公司决定 20×× 年 11 月开始启用畅捷通信息化软件进行财务管理。
2. 公司信息如下:

全称:阳光信息技术有限公司。

简称:阳光信息。

地址:海淀区北清路 68 号。

法人代表:张明。

邮编:100096。

电话:62436688。

3. 采用人民币为本币。
4. 会计科目采用 2007 年新会计准则。
5. 账套主管:张明。

会计:李明(负责制单)。

出纳:王明(负责出纳、审核查询出纳账)。

6. 存货、客户、供应商均设有分类,有外币核算。
7. 部门级次:1-2。客户与供应商级次:2-2。科目级次:4-2-2-2-2-2。
8. 所有小数位数保留 2 位。
9. 启用总账模块,启用日期 20×× 年 11 月 1 日。
10. 将凭证类别设置为记账凭证。
11. 设置会计科目:

在银行存款下增加科目:工行存款、建行存款。

管理费用下增加招待费。

其他应收款下增加个人借款。

库存商品科目下增加计算机科目。

设置应收账款客户核算,应付账款供应商核算,个人借款个人核算,招待费部门核算。

设置计算机为数量核算,单位:台。建行存款为外币核算,币种美元,固定汇率 6.715。

指定现金与银行存款科目为出纳科目。

12. 增加部门销售部、销售一部、销售二部。
13. 增加职员张明(销售一部)、李明(销售一部)、王明(销售二部)。
14. 将供应商分为本地与外地两类,客户分为普通和重点两类。
15. 增加供应商联盟计算机(本地)与万强计算机(本地)。

16. 增加客户明诚化工(普通)和晨光地产(普通)。

17. 设置期初余额：

科目编码	科目名称	金额	辅助项	科目编码	科目名称	金额	辅助项
1001	现金	1 000		2001	短期借款	50 000	
100201	工行存款	400 000		2241	其他应付款	5 000	
100202	建行存款	100 000	15 000(美元)				
1122	应收账款	3 000	明诚化工 1 000 晨光地产 2 000	2202	应付账款	17 500	联盟计算机 10 000 万强计算机 7 500
122101	其他应收款	2 500	张明 1 000 李明 1 500				
140501	计算机	15 000	10(台)	314115	未分配利润	453 500	
1601	固定资产	5 000					
1602	累计折旧	500					

18. 账务日常处理，填制凭证：

(1)11月1日，从工商银行提取现金10 000元。

(2)11月2日，销售一部发生招待费300元。

(3)11月3日，张明还款1 000元。

(4)11月4日，从联盟计算机公司采购计算机10台，每台1 500元。

(5)11月5日，从建行提现500美元，汇率按当月计算。

19. 出纳签字，审核凭证，记账。

20. 账表查询：总账—账表查询—选择要查询的报表，输入条件，展现结果。

21. 月末处理，结账。

综合案例2

一、系统管理

1. 账套信息：

账套号：108。

单位名称：光彩股份有限公司(简称：光彩公司)。

启用会计期间：20××年11月。

记账本位币：人民币。

企业类型：工业。执行2007年新会计准则。

账套主管：朱湘。

按行业性质预置会计科目。

要求有外币核算，需要对客户进行分类。

分类编码：
科目编码级次:4222。客户分类编码级次:122。其他默认。
启用:总账系统。
启用日期:20××年11月1日。
2.操作员及其权限：

操作员编号	姓名	密码	权限
CWZG	朱湘	123456	账套主管
LFKJ	刘丽芳	123456	公用目录设置,固定资产、总账和工资管理
CHKJ	陈惠	123456	总账中除"GL010303 上年结转"的全部权限

二、基础设置
1.总账参数。
总账系统参数:不允许修改、作废他人填制的凭证。
2.公共档案。
(1)部门档案。

部门编码	部门名称
1	行政部
2	财务部
3	开发部
4	业务部
401	业务一部
402	业务二部

(2)职员档案。

职员编码	职员名称	所属部门
1081	江涛	行政部
1082	陈小林	行政部
1083	朱湘	财务部
1084	刘丽芳	财务部
1085	陈惠	财务部
1086	张杰	开发部
1087	李浩东	开发部
1088	刘晶	业务一部
1089	王娜	业务二部

(3) 客户分类。

类别编码	类别名称
1	东北大区
2	东南大区
3	其他地区

(4) 客户档案。

客户编号	客户名称	客户简称	所属分类
001	威达公司	威达公司	东北大区
002	申优公司	申优公司	东北大区
003	发详公司	发详公司	东南大区
004	无忧公司	无忧公司	东南大区
005	百强公司	百强公司	其他地区

(5) 供应商档案。

供应商编号	供应商名称	供应商简称
001	伟建公司	伟建公司
002	北清公司	北清公司
003	主线公司	主线公司

(6) 凭证类别。

凭证类别设置为收款凭证、付款凭证、转账凭证,有限制类型。

(7) 结算方式。

编码	名称
1	现金结算
2	转账支票

(8) 会计科目。

a. 指定会计科目:

现金总账科目:1001 库存现金。银行总账科目:1002 银行存款。现金流量科目:1001、1002、1012。

b. 会计科目及其余额如下表:

科目编码	科目名称	辅助核算	期初余额	
			借方	贷方
1001	库存现金	日记账	20 000	
1002	银行存款	日记账、银行账	293 230	
1122	应收账款	客户往来(无受控)	280 800	
1221	其他应收款	个人往来	12 000	
	库存商品		96 452	
	固定资产		1 923 600	
	累计折旧			253 422
	长期待摊费用		180 000	
	短期借款			900 000
2202	应付账款	供应商往来(无受控)		108 110
222101	应交增值税			
22210101	进项税额			
22210102	销项税额			
	长期借款			564 550
	实收资本			980 000
660101	工资	部门核算		
660102	办公费	部门核算		
660103	工会经费			
660104	折旧费			
660105	租赁费	部门核算		
660201	工资			
660202	工会经费			
660203	折旧费			
	合计		2 806 082	2 806 082

c. 个人往来科目余额:

日期	凭证号	部门	姓名	摘要	方向	期初余额
20××-10-23	付-11	业务二部	王娜	出差借款	借	12 000

d. 应收账款科目明细:

日期	凭证号	客户	摘要	方向	期初余额
20××-10-18	转-131	申优公司	销售未收款	借	280 800

e. 应付账款明细:

日期	凭证号	供应商	摘要	方向	期初余额
20××-10-18	转-19	伟建公司	购料未付款	贷	108 110

f. 删除会计科目:2621 独立账户负债。调整"材料成本差异"科目余额方向,由借方调整为贷方。按新准则设置现金流量项目。

三、日常业务处理

说明:刘丽芳填制和生成凭证、记账;陈惠,出纳签字;朱湘审核、对账和结账。

要求完成凭证的填制、签字、审核、记账。

11 月份发生的经济业务如下:

1.11 月 12 日,计提 10 月份的长期借款利息 5 000 元。

2.11 月 12 日,销售一批商品,收到货税款共计 14 040 元,增值税税率 17%(附单据 2 张,转账支票号为 2525-366,销售商品、提供劳务收到的现金)。

3.11 月 15 日,业务一部刘晶预借差旅费 6 000 元(单据共计 1 张),以现金付讫(支付的其他与经营活动有关的现金)。

4.11 月 15 日,收到申优公司的转账支票(NO.22206),偿还前欠货款 280 000 元(销售商品、提供劳务收到的现金)。

5.11 月 15 日,以转账支票(NO.3306)购买小型设备一台,价税款共计 50 000 元(购买固定资产、无形资产和其他长期资产支付的现金)。

6.11 月 15 日,以转账支票(NO.3722)支付前欠伟建公司货款 100 000 元(购买商品、接受劳务支付的现金)。

7.11 月 15 日,以现金支付业务部的租金 5 000 元,其中业务一部 2 000 元,业务二部 3 000 元(支付的其他与经营活动有关的现金)。

8.11 月 15 日,以转账支票(NO.3309)支付业务一部的办公费 1 200 元(支付的其他与经营活动有关的现金)。

9.将第 0002 号付款凭证中的购买固定资产的金额修改为 58 500 元。

10.删除第 0003 号付款凭证,并整理断号。

11.根据以上业务完成签字 审核、记账。

12.冲销第 0002 号付款凭证。

13.重新输入一张凭证:以转账支票(NO.3306)购买的一台小型设备价款是 50 000 元,增值税 8 500 元(增值税允许抵扣)(购买固定资产、无形资产和其他长期资产支付的现金)。并记账。

四、期末处理

根据以下业务定义并生成记账凭证:

1.按月摊销长期待摊费用:按长期待摊费用月初借方余额的 10% 摊入制造费用。

2.结转制造费用到生产成本。

3.期间损益结转到本年利润。

4.完成对账和 11 月份结账。

五、财务报表

说明:朱湘完成报表的操作。

1. 自定义报表。

资产负债表					
资产	期末余额	年初余额	负债及所有者权益	期末余额	年初余额
一、流动资产					
货币资金					
交易性金融资产					
应收票据					

(1) 报表尺寸:12 行 6 列。

(2) 行高:第 1 行行高 12 mm,第 2~12 行行高为 8 mm。

(3) 列宽:第 A 和 D 列列宽 44 mm,第 B、C、E、F 列列宽 20 mm。

(4) 将 A4:F12 画上网线。

(5) 将 A1:F1 组合成一个单元。

(6) 单元属性:B6:C12 和 E6:F12 设置为数值型的单元类型和逗号的数字格式。

(7) 录入表间项目。

(8) 单元风格:"资产负债表"设置字体为宋体,字型为粗体,字号为 14,水平方向和垂直方向居中;"资产""期末余额""年初余额""负债及所有者权益"设置字体为宋体,字型为斜体,字号为 14,水平和垂直方向居中。

(9) 设置关键字:

在 A3 单元中定义:单元名称。在 C3 单元中定义:年。在 D3 单元中定义:月、日。

(10) 输入公式:在 B6 单元中输入货币资金的期末余额的计算公式;在 C8 单元中输入应收票据的年初余额的计算公式。

(11) 录入关键字(单位名称:光彩股份有限公司,20××年11月30日)重算报表并将报表以"report1.rep"保存到 D 盘"108 账套"文件夹中。

2. 报表模板——要求录入关键字并重算。

(1) 调用"一般企业(新会计准则)"的资产负债表模板生成资产负债表,以原名保存到 D 盘"108 账套"文件夹下。

(2) 调用"一般企业(新会计准则)"的利润表模板生成利润表,以原名保存到 D 盘"108 账套"文件夹下。

(3) 调用"一般企业(新会计准则)"的现金流量表模板生成现金流量表,以原名保存到 D 盘"108 账套"文件夹下。

第八章 会计法规及职业道德

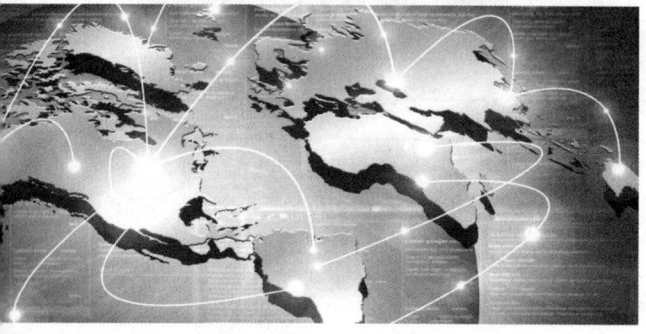

KUAIJIXUE DAOLUN

第八章　会计法规及职业道德

职业能力目标

1. 了解会计法律；
2. 理解会计准则；
3. 能够深刻理解并遵循职业道德；
4. 具备宏观审视财务管理的素质。

典型工作任务

1. 会计法律；
2. 会计准则；
3. 会计职业道德。

第一节　会计法律

任务引例

某单位将办公室的报纸、杂志、包装箱等废弃物品每月定期出售给废品回收站，每月所得收入用于补充管理部门的管理费用和员工福利。单位负责人也默许这种做法，不将此项收入纳入单位会计核算，另做会计账簿进行核算。单位领导认为这也是一种激励。

思考：这种做法正确吗？会计法律责任内容包括哪些？

　知识准备与业务操作

一、会计法律制度的概念和构成

（一）会计法律制度的概念

会计法律制度是指国家权力机关和行政机关制定的，用以调整会计关系的各种法律、法规、规章和规范性文件的总称。我国的会计法律制度基本形成以《中华人民共和国会计法》为主体的比较完整完善的会计法律体系，主要包括会计法律、会计行政法规、会计部门规章和地方性会计法规四个层次。

（二）会计法律制度的构成

我国的会计法律制度包括会计法律、会计行政法规、会计部门规章和地方性会计法规四个层次。

1. 会计法律

会计法律是指由全国人民代表大会及其常务委员会经过一定立法程序制定的有关会计工作的法律，属于会计法律制度中层次最高的法律规范，是制定其他会计法规的依据，也是指导会计工作的最高准则。会计法律有广义和狭义之分。广义的是指由国家权力机关和行政机关制定的调整各种会计关系的规范性文件的总称，包括会计法律、会计行政法规、会计行政规章等。

狭义的是指由全国人民代表大会及其常务委员会经过一定的法律程序制定的有关会计工作的法律。我国目前有两部会计法律，分别是《中华人民共和国会计法》（以下简称《会计法》）和《中华人民共和国注册会计师法》（以下简称《注册会计师法》）。

(1)《会计法》。

《会计法》是会计法律制度的最高层次，是制定其他会计法规的依据，也是指导会计工作的最高准则，是会计机构、会计工作、会计人员的根本大法。

《会计法》起草于1980年8月，1985年1月21日第六届全国人大常委会第九次会议审议通过了《会计法》，自1985年5月1日起施行。这是新中国第一部《会计法》。《会计法》的制定和施行，使全国会计工作开始步入法制化的轨道，对规范会计行为、维护财经纪律、改善经营管理和提高经济效益发挥了积极作用。自1985年我国《会计法》颁布实施以来，我国先后三次对《会计法》进行了重大的修改和修订，使《会计法》得以不断完善：根据1993年12月29日第八届全国人民代表大会常务委员会第五次会议《关于修改〈中华人民共和国会计法〉的决定》第一次修正；1999年10月31日第九届全国人民代表大会常务委员会第十二次会议修订；根据2017年11月4日第十二届全国人民代表大会常务委员会第三十次会议《关于修改〈中华人民共和国会计法〉等十一部法律的决定》第二次修正。

《会计法》是会计工作的基本法。各行各业各单位都必须严格依照《会计法》和统一的会计制度进行会计核算，实施会计监督，规范会计基础工作。对《会计法》的各项规定，财政等政府有关部门的有关领导干部和会计管理人员、单位负责人、会计人员和其他有关人员都必须认真学习，准确理解和掌握，严格执行。《会计法》授予财政部门管理会计工作的权力，赋予财政、审计、税务、人民银行、证券监管、保险监督等部门对有关单位的会计资料实施监督检查的权力，如果疏于或不按规定监督管理，甚至在监督管理过程中有违法行为的，都将受到法律的制裁，所以这些部门有关工作人员必须清楚知道《会计法》有关内容，做到依法监督管理。

(2)《注册会计师法》。

《注册会计师法》颁布于1993年，是我国中介行业的第一部法律。《注册会计师法》对注册会计师行业管理体制、注册会计师考试以及注册会计师事务所的组织形式和业务范围、法律责任等进行了系统规范，为注册会计师行业发展提供了有力的法律保障。

2. 会计行政法规

会计行政法规，是指由国务院制定并发布，或者国务院有关部门拟定并经国务院批准发布，调整经济生活中某些方面会计关系的法律规范。我国会计行政法规目前有：1990年12月31日国务院发布的《总会计师条例》，以及2000年6月21日国务院发布的《企业财务会计报告条例》。

(1)《总会计师条例》是对《会计法》中有关规定的细化和补充，主要规定了单位总会计师的职责、权限、任免、奖惩等。

(2)《企业财务会计报告条例》是对《会计法》中有关财务会计报告的规定的细化，该条例要求企业负责人对本企业的财务会计报告的真实性和完整性负责；强调任何组织或者个人不得授意、指使、强令企业编制和对外提供虚假的或者隐瞒重要事实的财务会计报告；规定有关部门或机构必须依据法律法规，查阅企业财务会计报告。条例还对违法违规行为应承担的责任作了明确的规定。

3.会计部门规章

会计部门规章是指国家主管会计工作的行政部门即财政部以及其他相关部委根据法律和国务院的行政法规、决定、命令,在本部门的权限范围内制定的、调整会计工作中某些方面内容的国家统一的会计准则制度和规范性文件,包括国家统一的会计核算制度、会计监督制度、会计机构和会计人员管理制度及会计工作管理制度等。

目前有效的会计部门规章有:《财政部门实施会计监督办法》(财政部令第10号)、《会计师事务所审批和监督暂行办法》(财政部令第24号)、《注册会计师注册办法》(财政部令第25号)、《代理记账管理办法》(财政部令第80号)、《企业会计准则——基本准则》(财政部令第33号)、《注册会计师全国统一考试违规行为处理办法》(财政部令第40号)等,企业会计准则体系中的41项具体准则及应用指南、《小企业会计准则》、《会计基础工作规范》、《行政单位会计制度》、《事业单位会计制度》、《事业单位会计准则》、《民间非营利组织会计制度》、《会计人员继续教育规定》、《全国先进会计工作者评选表彰办法》,以及财政部与国家档案局联合发布的《会计档案管理办法》等。

4.地方性会计法规

地方性会计法规是指由省、自治区、直辖市人民代表大会或常务委员会在同宪法、会计法律、行政法规和国家统一的会计准则制度不相抵触的前提下,根据本地区情况制定发布的关于会计核算、会计监督、会计机构和会计人员以及会计工作管理的规范性文件。

会计法律制度构成如表8-1所示。

表8-1 会计法律制度构成

	地位	颁布部门	代表性法律法规
会计法律	层次最高、最高准则、制定其他法律法规的依据	全国人民代表大会及其常务委员会	《会计法》《注册会计师法》
会计行政法规	仅次于会计法律	国务院	《总会计师条例》《企业财务会计报告条例》
会计部门规章	仅次于会计行政法规	国务院财政部门及其他相关部门	《财政部门实施会计监督办法》《代理记账管理办法》《企业会计准则——基本准则》
地方性会计法规	以上面的法律法规为制定依据	省、自治区、直辖市人民代表大会及其常务委员会;计划单列市、经济特区人代会及其常委会	如《四川省会计管理条例》《山东省实施〈中华人民共和国会计法〉办法》《深圳市会计条例》

二、法律责任

(一)法律责任概述

法律责任是指违反法律规定的行为应当承担的法律后果,也就是对违法者的制裁。会计法规定法律责任分为行政责任、刑事责任。

1. 行政责任

行政责任是行政法律关系主体在国家行政管理活动中因违反了行政法律规范，不履行行政上的义务而产生的责任。行政责任主要有行政处罚和行政处分两种方式。

(1) 行政处罚。

行政处罚是指特定的行政主体基于一般行政管理职权，对其认为违反行政法上的强制性义务，违反行政管理秩序的行政管理相对人所实施的一种行政制裁措施。行政处罚的表现形式主要有批评、通报、没收非法所得、取消从业资格、行政拘留、责令赔偿损失等。

(2) 行政处分。

行政处分是国家工作人员违反行政法律规范所应承担的一种行政法律责任，是行政机关对国家工作人员故意或者过失侵犯行政相对人的合法权益所实施的法律制裁。行政处分的表现形式主要有警告、记过、降职、降级、撤职、留用察看、开除等。

2. 刑事责任

刑事责任是指犯罪行为应承担的法律责任，即对犯罪分子依照刑事法律的规定追究的法律责任。主要包括两类：一是犯罪，二是刑罚。

(1) 犯罪。

根据《中华人民共和国刑法》(以下简称《刑法》)的规定，一切危害国家主权、领土完整和安全，分裂国家、颠覆人民民主专政的政权和推翻社会主义制度，破坏社会秩序和经济秩序，侵犯国有财产或者劳动群众集体所有的财产，侵犯公民私人所有的财产，侵犯公民的人身权利、民主权利和其他权利，以及其他危害社会的行为，依照法律应当受刑罚处罚的，都是犯罪；但情节显著轻微、危害不大的，不认为是犯罪。

(2) 刑罚。

刑罚是由人民法院对犯罪分子适用并由专门机构执行的最为严厉的国家强制措施。根据我国《刑法》的规定，刑罚分为主刑和附加刑。主刑一般包括管制、拘役、有期徒刑、无期徒刑和死刑。附加刑分为罚金、剥夺政治权利、没收财产等。

行政责任与刑事责任两者的主要区别在于以下三点：

① 追究的违法行为不同。追究行政责任的是一般违法行为，追究刑事责任的是犯罪行为。
② 追究责任的机关不同。追究行政责任由国家特定的行政机关依照有关法律的规定决定，追究刑事责任则由司法机关依照《刑法》的规定决定。
③ 承担法律责任的后果不同。追究刑事责任是最严厉的制裁，比追究行政责任严厉得多。

(二) 不依法设置会计账簿等会计违法行为的法律责任

《会计法》第四十二条规定，有下列行为之一的，由县级以上人民政府财政部门责令限期改正，可以对单位并处三千元以上五万元以下的罚款；对其直接负责的主管人员和其他直接责任人员，可以处二千元以上二万元以下的罚款；属于国家工作人员的，还应当由其所在单位或者有关单位依法给予行政处分：

(1) 不依法设置会计账簿的；
(2) 私设会计账簿的；
(3) 未按照规定填制、取得原始凭证或者填制、取得的原始凭证不符合规定的；

(4)以未经审核的会计凭证为依据登记会计账簿或者登记会计账簿不符合规定的;
(5)随意变更会计处理方法的;
(6)向不同的会计资料使用者提供的财务会计报告编制依据不一致的;
(7)未按照规定使用会计记录文字或者记账本位币的;
(8)未按照规定保管会计资料,致使会计资料毁损、灭失的;
(9)未按照规定建立并实施单位内部会计监督制度或者拒绝依法实施的监督或者不如实提供有关会计资料及有关情况的;
(10)任用会计人员不符合本法规定的。

有以上所列行为之一,构成犯罪的,依法追究刑事责任。会计人员有所列行为之一,情节严重的,五年内不得从事会计工作。

(三)其他会计违法行为的法律责任

(1)伪造、变造会计凭证、会计账簿,编制虚假财务会计报告的法律责任。

伪造会计凭证、会计账簿和其他会计资料,是指以虚假经济业务或者资金往来为前提,编制虚假的会计凭证、会计账簿和其他会计资料的行为。

变造会计凭证、会计账簿和其他会计资料,是指用涂改、挖补等手段来改变会计凭证、会计账簿和其他会计资料真实内容的行为。

编制虚假财务报告的行为,是指不按照国家统一会计制度规定,不以真实、合法的会计凭证、会计账簿为基础,擅自虚构有关数据、资料,编制财务会计报告的行为。

《会计法》第四十三条规定,伪造、变造会计凭证、会计账簿,编制虚假财务会计报告,构成犯罪的,依法追究刑事责任。有前款行为,尚不构成犯罪的,由县级以上人民政府财政部门予以通报,可以对单位并处五千元以上十万元以下的罚款;对其直接负责的主管人员和其他直接责任人员,可以处三千元以上五万元以下的罚款;属于国家工作人员的,还应当由其所在单位或者有关单位依法给予撤职直至开除的行政处分;其中的会计人员,五年内不得从事会计工作。

(2)隐匿或者故意销毁依法应当保存的会计凭证、会计账簿、财务会计报告的法律责任。

隐匿是指故意转移、隐藏应当保存的会计凭证、会计账簿、财务会计报告的行为。

销毁是指故意将依法应当保存的会计凭证、会计账簿、财务会计报告予以毁灭的行为。

《会计法》第四十四条规定,隐匿或者故意销毁依法应当保存的会计凭证、会计账簿、财务会计报告,构成犯罪的,依法追究刑事责任。有前款行为,尚不构成犯罪的,由县级以上人民政府财政部门予以通报,可以对单位并处五千元以上十万元以下的罚款;对其直接负责的主管人员和其他直接责任人员,可以处三千元以上五万元以下的罚款;属于国家工作人员的,还应当由其所在单位或者有关单位依法给予撤职直至开除的行政处分;其中的会计人员,五年内不得从事会计工作。

(3)授意、指使、强令会计机构、会计人员及其他人员伪造、变造会计凭证、会计账簿,编制虚假财务会计报告或者隐匿、故意销毁依法应当保存的会计凭证、会计账簿、财务会计报告的法律责任。

《会计法》第四十五条规定,授意、指使、强令会计机构、会计人员及其他人员伪造、变造会计凭证、会计账簿,编制虚假财务会计报告或者隐匿、故意销毁依法应当保存的会计凭证、会计账簿、财务会计报告,构成犯罪的,依法追究刑事责任;尚不构成犯罪的,可以处五千元以上五万元以下的罚款;属于国家工作人员的,还应当由其所在单位或者有关单位依法给予降级、撤职、开除的行政处分。

(4)单位负责人对依法履行职责、抵制违反《会计法》规定行为的会计人员以降级、撤职、调离工作岗位、解聘或者开除等方式实行打击报复的法律责任。

《会计法》第四十六条规定,单位负责人对依法履行职责、抵制违反本法规定行为的会计人员以降级、撤职、调离工作岗位、解聘或者开除等方式实行打击报复,构成犯罪的,依法追究刑事责任;尚不构成犯罪的,由其所在单位或者有关单位依法给予行政处分。对受打击报复的会计人员,应当恢复其名誉和原有职务、级别。

会计违法行为罚款如表8-2所示。

表8-2 会计违法行为罚款

违法行为	违反会计法规	伪造、变造会计凭证、会计账簿,编制虚假财务会计报告	隐匿或者故意销毁依法应当保存的会计凭证、会计账簿、财务会计报告	授意、指使、强令会计机构、会计人员及其他人员伪造、变造会计凭证、会计账簿,编制虚假财务会计报告或者隐匿、故意销毁依法应当保存的会计凭证、会计账簿、财务会计报告
单位	3 000~50 000元	5 000~100 000元	5 000~100 000元	—
直接责任人	2 000~20 000元	3 000~50 000元	3 000~50 000元	5 000~50 000元

任务引例解析

这种行为是违法的。

(1)根据我国相关法律制度的规定,单位发生的各种经济业务事项应当在依法设置的会计账簿中统一登记核算,不得私设账簿登记核算。该单位对办公室的报纸、杂志、包装箱等废料的收入不进行统一核算,另设账簿,属于账外设账、私设"小金库"的行为。

(2)按规定应由县级以上财政部门责令其限期改正,对单位并处3 000元以上5万元以下的罚款,对其直接负责的主管人员和其他直接责任人处2 000元以上2万元以下的罚款;情节严重的,属于会计人员的吊销其会计从业资格证书;构成犯罪的,依法追究刑事责任。

习题

1.下列关于法律责任的说法中正确的有(   )。

A.行政处罚的对象仅限于行政管理相对人

B.行政处分的对象仅限于国家工作人员

C.罚金属于行政责任

D.罚金属于刑事责任

2.会计机构、会计人员及其他人员伪造、变造会计凭证、会计账簿,编制虚假财务会计报告或者隐匿、故意销毁依法应当保存的会计凭证、会计账簿、财务会计报告,尚不构成犯罪的,可以对直接责任人处的罚款金额是(　　)。

　　A.五十元以上五万元以下　　　　B.五千元以上五万元以下
　　C.三千元以上五万元以下　　　　D.五元以上五万元以下

3.我国《刑法》对公司向股东和社会提供虚假的或隐瞒重要事实的财务会计报告,严重损害股东或者其他人利益的,对直接负责的主管人员和其他直接责任人员处(　　)处罚。

　　A.三年以下有期徒刑　　　　　　B.拘役
　　C.二千元以上二万元以下的罚金　D.二万元以上二十万元以下的罚金

4.财政部制定的《企业会计准则——基本准则》属于(　　)。

　　A.会计法律　　　　　　　　　　B.会计行政法规
　　C.会计部门规章　　　　　　　　D.地方性会计法规

5.下列各项中,属于国家统一会计行政法规的有(　　)。

　　A.《总会计师条例》　　　　　　B.《会计从业资格管理办法》
　　C.《企业财务会计报告条例》　　D.《企业会计准则——基本准则》

第二节　会计准则

在制定会计准则的初期,有人认为"会计是一门艺术",认为应该强调会计方法的灵活性,要在更大程度上依赖于会计师的职业判断。也有人认为,为了增强企业本身的纵向对比和不同企业之间的横向对比,应该统一规范企业会计确认、计量和报告行为,制定企业会计准则,在企业范围内施行,以促进企业可持续发展。

会计准则

思考:你认为应该制定会计准则吗?如何制定?

一、会计准则的概念

会计准则(accounting standard),是会计人员从事会计工作必须遵循的基本原则,是会计核算工作的规范。它是指就经济业务的具体会计处理作出规定,以指导和规范企业的会计核算,保证会计信息的质量。

会计准则是规范会计账目核算、会计报告的一套文件,它的目的在于把会计处理建立在公允、合理的基础之上,并使不同时期、不同主体之间的会计结果的比较成为可能。

每个企业有着不同类型的经济业务,不同的行业又有各自的特殊性,会计准则让会计人员在进行会计核算时有了一个共同遵循的标准,各行各业的会计工作可在同一标准的基础上进行。会计准则的作用就是对会计的工作起规范作用。

会计准则具有"四性":

1. 规范性

各行各业的会计工作在同一标准的基础上进行,可以使会计行为达到规范化,使得会计人员提供的会计信息具有广泛的一致性和可比性,提高会计信息的质量。

2. 权威性

会计准则要通过权威机构来制定、发布和实施,这些权威机构可以是国家立法或行政部门,也可以是由其授权的会计职业团体。会计准则能够作为规范和准绳,是因为它具有权威性。

3. 发展性

会计准则是人们在一定的社会经济环境下,对会计实践进行理论上的概括而形成的。会计准则会随着社会经济环境的发展变化而变化,所以要进行相应的修改、充实和淘汰。

4. 理论与实践相融合性

会计准则是指导会计实践的理论依据,也是会计理论与会计实践相结合的产物。会计准则的内容,既有理论演绎,也有实践归纳或方针政策。没有会计理论的指导,准则就没有科学性;没有实践的检验,准则就没有针对性。

二、会计准则的分类

(1)按其制定主体,分为法定主义的准则和民间专业团体制定的准则。

会计准则的制定主体有两类。在奉行大陆法系的国家,会计规范一般采用法定主义。即会计事务的处理规则从属于税法,国家制定了一系列具体的会计法规甚至包括统一的会计科目表,如法国、德国。在奉行普通法的国家,会计准则由民间专业团体制定,并在实践上被税法、证券法所承认,如美国的《公认会计原则》(GAAP),以及国际会计准则委员会的《国际会计准则》(IAS)。

会计准则制定的最高水平当属美国的《公认会计原则》和国际会计准则委员会的《国际会计准则》。前者内容繁多,有200多条款,偏重于具体的规则;后者内容较为简略,偏重于原则的遵守。前者由于受到全球最大资本市场的管理者——美国证券交易委员会的承认,所以在世界上很有影响。后者由于被欧盟指定为欧洲普遍适用的会计准则,所以也越来越具有影响力。这两者之间随着国际会计准则委员会改组为国际会计准则理事会(IAS——《国际会计准则》随之改称 IFRS——《国际财务报告准则》)并吸收了 GAAP 的制定者——财务会计准则委员会的成员加入,有融合的趋势。

(2)按其所起的作用,可分为基本准则和具体准则。

①基本准则。

基本准则是概括组织会计核算工作的基本前提和基本要求,是说明会计核算工作的指导思想、基本依据、主要规则和一般程序。企业会计的账务处理程序、方法等都必须符合基本准则的要求。基本会计准则还是制定具体准则的主要依据和指导原则。具体准则涉及会计核算的具体业务,它必须体现基本准则的要求才能保证各具体准则之间的协调性、严密性及科学性。

②具体准则。

具体会计准则是按照基本准则的内容要求,针对各种经济业务作出的具体规定。它的特点是操作性强,可以根据其直接组织该项业务的核算,例如固定资产会计、投资会计、借款会计的准则,等等。根据世界各国的实践经验和中国的实际情况,我国的具体准则可以考虑包括通用业务准则(主要是基本准则的具体化)、特殊业务准则(如物价变动会计准则和破产清算会计准则)、特殊行业会计准则和特殊经营方式会计准则。

具体准则包括：

a.通用业务会计准则：主要解决各行业共同业务如货币性资产、应收账款等业务的处理。

b.特殊业务会计准则：主要解决如外币业务、租赁业务等特殊业务的会计处理。

c.财务报表会计准则：规范企业主要会计报表编制方法和信息披露的准则。

每一具体会计准则一般包括引言(准则范围)、定义(某准则涉及的概念)、一般确认原则、一般计量方法、一般报告原则、一般提示事项、附则(解释权和生效日期)七个部分。

任务引例解析

每个企业有着变化多端的经济业务，而不同行业的企业又有各自的特殊性，会计准则的出现，就使会计人员在进行会计核算时有了一个共同遵循的标准，各行各业的会计工作可在同一标准的基础上进行。会计准则的作用就是提供会计工作的基本规范，在会计准则中仍然允许多种会计政策，管理当局也依然获得了一定程度的会计政策的选择权。会计准则根据《中华人民共和国会计法》及其他有关法律和法规制定，帮助企业发挥在国民经济和社会发展中的重要作用。

习题

1.会计准则的分类包括(　　)。

A.基本准则　　　　　　　　B.具体准则

C.法定主义的准则　　　　　D.民间专业团体制定的准则

2.具体准则包括(　　)。

A.通用业务会计准则　　　　B.特殊业务会计准则

C.财务报表会计准则　　　　D.基本会计准则

3.会计准则具有"四性"，包括(　　)。

A.规范性　　　　　　　　　B.权威性

C.发展性　　　　　　　　　D.理论与实践相融合性

第三节　会计职业道德

任务引例

张玲自毕业就应聘到一家贸易企业担任财务会计，她热爱工作，业务能力强。她的男朋友刘杰在另外一家企业做贸易代表，在男朋友的多次请求下，张玲将企业的一些商业秘密提供给男朋友，给企业带来了一定的损失，后来被企业发现，公司决定辞去张玲。

思考：会计职业道德规范的内容包括哪些？

知识准备与业务操作

21世纪是世界经济从工业经济向知识经济转变的时代,也是高科技大发展和经济管理大提高的时代。知识经济作为一种新的经济形态,它是以知识的生产和人的智力的充分发挥为支撑,以信息化、网络化为基础,通过持续、全面的创新,最合理有效地利用资源,促进科技、经济、社会的和谐统一,实现可持续发展。知识经济时代,会计在经济、社会运行中扮演着愈来愈重要的角色,同时也对会计人员的职业道德提出了更高的要求。会计职业道德是指在会计职业活动中应遵循的、体现会计职业特征的、调整会计职业关系的职业行为准则和规范。

一、会计职业道德的概念和特征

(一)会计职业道德的概念

会计职业道德是指在会计职业活动中应遵循的、体现会计职业特征的、调整会计职业关系的职业行为准则和规范。会计职业道德作为社会道德体系的重要组成部分,既吸纳社会道德规范的一般要求,如爱岗敬业、诚实守信,又突出会计职业特征,如客观公平、坚持准则等。

(二)会计职业道德的特征

会计作为社会经济活动中的一种特殊职业,除具有职业道德的一般特征外,还具有和其他职业不一样的特征:

1. 较多关注公众利益

会计的一个显著特征是会计活动与社会公众利益密切联系。由于会计人员的利益取决于经济主体的利益,当个人利益、经济主体利益与国家利益和社会公众利益出现矛盾时,如果会计人员与经济主体利益协调一致,忽视国家利益和社会公众利益,便产生了会计职业道德危机,从事做假账、偷税漏税等违法行为,损害广大投资者利益和债权人利益。因此,会计职业的社会公众利益性,要求会计人员客观公正,在会计职业活动中发生道德冲突时要坚持准则,把社会公众利益放在第一位。

2. 具有一定的强制性

会计职业道德具有广泛的社会性,是旨在维护社会经济秩序的职业规范,而不是仅仅去追求内在精神世界的高尚和完善。为了强化会计职业道德的调整职能,我国的会计职业道德中的许多内容直接纳入了会计法律制度,使它具有一定的强制性。

二、会计职业道德的功能和作用

(一)会计职业道德的功能

道德功能是指道德的职能或功用。会计职业道德功能是指会计职业道德在会计职业活动中起到的功效。

1. 指导功能

指导功能是指会计职业道德指导会计人员行为的职能作用。在实际中,会计职业道德不仅规范会计人员、约束会计人员的职业行为,而且通过规范性的要求来指导会计人员正确认识会计职业生活中的各种道德关系,正确地选择自己的职业行为。

会计职业道德的指导作用是会计职业道德的首要功能。它从内容上表达了社会对会计人员行为的期望和要求,如爱岗敬业、诚实守信、廉洁自律等。这种期望和要求通过社会舆论对会计人员和会计行为进行评议,形成一种强大的外在的无形压力,指导会计人员应当做什么、不应当做什么。它为会计人员的行为指明方向、提供模式,指导着会计人员树立正确的职业观念,自觉遵守职业道德行为规范,在会计职业道德行为规范限定的范围内活动。同时,它还会对违反会计职业道德规范的行为进行纠正和规劝,通过纠正和规劝引导会计人员及时、自觉地调整行为方向,从而达到规范会计行为的目的。

2. 评价功能

评价功能是指对会计人员的行为,根据一定的职业道德标准进行评价。这一功能可以强化会计人员的职业道德行为,纠正会计人员的不道德行为。

会计职业道德的评价功能可分为褒扬功能和谴责功能。前者通过对符合职业道德标准的主体行为给予赞赏的评价,引起主体的荣誉感和自豪感,对主体的动机和行为起到激励和推动的作用。后者通过对违反职业道德标准的主体行为给予谴责的评价,引起主体的羞愧感和内疚感,对主体的动机和行为起到告诫和纠正的作用。从某种意义上讲,会计职业道德规范是人们包括会计人员自己衡量会计行为的尺度,人们通过它来判断、评价会计行为是否应当,通过对行为的赞赏性评价,去激励和推动一种会计职业道德行为贯彻实施;通过对某一不道德行为的批评、谴责,告诫会计人员严格要求并约束自己的行为,不去做违反会计职业道德规范的事。

3. 教化功能

教化功能是指会计职业道德对会计人员具有教育和感化的功能,即职业道德内化为会计人员行为的自觉要求,使会计人员在会计工作中自觉遵循会计职业道德规范。

会计职业道德通过评价、教育、指导、激励、示范等方式,告诉会计人员应当做什么、不应当做什么,这就为会计人员明确了一名称职的会计人员应具备的道德品质,教育会计人员树立正确的善恶、荣辱、责任、良心、公正等道德观念,培养会计人员形成良好的会计职业道德意识,从而提高会计人员的精神境界和道德水平。

(二)会计职业道德的作用

1. 会计职业道德是规范会计行为的基础

会计职业道德对会计的行为动机提出了相应的要求,如诚实守信、客观公正等,引导、规劝、约束会计人员树立正确的职业观念,遵循职业道德要求,从而达到规范会计行为的目的。

2. 会计职业道德是实现会计目标的重要保证

从会计职业关系角度讲,会计目标就是为会计职业关系中的各个服务对象提供有用的会计信息。能否为这些服务对象及时提供相关的、可靠的会计信息,取决于会计职业者能否严格履行职业行为准则。因此,会计职业道德规范约束着会计人员的职业行为,是实现会计目标的重要保证。

3. 会计职业道德是对会计法律制度的重要补充

会计法律制度是会计职业道德的最低要求,会计职业道德是对会计法律规范的重要补充,其作用是其他会计法律制度所不能替代的。

4. 会计职业道德是会计人员提高职业素养的内在要求

一个高素质的会计人员应当做到爱岗敬业、提高专业胜任能力,这是会计职业者遵循会计职业道德的可靠保证。倡导会计职业道德,加强会计职业道德教育,并结合会计职业活动,引导会计职业者进一步加强自我修养,提高专业胜任能力,有利于促进会计职业者整体素质的不断提高。

三、会计职业道德规范的主要内容

会计职业道德要求会计人员在其工作中正确处理人与人之间、个人与社会之间的关系。它体现了社会主义经济利益对会计工作的要求,是会计人员在长期实践中形成的。加强会计职业道德建设,提高会计人员的道德素质,对于正确贯彻国家有关政策法令,加强企业管理,提高经济效益,具有十分重要的意义。会计职业道德规范是指在一定社会经济条件下,对会计职业行为及职业活动的系统要求或明确规定,是职业道德在会计职业行为和会计职业活动中的具体表现。2023年之前,我国会计职业道德规范的主要内容包括爱岗敬业、诚实守信、廉洁自律、客观公正、坚持准则、提高技能、参与管理、强化服务八个方面。

《会计人员职业道德规范》

(一)爱岗敬业

1. 爱岗敬业的含义

爱岗敬业指的是忠于职守的事业精神,是会计职业道德的基础。爱岗和敬业互为前提,相互支持,相辅相成。"爱岗"是"敬业"的基石,"敬业"是"爱岗"的升华。

爱岗就是会计人员热爱自己的会计岗位,安心于本职岗位,恪尽职守地做好本职工作。爱岗是会计人员的一种意识活动,是敬业精神在其职业活动方式上的有意识的表达,具体表现为会计人员对自己应承担的责任和义务所表现出的一种责任感和义务感。如果会计从业人员对其所从事的会计工作不热爱,就很难在工作中做到尽心尽力、尽职尽责。敬业就是会计人员应该充分认识本职工作在社会经济活动中的地位和作用,充分认识本职工作的社会意义和道德价值,具有会计职业的荣誉感和自豪感,在职业活动中具有高度的劳动热情和创造性,以强烈的事业心、责任感从事会计工作。

2. 爱岗敬业的基本要求

(1)热爱会计工作,敬重会计职业。

热爱自己的职业,是做好一切工作的出发点。如果做了会计,就应该热爱会计工作,敬重会计职业。会计人员只有为自己建立了这个出发点,才会勤奋、努力钻研业务技术,使自己的知识和技能适应具体从事的会计工作的要求。敬业爱岗,要求会计人员应有强烈的事业心、进取心和过硬的基本功。在实际工作中往往会发现本来不是由于业务技术深浅的问题,而是由于粗心大意和缺乏扎实工作作风造成一些失误。会计工作政策性很强,涉及面较广,有的同社会上出现的各种经济倾向和不良风气有着密切的联系,因而有些问题处理起来十分复杂。这就要求会计人员要有强烈的"追根求源"的意识,凡事要多问个为什么,要有认真负责的态度。由于会计工作的性质和任务,一些会计人员长年累月、周而复始地进行着算账、报账、编制报表等事务工作,天天与数字打交道,工作细致而烦琐,如果不耐劳尽责、缺乏职业责任感,就会觉得工作枯燥、单调甚至讨厌,就谈不上热爱会计工作,更谈不上精通会计业务,也就搞不好会计工作。

会计人员只要树立了"干一行爱一行"的思想,就会在会计职业中找到工作乐趣;只有树立了"干一行爱一行"的思想,才会刻苦钻研会计业务技能,才会努力学习会计业务知识,才会发现在会计核算、企业理财领域有许多值得人去研究和探索的东西。

(2)忠于职守,尽职尽责。

忠于职守,不仅要求会计人员认真地执行岗位规范,而且要求会计人员在各种复杂情况下能够抵制各种诱惑,忠实地履行岗位职责。尽职尽责具体表现为会计人员对自己应承担的责任和义务所表现出的一种责任感和义务感,这种责任感和义务感包含两方面的内容:一是社会或他人对会计人员规定的责任;二是会计人员对社会或他人所负的道义责任。

会计人员不仅要尽职尽责地履行会计职能,客观、真实地记录、反映服务主体的经济活动状况,负责其资金的有效运作,积极参与经营和决策,而且应抵制不当的开支,防止有人侵占单位的资产,保护单位财产的安全、完整。在对单位(或雇主)的忠诚与国家及社会公众利益发生冲突时,会计人员应该忠实于国家、忠实于社会公众,承担起维护国家和社会公众利益的责任。单位会计人员应对外提供有关服务主体真实、可靠的会计信息。

(3)严肃认真,一丝不苟。

会计工作不只是单纯地记账、算账和报账,会计工作时时、事事、处处涉及执法守纪方面的问题。会计人员不单自己应当熟悉财经法律、法规和国家统一的会计制度,还要能结合会计工作进行广泛宣传;做到在自己自理各项经济业务时知法依法、知章循章,依法把关守口,这就是对工作严肃认真、一丝不苟,对技术精益求精。会计工作是一项严肃、细致的工作,没有严肃认真的工作态度和一丝不苟的工作作风就容易出现偏差。对一些损失浪费、违法乱纪的行为和一切不合法、不合理的业务开支,要严肃、认真地对待,把好费用支出关。

(二)诚实守信

1. 诚实守信的含义

在现代市场经济中,"诚信"尤为重要。市场经济是"信用经济""契约经济",注重的就是"诚实守信"。可以说,信用是维护市场经济步入良性发展轨道的前提和基础,是市场经济赖以生存的基石。朱镕基同志在2001年视察北京国家会计学院时,为北京国家会计学院题词:"诚信为本,操守为重,坚持准则,不做假账"。这是对广大会计人员最基本的要求。

诚实守信要求会计人员做老实人,说老实话,办老实事,执业谨慎,信誉至上,不为利益所诱惑,不弄虚作假,不泄露秘密。孔子说:"人而无信,不知其可也。"诚实是指言行跟内心思想一致,不弄虚作假,不欺上瞒下,做老实人,说老实话,办老实事。守信就是遵守自己所做出的承诺,讲信用,重信用,信守诺言,保守秘密。诚实守信是做人的基本准则,也是人们在古往今来的交往中产生的最根本的道德规范,也是会计职业道德的精髓。

2. 诚实守信的基本要求

(1)做老实人,说老实话,办老实事,不搞虚假。

做老实人,要求会计人员言行一致,表里如一,光明正大。说老实话,要求会计人员说话诚实,是一说一,是二说二,不夸大,不缩小,不隐瞒,如实反映和披露单位经济业务事项。办老实事,要求会计人员工作踏踏实实,不弄虚作假,不欺上瞒下。总之,会计人员应言行一致,实事求是,如实反映单位经济业务的情况,不为个人和小集团的利益伪造账目,弄虚作假,损害国家和社会公众利益。

(2)执业谨慎,信誉至上。

诚实守信要求会计人员在工作中始终保持应有的谨慎态度,形成"守信光荣,失信可耻"的氛围,以维护职业信誉。会计人员不要一味地迎合企业负责人的不正当要求,接受违背职业道德的附加条件。

(3)保密守信,不为利益所诱惑。

保密守信就是会计人员在履行自己的职责时,应树立保密观念,做到保守商业秘密,对机密资料不外传、不外泄、守口如瓶。会计人员应当保守本单位的商业秘密,除法律规定和单位领导人同意外,不能私自向外界提供或者泄露单位的会计信息。会计人员由于工作性质的原因,有机会了解到本单位的重要机密,如对企业来说,关键技术、工艺规程、配方、控制手段和成本资料等都是非常重要的机密,这些机密一旦泄露给明显的或潜在的竞争对手,会给本单位的经济利益造成重大的损害,对被泄密的单位是非常不公正的。所以,泄露本单位的商业秘密,是一种很不道德的行为。会计人员应当确立泄露商业秘密是大忌的观念,对于自己知悉的内部机密任何时候、任何情况下都要严格保守,不能信口吐露,也不能为了自己的私利而向外界提供。

(4)实事求是,如实反映。

会计是经济管理的重要组成部分,会计活动的目的就是要为会计信息使用者及时提供真实、可靠、相关的会计信息。会计资料不仅是各单位进行经营管理和业务管理的依据,而且也是国家据以进行宏观经济分析和调控的重要依据。如果会计数据失真,那会计核算就毫无意义,这不仅影响微观管理,而且影响宏观决策。会计人员应当按照会计法律、法规、规章规定的程序和要求进行会计工作,保证所提供的会计信息合法、真实、准确、及时、完整。会计信息的合法、真实、准确、及时和完整,不但要体现在会计凭证和会计账簿的记录上,还要体现在财务报告上,使单位外部的投资者、债权人、社会公众以及社会监督部门能依照法定程序得到可靠的会计信息资料。要做到这一点并不容易,但会计人员的职业道德要求这样做,会计人员应该继续在这一点上树立自己职业的形象和职业人格的尊严,敢于抵制歪风邪气,同一切违法乱纪的行为作斗争。因此,会计人员在办理会计事务中,必须以实事求是的精神和客观公正的态度,完整、准确、如实地反映各项经济活动的情况,不隐瞒歪曲,不弄虚作假,不搞假账真算、真账假算。维护会计信息的真实性,是会计职业道德的起码要求。

(三)廉洁自律

1.廉洁自律的含义

廉洁自律要求会计人员公私分明、不贪不占、遵纪守法、清正廉洁。廉洁就是不贪污钱财,不收受贿赂,保持清白。自律是指自律主体按照一定的标准,自己约束自己、自己控制自己的言行和思想的过程。廉洁自律是会计职业道德的前提,也是会计职业道德的内在要求,这是会计工作的特点决定的。

一个能自律的人,能保持清醒的头脑,把持住自我,不迷失方向;而不能自律的人则头脑昏昏,丧失警惕,终将成为权、财的奴隶。我们要惩治腐败,打击会计职业活动中的各种违法活动和违反职业道德的行为,除了要靠法制手段建立和完善法律外,还要会计人员严格自律,防微杜渐,构筑思想道德防线。会计人员的廉洁是自律的基础,而自律是廉洁的保证。

2.廉洁自律的基本要求

(1)树立正确的人生观和价值观。

廉洁自律首先要求会计人员必须加强世界观的改造,树立正确的人生观和价值观。人生观是人们对人生的目的和意义的总的观点和看法。价值观是指人们对于价值的根本观点和看法,它是世界观的一个重要组成部分,包括对价值的本质、功能、创造、认识、实现等有关价值的一系列问题的基本观点和看法。会计人员应以马克思主义、毛泽东思想、邓小平理论、"三个代表"和"中国梦"重要思想为指导,树立科学的人生观和价值观,自觉抵制享乐主义、个人主义、拜金主义等错误的思想,这是在会计工作中做到廉洁自律的思想基础。

(2)遵纪守法,浩气凛然。

遵纪守法,正确处理会计职业权利与职业义务的关系,增强抵制行业不正之风的能力,是会计人员廉洁自律的又一个基本要求。会计人员的权利和义务在《会计法》中做出了明确规定。会计人员不仅要遵纪守法,不违法乱纪、以权谋私,做到廉洁自律,而且要敢于、善于运用法律所赋予的权利,尽职尽责,勇于承担职业责任,履行职业义务,保证廉洁自律。

(3)公私分明,不贪不占。

公私分明就是指严格划分公与私的界限,公是公,私是私。如果公私分明,就能够廉洁奉公,一尘不染,做到"常在河边走,就是不湿鞋"。如果公私不分,就会出现以权谋私的腐败现象,甚至出现违法违纪行为。一些会计人员贪图金钱和物质上的享受,利用职务之便,自觉或不自觉地行"贪"。有的被动受贿,有的主动索贿,有的贪污、挪用公款,有的监守自盗,有的集体贪污。究其根本原因是这些会计人员忽视了世界观的自我改造,放松了道德的自我修养,弱化了职业道德的自律。廉洁自律的天敌就是"贪""欲"。在会计工作中,由于大量的钱财要经过会计人员之手,因此,很容易诱发会计人员的"贪""欲"。

(四)客观公正

1. 客观公正的含义

客观是指按事物的本来面目去反映,不掺杂个人的主观意愿,也不为他人意见所左右。对于会计职业活动而言,客观主要有两层含义:一是真实性,即以实际发生的经济活动为依据,对会计事项进行确认、计量、记录和报告;二是可靠性,即会计核算要准确,记录要可靠,凭证要合法。公正就是平等、公平、正直,没有偏失。客观公正是会计职业道德所追求的理想目标。在会计职业活动中,由于涉及对多方利益的协调处理,因此,公正就是要求各企、事业单位管理层和会计人员不仅应当具备诚实的品质,而且应公正地开展会计核算和会计监督工作,即在履行会计职能时,摒弃单位、个人私利,公平公正,不偏不倚地对待相关利益各方。

客观是公正的基础,公正是客观的反映。要达到公正,仅仅做到客观是不够的。公正不仅仅单指诚实、真实、可靠,还包括在真实、可靠中做出公正选择。这种选择尽管是建立在客观的基础之上,还需要在主观上做出公平、合理的选择。

2. 客观公正的基本要求

(1)依法办事。

依法办事,认真遵守法律法规,是会计工作保证客观、公正的前提。当会计人员有了端正的态度和专业知识、技能之后,必须依据《会计法》、企业会计准则、《企业会计制度》等法律、法规和制度的规定进行会计业务处理,并对复杂、疑难的经济业务,做出客观的会计职业判断。总之,只有熟练掌握并严格遵守会计法律法规,才能客观、公正地处理会计业务。

(2)实事求是,不偏不倚。

会计人员在办理会计事务中,应当实事求是、客观公正。这是一种工作态度,也是会计人员追求的一种境界。做好会计工作,无疑是需要专业知识和专门技能的,但这并不足以保证会计工作的质量,具备实事求是的精神和客观公正的态度,也同样重要,否则,就会把知识和技能用错了地方,甚至参与弄虚作假或者通同作弊。客观公正应贯穿于会计活动的整个过程:一是在处理会计业务的过程中或进行职业判断时,应保持客观公正的态度,实事求是、不偏不倚;二是会计人员对经济业务的处理结果应是公正的。总之,会计核算过程的客观公正和最终结果的客观公正都十分重要,没有客观公正的会计核算过程,结果的客观公正就难以保证;没有客观公正的结果,业务操作过程的客观公正就没有意义。

(3)保持独立性。

客观公正是会计职业者的一种工作态度,它要求会计人员对会计业务的处理,对会计政策和会计方法的选择,以及对财务会计报告的编制、披露和评价,必须独立进行职业判断,做到客观、公平、理智、诚实。

(五)坚持准则

1. 坚持准则的含义

坚持准则是指会计人员在处理业务的过程中,要严格按照会计法律制度办事,不为主观或他人意志所左右。这里所说的"准则"不仅指会计准则,而且包括会计法律法规、国家统一的会计制度以及与会计工作相关的法律制度。坚持准则是会计职业道德的核心。

会计人员在进行核算和监督的过程中,只有坚持准则,才能以准则作为自己的行动指南。在发生道德冲突时,应坚持准则,以维护国家利益、社会公众利益和正常的经济秩序。

2. 坚持准则的基本要求

(1)熟悉准则。

熟悉准则是指会计人员应了解和掌握《会计法》和国家统一的会计制度及与会计相关的法律制度,这是遵循准则、坚持准则的前提。只有熟悉准则,才能按准则办事,才能遵纪守法,才能保证会计信息的真实性、完整性。

(2)遵循准则。

遵循准则即执行准则。准则是会计人员开展会计工作的外在标准和参照物。会计在会计核算和监督时要自觉地严格遵守各项准则,将单位具体的经济业务事项与准则对照,先做出是否合法合规的判断,对不合法的经济业务不予受理。会计人员不仅要经常学习、掌握准则的最新变化,了解本部门、单位的实际情况,准确地理解和执行准则,还要在面对经济活动中出现的新情况、新问题以及准则未涉及的经济业务或事项时,通过运用所掌握的会计专业理论和技能,做出客观的职业判断,予以妥善处理。

(3)坚持准则。

在会计工作中,常常由于各种利益的交织,引起会计人员道德上的冲突。为了切实维护会计人员的合法权益,《会计法》强化了单位负责人对单位会计工作的法律责任,赋予了会计人员相应的权利,保证了会计人员的执法环境。会计人员应认真执行国家统一的会计制度,依法履行会计监督职责,发生冲突时,应坚持准则,对法律负责,对国家和社会公众负责,敢于同违反会计法律法规和财务制度的现象作斗争,确保会计信息的真实性和完整性。

(六)提高技能

1. 提高技能的含义

提高技能要求会计人员通过学习、培训和实践等途径,持续提高会计职业技能,达到和维持足够的专业胜任能力。会计人员是会计工作的主体,会计工作质量的好坏,一方面受会计人员职业技能水平的影响,另一方面受会计人员道德品行的影响。会计人员的道德品行是会计职业道德的根本和核心,会计人员的职业技能水平是会计人员职业道德水平的保证。会计工作是一门专业性和技术性很强的工作,从业人员必须"具备一定的会计专业知识和技能",这样才能胜任会计工作。作为一名会计工作者,必须不断地提高其职业技能,这既是会计人员的义务,又是在职业活动中做到客观公正、坚持准则的基础,是参与管理的前提。遵守会计职业道德客观上需要不断提高会计职业技能。

2. 提高技能的基本要求

(1)要有不断提高会计专业技能的意识和愿望。

随着市场经济的发展、全球经济一体化以及科学技术日新月异,会计在经济发展中的作用越来越明显,对会计的要求也越来越高,会计人才的竞争也越来越激烈。会计人员要想生存和发展,就必须具有不断提高会计专业技能的意识和愿望,不断进取,主动地求知、求学,刻苦钻研,使自身的专业技能不断提高,使自己的知识不断更新,从而掌握过硬的本领,在会计人才的竞争中立于不败之地。

(2)要有勤学苦练的精神和科学的学习方法。

谦虚好学、刻苦钻研、锲而不舍,是练就高超的专业技术和过硬本领的唯一途径,也是衡量会计人员职业道德水准高低的重要标志之一。专业技能的提高和学习不可能是一劳永逸之事,必须持之以恒,不间断地学习、充实和提高。"书山有路勤为径",只有锲而不舍地"勤学",同时掌握科学的学习方法,在学中思,在思中学,在实践中不断锤炼,才能不断地提高自己的业务水平,才能推动会计工作和会计职业的发展,以适应不断变化的新形势和新情况的需要。

(七)参与管理

1. 参与管理的含义

参与管理就是要求会计人员积极主动地向单位领导反映本单位的财务、经营状况及存在的问题,主动提出合理化建议,积极地参与市场调研和预测,参与决策方案的制订和选择,参与决策的执行检查和监督,为领导的经营管理和决策活动当好助手和参谋。会计人员特别是会计部门的负责人,必须强化自己参与管理、当好参谋的角色意识和责任意识。如果没有会计人员的参与,企业的经营管理就会出现问题,决策就可能出现失误。

2. 参与管理的基本要求

(1)努力钻研业务,熟悉财经法规和相关制度,提高业务技能,为参与管理打下基础。

会计人员只有努力钻研业务,不断提高业务技能,深刻领会财经法规和相关制度,才能有效地参与管理,为改善经营管理、提高经济效益服务。钻研业务、提高技能,首先要求会计人员有扎实的基本功,掌握会计的基本理论、基本方法和基本技能,做好会计核算的各项基础性工作,确保会计信息真实、完整。其次,会计人员要充分利用掌握的大量会计信息,运用各种管理分析方法,对单位的经营管理活动进行分析、预测,找出经营管理中的问题和薄弱环节,并能提出改进意见和措施,把管理结合在日常工作之中,从而使会计的事后反映变为事前的预测和事中的控制,使会计工作真正起到当家理财的作用,成为决策层的参谋和助手。

(2)熟悉服务对象的经营活动和业务流程,使管理活动更具针对性和有效性。

会计人员应当充分利用会计工作的优势,了解本单位的整体情况,特别是要熟悉本单位的生产经营、业务流程和管理情况,知晓单位的生产经营能力、技术设备条件、产品市场及资源状况等情况。只有如此,才能更好地满足经营管理的需要,才能在参与管理的活动中有针对性地拟订可行性方案,从而提高经营决策的合理性和科学性,更有效地服务于单位的总体发展目标。

(八)强化服务

1. 强化服务的含义

强化服务就是要求会计人员具有文明的服务态度、强烈的服务意识和优良的服务质量。服务态度是服务者的行为表现,"文明服务,以礼待人",不仅仅是对服务行业提出的道德要求,也是对所有职业活动提出的道德要求。会计工作的特点决定会计人员应当熟悉本单位的生产经营和业务管理情况,以便运用所掌握的会计信息和会计方法,为改善单位的内部管理、提高经济效益服务。

强化服务的结果,就是奉献社会。任何职业的利益、职业劳动者个人的利益都必须服从社会的利益、国家的利益。如果说爱岗敬业是职业道德的出发点,那么,强化服务、奉献社会就是职业道德的归宿点。会计工作虽不能说是"窗口"行业,但其工作涉及面广,又往往需要服务对象和其他部门的协作及配合,而且会计工作的政策性很强,在工作交往和处理业务的过程中容易同其他部门及服务对象发生利益冲突或意见分歧。因而,会计人员待人处事的态度直接关系到工作能否顺利开展和工作的成效。

2. 强化服务的基本要求

(1)强化服务意识。

会计人员要树立强烈的服务意识,为管理者服务、为所有者服务、为社会公众服务、为人民服务。不论服务对象的地位高低,都要摆正自己的工作位置,管钱管账是自己的工作职责,参与管理是自己的义务。只有树立了强烈的服务意识,才能做好会计工作,履行会计职能,为单位和社会经济的发展做出应有的贡献。

(2)提高服务质量。

强化服务的关键是提高服务质量。会计人员的服务质量表现在,是否真实地记录单位的经济活动,向有关方面提供可靠的会计信息;是否积极主动地向单位领导反映经营活动情况和存在的问题,提出合理化建议,协助领导决策,参与经营管理活动。

(3)增强沟通技巧。

强化服务要求会计人员不仅要有热情、耐心、诚恳的工作态度,待人平等、礼貌,而且遇到问题要用商量的口吻,充分尊重服务对象和其他部门的意见,做到大事讲原则,小事讲风格,沟通讲策略,用语讲准确,建议看场合。沟通要遵循首因效应原则的良好第一印象、白金法则的换位思考和尊重别人、信任原则、及时反馈原则,要多看、多听、多想、少说。沟通过程还需要注意使用文明礼貌用语的禁忌:一忌不用或少用;二忌语句不清或音量过小过大;三忌冷言冷语;四忌说"不清楚""不知道""这不是我的职责"等;五忌在工作中争辩;六忌受方言的影响,运用不恰当的语言。

(4)升华服务礼仪。

强化服务需要:

①会计人员与客户、上级、同事交往过程中礼貌待人,使用文明礼貌用语,请字在前,谢谢在后。

②会计人员穿着打扮符合工作场合要求,应保持整洁、美观、得体、稳重、大方、干练、富有涵养,不得披衣、敞怀、挽袖、卷裤腿,在工作场所、用餐区域及搭乘电梯时不得着圆领T恤、短裤、运动服,不得赤脚,不得穿拖鞋或拖鞋式凉鞋(中午午休期间例外)。男性会计人员扎领带时要扣好衬衣领扣,穿着长袖衬衣时要扣好袖扣。女性会计人员不得着超短裙,着裙服时应着淡色袜子,鞋跟高度不超过四厘米。商务活动时要统一穿着深色鞋(夏季女性工作人员可着浅色凉鞋)。

③会计人员举止落落大方、端庄、用语文明,精神振作,姿态良好。公共场所不得互相搭肩挽背,不得边走边吸烟、吃东西、剔牙、扇扇子。不得在办公室、走廊过道、电梯间吸烟,吸烟必须到茶水间。

④介绍遵循规范,先问候对方,然后介绍自己企业名称、自己姓名和身份。名片传递有礼,接递名片起身站立或者欠身,面含微笑目视对方,接名片时要双手捧接或用右手接过,同时口头上应道谢。握手讲究场合,握手双方彼此间保持1米左右的距离,双腿立正,上身略向前倾,伸出右手,拇指与手掌分开,其余四指自然并拢并前指,握手时两人伸出的掌心都不约而同地向着左方,然后用手掌和五指与对方手部成直角相握;握手时要注意用力适度,上下稍微摇动两三次,随后松手,恢复原状;在握手的同时,要一边握手,一边向对方致意,如"您好!""见到您很高兴!""欢迎您!"等。

在会计工作中提供上乘的服务,并非无原则地满足服务主体的需要,而是在坚持原则、坚持准则的基础上尽量满足用户或服务主体的需要。

任务引例解析

(1)热爱工作,业务能力强,说明张玲遵循了爱岗敬业、提高技能的会计职业道德要求。

(2)张玲将在工作中接触到的公司的一些商业秘密提供给其男友,给公司带来一定的损失,违反了诚实守信、廉洁自律的会计职业道德要求。

(3)针对张玲的情况,该公司所在地的财政部门、张玲所在单位、会计职业组织(如中国注册会计师协会)可以对张玲违反会计职业道德的行为进行处理。

会计职业道德规范主要内容可归纳为以下8种:

财政部《关于印发〈会计人员职业道德规范〉的通知》(财会〔2023〕1号)中确定的会计人员职业道德规范包括:

一、坚持诚信,守法奉公。牢固树立诚信理念,以诚立身、以信立业,严于律己、心存敬畏。学法知法守法,公私分明、克己奉公,树立良好职业形象,维护会计行业声誉。

二、坚持准则,守责敬业。严格执行准则制度,保证会计信息真实完整。勤勉尽责、爱岗敬业,忠于职守、敢于斗争,自觉抵制会计造假行为,维护国家财经纪律和经济秩序。

三、坚持学习,守正创新。始终秉持专业精神,勤于学习、锐意进取,持续提升会计专业能力。不断适应新形势新要求,与时俱进、开拓创新,努力推动会计事业高质量发展。

习题

1.勤学苦练、不断进取是会计人员遵守(　　)会计职业道德规范的基本要求。
A.参与管理　　　　　　　　B.提高技能
C.坚持准则　　　　　　　　D.强化服务

2. 某公司连年亏损,该公司财务人员李某根据单位目前经营状况提出了一系列的思路,被领导采纳,扭转了亏损局面。该公司财务人员李某坚持了(　　)会计职业道德。

　　A. 参与管理　　　　　　　　B. 客观公正

　　C. 坚持准则　　　　　　　　D. 廉洁自律

3. 会计职业道德规范"诚实守信"的基本要求中,侧重于对注册会计师提出的要求是(　　)。

　　A. 做老实人,说老实话,办老实事,不搞虚假

　　B. 保守秘密,不为利益所诱惑

　　C. 执业谨慎,信誉至上

　　D. 实事求是,如实反映

4. 下列选项中,不属于会计职业道德的基本功能的是(　　)。

　　A. 指导功能　　　　　　　　B. 评价功能

　　C. 教化功能　　　　　　　　D. 处罚功能

5. 下列选项中,不属于会计职业道德主要作用的是(　　)。

　　A. 对会计法律制度的重要补充

　　B. 规范会计行为的基础,是实现会计目标的重要保证

　　C. 会计人员提高素质的内在要求

　　D. 有助于树立会计行业新风,维护会计职业威信

6. 会计职业道德是调整(　　)利益关系的手段。

　　A. 会计职业规范　　　　　　B. 会计职业准则

　　C. 会计职业行为　　　　　　D. 会计职业活动

7. 某会计人员在经办会计业务中,收受客户礼品,该会计人员的行为违背(　　)的会计职业道德要求。

　　A. 爱岗敬业　　　　　　　　B. 诚实守信

　　C. 廉洁自律　　　　　　　　D. 坚持准则

综合案例

　　张敏和林洁在同一家公司担任会计和出纳,多年来同处一室,在工作上互相配合,关系很好。林洁的丈夫开办了一家经销电脑配件的公司,最近有一种计算机软件销售前景看好,但因个人账面资金不足,无法进货。于是林洁的丈夫让林洁想办法借些款项,林洁想到了单位账户的存款,于是自己填了票面金额为260 000元的现金支票一张,在张敏下班离开办公室后,私自将张敏保管的印鉴加盖在现金支票上,从银行提走了现金,一个月后,林洁又将260 000元现金填现金缴款单存入单位银行账户。不久,张敏在月末对账时,发现了此事。从会计职业道德的角度分析林洁的行为属于何种行为。如果你是张敏,发现了此事应该如何处理?

　　分析:

　　(1)林洁的行为属于挪用公款、公私不分,违背了会计职业道德规范中对于廉洁自律的要求。

　　(2)张敏发现了此事,应向单位会计部门负责人(会计主管)报告该行为,由其对林洁违背会计职业道德规范的行为进行处理。